PAIDÓS EMPRESA

ENAMÓRATE DEL PROBLEMA, NO DE LA SOLUCIÓN

PAIDÓS EMPRESA

Enamórate del Problema, No de la Solución

Uri Levine
Cofundador de Waze

PAIDÓS EMPRESA

Obra editada en colaboración con Editorial Planeta - Colombia

Publicado originalmente en inglés por Matt Hol, una editorial de BenBella Books, Inc.

Título original: *Fall in Love with the Problem, Not the Solution*

© Uri Levine, 2023

© Traducción: Magdalena Holguin, 2023

Diseño de portada por Brigid Pearson

© 2023, Editorial Planeta Colombiana S. A. – Bogotá, Colombia

© 2024, Ediciones Culturales Paidós, S.A. de C.V.
Bajo el sello editorial PAIDÓS M.R.
Avenida Presidente Masarik núm. 111,
Piso 2, Polanco V Sección, Miguel Hidalgo
C.P. 11560, Ciudad de México
www.planetadelibros.com.mx
www.paidos.com.mx

Primera edición impresa en Colombia: septiembre de 2023
ISBN: 978-628-7578-29-6

Primera edición impresa en México: febrero de 2024
ISBN: 978-607-569-636-2

Impreso en los talleres de Impregráfica Digital, S.A. de C.V.
Av. Coyoacán 100-D, Valle Norte, Benito Juárez
Ciudad De Mexico, C.P. 03103
Impreso en México - *Printed in Mexico*

A los más de mil millones de usuarios de Waze,
Moovit, y del resto de mis emprendimientos.
Sin ustedes, esta historia nunca habría existido.

Índice

Prólogo

Steve Wozniak, cofundador de Apple

ALERTA: Este libro cambiará tu vida y se convertirá
en tu "biblia" si eres un emprendedor.

Con frecuencia dicto conferencias, principalmente en temas de emprendimiento y startups . En una de ellas, escuché hablar a Uri Levine. No es que solo fuera un conferencista excepcional, que lo es. Escucho a muchos conferencistas excepcionales, pero Uri tenía un estilo informal, como el de un amigo, que hacía el contenido fácil de seguir y de comprender. Me enteré de que Uri era la fuerza detrás de la aplicación Waze. Reconocemos aplicaciones que se convierten en parte importante de nuestra vida, pero pocas son como Waze, mejor que las otras aplicaciones similares. Si la calidad y la excelencia son importantes para nosotros, siempre se habla de Waze en estos términos.

Con frecuencia, la gente busca mis consejos por haber sido cofundador de Apple. Es posible que tenga muchos sentimientos, principalmente relacionados con la personalidad, que comparto, pero, en general, Apple es un mal ejemplo de una startup . Apple fue un caso especial que no se aplica a quienes están iniciando una compañía. Respecto a Apple, hubo una serie de elementos extremadamente favorables para nuestro éxito con los que no se puede contar y que no se pueden controlar.

Únicamente uno de nuestros productos tuvo éxito y produjo ganancias durante los primeros diez años de la compañía, y ni siquiera es aquel en el que piensa la gente. Nuestro computador Apple II fue el mejor y el más utilizado en los primeros tiempos de los computadores personales, pero ¿quién compraría un computador para hacer inventarios y cálculos de ventas y empleo en su hogar? Los juegos fueron la clave. Atari estaba comenzando la industria de los llamados juegos *arcade* precisamente aquí, en Los Gatos, California. Durante los días de desarrollo del hardware, un juego tenía miles de cables con señales que entendía solo el ingeniero, y podría tardar tanto como un año desarrollar el prototipo de un nuevo juego de arcada, como algunos los llaman en español. Yo tenía la visión de que estos juegos mejorarían mucho cuando fueran a color. El computador Apple II fue el que por primera vez tuvo juegos *arcade* a color, y la primera vez que estaban disponibles en software. Un niño de nueve años podía usar un lenguaje sencillo, BASIC, para hacer que los colores se movieran en la pantalla y podría terminar un juego de arcada en un día. Este producto llevó a que Apple ganara mucho dinero y, eventualmente, a cambiar la vida de todos nosotros.

No dispongo de mucho tiempo libre para leer, pero desde las primeras páginas de este libro, tuve que leer cada palabra, tomando notas a mano. Inclusive anoté muchos errores de tipografía en una de las primeras versiones. Supe desde el inicio que este libro era muy importante para mí, pero, para ser un libro de negocios, estaba redactado de forma muy natural y comprensible. Uri usa metáforas de la vida humana para transmitir su pensamiento en términos de producto y de negocios. Los emprendedores saben que es necesaria una gran pasión por los productos y por la compañía. Uri habla de ella como enamorarnos del problema, no del dinero ni de nosotros mismos. Relata este amor por manejar las relaciones personales de maneras que todos hemos experimentado. Enamorarnos del problema significa valorar al usuario final como la clave del éxito, ni siquiera las propias ideas y creaciones. Siempre he creído en esto.

Respecto a la necesidad de crear un producto que afecte a quien lo usa por primera vez de una manera profunda y emocional, Uri nos remite a los profundos sentimientos emocionales de nuestro primer beso, algo que nunca olvidaremos. Usaré este ejemplo en lo sucesivo como guía para mi pensamiento. El esfuerzo de conectarse con un usuario o inversionista de esta manera vale la pena. Recientemente, en Berkeley, me encontraba muy cerca del lugar donde di mi primer beso, y esta metáfora me pareció más verdadera que nunca. Esa es la emoción que un nuevo producto debe suscitar en quienes lo usan por primera vez, tanto en inversionistas como en usuarios.

Uri no es un conferencista tedioso, como lo son muchos, sino un interesante profesor que crea una atmósfera en la que nos motiva a aprender de ejemplos que tienen sentido. Se desempeña maravillosamente al mostrar la importancia de las personalidades humanas en relación con productos y características. A lo largo del libro, Uri tuvo principios (cualidades) que lo orientaron, junto con una cantidad de "fórmulas" que usó para determinar si algo era lo suficientemente bueno, o cuál era su valor real, y las decisiones que se deben adoptar para generar utilidades de ese valor.

Uri afirma explícitamente que desea tomar sus exitosas experiencias para ayudar a instruir a otros para que también tengan éxito. Todos estamos de acuerdo sobre la importancia del emprendimiento, pero el valor de los profesores y mentores no debe pasarse por alto. Este es un principio fuerte para mí, así como algo a lo que dedico buena parte de mi vida.

A lo largo del libro, encontraremos la realidad de interacciones constantes para encontrar el APM: el *ajuste producto-mercado*. No se da con facilidad, y está lleno de fracasos y nuevos ensayos. Uri se refiere a él con sus experiencias en Waze y otras startups, hallando maneras de solucionar problemas desde el punto de vista de quienes no son especialistas. Una de las cosas que me agradan mucho es que Uri se enamora de problemas que tiene la gente del común en su vida. Una vez que un producto resulta lo suficientemente bueno para "el resto de nosotros", se inicia el papel de la financiación. Uri tiene varias fórmulas para capitalizar un gran producto, pero sin desanimar a la gente con métodos de pago o cantidades. Toda mi vida he deseado crear productos que mejoren la vida de la gente corriente, como sucede con los electrodomésticos. En este libro encontré también buenos enfoques e incluso fórmulas para manejar las relaciones de negocio a negocio (B2B).

Siento que mi modo de pensar es muy poco usual en muchos ámbitos, pero he llegado a advertir que todos nos sentimos así. En el transcurso de mi vida, he ideado principios para manejar las cosas, e incluso fórmulas aproximadas que uso para orientarme. Estos principios están en mi mente. Rara vez hablo de ellos, excepto con mi esposa o con mis mejores amigos. Temo que si llegara a conclusiones personales, no serían lo suficientemente buenas para que las siguieran otros. Los verdaderos estudiosos ciertamente deben tener mejores ideas. En este libro las confirmé una tras otra; Uri piensa de manera semejante a como yo lo hago sobre muchas cosas. Eso en realidad me sorprendió, y es una de las razones principales por las cuales amo tanto este libro. Para mí, es una biblia del emprendimiento que mantendré a la mano y a la que me remitiré para buscar ideas de emprendimiento. Ya lo he recomendado a un sinnúmero de emprendedores que me buscan para pedir consejo. Una de las cualidades que siempre he admirado es la capacidad de reconocer cuándo los conceptos de otra persona (Uri) son mejores a los propios.

Actualmente hago parte de algunas startups y ya he comenzado a hablar con otros fundadores acerca de cómo debemos proceder en los negocios según este libro. Me agradaba permanecer en la sombra, pero ahora tengo la confianza necesaria para dirigir las discusiones con empleados e inversionistas potenciales. Utilizo las mismas expresiones y principios que aprendí en este libro. Una persona que confía en un producto puede hacer funcionar una compañía. En este libro, vi la observación de que los inversionistas deciden en los primeros segundos si desean apoyar el proyecto, y estoy de acuerdo con ella. Comienza con una sencilla historia que le contamos al inversionista, que podría incluso ser inventada o exagerada, pero es una metáfora del problema del que estamos enamorados. Es importante elaborar una buena historia (o más de una) que involucre emocionalmente a los demás. La historia debería ser como el primer beso para ellos. Uri deja muy claro que las presentaciones tediosas, con diapositivas corrientes, no son lo que vende para los inversionistas o clientes.

Con una de las startups basada en recursos para rastrear ubicaciones, *Wheels of Zeus*, presenté una historia que era importante para mí personalmente: Si mi amado perro se perdiera debido a una falla de la puerta inalámbrica, ¿cómo podría saber cuándo sucedió y dónde está mi perro ahora? Mis emociones acerca de este tema me ayudaron en las decisiones sobre el producto. ¿Por qué el nombre *Wheels of Zeus* (Ruedas de Zeus)? Comenzamos con ideas acerca de rastrear autos de policía a través de sus propios radios y a buscar nombres de compañías que pudieran traducirse a un dominio web. Rápidamente encontramos que incluso cosas como modernpolicefinder.com ya estaban en uso. Entramos tan pronto Internet, que yo tenía un dominio (punto com) de tres letras, woz.com, cuya licencia podría dar a esta startup. Lo pensé en silencio durante nuestra reunión, y sin pensarlo dije *Wheels Of Zeus* (W-O-Z), y los otros fundadores no entendían por qué había sugerido un nombre tan extraño. Solo uno de ellos pensó que era un gran nombre. Les expliqué después que podíamos utilizar woz.com como nuestra dirección web. Realmente ayuda ser alegre en los empeños empresariales.

Enamórate del problema, no de la solución está lleno de principios sobre productos y características que lleven a un uso sencillo. Pienso en esto todos los días con los productos tecnológicos que utilizo y veo qué importante es. Si nos molesta la complejidad y las cosas que no funcionan cuando deben hacerlo, podemos identificarnos con esto. Steve Jobs solía citar a Miguel Ángel, quien dijo que la sencillez era la más grande sofisticación. Es demasiado fácil distraerse sobre su valor cuando es posible un número infinito de características. Durante años, en Apple, si una característica no podía escribirse en términos humanos sencillos y comprensibles, nuestro departamento de publicaciones podía rechazarla. Así fue como Steve Jobs guio el iPhone para que no resultara confuso para él mismo. Este libro trata de la larga búsqueda y muchas iteraciones necesarias para hallar el mejor equilibrio entre sencillez y características, que está en perpetuo cambio.

Las decisiones rápidas de renunciar a una nueva característica, o de despedir a los empleados no indicados, incluso a los fundadores, se transmiten con ejemplos reales. El retraso solo puede perjudicar a nuestra compañía y a nuestros usuarios. A este respecto, he visto mis propios fracasos en algunas startups, pero este principio me explica por qué es importante sustituir a muchos fundadores por verdaderos líderes de negocios después de que un producto haya avanzado lo suficiente en la curva del APM. Leamos este libro y tomemos notas. Entonces, estaremos preparados de la mejor manera para mejorar las cosas para otros con un producto y una compañía. Tienen mi autorización para *Think Different and Change the World* (Pensar diferente y cambiar el mundo).

Introducción

A fines de mayo del 2013, Google se puso en contacto con Waze, la compañía que yo había fundado seis años atrás, con un contrato de una sola hoja. El precio: 1150 millones de dólares en efectivo. Google prometió que Waze continuaría siendo Waze, cumpliendo su destino de ayudar a quienes se desplazan diariamente a su trabajo a evitar los embotellamientos del tráfico, y la compañía podría continuar con sus operaciones fuera de Israel.

Google dijo también que la transacción estaría lista en una semana.

Aceptamos.

Tomó diez días completar la transacción, pero, aun así, se hizo en un tiempo récord.

Si bien la transacción era definitiva, el diálogo con el potencial comprador se había estado desarrollando durante los seis meses anteriores.

En algún momento, comenzando el invierno entre el 2012 y el 2013, Google se puso en contacto con nosotros y dijo que "estaban interesados en adquirir Waze". Poco después, invitaron a la gerencia de Waze a la "habitación secreta" de Google, donde hicieron ofertas y convencieron a la compañía de acordar la venta. No nos agradó la oferta que hicieron en diciembre del 2012 y la rechazamos. En su segunda oferta, presentada seis meses más tarde, las cifras eran completamente diferentes.

Construir una startup es un viaje en una montaña rusa con altos y bajos. Conseguir financiación es una montaña rusa en la oscuridad: ni siquiera sabemos qué vendrá.

Cerrar un acuerdo es un orden de magnitud más y negociar múltiples acuerdos simultáneamente (en especial aquellos que son también un evento que nos cambia la vida) son los momentos más extremos en el viaje de las startups. Les prometo contarles más acerca de la montaña rusa de una transacción en el capítulo 12, "La salida", pero algo es seguro: no hay nada como la primera vez.

Hice parte de otro unicornio —el término técnico para designar una compañía avaluada en mil millones de dólares o más—: Moovit, que fue vendida por mil millones de dólares a Intel en el 2020, y habrá más, pero la primera vez es muy emotiva, quizás porque se advierte que será un acontecimiento que nos cambia la vida, por el carácter extremo de esa montaña rusa y, tal vez —en particular en el caso de Waze— porque apareció en todas las noticias incluso antes de firmar el acuerdo y, por lo tanto, todos nos sentimos involucrados.

La parte más interesante de mi vida comenzó justo después de la transacción entre Google y Waze. Dejé a Waze inmediatamente después de la adquisición para construir más startups, y eso es lo que he estado haciendo desde entonces. Todas mis startups son para resolver problemas, hacerlo bien y tener éxito, y seguir el mismo método para construir una nueva startup. De eso se trata este libro: de mi método para construir empresas y unicornios.

Cuando la noticia de la adquisición por parte de Google se hizo pública, el 9 de junio del 2013, sorprendió tanto a Silicon Valley como a las comunidades de inversionistas nacionales de Israel. No era solamente que el precio de 1150 millones de dólares fuese la suma más grande jamás pagada hasta entonces por una firma de tecnología con el fin de adquirir una aplicación. Fue más la confirmación, en el mundo de la tecnología, de que una startup israelí, que apenas tenía cinco años y cuatro meses de creada, estaba construyendo algo mejor que Apple, Google, Microsoft, y prácticamente todos los demás en el espacio de la conducción y la navegación.

Actualmente (escribo esto a comienzos del 2021), cuando se mira un avalúo de mil millones de dólares, se ve como que no es gran cosa. Hay más de cincuenta unicornios israelíes de entre mil de ellos en el mundo. Solamente quiero creer que yo estuve allí al comienzo para establecer el referente. La gente me pregunta si vender Waze por 1150 millones de dólares en el 2013 fue la decisión correcta, y si Waze no valdría mucho más de mil millones de dólares hoy en día. En mi opinión, solo hay decisiones correctas, o NO hay decisión, porque cuando tomamos una decisión —cuando elegimos un camino—, no sabemos cómo sería haber elegido un camino diferente. Tomar decisiones con convicción es una de las conductas más importantes de un CEO (*Chief Executive Officer* - director ejecutivo) exitoso y, en particular, en una startup.

Si me hubieran preguntado si Waze vale más hoy que la suma que Google pagó por él en aquel entonces, diría ciertamente que sí, pero lo que no sabemos es si Waze habría llegado a valer eso sin la adquisición.

A fin de cuentas, se trata de nuestra capacidad de generar un mayor impacto y ayudar a hacer del mundo un mejor lugar.

Waze fue mi primera salida de mil millones de dólares; siete años más tarde fue la segunda, Moovit —el Waze para el transporte público—, y creo que la próxima no tomará otros siete años.

Aun cuando la suerte cuenta mucho en este ámbito, permítanme definir suerte como "cuando la oportunidad se encuentra con la preparación". Este libro se trata de prepararnos para cuando llegue ese momento.

Soy un emprendedor y un mentor. Durante los últimos veinte años he comenzado docenas de startups y trabajado en ellas, y he visto tanto éxitos como fracasos. Me encanta construir compañías que cambien la vida de la gente para mejorarla, y casi siempre comienzo con el PROBLEMA. Si el problema es grande y vale la pena solucionarlo, entonces en mi mente ya es una compañía interesante y un viaje que vale la pena emprender.

La otra parte de quien soy es ser un mentor o profesor. Por esta razón escribo este libro: para realizar mi destino de enseñar a emprendedores, profesionales en alta tecnología y comerciantes cómo construir sus startups con una tasa más alta de éxito, y así compartir mi método para construir unicornios y startups. En cierta medida, si quisiéramos tomar solo una cosa de este libro, aquello que nos ayudará a hacer más exitoso nuestra startup, entonces:

- Cumplí con mi parte.
- Les pediría que lo enseñáramos y fuéramos el mentor o el guía de otro emprendedor que lo necesite.

Enamórate del problema, no de la solución está organizado en torno a los componentes fundamentales de construir una startup exitosa, y aquí compartiré con ustedes mi método (o mi "recetario").

La mayor parte de los capítulos están organizados a partir de una combinación de historias reales, estudios de caso tomados de Waze y de otras startups y, en particular, los principales aportes de estas ideas, que hallarán al final de cada capítulo. Para construir una startup exitosa, es necesario encontrar el ajuste producto-mercado (APM), el cual es, casi siempre, la primera parte del viaje; determinar nuestro modelo de negocio, y, desde luego, asegurarnos una vía de crecimiento. Todas estas son fases en el tiempo de vida de una startup y son presentadas en los capítulos 3, 8, 9 y 10.

Algunos de los capítulos tratan sobre las interminables fases de la startup: personas, financiación, inversionistas y usuarios. En la fase operativa de construir una startup, una vez que se ha establecido el crecimiento, este deja de ser el foco principal, pero las personas, la financiación, manejar a los inversionistas y pensar en sus usuarios siempre estarán presentes.

En el capítulo 1, titulado "Enamórate del problema, no de la solución", examino lo que desencadena la construcción de una startup: un problema que vale la pena resolver.

El capítulo 2 explora la línea de base para construir una startup: las etapas de fracasos y el rápido deterioro.

El capítulo 3 ofrece algo de perspectiva de mercado acerca de las startups exitosas: la disrupción total.

El capítulo 4 establece el método subyacente a "trabajar en fases", centrarse en "lo principal" de cada una de ellas y, en particular, el cambio entre fases.

El capítulo 5a se refiere a la financiación (la primera vez), y el capítulo 5b trata de cómo manejar a los inversionistas y del proceso continuo de conseguir fondos.

El capítulo 6 examina la creación de ADN, las personas y, en particular, despedir y contratar (el orden no es un error de digitación).

El capítulo 7 —justo antes de establecer el APM— se refiere a entender a nuestros usuarios.

El capítulo 8 discute el APM y cómo llegar allí.

El capítulo 9 está dedicado por completo a los modelos de negocio y los planes de negocios, y cómo hallar los más adecuados.

El capítulo 10 trata del mercado y el crecimiento, que es una fase adicional de construir la startup.

El capítulo 11 profundiza en otro aspecto del crecimiento: extenderse a nivel global y convertirse en un líder de mercado en el escenario mundial.

El capítulo final, el capítulo 12, es acerca del juego final de una startup: la salida: cuándo vender y cómo tomar esta decisión, así como a quiénes se debe tener en cuenta para esta decisión, y así sucesivamente.

Los empresarios están cambiando el mundo y haciendo de él un mejor lugar. Actualmente, muchas de las más importantes compañías del mundo fueron startups no hace mucho. Solo ha transcurrido una década larga para Tesla, Waze, WhatsApp, Facebook, Uber, Netflix y muchas otras. Google y Amazon solo tienen cerca de veinte años de creadas. Apple y Microsoft son incluso más jóvenes que yo.

La siguiente generación de emprendedores tendrá un impacto aún mayor, porque tiene más elementos de los que puede depender, y habrá más emprendedores experimentados que puedan guiarla.

Espero que este libro contribuya a nuestro éxito.

Soy conferencista en muchos eventos, de tecnología, movilidad y emprendimiento, así como en talleres académicos. Una de las experiencias más gratificantes es aquel momento "¡Eureka!" cuando hay una chispa y un cambio en la mentalidad del emprendedor.

Algunos años atrás, en diciembre del 2016, fui invitado a hablar en un evento de emprendimiento en Bratislava, la capital y ciudad principal de Eslovaquia, y los argumentos que usaron para convencerme de asistir al evento y participar en él fue que era uno de los primeros países en adoptar con éxito Waze.

En efecto, durante las presentaciones, muestro un video acerca de cómo se crean los mapas de Waze, y siempre comienzo con el código QR del vínculo al video:

Yo era el conferencista que inauguraba el evento la primera noche. En el segundo día hubo un coctel y un taller con emprendedores.

En mi conferencia inaugural relaté la siguiente historia.

Hablé con muchos de los emprendedores cuyas startups habían fracasado y les pregunté por qué lo habían hecho. ¿Qué sucedió? Aun cuando creo que la razón principal es que no calcularon el APM, cerca de la mitad de los emprendedores me dijeron que "el equipo no era el adecuado".

Entonces seguí preguntando. "¿Qué quieren decir con que el equipo no era el adecuado?". A esta pregunta, escuché dos respuestas principales. La mayor parte de los emprendedores dijo: "Teníamos a este hombre que no era lo suficientemente bueno, o a aquella chica que no era lo suficientemente buena". Entonces, "no era lo suficientemente bueno" era una razón importante.

La otra razón que escuché con frecuencia fue: "Teníamos problemas de comunicación" (a los que yo en realidad llamaría un problema de "manejo de ego"), en el que el equipo no consiguió ponerse de acuerdo con el liderazgo del CEO.

Luego les hice la pregunta más interesante de todas: "¿Cuándo supieron que el equipo no era el adecuado?". Todos respondieron: "Durante el primer mes". Uno de los CEO me dijo: "¡Incluso antes de que comenzáramos!".

Pero, aguarda un momento: si todos sabían durante el primer mes que el equipo no era el adecuado y no hicieron nada al respecto, entonces el problema no fue que el equipo no fuera adecuado. El problema fue que el CEO no tomó la decisión difícil.

Tomar decisiones fáciles es fácil, pero las decisiones difíciles son realmente difíciles de tomar. Esta es la razón por la cual a muchas personas no les agrada ser quienes deciden. Si el CEO no toma las decisiones difíciles, entonces hay un problema grave y las personas de alto desempeño se irán (en el capítulo 6, "Despedir y contratar", explicaré por qué).

Mi presentación continuó y luego, durante el coctel, el CEO de una startup se me acercó y me dijo:

—Gracias, ahora sé exactamente lo que debo hacer: despedir a mi cofundador.

El evento se prolongó hasta el día siguiente. El CEO se me acercó de nuevo y dijo:

—Está hecho. Despedí a mi cofundador. Fue doloroso y no dormí en toda la noche, pero una vez que se lo anuncié a la compañía, todos se me acercaron para decirme: "¡Gracias, ya era tiempo!". Entonces, sé que hice lo correcto.

Incluso me envió un correo electrónico más tarde en el que decía que la compañía se encontraba ahora en el buen camino.

Fue entonces cuando apareció el primer detonante para escribir este libro, pues pensé que debía compartir mi conocimiento y experiencias con otros fundadores, emprendedores, CEO y gerentes, y quizás con todas las personas que trabajan en negocios de tecnología para ayudarlos a mejorar.

En cuanto a mí, no todo ha sido color de rosa. Habiendo experimentado muchas montañas rusas, retos y dificultades camino al éxito, creo y espero poder compartir más perspectivas y más visiones diversas en torno al viaje del emprendimiento de una manera que inspire a los demás. Más aún, espero que las lecciones que ofrezco aumenten la probabilidad de éxito de quienes las lean.

Me considero un optimista. Como soy un ávido esquiador, la gente me pregunta con frecuencia cuáles fueron mis mejores vacaciones de esquí. Mi respuesta es sencilla: "Las próximas". Finalmente, todo se resume en nuestra capacidad de causar un impacto mayor y de contribuir a hacer del mundo un mejor lugar.

CAPÍTULO 1

ENAMORÉMONOS DEL PROBLEMA, NO DE LA SOLUCIÓN

No he fracasado 700 veces. No he fracasado una sola vez.
He conseguido demostrar que esas 700 maneras no funcionan.
Cuando haya eliminado las maneras como no funciona,
hallaré la manera como funciona.

—Thomas Edison

El día de la fiesta judía de Rosh Hashana del 2006, yo había tomado unas vacaciones con mi familia extendida en Metula, una pequeña aldea en el extremo norte de Israel, a algo menos de 200 kilómetros de mi hogar en Tel Aviv. Cuando los cortos días de descanso se acercaban a su fin, llegó el momento de emprender el regreso de tres horas a casa. Éramos un grupo grande —distribuido en diez autos— y la pregunta en la mente de todos era: "¿Cuál será la mejor ruta para llegar a casa?".

Existían únicamente dos rutas de Metula a Tel Aviv, algo parecido a las deliberaciones para tomar la 280 o la 101 cuando se viaja entre Silicon Valley y San Francisco. En el 2006, no había una manera de saber con certeza cuál de las autopistas tomar. Como mi esposa y yo teníamos cuatro hijos relativamente pequeños en esa época, fuimos los últimos en partir, y yo pensé: "Si solo hubiera alguien conduciendo delante de nosotros para informarnos qué caminos están congestionados y cuáles abiertos".

Pero sí lo había. Todos aquellos miembros de la familia que se nos habían adelantado en el camino.

Comencé a llamarlos. "¿Cómo está el tráfico en tu ruta?", pregunté. "¿Algunos embotellamientos sobre los que deba saber?".

Ese resultó ser mi momento "¡Eureka!", la idea que llevó a que comprendiera que lo único que necesitaba era a alguien adelante en el camino para que me dijera lo que ocurría. Esto fue lo que más tarde se convirtió en la esencia de Waze.

Muchas de mis startups comenzaron de una forma similar, al sentirme frustrado y advertir que otros compartían la misma frustración, e intentar encontrar una manera de aliviarla.

Aun cuando ninguna de mis startups habría tenido éxito sin el equipo de liderazgo, el detonante para empezarlos casi siempre fue el mismo. Comencé Waze porque odio los embotellamientos. Comencé FairFly porque odio dejar dinero sobre la mesa. Pontera (antes llamada FeeX) nació porque sentí que pagaba demasiado en cargos por mis ahorros pensionales y Engie porque me sentía como un idiota cuando iba al mecánico. Sabrán más acerca de mis motivaciones y de aquello que hacen mis compañías más adelante en este capítulo.

Para mí, siempre es la frustración la que me lleva a comprender que hay un problema. Luego intento determinar si se trata de un GRAN PROBLEMA, un problema que valga la pena solucionar. Es siempre el problema aquello que lo desencadena todo y, si el problema es significativo, es posible crear mucho valor y convertirnos nosotros mismos en personas exitosas al solucionarlo.

Este capítulo narra la historia del comienzo de muchas de mis startups, que empiezan siempre con un problema y luego permanecen enfocados en ese problema. En definitiva, construir una startup es difícil, largo y doloroso. Es preciso estar enamorado para tener la pasión suficiente que permita perseverar a través de las etapas difíciles del viaje. A ustedes les irá mejor si están enamorados del problema que intentan resolver.

UNA STARTUP ES COMO ENAMORARNOS

Construir una startup se asemeja mucho a enamorarse. Al comienzo, hay muchas ideas que se pueden desarrollar. Eventualmente, se elige una y decimos: "Esta es la idea sobre la que voy a trabajar", al igual que es posible tener muchas citas hasta cuando eventualmente conocemos a alguien, y nos decimos que esa persona es "la indicada".

Al principio, pasamos tiempo únicamente con esa idea, pensando en el problema, los usuarios, el modelo de negocio, todo, de la misma manera como solo queremos pasar el tiempo con la nueva persona a quien amamos cuando empezamos a enamorarnos.

Cuando finalmente nos sentimos lo suficientemente seguros, comenzamos a hablar con nuestros amigos sobre la idea, y por lo general nos dirán: "Eso nunca va a funcionar" o "Es la idea más estúpida que he oído".

He escuchado esto muchas veces. Creo que la gente ya no suele decírmelo con tanta frecuencia, pero al comienzo lo decían mucho. A veces llevamos a nuestra novia a conocer a nuestros amigos y dicen: "Esta persona no es para ti".

Este es usualmente el momento en el que nos apartamos de nuestros amigos, porque estamos enamorados de esa idea, enamorados de lo que estamos haciendo, y no queremos escuchar a nadie más.

La buena noticia es que estamos enamorados y no los escuchamos.

La mala noticia es que estamos enamorados y no los escuchamos. Pero esta es la realidad, y es relevante para muchos aspectos de nuestra vida. Si no amamos lo que hacemos, hagámonos el favor y hagamos más bien algo que amemos, porque, de lo contrario, nos estaremos condenando al sufrimiento. ¡Debemos ser felices!

Puede ser perjudicial desconocer lo que otros nos dicen. Quizás los amigos, socios de negocio potenciales o inversionistas tienen algo importante que decir, y ¡no los escuchamos! Sin embargo, al mismo tiempo, es necesario estar enamorados para emprender este viaje. Será una montaña rusa larga, compleja y difícil. Si no estamos enamorados, será excesivamente duro.

Antes de fundar Waze, había estado trabajando como consultor para varias startups. Una de ellas era una compañía local de navegación móvil, Telmap, que construía software de navegación para teléfonos móviles y era ofrecido como un servicio a los operadores de móviles, que, a su vez, lo ofrecían como una suscripción pagada a sus suscriptores. Era, esencialmente, una compañía de negocio-a-negocio-a-consumidor (B2B2C). Telmap obtenía la licencia de sus mapas de terceros, como la compañía israelí Mapa y el gigante internacional de mapeo Navteq. Sin embargo, Telmap no tenía información de tráfico.

Me acerqué al CEO y compartí con él lo que pensaba. La plataforma de Telmap parecía el lugar ideal para desarrollar mi visión.

—A nadie le interesa la información del tráfico —respondió el CEO, rechazando aquello que yo consideraba una idea brillante—. A la gente le interesa la navegación. No creo que la información del tráfico sea factible.

Por "factible" quería decir "nunca conseguiremos que la gente la use lo suficiente para que valga la pena financieramente para nosotros o para cambiar su ruta de acuerdo con ella".

En aquel entonces, la única manera como se usaba la información de tráfico era mediante un código de colores aplicado al mapa: verde significaba que no había tráfico, amarillo que sí lo había y rojo que el tráfico era pesado. Pero esta información no era particularmente útil. En las carreteras e intersecciones muy usadas hay tráfico todos los días entre 8 a. m. y 9 a. m., y entre 4 p. m. y 6 p. m., y en la misma carretera, a medianoche ¡no hay tráfico!

Yo, sin embargo, persistí. Cualquiera que me conozca es consciente de que, una vez que tengo una idea en mente, es casi imposible disuadirme de desarrollarla.

Telmap tenía 50 000 usuarios en aquel momento, todos en Israel, y todos usaban sus teléfonos móviles con GPS. Diseñé un modelo estadístico teórico para mostrar cómo estos 50 000 conductores serían suficientes para crear información de tráfico factible. Era un modelo muy sencillo, que resultó preciso después, cuando creamos Waze.

Las cifras del modelo funcionan así: 50 000 usuarios de cerca de 2,5 millones de vehículos en Israel (el número de autos y camiones en las carreteras en esa época) constituían aproximadamente el 2 % del total. En una autopista, durante las horas pico, hay entre 1 500 y 2 000 vehículos por carril, así que el 2 % de esta cifra es una muestra de 30 a 40 vehículos por carril.

Ahora bien, si la autopista tiene tres carriles, esto sería entre 90 y 120 vehículos por minuto. Si pudiéramos reunir ubicación y velocidad en todo momento, esta sería una muestra lo suficientemente grande para determinar cómo es el tráfico en esa autopista.

Intenté de nuevo persuadir al CEO, pero, evidentemente, mi tesis no fue lo suficientemente fuerte para convencerlo.

Aun cuando dejé de tratar de convencerlo, seguía con el deseo de trabajar en esto durante un tiempo hasta cuando, cerca de un año más tarde (siempre toma más tiempo de lo que pensamos), como resultado de mis antecedentes y mi reputación como consultor de startups, un colega mutuo me presentó a dos emprendedores: Ehud Shabtai y Amir Shinar.

Ehud y Amir trabajaban juntos en una compañía de software dirigida por el segundo. Ehud era el CTO (*Chief Technology Officer* – director de Tecnología) pero en su "trabajo nocturno" había construido un producto llamado FreeMap Israel.

La aplicación FreeMap Israel era una combinación de dos partes: navegación y creación de mapas. La aplicación creaba un mapa a medida que uno conducía y la utilizaba al mismo tiempo para la navegación. Funcionaba en asistentes personales digitales (PDA), pues todavía no existían los iPhones. Como su nombre lo indica, FreeMap Israel era completamente gratuita, tanto la aplicación como el mapa.

Ehud tenía un problema similar al mío: necesitaba mapas para que funcionara su aplicación, pero era excesivamente costoso obtener una licencia de un tercero para usarlos. Este fue un problema crítico para nuestras dos visiones porque, sin los mapas, sería imposible construir una masa crítica de usuarios que generara información de tráfico factible. Pero una startup no podía costear los altos precios que cobraban en ese entonces las compañías que elaboraban mapas.

Conocer a Ehud y a Amir fue mi segundo momento mágico; fue entonces cuando supe que había encontrado lo que necesitaba para completar mi visión de una aplicación cotidiana para "evitar los atascos de tráfico". Tenía una idea, pero no una forma de implementarla. Ehud tenía la respuesta conceptual y tecnológica para el costo del mapa, así como una visión similar. De hecho, Ehud estaba muchos pasos delante de mí. Lo mío era una teoría; él en realidad había construido ya mucho de lo que se necesitaba. La magia de los mapas de Ehud que se dibujaban a sí mismos y creaban un mapa "gratuito" era un prerrequisito para desarrollar una aplicación gratuita que alentara su uso por el número de usuarios necesarios para generar datos de tráfico precisos.

Desde el inicio de Waze, después de que uniéramos fuerzas en el 2007, era claro que una aplicación de mapeo/conducción/tráfico que funcionara con GPS era exactamente aquello que íbamos a construir. Ciertamente éramos conscientes de que los teléfonos inteligentes con sistemas operativos (y, por lo tanto, con la capacidad de operar con aplicaciones) y conjuntos de chips integrados al GPS eran cada vez más populares. Lo que no sabíamos en aquel momento era que Apple habría de revolucionar la industria cuando lanzó la App Store en el 2008. Esto, a su vez, dio a Waze su mayor impulso.

Había incluso más magia en el hecho de que la misma aplicación que recolecta datos los use también al mismo tiempo: ¡es la *crowdsourcing* de todo!

IDENTIFICAR UN GRAN PROBLEMA, UN PROBLEMA QUE VALGA LA PENA SOLUCIONAR

Es necesario comenzar por pensar en un problema —un GRAN problema—, algo que valga la pena solucionar, un problema que, de ser resuelto, hará del mundo un lugar mejor. Luego debemos preguntarnos quién tiene este problema. Ahora bien, si la respuesta es solamente yo, ni siquiera nos molestemos en seguir, no vale la pena. Si nosotros somos la única persona en el planeta que tiene este problema, sería mejor consultar a un psiquiatra. Sería mucho menos costoso (y probablemente más rápido) que construir una startup.

No obstante, si muchas personas tienen ese problema, *entonces hablemos con ellas para comprender su **percepción** del problema. Solo después de hacerlo, construimos la solución.*

Cuando se sigue este camino, y la solución eventualmente funciona, habremos creado valor, que es la esencia del viaje.

Sin embargo, si comenzamos por la solución, es posible que estemos construyendo algo que a nadie le interesa, y esto es frustrante cuando se ha invertido tanto esfuerzo, tiempo y dinero. De hecho, la mayor parte de las startups mueren porque no consiguen establecer el APM, lo cual sucede en muchos casos cuando se centran en la solución y no en el problema.

Hay muchas razones para comenzar por el problema, además de aumentar la probabilidad de crear valor. Otra razón fundamental: la historia será mucho más sencilla y atractiva; la gente entiende la frustración y puede conectarse con ella.

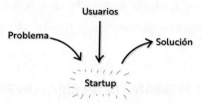

Comenzar por el problema

Encontremos una **solución** para muchos **usuarios**

Las compañías que se enamoran de un problema se preguntan todos los días: ¿Estamos avanzando hacia la eliminación de este problema? Hablan de una historia de "este es el problema que solucionamos", o, incluso mejor, la reducen a "ayudamos a las personas XYZ a evitar los problemas ABC", mientras que, para las compañías que se centran en la solución, su historia comenzará con "nuestro sistema…" o "nosotros". Si el centro es una persona, resulta mucho más difícil ser relevante. Si la historia se refiere a los usuarios y se enfoca en el problema, será mucho más sencillo ganar relevancia.

¿POR QUÉ TIENE LA GENTE RESPUESTAS TAN FUERTES A LAS IDEAS DE NUESTRA COMPAÑÍA?

La gente siente aprehensión frente al cambio. Si bien es posible que hayamos incubado la idea durante largo tiempo, y hayamos tenido el tiempo necesario para adoptarla o adaptarla a la visión, para otros es algo completamente nuevo. En especial si es la primera vez que nos dedicamos a un emprendimiento, sin un nombre reconocido, el cambio que proponemos puede ser tan drástico que puede suscitar una respuesta negativa. La gente necesita tiempo para sentirse cómoda con una idea.

Crear una compañía es un salto de fe. Si no estamos dispuestos a sacrificarnos —a renunciar a nuestro salario, cargo y título actuales—, entonces no estamos profundamente enamorados. Si no queremos renunciar a un deporte o a una afición, no tenemos suficiente espacio en nuestra atención para emprender el viaje de una startup.

¿Cómo saber cuándo estamos preparados para lanzar una startup? Cuando estamos dispuestos a sacrificar. Esta es la medida más importante. Si decimos "seguiré trabajando en mi empleo actual, pero en cuanto consiga el capital, me retiro y comienzo mi propia compañía", entonces no va a suceder. No estamos mostrando suficiente compromiso, lo cual, en términos generales, les dirá lo mismo a los inversionistas: que no estamos comprometidos. Si no lo estamos, ¿por qué ellos deberían comprometerse?

¿CUÁL ES EL PROBLEMA QUE INTENTAMOS SOLUCIONAR?

El tema fundamental de este libro es "Enamorémonos del problema, no de la solución". Un problema se define con facilidad. Cuando hablamos de él a otra persona, esta debería decir: "Sí, ¡yo también tengo este problema!". En la mayor parte de los casos, las personas darán su versión del problema y dirán cómo se sienten de frustradas cuando les sucede. En cuanto más escuchemos a otras personas darles nuestra versión del problema, más sabremos que la gente lo percibe como un problema real, lo cual significa que la percepción de nuestra propuesta de valor será real.

Ahora bien, si ellos describen su percepción del problema, y agregan que hay un valor para ellos si el problema desaparece, comenzamos a ver un problema muy doloroso. Pero antes de precipitarnos a construir una solución, es también preciso preguntarnos —y luego validarlo con personas que enfrentan este problema— bien sea cuán doloroso es (qué tanto valor hay en solucionarlo) o con qué frecuencia lo encuentran.

Si solucionamos un problema que la gente enfrenta cada día —y, de ser posible, algunas veces al día, por ejemplo, durante su trayecto a la oficina y de regreso a casa— se ha hallado algo grande. Cuando Google estaba dialogando con nosotros acerca de adquirir a Waze en el 2013, su CEO Larry Page dijo que Google estaba interesada en un "modelo de cepillo de dientes", algo que se use dos veces al día, que es exactamente lo que es Waze. Los problemas se ajustan a una matriz con dos ejes: *mercado posible total* y *dolor*.

La matriz de cualificación

Cuando pensemos en un problema, debemos mirar esta matriz y hacernos dos preguntas:

1. ¿Qué tan grande es el mercado posible? ¿Cuántas personas tienen este problema? ¿Cuántos negocios se ven afectados por él?
2. Luego la pregunta más importante: ¿Qué tan doloroso es? El dolor puede medirse a través de uno o dos factores: amplitud (muy, muy doloroso) o frecuencia (qué tan a menudo nos afecta).

Una vez definido el problema, regresemos a la matriz y miremos dónde se ubica. Miremos cada uno de los cuatro cuadrantes de la matriz.

- "Ganadores" es fácil de comprender, pero difícil de encontrar. Están ubicados en la esquina superior derecha, donde hay muchos usuarios y una alta frecuencia de uso (valor): pensemos en Facebook, Google, WhatsApp y Waze. Si se le pregunta a alguien cómo oyó hablar de Waze, lo más probable es que haya sido mediante el boca a boca, por amigos. Todas las compañías exitosas en el espacio de los consumidores han crecido con base en amigos que les cuentan a amigos. Si el producto se usa con alta frecuencia, la oportunidad de que esto suceda es drásticamente mayor, porque habrá muchas ocasiones de usar el producto y muchas más de contarles a otros acerca de él.

- "Nicho" podría ser una compañía muy exitosa, con un potencial de enorme impacto para unos pocos (pensemos en la cura para un síndrome médico poco común). O imaginemos que se construye un mercado para jets privados subutilizados. Hay una cantidad de ahorros en este modelo, pero es relevante para un mercado potencial muy pequeño (y rico) Los nichos tienen un mercado potencial pequeño, pero su frecuencia de uso o valor es muy alta. Estas son compañías bastante buenas.

- "Perdedores" están en el campo de la matriz donde hay pocos usuarios y un bajo uso/valor.

- "Sueños y pesadillas" son la categoría del mercado potencial de "todos", pero donde hay bajo valor o poca frecuencia de uso; por ejemplo, un servicio para renovar la licencia de conducción. Aun cuando ir al Departamento de Vehículos Automotores siempre se percibe como una pérdida de tiempo, solo sucede una vez cada cinco o diez años. La gente desea creer en sus sueños, pero, en realidad, estas son pesadillas porque no hay un valor suficiente al que se pueda acceder a través del mercado potencial.

Los problemas pueden medirse por la frecuencia de uso, la magnitud de la frustración, el costo alternativo o el tiempo ahorrado. Cualquiera que sea el modelo, la solución puede cambiar varias veces a lo largo del camino hacia el APM (el cual, muy sencillamente, significa que se ha establecido cómo crear valor para nuestros usuarios).

Exploraremos el APM en mayor detalle en el capítulo 8.

El problema, no la solución, es casi siempre la motivación fundamental y la razón para crear una startup. Desde luego, hay compañías exitosas que comenzaron sin un problema, como las primeras startups en las redes sociales o las compañías de juegos en línea, pero mi enfoque es que se debe siempre comenzar con el problema y no con la solución.

ENCONTREMOS EL PUNTO DE DOLOR

¿Cómo saber si vale la pena desarrollar un problema?

Siempre comienzo por buscar "el dolor". Para mí, es motivado principalmente por la frustración. Ciertamente, es posible que haya otros aspectos que contribuyen al dolor, pero la frustración es crítica para que cualquier persona actúe. Si me encuentro con algo que me desagrada o que me enoja, empiezo a pensar cómo arreglarlo.

Mis más grandes frustraciones recurrentes son las pérdidas de tiempo, como aguardar en fila (en los supermercados, en los embotellamientos de tráfico, en los sitios de seguridad de los aeropuertos, aguardar la telesilla en un centro de esquí) y malgastar dinero.

Odio sentir que me están estafando.

El problema que Waze se propuso solucionar era cómo los conductores cotidianos podían evitar los atascos de tráfico: sencillo, directo, y algo con lo que podemos identificarnos. La historia es similar para las otras compañías que he creado o a las que me he unido desde el primer día. Estos son algunos de los puntos de dolor de los que se ocupan:

- **Moovit**. Maneja la frustración de esperar a que llegue el bus; es el Waze del transporte público, y responde a las mismas preguntas: ¿Cómo llego de aquí hasta allá de la manera más rápida posible (en este caso, en el transporte público)?

- **Engie**. Maneja la frustración de ir al taller de mecánica, donde la mayor parte de nosotros se siente entre desamparado e idiota.

- **Pontera**. Fundamos FeeX, que en el 2022 cambió su nombre a Pontera, basados en el problema de que la gente sabe muy poco acerca de sus planes de pensión. La mayor parte de la gente sabe cuánto está pagando en cuotas, no cuáles son los ahorros esperados para su pensión. Cuando era joven, mi padre alguna vez me dijo que si no sabemos cuánto estamos pagando, estamos pagando demasiado. Resulta que la transparencia, y actuar con base en este conocimiento, nos ayudará a que seamos más ricos cuando nos pensionemos.

- **FairFly**. FairFly se ocupa del mayor secreto de la industria de los viajes: qué pasa con los costos de los vuelos una vez que se reserva un vuelo. Nadie lo sabe, porque nadie compara los precios después. El costo de los vuelos cambia todo el tiempo, antes de que reservemos un vuelo, y también después de hacerlo, así que si el precio baja, en realidad es posible reservar de nuevo el mismo vuelo a un menor precio.

- **Refundit**. Cuando uno viaja y va de compras en Europa, tiene derecho a recibir los impuestos pagados por las compras realizadas. Este impuesto no es insignificante: en promedio, puede ser más del 20 % del precio de compra. Pero cuando estamos intentando recuperar el impuesto, sencillamente no es posible. Quizás haya largas filas en la aduana, o la tienda no tiene los formularios correctos, o cuando preguntamos dónde se encuentra la oficina de devolución de impuestos, nos dicen que está en otro terminal. El resultado es realmente frustrante. En el 90 % de los casos la gente no consigue la devolución de su dinero.

- **Fibo**. Declarar impuestos es algo complejo y costoso en la mayor parte de los países por fuera de Estados Unidos. Como resultado de ello, una cantidad de dinero se deja en la mesa. (Recordemos que odio el desperdicio; dejar dinero en la mesa ciertamente lo es).

Miremos más de cerca algunas de estas compañías.

PONTERA: PENSIONÉMONOS MÁS RICOS

El año 2008 fue un año con tendencia a la baja y, algo que no es de sorprender, debido a la crisis económica, cuando recibí el extracto anual de mi cuenta de pensión al final del año, encontré que había perdido cerca del 20 % de mis ahorros a largo plazo. Aún peor, descubrí que me cobraban 1,5 % en cuotas de manejo por perder este dinero.

Me sentí frustrado, no tanto porque estaba pagando cuotas, sino porque no sabía que estaba pagándolas. Les pregunté a algunos de mis amigos; ninguno lo sabía tampoco. Si nadie lo sabe, esa es la definición exacta de un secreto. Un mercado con secretos, con información unidireccional, está llamado a la disrupción a través de la creación de transparencia. Luego comencé a investigar más profundamente, y advertí que nadie comprende realmente cómo funcionan los ahorros pensionales, ni cuál es el valor esperado de sus ahorros en el momento de la pensión.

Se me ocurrió la idea de crear Pontera para ayudar a manejar la transparencia de los planes pensionales y sus cuotas. Obviamente, los rendimientos son mucho más importantes que las cuotas, pero cuando se mira el panorama más amplio, el rendimiento neto es el rendimiento nominal menos las cuotas, acumulado a lo largo de los años, entre este momento y el momento de pensionarse. Esto representa una gran parte de los ahorros pensionales.

Comenzamos en Israel con las cuotas y, cuando nos mudamos a Estados Unidos, hicimos varias rondas de cambios en el producto hasta cuando entendimos el mercado y sus necesidades. Cuando empezamos en Israel, atrajimos rápidamente a usuarios que podían ver entonces cuánto estaban pagando (y cómo se comparaba con personas en similares circunstancias, lo cual se convirtió en el "evento desencadenante" fundamental para la adquisición de usuarios y para actuar). Comenzamos en Israel centrados en las cuotas y no en los rendimientos porque, en aquella época, no había manera de comparar los rendimientos, y pensamos que sería más sencillo de vender y hacer un llamado a la acción a nuestros usuarios. Pensamos que llevaríamos el mismo concepto a Estados Unidos, pero descubrimos que las cuotas implicadas en "cuentas retenidas" (*held-away accounts*) como los planes 401(k) y 529, eran solo la punta del iceberg. Nos tomó entonces años calcular de nuevo el APM, y advertir que la naturaleza del problema en Estados Unidos es muy diferente. En Estados Unidos, cuando nos unimos a un nuevo empleador, los beneficios de la contratación incluyen a menudo un plan 401(k). Cada persona puede definir su contribución al 401(k) y elegir dónde invertirla. En más del 80 % de los casos, la gente se queda con la inversión por defecto, y esa decisión no cambiará a lo largo de los años. Esta opción por defecto es habitualmente de bajo riesgo/bajo rendimiento y, lo que es peor, nadie está gerenciando o incluso supervisando nuestros ahorros más importantes a largo plazo. De hecho, las cuentas por defecto 401(k) tiene como resultado rendimientos mucho más bajos que las cuentas gerenciadas, y con su efecto acumulado, la diferencia podría significar pensionarse rico o no. Actualmente, Pontera es una plataforma en la que asesores financieros manejan cuentas 401(k) y otras cuentas para sus clientes. Pontera es el puente que lleva a una mejor (más rica) pensión.

SOLUCIÓN FAIRFLY: AHORRAR DINERO DESPUÉS DE RESERVAR

Cuando uno de mis hijos tenía trece años, lo llevé a Orlando, un viaje para celebrar su bar mitzvá. Después de todo, ¿qué joven de trece años rechaza una visita a Disney World?

Reservé un apartamento en un complejo vacacional de Orlando por 120 dólares la noche, que parecía ser un precio maravilloso. Sin embargo, una semana antes del viaje, descubrí, para mi sorpresa, que el complejo vacacional estaba prácticamente desocupado, y que el precio ahora era de 120 dólares por toda la semana. Cancelé de inmediato la primera reserva e hice una nueva. Fijé un recordatorio para verificar de nuevo dos días antes del viaje; con estos precios, era posible que incluso me pagaran por ir allá y, en efecto, dos días antes del viaje, el precio era de 120 dólares por toda la semana *incluyendo el desayuno*.

Me di cuenta de que esta experiencia se aplicaba también a un ejemplo aún más común de una variación de precios después de hacer la reserva: el costo de volar.

FairFly es otro gran ejemplo de cómo convertir la frustración en una compañía. ¿Qué pasa con el precio de los tiquetes una vez que se reserva un vuelo? La realidad es que no lo sabemos, porque nadie compara los precios después de haber hecho una reserva. Pero el precio de los vuelos continúa subiendo y bajando todo el tiempo. Mientras la baja en el precio sea mayor que el precio de cancelar, vale la pena reservar de nuevo el mismo vuelo por un menor precio.

Cuando estaba en Waze y necesitaba programar un viaje de trabajo a Nueva York, unos días después de haber hecho la reserva, otro de los empleados de Waze pidió acompañarme en el viaje. Le respondí que sí, y regresé a Expedia para reservar el tiquete.

Para mi sorpresa, ¡descubrí que era más del 30 % menos costoso que el que yo había pagado!

Por aquella época viajaba con mucha frecuencia para Waze, y muchos otros empleados de Waze también lo hacían, así que no era un problema menor. Lo mismo sucede en las grandes corporaciones. Resulta que el precio promedio de los pasajes cambia cerca de noventa veces desde el momento en que se hace la reserva hasta el día del vuelo. El viaje para celebrar el bar mitzvá pudo haber sido el detonante para crear FairFly, pero fue al reservar el pasaje a Nueva York cuando advertí que este problema —llamémoslo una oportunidad— es realmente sistémico y no únicamente una ocurrencia ocasional o una coincidencia.

REFUNDIT: SIMPLIFICAR LAS COMPRAS LIBRES DE IMPUESTOS EN EUROPA

Unos pocos años atrás, me encontraba en Madrid con mi esposa. El último día queríamos comprar algo en una tienda de artículos para deporte. Yo ya había tenido experiencia en solicitar la devolución de impuestos cuando hacía compras en Europa, y sabía que era un problema que valía la pena solucionar. Estaba buscando confirmación por parte de un usuario sin experiencia —mi esposa—, así que le pedí que realizara el proceso mientras yo observaba.

Aun cuando pareciera que estaba creándole un trabajo adicional, no hay nada más importante para comprender la frustración de un usuario que observar cómo se desenvuelve esta frustración. Incluso es más crítico cuando se observa a un nuevo usuario intentando hacer algo por primera vez.

Mi esposa le preguntó al dueño de la tienda si tenía los formularios de impuestos que necesitaba. Él no tenía los formularios correctos, o al menos eso dijo. Mientras miraba a las otras personas que estaban en la fila conmigo, lo que pensé es que este vendedor no deseaba perder tiempo con mi esposa; quería vender más o atender a más clientes. En aquel momento, mi esposa estaba dispuesta a renunciar, como la mayor parte de la gente lo haría en una situación semejante, pero yo insistí en que fuéramos a otra sucursal de la tienda que tuviera los formularios correctos.

Nos tomó solo cerca de diez minutos averiguar qué necesitaba, pero luego esperó cerca de una hora para que le entregaran los formularios. Había una fila de aproximadamente diez personas y solo un empleado para ocuparse del trámite. Una espera de una hora para ahorrar cerca de quince euros ciertamente no valía la pena, pero la experiencia era muy importante para entender cuán doloroso es el proceso.

Eventualmente, recibió lo que necesitaba.

Cuando llegamos al aeropuerto, pasamos por el segundo proceso para reclamar la devolución de impuestos, que es la aprobación de la aduana. Para nuestra sorpresa, fue bastante fácil y rápido, pero luego era necesario ir a una oficina más, la de *Global Blue*, la compañía que expide la devolución, y allí la fila era sencillamente demasiado larga, el tiempo del que disponíamos era demasiado corto, y no conseguimos reclamar la devolución de impuestos antes de la salida de nuestro vuelo.

Este es el problema que soluciona Refundit: los estimados 26 000 millones de euros al año que no son reclamados por los millones de turistas que viajan continuamente a Europa.

He escuchado tantas historias de gente que me dice: "Ohhh, deberías escuchar lo que me pasó a mí…", "No podrás creer mi historia…". Confía en mí, te creo.

Para este momento, sabrán que no me agrada dejar dinero en la mesa, como tampoco me agrada aguardar en filas.

FIBO: PRESENTAR UNA DECLARACIÓN DE IMPUESTOS ES COMPLEJO Y COSTOSO

Cuando hablo con gente en diferentes partes del mundo, les pregunto con frecuencia: "¿Cómo es el proceso de presentar una declaración de impuestos en su país?". En países diferentes de Estados Unidos, donde no es algo complejo —uno puede llevar los documentos al H&R Block [una firma asesora en materia de impuestos] más cercano, o presentarlos en línea usando TurboTax—, declarar impuestos es un verdadero dolor de cabeza. Siempre escucho que es complicado, costoso o ambas cosas. Ciertamente es un gran problema para mucha gente en todo el mundo. En Estados Unidos, todos los ciudadanos deben declarar impuestos anualmente. Es obligatorio. No sucede lo mismo en otros países, donde la gente no tiene que declarar personalmente impuestos, pues depende de las deducciones mensuales que se le hacen. En Israel, por ejemplo, únicamente el 5 % de la población adulta presenta una declaración de impuestos. En el Reino Unido, es cerca del 25 %.

¿Pueden imaginar qué sucede? Si no es obligatorio, y es complicado y costoso, la gente sencillamente no declara impuestos y, como resultado de ello, incluso cuando tienen derecho a un reembolso, puesto que no lo reclaman, no lo obtienen.

En Israel, el 80 % de los empleados tienen derecho a un reembolso, pero no se molestan en reclamarlo. El resultado es la asombrosa cifra de 10 000 millones de séqueles que nunca se reembolsan. Esto me enoja tanto como el problema que soluciona Refundit. No es solo que no me agrade dejar el dinero en la mesa, ¡sino que me desagrada especialmente cuando hay muchísima gente que podría aprovechar este dinero!

En todos los ejemplos anteriores, me enamoré del problema y era una historia fácil de contar. Quienes me escuchaban se conectaban de inmediato con el problema. Sin embargo, para todos estos casos, me tomó años encontrar el equipo adecuado —Yoav, Eyal y David en Pontera; Aviel y Ami en FairFly; Ziv en Refundit; Roiy y Dana en Fibo—. Luego comenzó el viaje, y estos equipos fueron los que nunca renunciaron, y pasaron por la montaña rusa y los retos de cruzar el desierto.

CUANDO DESAPARECE EL PROBLEMA

Por lo general, los problemas no desaparecen solos. Pero la percepción de un problema podría ciertamente desaparecer. Esto fue lo que sucedió con Mego, una startup que fundé para manejar la frustración con la oficina de correos.

Mego nació de mi frustración al recibir una nota de la oficina de correos donde me informaban que había un paquete para mí.

En gran parte de Estados Unidos esto no es un problema, porque el cartero lo dejará en nuestra puerta incluso si no estamos en casa. Si vivimos en un edificio, el paquete habitualmente lo recibirá el portero. Por esta razón, los paquetes en Estados Unidos por lo general están dirigidos a una dirección, no a una persona.

En Israel y en Europa, sin embargo, el paquete no está vinculado a una dirección sino a una persona específica. Por lo tanto, si esta persona no está en casa cuando llega el cartero, el destinatario recibe una nota roja donde se le informa que debe acercarse a la oficina de correos. Desde luego, usualmente la oficina en cuestión solo está abierta unas pocas horas poco convenientes, a la misma hora en que la gente trabaja y cierra temprano. Si esto no fuese suficientemente desalentador, hay también largas filas y nunca un lugar para aparcar.

El resultado: en Israel, cerca del 100 % de los paquetes no se entregan en el primer intento. La situación no es mucho mejor en el Reino Unido, donde solo un tercio de los paquetes se entregan en el primer intento.

Mego les ofreció una alternativa a quienes recibían notas rojas de la oficina de correos. Por una pequeña cuota, se puede escanear la nota roja, escanear nuestra identificación, y alguien la buscará por nosotros. El costo: cerca de cinco dólares por entrega.

Creamos la compañía en el 2016 y comenzamos a probar el servicio en Israel. A la gente le fascinó. Sin embargo, en el 2017, la oficina de correos introdujo una serie de cambios dirigidos a solucionar algunos de sus principales problemas. Ahora era posible recoger los paquetes en las tiendas locales 7-Eleven o en casilleros ubicados en lugares estratégicos en todo el país. En la oficina misma de correos, ahora era posible hacer una reserva para una hora específica a través de la aplicación del servicio postal o a través de un mensaje de texto. Esto redujo también las frustraciones que sentían los clientes. Además, la oficina de correos permanecía abierta hasta tarde en la noche (hasta las 8 p. m. y en ocasiones incluso hasta medianoche).

El servicio de Mego aún tenía valor, pero la percepción del problema desapareció gracias a los cambios introducidos por la oficina postal. Si estuviéramos mirando el problema en el 2016, crearías una compañía, como yo lo hice. En el 2017, no lo haríamos. A veces, es una cuestión de oportunidad. Desde entonces, cerramos la compañía.

Adicionalmente, he invertido en startups en las cuales no soy el fundador, pero me agradan la idea y el CEO. Mi estrategia habitual en estos casos es unirme a la junta directiva para poder contribuir con mi tiempo y experiencia. Estas startups incluyen SeeTree, Weski, Dynamo, Pumba y Kahun.

MÁS ACERCA DE ALGUNAS DE MIS STARTUPS

- Además de las startups que fundé con base en problemas de los que me enamoré, estoy involucrado en otra serie de startups a las que me uní mucho antes de que empezaran. En la mayor parte de los casos, ayudé al equipo que lo creó o al CEO a comenzar el proyecto, luego invertí en él, y luego orienté al equipo a lo largo del camino y me convertí en miembro de su junta directiva.

- SeeTree es una de ellas. Conozco a su CEO desde hace cuatro décadas, y cuando él apenas empezaba a pensar en crear una startup después de una larga y exitosa carrera, comencé a ayudarlo. Fui el primer inversionista de la compañía y actualmente hago parte de la junta directiva.

- La magia de SeeTree se encuentra en el espacio agrícola y, como su nombre lo indica, más específicamente en el mercado de cultivo de árboles, donde contribuyen a incrementar drásticamente la producción. Cultivadores que tienen millones de árboles disponen de muy poca información, y ciertamente carecen de datos factibles sobre lo que ocurre en sus granjas.

- La solución de SeeTree combina drones que sobrevuelan con análisis en el terreno a nivel de los árboles individuales para determinar si hay un problema con un árbol y diseñar un plan factible para reestablecer su producción. Al final del día, sus esfuerzos incrementan la producción de la granja de árboles entre el 5 y el 20 % un año tras otro.

- WeSki es otra startup en la que estoy involucrado. Fui mentor del equipo en el programa de emprendimiento de Zell, y he seguido involucrado desde entonces a través de un importante viaje en montaña rusa, que incluyó llegar casi al cierre, dos años de interrupción del servicio debido al covid y mucho más.

- WeSki trata con mi más grande afición: el esquí. Actualmente, cuando se intenta programar unas vacaciones de esquí, hay dos opciones: comprar un paquete con todo incluido, o hacerlo uno mismo, pasando a menudo horas en Internet armando nuestro propio paquete a la medida. WeSki es un servicio semejante a un Lego, que lo construye el cliente, para ofrecer la flexibilidad de un servicio a la medida en una fracción del tiempo requerido. Si nos encontramos en la costa este de Estados Unidos, y pensamos tomar unas vacaciones de esquí de una semana en las montañas Rocosas, les sugeriría ir a Francia, usando WeSki para hacer la planeación y así el viaje será mucho mejor y menos costoso.

- El CEO de Kahun ha sido mi amigo desde la secundaria. El CTO ha sido mi amigo en la primaria, la secundaria y el servicio militar, y ha trabajado conmigo en Waze. Ambos tienen una considerable experiencia en el mundo de las startup tecnológicas, y experimentaron una exitosa salida como fundadores de una startup adquirida por LivePerson. Me buscaron con la idea cerca de dos años antes de comenzar, y les dije que el problema que deseaban solucionar era un problema real y muy grande; en cuanto estuvieran preparados, yo lo estaría también. Transcurrió otro año y medio, o quizás incluso dos años, hasta cuando comenzaron oficialmente. Yo fui uno de los primeros

inversionistas (a través de mi vehículo de inversión), pertenez-
co a la junta directiva y siempre estoy disponible para ellos. El
problema del que se ocupan es uno de los más grandes: el de
los datos en el espacio médico. Resulta que la mayor parte de
los datos que se encuentra en el espacio médico está en forma de texto, como libros, artículos, investigaciones, etc. Kahun
convierte estos textos en datos y crea un sistema de inteligencia artificial para diagnósticos, revisión previa de pacientes, y
para ayudar al personal médico a estar mejor preparado.

ENCONTREMOS NUESTRA PASIÓN

La pasión por hacer un cambio debe ser mayor que nuestro temor
al fracaso y el costo alternativo. Esto es lo que llamo la "zona del
emprendimiento", porque no toda persona con una gran idea tiene
la personalidad necesaria para construir una startup.

Esto no se aplicará por igual a todos, pero el común denomina-
dor es decirse: "No continuaré con lo que estoy haciendo actualmente. Estoy dispuesto a sacrificarme, a dar un salto de fe".

Esto es lo que quiero decir por "costo alternativo". Es el precio
que se paga por emprender el viaje de crear una startup, bien sea por
rechazar otras opciones o por dejar el cargo actual.

Hay sentimientos muy fuertes que crean un compromiso emocional que lleva a la pasión. Si bien, en mi caso, la frustración o el
desperdicio podrían llevar a ella, en otros casos puede ser amor,
odio o venganza.

Nir Zuk, el fundador de la compañía de ciberseguridad Palo Alto
Networks, fue uno de los primeros empleados del gigante israelí
en ciberseguridad Check Point Software, pero tuvo un desacuerdo con la gerencia y creó su propia compañía para competir con
Check Point.

Si mi pasión es evitar la frustración a cualquier precio, su pasión
es la venganza. Incluso se dijo que había mandado hacer una placa
para su auto en California CHKP KLR ("Check Point Killer"), que
significa "asesino de Check Point".

Es posible que sea Zuk quien ría de último en este caso: En el 2021, Palo Alto Networks tenía una capitalización en el mercado (el valor de la compañía) de 52 000 millones de dólares y, en el 2020, ingresos anuales de más de 4000 millones, en comparación con Check Point, cuya capitalización en el mercado fue "únicamente" de 15 000 millones de dólares, e ingresos anuales por encima de los 2000 millones. En diciembre del 2021, Check Point fue retirada del índice Nasdaq-100 y Palo Alto Networks la reemplazó.

La forma más fuerte de la pasión no es la que sientes por métodos de ganar más dinero. Más bien es la de cambiar el mundo para hacer de él un mejor lugar.

Pensamos que la propuesta de valor de la aplicación Waze era encontrar la ruta más rápida y ahorrar tiempo. Pero no lo es. Como lo mencioné antes, la gente desea principalmente saber cuál es la hora estimada de llegada (ETA) cuando conduce de Cupertino a San Francisco. Les preocupa menos si será más rápido por la Interstate 280 o la Highway 101. En suma, para tener éxito deberemos saber qué motiva a la gente. En la mayor parte de los casos se trata de su compromiso emocional con el problema, y el valor real percibido será probablemente diferente del valor percibido en nuestra historia. Por ahora, es necesario encontrar un problema que nos motive, del que podemos enamorarnos.

IR MÁS ALLÁ DE UNA "MUESTRA DE UNO"

Enamorarse del problema comienza, por lo general, con una perspectiva personal. Eso tiene sentido: nadie intentará solucionar un problema que no le importa. Pero es importante sintonizar nuestro pensamiento con la experiencia de otros, de las masas, por decirlo así.

Como individuos, somos una muy buena muestra... de exactamente una persona. Tendemos a desconocer el hecho de que hay otras personas que no piensan como nosotros. Hacemos algo de determinada manera, y creemos que es la única forma de hacerlo, o nos apegamos a nuestra percepción del problema e imaginamos que, por lo tanto, es un problema para todos. No lo es. La gente no es igual. Habitualmente no hay una única manera correcta.

Si escuchamos la esencia del mismo problema descrita por varias personas desde distintos ángulos, entonces sabemos que es un problema real. Las emociones son poderosas motivaciones para el cambio.

Cuando creamos *Engie*, fue porque escuchábamos todo el tiempo acerca del mismo problema: nos sentimos desvalidos, o sentimos que nos están robando, o nos sentimos como idiotas en los talleres de mecánica. A menos de que seamos expertos en bujías, niveles de aceite y cosas como estas, no tenemos idea de qué hacemos allí. Y no hay una cotización clara. Las reparaciones pueden costar 200 o 2000 dólares. No sabemos cuál será el costo hasta cuando el auto ya está subido en una plataforma.

"¿Quiere una cotización? Déjeme abrir el capó solo entonces le podré decir". En realidad, en la mayor parte de los casos, lo que hacen, sencillamente, es conectar el computador del auto con el computador de diagnóstico y no es necesario siquiera ir a un taller para eso.

Pagamos de mala gana la cuenta, pues a menudo sentimos que nos robaron. Por lo general, no es así. La mayor parte de los mecánicos son profesionales honestos, pero la percepción persiste. En efecto, la investigación que realizamos para Engie muestra que cerca de tres cuartas partes de la gente cree que le están robando, cuando, de hecho, cerca de tres cuartas partes de los mecánicos son profesionales y honestos. El reto es determinar quién es quién dentro del grupo más amplio de mecánicos disponibles. La incertidumbre exacerba el sentimiento de impotencia.

Hay una historia que me agrada relatar en mis presentaciones. Vamos al taller y el mecánico nos dice que hay que reemplazar el carburador. Estamos de acuerdo. Hay solo un problema: nuestro auto no tiene carburador. ¡Hace décadas que los fabricantes no hacen autos con carburador! ¡Eso muestra lo impotentes que somos!

El otro problema con los mecánicos es que no hay una manera de comparar precios entre diferentes talleres. Cuando el auto necesita un nuevo alternador, no es posible llevar nuestro carro al siguiente taller más cercano simplemente porque el alternador no funciona y el carro está varado. Si no hay una manera de comparar precios, esto significa que el mercado está "roto".

Creamos Engie para manejar este mercado "roto" y las frustraciones al reparar un auto. Diseñamos un aparato que se conecta al puerto de datos de nuestro auto (todos los autos nuevos fabricados durante los últimos veinte años lo tienen).

La USB de Engie fue diseñada para comunicarse con un teléfono inteligente y dar una descripción en tiempo real en un inglés comprensible de cuál es el problema del auto. ¿Está baja la presión de los neumáticos? ¿Necesitamos reemplazar los frenos? Luego despliega una lista de talleres disponibles en la zona con una cotización para reparar el vehículo. El tamaño del mercado para los talleres automotores —cuánto pagan los dueños de los vehículos cada año por reparaciones— se acerca a los mil millones de dólares.

¡Ciertamente parecía un mercado que valía la pena examinar! No pensamos que Engie fuese usado con mucha frecuencia porque los autos, por fortuna, son bastante sólidos, pero descubrimos que, para estar tranquila, la gente usaba habitualmente la función "verifique el auto" que está en la aplicación.

El lado de los consumidores de Engie funcionó maravillosamente, con una alta retención y frecuencia de uso. De hecho, mucho mejor de lo esperado: cerca de cinco a seis veces al mes. Cuando inicialmente tratamos de determinar el modelo de negocio, teníamos como meta un mercado. Una vez que el conductor sabía que había un problema con el auto, pedíamos una cotización para la reparación en los talleres que se encontraban en el vecindario del conductor. La aplicación ofrecía la ventaja de saber con exactitud qué había que reparar, pero resultó que esto no era suficiente. Era una carga para los consumidores renegociar la cotización con su mecánico local, pero no lo suficiente como para cambiar de mecánico. Una exploración más profunda reveló un mercado muy complejo, en el que consumidores, mecánicos y concesionarios tienen perspectivas muy diferentes sobre el mercado, y cada grupo tiene su propia agenda. Ensayamos un modelo de negocio diferente del diagnóstico remoto, para que el propio mecánico se pusiera en contacto —proactivamente— con el conductor cuando había un problema, pero fue demasiado tarde y demasiado poco.

Al final de una travesía de seis años, Engie cerró. Un gran problema y una historia poderosa son muy buenos puntos de partida, pero no siempre son suficientes para tener éxito. Pudimos determinar el APM para los consumidores, pero no para un mercado ni para una herramienta de retención.

Estábamos llegando al final de la financiación, y habíamos iniciado diálogos con unos nuevos inversionistas en Asia. Luego nos golpeó el covid-19 y los inversionistas desaparecieron. Sencillamente, no teníamos más fondos para continuar ni para encontrar otro inversionista.

Fue como lo dijo alguna vez Michael Jordan: "Nunca he perdido un juego, solo se me acabó el tiempo".

Obviamente, la travesía de Engie, como todas las otras, fue un largo viaje por una montaña rusa de fracasos. Hubo altibajos, incluyendo un cambio de varios CEO (que, hoy en día, creo que fue un error), pero la baja de la que no pudimos recobrarnos fue la desaparición de un inversionista que le dijo a la compañía que estaba dispuesto a invertir y luego desapareció. Esto, junto con la falta de apoyo de parte de los inversionistas durante la pandemia, llevó a Engie a su fin.

EL CAMINO FÁCIL NO ES PARA LAS STARTUPS

Sin importar qué se haga, construir una startup es un reto muy grande, quizás el viaje más difícil que se pueda emprender. Habrá momentos en los que uno se pregunte: "¿Por qué diablos decidí emprender este viaje?".

Si no estamos verdaderamente apasionados, realmente enamorados, no tendremos suficiente energía interna para atravesar por los momentos difíciles, pero si estamos enamorados, no pensaremos en nada más.

¿Qué tal construir una startup como un segundo trabajo o mientras se tienen otros compromisos? La respuesta es sencilla. Para emprender con éxito el viaje de una startup, es necesario invertir el 200 % de nuestro tiempo, esfuerzo, atención y todo en la startup y 0 % en todo lo demás. Nada más funciona. Estamos a punto de embarcarnos en una montaña rusa, un viaje de pesadilla que será un reto tan grande que, si no comenzamos con suficiente pasión, no llegaremos al otro lado.

Si no nos enamoramos del problema, simplemente no podremos pasar el punto en el que sentimos que nada funciona y estamos preparados para abandonarlo todo.

CONSEJOS PARA STARTUPS

- Evitemos la trampa de enamorarnos de la solución. Enfoquémonos más bien en el problema que intentamos solucionar.

- Una historia centrada en la solución comienza con "Mi compañía hace..." o "Mi sistema hace...". Una historia centrada en el problema comienza con "Nosotros resolvemos el problema...". Una historia centrada en el usuario comienza con "Lo que estamos haciendo por usted es...".

- Encuentra un GRAN problema que valga la pena solucionar y pregúntate quién tiene este problema. Luego hablemos con estas personas para entender su percepción del mismo.

- Preparémonos para que la gente diga que nuestra startup "nunca funcionará" o "es una idea estúpida". A la gente no le agradan los cambios, y una startup es un cambio.

- ¿Cómo saber si estamos preparados para lanzar una startup? Cuando estamos dispuesto a sacrificarnos, a renunciar a nuestro salario, cargo y títulos actuales, y quizás incluso a nuestros ingresos, durante el futuro previsible.

- Como individuos, somos una muy buena muestra de exactamente una persona. Solamente cuando escuchemos un problema descrito por diversas personas desde distintos ángulos, sabremos que se trata de un problema real.

- El equilibrio entre el trabajo y la vida no existe para los fundadores y, en particular, para el CEO de una startup. Si nos enamoramos del problema, no desearemos (ni podremos) hacer nada más.

CAPÍTULO 2

UNA STARTUP ES UNA TRAVESÍA DE FRACASOS

Si nunca has fracasado, nunca has ensayado nada nuevo.

—ALBERT EINSTEIN

La travesía de fracasos

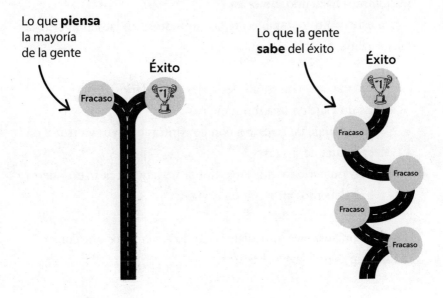

Ben Horowitz es uno de los más exitosos capitalistas de riesgo en el mundo, socio de la firma de Silicon Valley Andreessen Horowitz. Antes de ser capitalista de riesgo, Horowitz fue CEO de la startup de software Opsware.

Alguna vez se le preguntó:

—¿Dormía bien cuando era el CEO de una startup?

—Oh sí —respondió—. Dormía como un bebé. Me despertaba cada dos horas y lloraba.

Horowitz había experimentado de primera mano el viaje de montaña rusa que es común en todas las startups. Hay tantos altibajos y, si bien todos los negocios del mundo los tienen, su frecuencia en una startup es mucho mayor. Pueden ocurrir varias veces al día, a tal grado que yo diría que, a menos que nos agraden los deportes extremos, una startup quizás no sea para nosotros.

La razón es que construir una startup es, en esencia, un viaje de fracasos. Estamos intentando hacer algo que nadie ha hecho antes, y aun cuando podamos estar bastante seguros de saber exactamente qué estamos haciendo, no es así.

En este capítulo, estableceré las supuestos fundamentales de la construcción de una startup.

- Es un viaje (con múltiples viajes secundarios).
- Es un viaje en una montaña rusa.
- Es un viaje de fracasos, con continuos ensayos y errores en cada una de sus fases.
- Hay un período muy largo donde no hay tracción: el desierto que debemos atravesar en el viaje.

Hay dos conclusiones inmediatas cuando advertimos que construir una startup es un viaje de fracasos.

1. Si tememos fracasar, en realidad ya lo hemos hecho, porque no lo intentaremos. Albert Einstein dijo: "Si nunca has fracasado, nunca has intentado nada nuevo". En otras palabras, si ensayamos cosas nuevas, fracasaremos.
2. Para aumentar la probabilidad de tener éxito, ¡debemos fracasar pronto!

Si aceptamos que es un viaje de fracasos, entonces la mejor manera de aumentar la probabilidad de determinar qué funciona es, sencillamente, ensayar más cosas, y la mejor manera de hacerlo es ensayarlas rápido y fracasar rápido, para tener tiempo suficiente (y resistencia) para ensayar algo nuevo.

Supongamos, por ejemplo, que creemos que una característica específica será la solución, construimos la característica, entregamos la nueva versión, y luego... no funciona o no tiene los resultados que esperábamos. En ese caso, debemos pensar de inmediato en la siguiente característica que valga la pena ensayar, y enfocarnos en ella en lugar de tratar de mejorar la característica actual.

Esto crea un ADN único para una compañía (una cultura empresarial o un conjunto de valores), en el cual todas las presuposiciones subyacentes son solo hipótesis que vale la pena ensayar, y entre más pronto, mejor. Si funciona, terminamos. Si no lo hace, debemos pasar a la siguiente hipótesis.

Incluso cuando seguimos este camino, todo nuevo intento o ensayo se realiza con la convicción de que esta vez funcionará, pero será de todas maneras un camino muy largo.

La parte más larga es cuando nada funciona. Al comienzo habrá mucho entusiasmo. Estamos creando algo nuevo, hemos encontrado el primer usuario o la primera versión, y quizás alguien escribe acerca de ella en los diarios, y parece que avanzamos en la dirección correcta, pero luego nos damos cuenta de que lo que hemos construido sencillamente no funciona. Ensayamos distintas cosas, y todavía no funciona.

El largo viaje

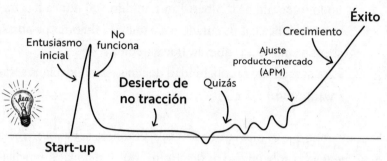

Imaginemos que estamos cruzando un desierto interminable. Solo hay arena a nuestro alrededor. Caminamos todo el día, y todavía solo hay arena alrededor. Nos dormimos, nos despertamos, y solo hay arena. Día tras día. No sentimos que estemos avanzando, pero en realidad sí lo hacemos, un pequeño paso a la vez, hasta que, finalmente, salimos del desierto (si no hemos muerto antes).

El "desierto de la no tracción" es la parte más larga del viaje. Es cuando ensayamos todo y nada funciona. Construimos un producto y no funciona. Construimos el producto, y sí funciona, pero los usuarios no llegan. Construimos el producto, funciona, y los usuarios llegan… pero no se quedan.

La mayor parte de las startups que fracasan, lo hacen durante este viaje en el desierto. Cuando cruzamos un desierto —bien sea en la realidad o como una metáfora de la vida en una startup— hay dos cosas que no se deben hacer:

1. No debemos cambiar de dirección; de lo contrario, podemos terminar caminando en círculos. (Cuando se está posiblemente perdido en el desierto, no es el momento de "girar").

2. No queremos quedarnos sin combustible. Resulta que el combustible (o en el caso de una startup, la financiación) es muy costoso en la mitad del desierto.

La primera parte del viaje de fracasos es siempre determinar el ajuste producto-mercado (esencialmente, crear valor para los usuarios). Una vez que se determina el APM, hemos comprado un boleto para la siguiente etapa del viaje (que, en sí misma, será otro viaje de fracasos), bien sea diseñar un modelo de negocio, extenderse a nivel global o aprender a crecer a una mayor escala.

La buena noticia es que si determinamos el APM, estamos camino al éxito. De lo contrario, morimos.

En cada una de estas etapas del viaje, lo más importante es con qué rapidez nos recuperamos y, para recuperarnos rápidamente, debemos comenzar por fracasar pronto. ¿Qué tan rápido podemos ponernos en pie de nuevo para ensayar la siguiente idea/concepto/tesis? Los emprendedores que adoptan este método de fracasar pronto sencillamente aumentan sus probabilidades de éxito.

¿Cuándo debemos girar? Ojalá nunca, pero si nada funciona, si no podemos determinar nuestro APM, si los usuarios nos dicen que el problema no es real o que el valor que intentamos crear es irrelevante, entonces es momento de girar. Un giro no es un experimento más en nuestro viaje. Implica reconsiderar los supuestos subyacentes. Al final del día, el APM significa que estamos creando valor para los usuarios y que regresan. Determinar nuestro APM significa tratar de obtener este valor para que los usuarios regresen. Girar significa cambiar los usuarios o la proposición de valor.

Exploremos más profundamente a Waze, que hoy en día puede parecer un éxito formidable, pero hasta cuando llegó allí, fue un viaje de ensayo y error en múltiples frentes, primero, para determinar el APM, luego en el proceso de crecimiento, y de nuevo para determinar el modelo de negocio.

En el caso de Waze, sin embargo, hay una magia que está más allá de la imaginación.

UNA HOJA EN BLANCO — LA MAGIA DE WAZE

Waze es actualmente la aplicación para conducir más exitosa del mundo y, en muchos países, la gente ni siquiera enciende su auto antes de entrar a Waze. Lo que la mayor parte de la gente no sabe es que todo el contenido utilizado por Waze es generado por otros conductores. Todo lo que usamos es una colaboración colectiva abierta (*crowdsourcing**), no solamente la información de tráfico o las trampas de velocidad —estos son obvios—, sino también el mapa mismo. Esta es la magia de Waze.

Página en blanco

Cuando comenzamos Waze, **el mapa era sencillamente una página en blanco**. No había absolutamente nada en el mapa, ni una sola carretera: únicamente una página en blanco.

Primer conductor

Luego, cuando el primer conductor condujo con la aplicación, recolectamos los datos GPS del aparato del usuario. Si tomamos estos datos y los dibujamos en la página en blanco, podemos ver en realidad el "rastreo" del recorrido.

---

* En la mayor parte de América Latina se usa coloquialmente el término "vaca", que según el Diccionario de Americanismos de la Asociación de Academias de la Lengua española es principalmente "dinero que se reúne entre varias personas para compartir un gasto determinado". El autor lo usa aquí en un sentido más amplio de colaboración, no monetaria. [N. del E.]

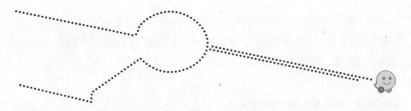

Muchos conductores

Una vez que haya muchos conductores en camino, los datos GPS de los aparatos de los conductores crean algo que comienza a parecer un mapa.

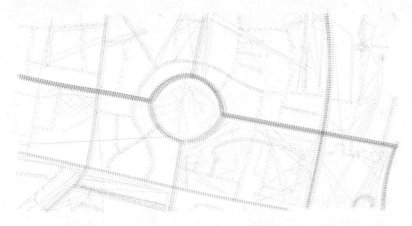

Cuando se mira esta gráfica (que, a propósito, proviene de rastreos reales en Tel Aviv del 2007), es fácil ver que hay algo que parece una rotonda y, en efecto, lo es.

Puede verse la densidad de esos rastreos, y ver la diferencia entre una calle principal y una calle secundaria. Si hay una intersección en la que nadie gira a la izquierda, entonces este giro está prohibido.

Si hay cien autos que avanzan en una dirección y ninguno en la dirección contraria, es una calle de sentido único. Ahora bien, si hay cien autos que avanzan en una dirección, y dos autos en dirección contraria, ¡es una calle de sentido único en Tel Aviv! Cuando lanzamos Waze a nivel global, descubrimos también que la proporción del 2 % en Tel Aviv es, en realidad, ¡bastante buena comparada con otros lugares!

Al hacer todo esto mediante *crowdsourcing*, podemos ofrecer información relevante en tiempo real para que la gente la use en sus trayectos cotidianos.

Convertirla en un mapa

Hemos creado un software que toma todos estos rastreos GPS de todos los usuarios y genera un mapa con ellos.

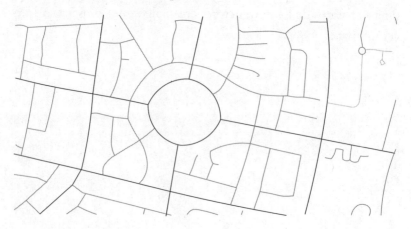

Edición de mapas

Diseñamos luego una herramienta de edición de mapas, para que los usuarios puedan suministrarnos los nombres de las calles, puntos de interés y números de las direcciones.

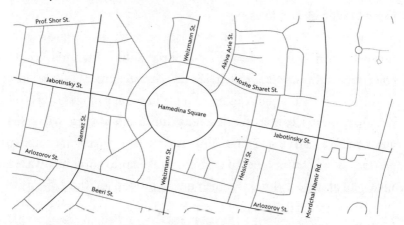

Conducir lentamente

Cuando estamos rastreando los GPS, si alguien está conduciendo lentamente, podemos determinar que allí hay un atasco de tráfico.

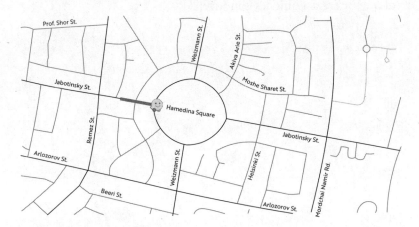

Atascos de tráfico

Y una vez que tenemos muchos conductores, podemos determinar dónde hay atascos de tráfico, y enrutar a la gente para evadirlos y tomar la ruta más rápida.

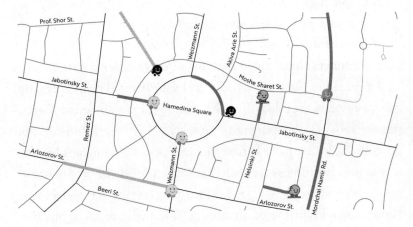

De esta manera, Waze es una red social de conductores, en la que todo el contenido es creado por ellos.

Trampas de velocidad e informes de conductores

Además de lo anterior, los conductores reportan trampas de velocidad, accidentes, peligros en el camino y otra información en tiempo
real que interesa a quienes conducen.

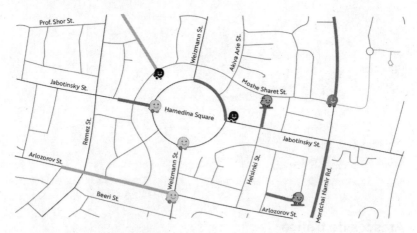

Cuando hablo de este concepto mágico, me preguntan con frecuencia:

—Entonces, ¿quiere decir que no había un mapa en la aplicación
para los primeros usuarios?

A lo que respondo:

—¡Exactamente! No había nada allí.

Viene entonces la pregunta más interesante:

—Entonces, ¿por qué lo usarían? ¿Qué valor tenía para ellos?

La pregunta clave no es cuál era el valor para el primer usuario,
sino ¿quiénes fueron los primeros usuarios? Eran aficionados entu-
siastas cuyos pasatiempos eran el GPS, el GIS (sistema de información
geográfica), los mapas y la navegación. A estos aficionados les interesaba más la promesa y el enfoque innovador de la *crowdsourcing*,
junto con poder controlar su destino, que el estado actual del mapa.
Pensemos en los primeros usuarios de Wikipedia, antes de que ofre-
ciera un contenido significativo.

"SUFICIENTEMENTE BUENO"

Trabajamos en Waze durante dos años antes de que fuera lo suficientemente bueno en Israel. En el 2007 estábamos trabajando en la aplicación como proyecto, todavía no como una compañía. En marzo del 2008, una vez que obtuvimos financiación, creamos una compañía con el nombre de Linqmap, que cambiamos en el 2009 a Waze. Construimos la aplicación en tiempo real en un teléfono Nokia.

Pasamos por múltiples iteraciones hasta que fue "suficientemente buena". Una de las mejores maneras de llegar a ese punto es, en realidad, comenzar por algo que no sea lo suficientemente bueno y luego iterarlo repetidamente hasta cuando lo sea. Las iteraciones se basan en la retroalimentación que recibimos de los usuarios.

Imaginemos lo siguiente: dos compañías gemelas están comenzando el primer día y hacen exactamente lo mismo. Después de tres meses de desarrollo, una de ellas decide que su producto no está listo aún y, por lo tanto, continúa con el desarrollo del producto planeando llevarlo al mercado tres meses más tarde.

La otra compañía decide también que no está lista, pero opta por lanzar el producto para usuarios reales. ¿Cuál de estas compañías se encontrará en una mejor posición tres meses después? Es muy sencillo. No se avanza si no se sale al mercado. Si no se cuenta con información nueva, no se está avanzando realmente.

Pero ¿qué significa "suficientemente bueno"? Si definimos el APM como algo que se mide únicamente por una medida —la retención—, entonces "suficientemente bueno" es cuando la retención es sostenible y válida. (Discutiremos qué se debe medir y las mediciones de objetivo en el capítulo 8).

Regresando a Waze, Israel es un país de muy alta densidad. Cerca de nueve millones de personas viven en un área total de cerca de veintiún mil kilómetros cuadrados, un tamaño similar al del estado de Massachusetts en Estados Unidos. Además, ya habíamos pasado dos años recolectando datos y elaborando mapas durante la fase de desarrollo. Adicionalmente, firmamos un acuerdo con una compañía local de administración de una flota de transporte para que nos suministrara datos GPS en tiempo real, con lo cual la información de tráfico era bastante precisa cuando lanzamos oficialmente la aplicación en enero del 2009.

Todo esto hizo que Waze fuera una aplicación "suficientemente buena" en Israel. Vimos que la magia funcionaba. El mapa era creado por los usuarios, el boca a boca funcionó para el crecimiento, y la exactitud de los datos era suficientemente buena. Estábamos preparados para lanzar la aplicación a nivel global.

Utilizamos el resto del 2009 para prepararnos (idiomas, servidores, apoyo) y lanzamos el producto globalmente a fines del año. No obstante, la situación en el extranjero era muy diferente. Habíamos supuesto que Waze funcionaría en otros países de manera muy similar a como había funcionado en Israel, pero no fue así.

Habilitamos la aplicación en todo el mundo al mismo tiempo y fue un desastre. Sencillamente, no era suficientemente buena —realmente era simplemente horrible—, excepto en cuatro países: Ecuador, Eslovaquia, la República Checa y Letonia. En todos los otros lugares, la gente descargaba la aplicación, la ensayaba y la abandonaba.

Cuando por primera vez comenzamos a funcionar en Norteamérica, si se intentaba ir de la casa a la oficina, con la limitada información de mapas que teníamos y pocos usuarios utilizando la aplicación, Waze ofrecía una ruta terrible. En lugar de la ruta obvia (digamos la Autopista 101 de Palo Alto a San Francisco), nos enviaba a través de East Bay y Oakland, algo que evidentemente no tiene sentido.

A medida que Waze recolecta la información por *crowdsourcing*, si nadie conduce en su misma calle, no podíamos llevarlo al final de la cuadra, ¡porque no sabíamos si estaba permitido conducir hasta allá! Utilizamos un conjunto de datos de la base del US Geological

Survey para nuestros mapas, pero esta base de datos estaba completamente desactualizada. Peor aún, no era navegable, esto es, no había direcciones en el mapa con indicaciones de cuál era una calle de sentido único o dónde había restricciones de giro.

Puesto que Waze solo sabe si un giro está permitido si otros conductores lo han hecho, la información del mapa estaba, en aquel punto, muy incompleta. Comprensiblemente, los conductores se sentían frustrados. La gente que usaba la aplicación veía el camino delante de ellos, y podían ver el camino en el mapa, pero la aplicación no los llevaba por la ruta obvia, sencillamente porque la información aún no se encontraba en la aplicación. El resultado fue terrible. En realidad, fue peor que terrible. Para nuestra sorpresa y horror, tuvimos más del 90 % de tasa de cancelación, esto es, cuando la gente ensaya algo solo para abandonarlo.

En el negocio de servicios al consumidor, como lo mencioné antes, la retención es el único indicador del APM. Si los usuarios están regresando, se crea valor. No es posible construir una compañía si la retención es terrible.

Waze ensayó múltiples formas de triaje. La compañía empoderó a editores de mapas de la comunidad en Estados Unidos, como lo había hecho en Israel. Incluso contratamos nuestro propio personal para la edición de mapas, que revisaban manualmente las rutas que tomaba la gente y las corregía cada noche para apoyar a los editores de mapas de la comunidad. Cambiamos el algoritmo que cargaba a Waze una y otra vez.

Llegó un momento en el que queríamos eliminar el dicho según el cual "nunca se tiene una segunda oportunidad de hacer la primera impresión". Así, una vez que la comunidad o nuestro equipo de mapas arreglaba un problema, generábamos un mensaje en la aplicación para todos los usuarios que habían tenido este problema con el mapa. Decía algo así como: "Sabemos que obtuvo una mala ruta ayer, pero el sistema está aprendiendo todo el tiempo y, cuando usted condujo con la aplicación, aprendió que podía salir así, de modo que vale la pena darle otra oportunidad".

Esperábamos recuperar la confianza de nuestros usuarios y supusimos que, como Waze estaba dirigido a las personas que viajaban de la casa al trabajo y de regreso, si el mapa para esta ruta funcionaba ahora, tendríamos tiempo hasta cuando fuera suficientemente bueno. Nos dimos cuenta de que "suficientemente bueno" tiene una perspectiva individual: lo que significa para ti y para mí puede ser diferente.

El objetivo era comprometer de nuevo al usuario para que nos diera una segunda oportunidad. Pensémoslo así: ensayamos Waze, fue una ruta terrible, entonces regresamos a nuestra ruta habitual. Al día siguiente, ya conocíamos la ruta habitual. La sensación era que la aplicación estaba mejorando. Sin usuarios que sepan que está mejorando, no tendríamos la segunda oportunidad que tan desesperadamente necesitábamos.

Cada dos o tres semanas entregábamos una nueva versión, intentando mejorarla. Cada cierto tiempo, teníamos un verdadero avance. En algunas de estas nuevas versiones, dábamos un pequeño paso hacia adelante. En algunas, resultaba ser un paso atrás. Pero comoquiera que fuese, siempre hablábamos con los conductores.

Esta es una de las más importantes claves del éxito, y no puedo enfatizarla suficientemente: escuchemos a los usuarios/clientes y, en especial, durante la fase del APM, tratemos de entender qué es lo que *no funciona* para ellos. Esta retroalimentación de los usuarios es lo único que nos permite avanzar con más rapidez, y es lo único que importa. Aun cuando podemos recolectar mediciones bastante buenas de nuestro sistema, si no se habla con los usuarios, es posible determinar fácilmente el "qué", pero no el "porqué". Y para llegar a ser "suficientemente bueno" es necesario entender el "porqué".

Esto fue exactamente lo que hicimos. Cuando advertimos que las cosas no estaban funcionando, de inmediato salimos y hablamos con los conductores. Nos dijeron qué era lo que no funcionaba, así que la versión siguiente se ocupó de arreglar estos problemas. Cada vez sabíamos, con un 100 % de convicción, que esto era todo, que esta versión saltaría por sobre los obstáculos… y luego esto no sucedía. Por lo tanto, regresábamos al siguiente proceso de escuchar a los conductores y entrar en otra iteración, de nuevo con la misma convicción y determinación… para luego comenzar de nuevo una vez más.

Obviamente, si hubiéramos sabido cuál de los cambios llevaría al salto metafórico al siguiente nivel, habríamos introducido estos cambios desde el comienzo. Pero no lo sabíamos. Cada vez que creíamos saberlo, resultaba que no era así. Con el transcurso del tiempo, el sistema mejoró, nuevos conductores lo descargaron, y el sistema fue cada vez mejor. Después de un largo viaje de fracasos, mediante una iteración tras otra, Waze finalmente despegó.

La lección clave de esto: construir una startup es un "viaje de fracasos". Intentamos un enfoque —bien sea una nueva característica del producto, o probar el modelo de precios, o una decisión sobre ampliarse a un territorio nuevo—, fracasa, y pasamos a la siguiente idea hasta cuando acertamos. Y luego no se cambia en absoluto.

Nos tomó casi un año entero de iteraciones, la totalidad del 2010, hasta cuando llegamos al nivel de "suficientemente bueno" con Waze en Estados Unidos y Europa. La magia se dio en una zona metropolitana a la vez: Los Ángeles primero, luego San Francisco, Washington, D. C., Atlanta, Nueva York y luego Chicago. En Europa, fue un país a la vez: Italia primero, seguido luego por Holanda, Francia, Suecia y España.

CÓMO CONSTRUIMOS A WAZE

- Cuando comenzamos a construir a Waze en el 2007, la primera versión de la aplicación funcionaba en un PDA. ¿Recuerdan los PDA? ¿No? Pues bien, hace muchos años existían los dinosaurios, luego los PDA, los teléfonos Nokia, y hoy en día todos tenemos iPhones y Androids.

- Ahora bien, "hace muchos años" es, en realidad, poco más de una década.

- Imaginemos que existe una máquina del tiempo en la que puedo transportarlos de regreso al 2007. Esto significa que debo quitarles el iPhone, Facebook, Messenger, WhatsApp, Uber, Netflix y, desde luego, Waze. ¡No está claro que sobrevivan!

- Cuando pensamos en ello, es bastante increíble: todo lo que usamos diariamente tiene únicamente una o dos décadas.

- Si usáramos la máquina del tiempo para regresar a la época prehistórica, a los días antes de que existiera Waze, y les dijera lo que me disponía a construir, es probable que me hubieran dicho: "Eso nunca funcionará", en caso de que fuesen muy corteses. De lo contrario, habrían podido decirme algo más extremo como: "¡Esta es la idea más estúpida que he escuchado!". Los cambios dramáticos son realmente dramáticos y, por lo tanto, la primera reacción ante ellos será siempre la misma. De hecho, esto fue exactamente lo que escuché cuando intentaba conseguir capital para construir Waze.

- Pensemos en las compañías más importantes del mundo actual, como Google, Amazon, Tesla, Facebook, Netflix y muchas otras. La mayor parte de ellas eran startups solo diez o veinte años atrás. ¡Tantas cosas han cambiado en la última década!, y la próxima será aún más dramática.

- En la época anterior a Waze, los mundos de la navegación y del mapeo eran mutuamente independientes. De un lado estaban las compañías que hacían mapas, como Navteq, en Estados Unidos y Tele Atlas, con sede en Holanda, centrado principalmente en Europa. Por aquella época, el proceso de crear un mapa implicaba utilizar vehículos dedicados a estos estudios y un ejército de cartógrafos profesionales contratados que diseñaban las versiones digitales con herramientas patentadas para la elaboración de mapas. Luego, había recursos de navegación como TomTom y Garmin que habilitaban la navegación por turnos (usando los mapas que mencionamos antes). Había también compañías de despliegue de mapas como Yahoo!, Google y MapQuest que le permitían a la gente ver un mapa y buscar en él orientaciones, pero no navegarlo en tiempo real. Y había también compañías de información de tráfico, como Traffic.com e Inrix, que recolectaban información de las flotas de transporte para asignar códigos de colores al mapa (rojo, amarillo y verde, por lo general) que reflejaban si había tráfico o no.

- Finalmente, existían algunas aplicaciones móviles —Telmap, Telenav y Networks in Motion— que les permitían a los operadores de los portadores de móviles ofrecer a sus suscriptores una función de navegación por un precio. AT&T usaba Telenav, Verizon usaba Network in Motion, y Pelephone de Israel se asoció con Telmap.

- Waze fue la primera compañía que combinó todas estas funciones en un único producto. Teníamos una ventaja clave: la misma aplicación y el mismo servidor se usan para recolectar datos, procesarlos, desplegarlos y presentarlos al usuario. Puesto que el ciclo de retroalimentación se da en tiempo real, pudimos mejorar y movernos con mucha mayor rapidez que nuestra competencia.

Ehud Shabtai, quien habría de convertirse en CTO de Waze (y a quien conocimos en el capítulo 1), estaba trabajando en su aplicación de navegación y elaboración de mapas FreeMap cuando me uní a él y a su socio, Amir Shinar, en el 2007.

La historia empezó cuando Ehud recibió un PDA para su cumpleaños. El PDA de Ehud incluía software de navegación de una compañía llamada Destinator Technologies. Le ayudaba a llegar a sitios a los cuales no tenía idea cómo llegar.

Ehud es una innovador. Por lo tanto, no es de sorprender que se enganchara rápidamente con su nuevo juguete. Destinator tenía un SDK (un kit para el desarrollo de software) hecho por cartógrafos profesionales que habían diseñado las versiones digitales con herramientas patentadas de elaboración de mapas.

Permitió a los programadores agregar funcionalidad fácilmente a la aplicación básica.

Ehud era un talentoso ingeniero de software. Decidió agregarle la capacidad de reportar dónde se encontraban las cámaras de velocidad.

Envió este mensaje a un foro en línea popular entre los usuarios de PDA llamado Pocket PC Freaks: "Si usted tiene un PDA que incluya una aplicación Destinator, por favor descargue mi aplicación, reporte todas las trampas de velocidad que vea y le mandaremos un archivo actualizado que muestra dónde están todos los otros reportes de trampas de velocidad".

Algunos cientos de personas descargaron la extensión de la aplicación y la pusieron a funcionar. Solo tomó unas pocas semanas para que todas las cámaras de velocidad en Israel fueran ingresadas en la base de datos. Esto demostró que la *crowdsourcing* podía ser realmente factible para la creación de datos de navegación, y fue el comienzo del concepto de *crowdsourcing* que Waze habría de usar finalmente.

La etapa siguiente de la evolución fue que él advirtió que el contenido del mapa es el rey y que sus dueños contralan su destino. Advirtió también, por esa misma época, que así como en la comunidad había *crowdsourcing*, los datos de las cámaras de seguridad podrían hacer lo mismo para la creación del mapa mismo. Esto era más sencillo de decir que de hacer, pero Ehud era inteligente y se sentía cómodo pensando de manera original.

Ehud creó FreeMap como una combinación mágica de unas pocas funcionalidades: la aplicación para conducir, la aplicación de mapeo (que era, en realidad, la misma) y un servidor de apoyo para compilar las actualizaciones de los mapas (en un comienzo, todas las noches). Lo hizo al escribir él mismo gran parte del código y utilizar ocasionalmente paquetes fáciles de comprar cuando estaban disponibles.

De una manera muy abstracta y simplificada, FreeMap fue la combinación de unas pocas funcionalidades principales:

- Aplicación para conducir y recolectar GPS (operada en un PDA)
- Sincronización de datos y elaboración de mapa (servidor)
- Herramientas de edición de mapas (web y aplicación)

Una vez que los datos se sincronizaban con el servidor, eran compilados y compartidos con todos los otros conductores que habían sincronizado sus datos de conducción.

Los mapas hechos por *crowdsourcing* estaban lejos de ser lo suficientemente buenos, pero eran, en realidad, bastante impresionantes como prueba del concepto de que un mapa hecho por *crowdsourcing* podría funcionar. Esto tuvo una enorme ventaja por sobre los mapas tradicionales: estaba actualizado en las zonas más relevantes para los usuarios.

Una nueva intersección podía aparecer en el mapa al día siguiente. Fue solo más tarde, cuando creamos Waze, que conseguimos que el mapa hecho por *crowdsourcing* llegara al nivel de *suficientemente bueno*.

Cuando Amir, Ehud y yo nos reunimos en mayo del 2007, y ellos me explicaron lo que estaban haciendo, pensé de inmediato: "Maravilloso, este es el eslabón faltante que se necesita para crear esta herramienta para desplazarse al trabajo en tiempo real que yo tengo en mente". Luego les expliqué mi teoría acerca del tráfico en tiempo real. Resultó que el modelo de Ehud estaba dos pasos adelante del mío, pues ya había dado algunos saltos al probar que el modelo funcionaba.

A partir de una pequeña base de unos pocos cientos de usuarios, pudimos demostrar el concepto, el mismo concepto que habría de ser usado más tarde por Waze: que en realidad es posible crear un mapa e información de tráfico en su totalidad únicamente a través de *crowdsourcing*.

Waze no era perfecto. Como lo dije anteriormente, ni siquiera fue "suficientemente bueno" durante los tres años siguientes, pero la visión estaba funcionando y podíamos imaginar cómo, con más usuarios y más herramientas, podríamos de hecho llevarlo al nivel de *suficientemente bueno*.

Los tres nos sentamos a trabajar. Ehud y Amir trabajaban, por aquel entonces, en una empresa de software llamada XLNet, en la cual Amir era el CEO y Ehud el CTO. Todos advertimos que debíamos comenzar por obtener capital, pues era necesario hacer muchos desarrollos y requeríamos un equipo superpoderoso para realizarlos.

Desde aquel día en mayo del 2007 decidimos que Amir y Ehud dirigirían la sección de I+D (investigación y desarrollo) y yo dirigiría la compañía, la búsqueda de fondos, la estrategia y reclutar el equipo, entre muchas otras cosas. Se requería un salto de fe de parte de todos nosotros, y el compromiso de pasar por toda la travesía. Dejé mi trabajo y ellos también hicieron lo mismo una vez que conseguimos capital. Esto fue decisivo para la creación de Waze que, esencialmente, comenzó aquel día.

Un par de semanas más tarde, decidimos comenzar la travesía de conseguir financiación, liderada por mí como CEO. Conseguimos capital únicamente en marzo del 2008, e iniciamos el viaje de Waze (aun cuando su nombre no era ese en aquel momento).

Durante aquel tiempo inicial en el "garaje", hasta cuando nos financiaron, avanzamos relativamente poco. Yo estaba intentando obtener capital (construía la historia y el plan de negocios y me desplazaba todo el tiempo para reunirme con inversionistas), mientras Ehud seguía operando FreeMap y mejorándolo en algunos aspectos.

Nos reuníamos con frecuencia, en ocasiones en las oficinas de XLNet, pero generalmente en la sala de la casa de mi madre. Mi padre había fallecido unos pocos meses atrás. Ella se sentía bastante sola y la casa estaba un poco vacía. Por lo tanto, usábamos su salón como sala de reuniones. Resultó ser un lugar bastante bueno para una startup. No solo era perfecto para nosotros, sino que resultó también ser un importante apoyo para mi madre en su duelo.

(Además, ¡nos preparaba comida y cosas deliciosas todo el día!).

En el verano del 2007, iniciamos nuestro viaje de consecución de fondos. Para la primavera del 2008, habíamos obtenido 12 millones de dólares. Esto, desde luego, sucedió después de otro viaje de fracasos (más detalles en el capítulo 5). No suena como mucho dinero hoy en día, pero era una financiación importante en el 2008 en Israel.

POR QUÉ ES IMPORTANTE EL FRACASO

El fracaso no solo está bien, sino que también es necesario. Quizás sea lo más importante que se debe entender cuando se construye una startup. Al acoger el fracaso, se aumenta la probabilidad de tener éxito.

La superestrella del baloncesto, Michael Jordan, alguna vez dijo: "He fracasado una y otra vez en mi vida, y es por eso por lo que tengo éxito".

El jugador canadiense de hockey en el hielo, Wayne Gretzky, hizo una broma en el mismo sentido: "Fallaré el ciento por ciento de los tiros que no lance".

El punto es: estamos tratando de construir algo nuevo que nadie ha construido antes, y aun cuando creamos saber exactamente lo que estamos haciendo, *no* es así. Por lo tanto, debemos intentarlo, una y otra vez, hasta cuando encontremos lo que realmente funciona.

Darse cuenta de que es un viaje de fracasos es quizás lo más importante, aquello que nos ayudará a prepararnos para la vida en una startup. Si creemos que puedes sencillamente construirlo y funcionará, ¡estamos completamente equivocados!

Necesitaremos docenas de revisiones hasta cuando el producto sea suficientemente bueno. Haremos experimentos hasta cuando acertemos y solamente entonces podremos pasar a la siguiente etapa del viaje.

Si a veces nos decimos a nosotros mismos: "Hubiera debido hacer eso de otra manera", ese es exactamente el momento de hacerlo de otra manera. Si nos decimos: "La próxima vez...", la próxima vez ¡es ahora mismo!

HOY ES EL PRIMER DÍA DEL RESTO DE TU VIDA. Puede ser un cliché, pero, sin embargo, es verdad, para nuestra propia vida privada y aún más para el viaje de la startup.

Encuentro que soy mentor de muchas personas —la mayor parte de mis CEO, mis hijos y, ocasionalmente, otras personas— y hay una muy buena razón para ello: me agrada. Quizás el rasgo más importante de mi personalidad sea el de emprendedor, pero el segundo y, muy cercano al primero, es el de profesor. Disfruto enseñar y, por lo tanto, ser mentor. Esa combinación es bastante única, pero me siento igualmente agradecido cuando construyo cosas yo mismo u oriento a otra persona para que lo haga.

Esta es, a propósito, una de las razones fundamentales para escribir este libro: intento ayudar a otros emprendedores a tener éxito y me siento satisfecho cuando creo valor para otros.

Si bien, en general, la mayor parte de mi orientación se da en torno a la vida profesional, por un momento quiero que pensemos también en nuestra vida personal. Por el bien de nuestra vida personal, hagamos algo que amemos. Esto nos mantendrá felices. Si no hacemos algo que amamos, ¡ha llegado el momento de cambiar! No nos merecemos ser desgraciados y, si continuamos haciendo cosas que no nos agradan, lo seremos.

Si nos decimos: "La próxima vez lo haré diferente", entonces hagamos que "la próxima vez" sea *ahora*. No importa si se trata de nuestras relaciones, la forma como educamos a nuestros hijos, nuestro trabajo, nuestros estudios, nuestras aficiones. Si sabemos que debemos modificar algo, introduzcamos ese cambio *hoy*. No podemos cambiar el pasado, pero podemos introducir cambios hoy que afecten nuestro futuro.

Enseñar tolerancia al fracaso es importante, no solo en el mundo de las startups. Si tenemos hijos, animémoslos a intentar diferentes cosas. Esto les ayudará a desarrollar la confianza en sí mismos. Fallar y recuperarse es una de las lecciones más importantes que debemos incorporar en la forma como educamos a nuestros hijos.

REFUNDIT: COMENZAR OTRA VEZ DESDE CERO

He aquí una historia acerca de fracasar rápido y comenzar de nuevo toda una compañía desde cero.

Yo fundé Refundit, la compañía que ayudaba a los turistas que visitaban a Europa a reclamar la devolución de impuestos digitalmente, *dos veces*. ¡Hablando de un viaje de fracasos!

Yo había estado trabajando con un equipo de emprendedores en el programa de Emprendimiento Zell en IDC Herzliya, una prestigiosa universidad privada en el centro de Israel.

El programa Zell es una verdadera fábrica de startups para mí. Pontera (antiguamente FeeX), FairFly, Engie y Fibo salieron todas de este programa.

Dura un año académico completo, junto con los requisitos estándar de un currículo estudiantil. Se seleccionan aproximadamente veinte de los mejores estudiantes para aprender sobre cómo construir una startup. Conforman un equipo y lanzan una compañía durante sus estudios.

Al finalizar el año es cuando los estudiantes serios están dispuestos a comprometerse: cuando determinamos a qué están renunciando para emprender el viaje de construir una startup, y si su pasión por resolver el problema es más grande que el costo alternativo.

Para Refundit, el primer intento se hizo durante el programa de Zell, y fue cuando advertimos que este viaje tomaría más tiempo de lo habitual, debido a nuestra dependencia de los gobiernos europeos para que aprobaran un nuevo método de procesar en su totalidad las devoluciones de impuestos digitales.

Esta percepción de un viaje más prolongado en el tiempo creó una barrera más alta (el costo alternativo de repente resultó bastante significativo) y, por lo tanto, el equipo decidió abandonar la idea en aquel momento. Dejé el problema de lado durante dos años, pero luego decidí ensayar de nuevo después de haber llamado la atención de mi amigo Ziv Tirosh.

Ziv dirigía una compañía de bioagricultura que había sido adquirida recientemente por una firma china. La compañía fabricaba pesticidas amigables con el medioambiente; Ziv no sabía nada acerca de devolución de impuestos. De hecho, nunca había intentado reclamarlos.

—Ni siquiera sabía que eso se podía hacer —me dijo.

—Ve y habla con algunas personas que hayan viajado a Europa y entérate de sus experiencias —le sugerí.

Lo hizo y se puso en contacto conmigo una semana después.

—Hablé con decenas de personas —me dijo—. No creerás las historias de horror que me contaron.

—Créeme, ¡las creo todas! —respondí.

Ziv voló luego a Bélgica, en una tienda pequeña compró una bicicleta para ejercitar e intentó reclamar la devolución del impuesto. Enfrentó un sinnúmero de obstáculos, como me había sucedido a mí. Eso bastó para que Ziv se enganchara. Poco después, creamos Refundit por segunda vez, y él se convirtió en su CEO.

¿Por qué decidí intentarlo de nuevo con Refundit? Porque es un GRAN problema por resolver. Noventa por ciento de la gente no obtiene la devolución de sus impuestos y, solo en Europa, se deja sobre la mesa cada año un total de cerca de 30 000 millones de dólares, para no hablar de la frustración y la impotencia que sienten muchos turistas. Bajo el liderazgo de Ziv, Refundit se encuentra ciertamente en el camino correcto para hacer un impacto y tener éxito.

Dov Moran es uno de los grandes empresarios israelíes. Construyó el lector USB y, luego, inició, fundó y se comprometió con una serie de startups. Una de ellas fracasó. En grande. En una de mis reuniones con él, le pregunté.

—¿Cómo saber cuándo es el momento de renunciar?

Pensó por un momento y me dijo:

—Nunca. Los emprendedores nunca renuncian.

Creo que tiene razón, pero agregaría otro punto de vista. Si el problema desaparece, entonces debemos renunciar. Si el equipo no es el correcto, y no podemos hacer nada para cambiarlo, entonces renunciemos y comencemos de nuevo. El problema que Refundit se dispuso a resolver aún estaba allí, era un GRAN problema, y el equipo de Ziv funciona bien.

EL FRACASO NO ES UN EMBLEMA DE VERGÜENZA

Permítanme comenzar con la historia de un muy exitoso CEO a quien no le agradaba el cubrimiento de la prensa (odiaba ser el foco de atención). Un día, aceptó una entrevista y, después de una conversación intrascendente, el reportero le preguntó:

—¿Cómo se convirtió en un CEO tan exitoso?

El CEO replicó:

—Dos palabras: decisiones correctas.

Esto llevó de inmediato a la siguiente pregunta.

—Está bien, pero ¿cómo sabe tomar las decisiones correctas?

El CEO tenía una respuesta aún más corta.

—Una palabra: experiencia.

Esto llevó a la última pregunta.

—Entonces, ¿cómo se adquiere esta experiencia?

El CEO tenía también una respuesta preparada para esta.

—Dos palabras: decisiones incorrectas.

Ahora bien, ¿por qué es esto tan importante? Porque el temor al fracaso es por lo general lo que limita nuestra capacidad de tomar decisiones. Por esta razón es tan importante no temer al fracaso.

El fracaso no es el emblema de la vergüenza en el mundo de la tecnología. De hecho, lo contrario es verdad: un emprendedor que se arriesga por segunda vez tiene una probabilidad mucho mayor de tener éxito, independientemente de lo que haya sucedido la primera vez, de manera que la experiencia, en ese sentido, vale la pena por el aumento en la probabilidad de éxito.

La experiencia es dramática, es fundamental. Por lo tanto, no me interesa tanto el fracaso, ¡me interesa lo que hayamos aprendido! Experiencia y fracaso participan por igual en el desarrollo de una compañía en su conjunto. Los algoritmos de Waze funcionan porque incorporan dos años de fracasos en cada línea de código. ¿Qué quiero decir con eso? Una de las razones por las cuales Waze tuvo tanto éxito fue nuestra capacidad de detectar atascos de tráfico más rápido que todos los demás. A menudo le digo a la gente que, dado que recolectamos datos de rastreo de GPS en tiempo real, podemos determinar la diferencia entre un vehículo atrapado en el tráfico y uno que se detuvo en una tienda. Y, por lo tanto, podemos detectar atascos de tráfico con base en un único vehículo.

No obstante, en realidad, el desarrollo de esta característica (detectar atascos de tráfico con base en un único vehículo) fue extremadamente complejo. Lo intentamos de muchas maneras y no funcionó.

Intentamos mirar la diferencia de rastreo (detenerse en una estación de gasolina *versus* estar atascado en el tráfico) y no funcionó. Deseamos que determinara dónde se encontraban los atascos, pero no fue así.

Intentamos promediar unos pocos vehículos, pero esto tampoco funcionó y, de cualquier manera, perdimos el determinante del "único vehículo" de esa manera.

Intentamos preguntar a los conductores si estaban atascados en el tráfico. Esto, en realidad, fue útil, pero no nos ayudó lo suficiente.

Intentamos normalizar los datos, pero esto tampoco funcionó.

Intentamos utilizar otros datos para apoyar la decisión, pero esto tampoco funcionó.

Finalmente, fue una combinación de todas las cosas que no habían funcionado aquello que nos permitió resolverlo. Pasar por una travesía de fracasos nos permite determinar qué hacer al darnos cuenta de lo que no funciona y, en especial, por qué no funciona.

Las startups que han vivido el viaje de fracasos y realizado muchos experimentos durante un período de tiempo más prolongado entienden verdaderamente por qué hacen las cosas de la forma como las hacen.

LAS STARTUPS QUE NO DETERMINAN EL AJUSTE PRODUCTO-MERCADO SENCILLAMENTE MUEREN

Nunca oiremos hablar de una startup que no determina el APM, porque desapareció sin dejar rastro. Algunas startups pueden creer que han determinado el APM, pero no es así. Recordemos que existe únicamente una métrica para determinar si hemos acertado en nuestro APM: la RETENCIÓN. Todo lo demás, como el hecho de que los clientes estén dispuestos a pagar, y las sociedades con terceros, todo eso es maravilloso, pero si los clientes no permanecen y no siguen utilizando el producto, significa que no creamos valor para ellos y que la startup morirá.

Hay compañías fuertes que lanzan productos y los cierran todo el tiempo. Google es famoso por hacer eso: Google+, Hire by Google, Google Hangouts, Picasa, Google TV, Google Reader y Google Wave. Constantemente está haciendo experimentos y tomando decisiones con base en los datos que recopila.

Determinar el APM es difícil. Quizás sea más fácil hacerlo para compañías establecidas como Google: tienen más tiempo, recursos y acceso al mercado, que les permiten prolongar su viaje por más tiempo. Más aún: para el equipo que ensaya cosas nuevas dentro de una compañía grande y establecida, el precio del fracaso es mínimo.

"Oye, todavía tengo un empleo en Google" (o cualquiera que sea la compañía) es una respuesta habitual.

Pero las startups que no determinan el APM sencillamente mueren.

Una vez que lo determinamos, estamos en la pista para despegar. (Antes de llegar a ese punto, estamos principalmente carreteando en tierra).

Hay cuatro elementos que aumentan la probabilidad de llegar al punto del APM:

- Fracasemos rápidamente para tener más tiempo/pista para hacer más experimentos.
- Escuchemos a nuestros usuarios.
- Enfoquémonos en el problema.
- Adoptemos decisiones difíciles si es necesario.

LANZARSE ANTES DE QUE EL PRODUCTO ESTÉ LISTO

Todo el tiempo conozco gente que está construyendo un producto. Con frecuencia me dicen que su aplicación o su software estará listo en seis meses. Les digo: "Están completamente equivocados. Deberían lanzar su producto hoy, incluso si no está listo, porque aprenderán mucho más rápido". Solo aprendemos cuando tenemos usuarios y retroalimentación reales.

Desarrollamos un enfoque muy diferente cuando podemos utilizar la retroalimentación en una etapa temprana. Esto es mucho más eficaz que construir el producto a satisfacción por adelantado, y solo entonces obtener retroalimentación. Si el producto está "terminado", seremos mucho más reticentes a hacer cambios.

Es posible también que, si hemos invertido fuertemente en el producto, nos enamoremos de la solución que hemos encontrado. ¡No deberíamos hacerlo! Enamorarnos de la solución significa perder la práctica de escuchar a los usuarios, que es la única manera de progresar hacia el APM.

De hecho, el mejor momento de lanzar el producto es cuando estamos *avergonzados* de su calidad. Sí, el producto tiene que ser tan malo que nos mortifique la retroalimentación. Así es como aprenderemos más rápidamente. Tendremos ciclos más cortos, incluso al comienzo.

Es posible que nos preocupe esta manera de hacerlo.

—Pero si lanzo un producto deficiente, ¡perderé a mis clientes!

A lo que respondo:

—¿A cuáles usuarios? ¡Todavía no tienes ninguno!

Por lo tanto, está bien decepcionar a estos usuarios inexistentes.

Cuando finalmente determinamos el APM, después de muchos experimentos llegarán los usuarios. Y si no lo determinamos, pues en realidad no importa.

El papel de los primeros usuarios es resaltar el camino que debemos seguir. Nos mostrarán a dónde debemos ir con el producto (y a dónde no ir). Si están decepcionados, o gritando, o retirándose, esto no es un problema. Su papel, en este punto es, sencillamente, indicarnos la dirección correcta.

Cuando el producto finalmente llega a ser lo suficientemente bueno, olvidarán que alguna vez les desagradó.

Hace pocos días se me acercó un emprendedor que intentaba construir un sitio de intercambio en el vecindario para compartir podadoras de césped, taladros y herramientas semejantes.

—Construiremos el sistema completo utilizando inteligencia artificial (IA) —dijo el emprendedor entusiasmado.

—Deténgase ahí mismo —respondí—. Le irá mucho mejor si comienza con algo pequeño y avanza con rapidez. Por ahora, solo cree un grupo de WhatsApp para intercambiar elementos y escuche la retroalimentación que obtenga. No es necesario que desarrolle un servidor de apoyo y haga toda la IA usted mismo en este punto. Solo una vez que haya obtenido retroalimentación debería empezar a construir el producto.

Los fundadores en realidad me escucharon e iniciaron un grupo en Facebook y otro en WhatsApp para intercambiar herramientas en el pueblo donde vivían. Esto resultó poco exitoso, pues había una suposición subyacente que demostró ser incorrecta: los fundadores supusieron que necesitaban una masa crítica, es decir, suficiente gente cercana dispuesta a compartir.

En realidad, eso no era lo más importante. Más bien, la gente no se mostraba dispuesta a compartir los elementos que usaba con frecuencia, y no había suficiente demanda para aquellos que no se usaban a menudo, o eran demasiado costosos para compartirlos. (Hubo una solicitud para un motor acuático, que nadie estaba dispuesto a intercambiar).

Como resultado de lo anterior, incluso sin construir un sistema de IA para demostrar nada, pudieron determinar lo que necesitaban… y de una manera mucho más rápida (en cuestión de semanas, no de años). La *única* manera de avanzar es escuchando a los clientes.

En una ocasión escuché una historia acerca de cómo comenzó Dell, al igual que la mayor parte de las compañías de computadores. En una de las primeras reuniones de los fabricantes, el CEO, Michael Dell, le preguntó a su equipo:

—¿Qué vamos a hacer en esta compañía?

Una de las personas del equipo escribió en el tablero: "Haremos dos cosas: 1) Construir computadores y 2) Vender computadores".

Michael se acercó al tablero, lo miró por algunos minutos y, luego, sencillamente, cambió el orden.

—Todavía vamos a hacer dos cosas —dijo—. Primero vendemos computadores y solo entonces los construimos.

Cuando se tiene la mentalidad de fracasar rápidamente, cada idea que tenemos es una hipótesis que es necesario validar. De hecho, cuando pensamos en un problema del que quisiéramos ocuparnos, el primer paso es validar si este problema es común y si entendemos la percepción que tiene *otra gente* del problema (los usuarios o clientes potenciales), en lugar de la propia percepción, "la muestra de uno".

Por lo tanto, en lugar de construir por adelantado, desde cuando se inicia el funcionamiento debemos simular nuestro software. Podemos darle un soporte manual para poder comprobar la proposición de valor y la retroalimentación de los usuarios antes de invertir demasiado capital.

Cuando creamos Mego, la aplicación que ayuda a no permanecer en fila en la oficina de correos para reclamar un paquete, hicimos la mayor simulación de todas: no desarrollamos nada. Ni siquiera una única línea de código. No había ninguna aplicación, ningún servidor de apoyo, ninguna infraestructura en absoluto.

En lugar de construir una aplicación para escanear la notificación recibida de la oficina postal y la identificación del cliente, creamos un grupo de WhatsApp y lo promovimos en Facebook. Si alguien necesitaba que reclamáramos un paquete, se ponía en contacto con nosotros por WhatsApp. Todo se hacía manualmente, lo cual nos permitió calibrar la demanda de mercado en las primeras etapas y rápidamente.

Esencialmente, el usuario nunca sabría siquiera que alguien estaba leyendo los detalles y programando manualmente el reclamo del paquete, en lugar de un software automatizado. Y seamos sinceros: a los usuarios no les importa.

Cuando comenzamos FeeX (cuyo nombre cambió luego a Pontera en el 2022), el plan era que el usuario cargaba un documento, y luego el software de ROC (reconocimiento óptico de caracteres) traducía la imagen a texto. No obstante, para probar el concepto, creamos apresuradamente un sitio web e hicimos todo el ROC manualmente. Cuando llegaba un documento, alguien en la oficina lo leía y escribía lo que había en la imagen.

Hicimos lo mismo con Refundit: leer y escribir manualmente los datos, mucho antes de que considdáramos siquiera desarrollar la eventual funcionalidad de ROC.

Este enfoque es exactamente el mismo en cada parte del viaje, bien sea salir al mercado, crecer, diseñar el modelo de negocio o desarrollar el negocio. Si bien la mayor parte de los ejemplos que he compartido en este capítulo se refieren al APM, lo mismo se aplica a cualquier parte de nuestro viaje.

Cuando construimos un plan para salir al mercado, o un plan para atraer usuarios, por lo general veo un ítem de una línea, como: "Vamos a hacer relaciones públicas", "Vamos a usar Google Ads" o "Vamos a usar Facebook para llegar a nuestro público, porque sabemos que el objetivo son mujeres entre treinta y cuarenta años, que tienen un título en X o Y".

En mi mente, todas estas son muy buenas ideas para realizar experimentos valiosos, pero en cuanto determinamos que no funcionan, es necesario tener listas muchas más ideas para probarlas. Lo mismo sucede con el desarrollo del negocio; si creemos que, a través del desarrollo del mismo es posible atraer una cantidad de clientes (o usuarios), entonces es necesario probar muchas ideas (y muchas más de las que creemos) hasta que encontremos aquella que funciona.

Con Moovit, estábamos buscando un socio para el desarrollo del negocio que promoviera la aplicación, y pensamos que el mejor socio serían los operadores mismos de los buses. Habíamos visto ya que el boca a boca y usuarios pagos funcionan, pero estábamos buscando otros motores de crecimiento.

Llegamos a un acuerdo con el operador israelí de buses Metropoline para que pusiera adhesivos en el respaldo de las sillas de todos sus vehículos. A las 9 a. m., los adhesivos salieron "al aire" y entonces llamé a nuestro gerente de operaciones.

—¿Qué vemos hasta ahora? ¿Algún aumento en los usuarios?

—Hasta ahora, nada —respondió—. Démonos un par de semanas.

—No —respondí de inmediato—. Si no vemos nada hoy, entonces no hay nada allí. Si va a haber un cambio, lo veremos instantáneamente. No necesitamos esperar. Si no está funcionando, a pesar de lo duro que hemos trabajado o de lo complejo que fue hacerlo, llegó el momento de acabarlo.

Esto parece ser algo muy diferente del experimento del APM, pero ¿lo es? Todavía se trata de fracasar rápidamente; se trata de comprender que los resultados probablemente serán evidentes, incluso si hemos invertido en ellos una tonelada de esfuerzo. Por lo tanto, si es una nueva versión de la aplicación, o una nueva campaña, el mensaje más importante es estar siempre preparado para pasar al siguiente experimento.

Hacer experimentos significa que se obtiene una muestra de cada parte de nuestro viaje de fracasos. Tenemos la posibilidad de comprobar si nuestras suposiciones subyacentes son correctas. Recolectar insumos antes de comprometerse con la codificación podría ahorrar a nuestra travesía un año entero de desarrollo. Si hemos conseguido financiación o aún la estamos buscando, esta no es una ventaja insustancial.

MAPA DE RUTA: ¡FRACASEMOS RÁPIDO!

Una vez que hayamos aceptado que el fracaso es algo normal, inevitable y, de hecho, algo que debe buscarse, la mejor manera de maximizar esta realidad es fracasar rápidamente. Así, podremos subirnos de nuevo al caballo e intentarlo otra vez. Esta es la única forma en que podemos aumentar el número total de iteraciones y, por consiguiente, incrementar la probabilidad de tener éxito.

La hoja de ruta es, esencialmente, una lista de experimentos que realizaremos hasta cuando hallemos algo que funcione.

El plan para salir al mercado, el plan para adquirir usuarios y la visión para extenderse al nivel global son solo experimentos hasta cuando acertamos en cada uno de ellos.

Si estamos considerando veinte características diferentes, esto significa que tendremos que realizar veinte experimentos diferentes. Y adivinen qué: los experimentos terminarán apenas una cosa funcione.

La mayor parte de los emprendedores piensan que su producto o aplicación necesitará muchísimas características. Es todo lo contrario: entre más características se agreguen, más complejidad se crea.

EL PEOR ENEMIGO DE "SUFICIENTEMENTE BUENO" ES "PERFECTO"

¿Cuánto tiempo deberíamos dedicar a nuestro viaje de fracasos? ¡Años! No porque estemos haciendo algo mal, sino porque hay dos elementos que hacen exitosa una startup: pura suerte y realizar correctamente los experimentos.

Si funcionan en el primer intento, podemos avanzar con mayor rapidez. Y la suerte siempre ayuda.

Voltaire escribió alguna vez: "Lo perfecto es enemigo de lo bueno".

Yo lo modificaría un poco para aplicarlo al mundo de las startups: "El peor enemigo de 'suficientemente bueno' es 'perfecto'". Suficientemente bueno, por lo general, basta para ganar un mercado.

Supongamos por un momento que hay un producto lo suficientemente bueno en el mercado, algo que se mide por la retención: la gente en realidad lo usa y sigue usándolo. Ahora bien, estamos construyendo un producto mejor, un producto perfecto. El mayor reto será convencer a la gente de cambiarlo. La mayoría de la gente no lo hará, pues lo que tiene actualmente es lo suficientemente bueno.

La agilidad debe ser la mentalidad de todos en la compañía. No se limita solo a la I+D o al equipo de desarrollo del producto.

Siempre debemos ensayar cosas nuevas y, al mismo tiempo, estar dispuestos a fracasar. Se aplica a los individuos y también a las organizaciones. La característica más importante de un emprendedor es bastante sencilla: "Ensayémoslo y veamos si funciona".

EL TEMOR AL FRACASO AL NIVEL SOCIAL

El temor al fracaso puede ser algo cultural. En algunos países, el fracaso no es admisible y, como resultado de eso, hay menos emprendedores per cápita que en otros países.

En Israel, por ejemplo, donde se acepta el fracaso, hay cerca de una startup por cada 1400 personas, mientras que, en Europa, la cifra es de una startup por cada 20 000 personas. Silicon Valley tiene también un bajo temor al fracaso y, como resultado de ello, más emprendedores per cápita.

En una cultura en la que el temor al fracaso es alto, menos personas estarán dispuestas a ensayar. No obstante, en un lugar diferente, donde el temor al fracaso es más bajo, más gente estará dispuesta a intentarlo. La ecuación es bastante sencilla: una persona elegirá el camino del emprendimiento si su pasión es más grande que la combinación del temor al fracaso y el costo alternativo.

Yo crecí en un hogar en el cual, cuando le presentaba una idea a mi padre, incluso una idea absurda, decía: "¿Por qué no lo ensayas?". Si no funcionaba, no había un juicio; sencillamente me decía: "¿Qué aprendiste?". Crecer en un ambiente semejante redujo mi temor al fracaso, pero había algo más que eso.

Imaginemos que sencillamente ensayamos más cosas y, si no funcionan, ensayamos otras diferentes. Esto ciertamente contribuyó a la capacidad de confiar en mí mismo y al fortalecimiento de esa confianza. Para hacerlo bien, sin embargo, nunca debemos olvidar: no juzgar.

Obviamente, esto por sí mismo no crea un emprendedor. Se necesitan otras cosas adicionales: la curiosidad, la inteligencia, la actitud de no dar nada por sentado y, muy probablemente, un poco de la personalidad de un revoltoso. (Los profesores me odiaban en la secundaria; el número de veces que me botaron de clase solo es un poco menor que el número de clases a las que no asistí).

Recordemos que si tememos al fracaso, en realidad ya hemos fracasado, porque no emprenderemos el viaje. No importa si se trata de construir una startup o de hacer algo que tememos hacer.

Hablo en muchas conferencias y eventos, algunos de los cuales están dirigidos a emprendedores. En tres o cuatro casos diferentes en América Latina, se me preguntó: "¿Cómo podemos convertirnos en un país como Israel, la nación de las startups, con tantas startups per cápita?".

"Qué hacer" es bastante sencillo, pero comienza con darnos cuenta de que tomará una o dos décadas, y que exige perseverancia tanto en las decisiones como en la acción. Después de todo, estamos enfrentando un cambio cultural sistémico que reduzca el temor al fracaso. Esto requerirá una campaña pública y social que anime a los emprendedores.

Una campaña semejante debería consistir en lo siguiente:

- Crear la reglamentación requerida para emprendedores. Si un estadounidense invierte en una startup en Tel Aviv, no hay impuestos para los inversionistas en Israel. Pero si este inversionista pone su dinero en una startup brasileña, tendrá que pagar impuestos en Brasil. Podría ser incluso peor: el inversionista podría ser responsable legalmente en caso de fracaso.
- Propiciar el emprendimiento por parte de los medios. El mensaje debería ser que los emprendedores son verdaderos héroes porque intentan cambiar el mundo. No se trata de quién tiene éxito, sino de quién lo intenta.
- Organizar programas de mentores para orientar a los emprendedores.
- Crear un fondo estatal/gubernamental/público para apoyar a los emprendedores, por ejemplo, que ponga un dólar por cada dólar invertido en nuevas startups, con el fin de que, si consiguen el capital, el gobierno pagará una parte igual y, como resultado de ello, hará que el ecosistema sea más lucrativo para los inversionistas.

- Animar a los jóvenes a estudiar Ingeniería. Entre tanto, permitir a los inmigrantes que son ingenieros que comiencen a trabajar en compañías locales de tecnología.

Recordemos la ecuación: Los emprendedores iniciarán la travesía del emprendimiento cuando su pasión sea más grande que la suma de su temor al fracaso más el costo alternativo.

Las startups son organismos completamente diferentes de las compañías establecidas o las organizaciones gubernamentales en lo que respecta al fracaso. En los gobiernos, nadie nos despedirá por no hacer cambios. Por el contrario, si intentamos algo nuevo y fracasamos, es posible que nos despidan.

Los emprendedores, por su parte, asumen cada esfuerzo nuevo con el mismo entusiasmo, con el "conocimiento" y la creencia de que esta vez funcionará. Sin importar cuántas veces hayan ensayado, los emprendedores tienen siempre la convicción de que esta vez funcionará.

Esto es lo que alimenta la travesía de fracasos: la pasión, el entusiasmo y el falso "conocimiento" de que esta vez resultará. Esta creencia es la naturaleza de las startups.

¿Cómo saber qué experimentos realizar y cuándo? Como lo veremos en el siguiente capítulo, siempre comienza con determinar el APM. A partir de allí, se añade crecimiento, escala y modelo de negocio.

Prepararse para fracasar —y para fracasar pronto— es el concepto más importante que debemos asimilar sin pudor cuando construimos el negocio. Digamos que únicamente el 10 % de nuestras suposiciones funcionará. Eventualmente alguna lo hará, y eso es lo único que se necesita. Es un cambio de mentalidad.

EL FRACASO ES UN EVENTO, NO UNA PERSONA

Supongamos por un momento que hay algo que habíamos planeado y no funcionó. Si preguntamos *quién es el responsable*, entonces estamos buscando a alguien a quien culpar. Este enfoque no alienta la travesía de fracasos ni incentiva a la gente a realizar más experimentos.

Por el contrario, se construye un ADN muy diferente para la compañía si preguntamos *qué sucedió y qué podemos aprender de esto.*

Preguntar quién es el responsable incorpora al ADN de la compañía un temor al fracaso. Manda la señal a todos los involucrados de que, si se ensaya algo nuevo y fracasa, deberán rendir cuentas, y no de una manera positiva.

La realidad es que debiera ser al contrario: ¡Quienes se atrevan, ganarán! Si incorporamos al ADN de nuestra compañía la idea de que el proceso es una travesía de fracasos, siempre habrá una persona que diga: "Oye, tengo una nueva idea. Ensayemos esto".

Este es el tipo de comportamiento que buscamos. Queremos animar a la gente a que escuche y, en última instancia, a implementar nuevas ideas, incluso si —especialmente si— fracasan. Lo más importante es que alguien decida ensayar algo nuevo.

CELEBRAR EL ÉXITO

Durante una larga travesía de fracasos, es importante celebrar. Cada vez que tengamos así sea un pequeño éxito, ¡lo celebramos! Celebramos al primer empleado, al primer usuario, la primera versión, la primera oficina, el primer todo. Luego podemos celebrar el décimo empleado, el décimo usuario, el usuario número cien, los mil usuarios, y así sucesivamente.

Incluso más importante es celebrar un acontecimiento importante que parezca ser *negativo.* Por ejemplo, alguien nos demanda por infracción de una patente. Esto significa, en realidad, que a alguien le importa que comencemos a tener un impacto. No se trata únicamente de una demanda "negativa" por una patente. Por el contrario, significa que alguien piensa que estamos haciendo algo bien, o que alguien cree que debe detenernos.

Otra celebración: si nuestro sistema falla por una sobrecarga y los usuarios están gritando, esto significa que tenemos usuarios y que lo que hacemos es importante para ellos.

La mejor parte es cuando la gente nos agradece por lo que hacemos por ella. Sabemos que hemos creado valor cuando la gente reconoce cómo la hemos beneficiado. Entonces sabemos que hemos creado algo que funciona.

TIEMPO DE SAFARI

Es muy importante entender cómo incorporar el ADN correcto de fracasar rápidamente a nuestra startup. Quizás la siguiente (y última historia) pueda ayudar.

Una vez, dos israelíes viajaron a un safari en el África. Ahora bien, si nunca hemos estado en un safari, debemos saber que los visitantes por lo general pasan la noche en una cabaña, donde están protegidos de los animales salvajes.

Pero estos dos muchachos estaban llenos de confianza. Después de pasar tres años en unidades de combate del ejército, la cabaña les pareció excesivamente segura. No había ninguna ráfaga de adrenalina al dormir en una cama cómoda y protegida.

Entonces, decidieron más bien armar una carpa y pasar la noche fuera de la cabaña.

Como era de esperarse, en la mitad de la noche se despertaron con el rugido de un león. Se sentía bastante cerca y advirtieron que dormir afuera podía haber sido un enorme error.

La carpa estaba a unos pocos cientos de metros de la cabaña.

—Corramos hasta allá —dijo uno de ellos.

—Sí, es una gran idea —replicó su compañero y comenzó a ponerse sus zapatillas.

—¿Qué, estás loco? —dijo el primero—. ¿Crees que podemos correr más rápido que un león?

El otro respondió:

—No, no, no, solo tengo que correr más rápido que tú.

Cometer equivocaciones rápido significa que somos más rápidos que el mercado y más rápidos que la competencia, quienquiera (o lo que quiera) que puedan ser.

El enfoque de "fracasar pronto" no se refiere a qué tesis o experimento funciona. Sencillamente se trata de realizar más experimentos y, por lo tanto, aumentar la probabilidad de tener éxito (esto es, hallar el que funciona). Recordemos lo que dijo Albert Einstein (me fascina repetir esta cita, porque la considero muy importante): "Si nunca has fracasado, nunca has ensayado nada nuevo".

El lado bueno: si ensayas cosas nuevas, fracasarás. ¡Y eso está bien!

CONSEJOS PARA STARTUPS

- Si tememos fracasar, ya lo hemos hecho, porque no lo intentamos. Estás en tu zona de comodidad. Esto es válido para las personas, organizaciones e incluso países.

- Cometamos nuestras equivocaciones pronto. Es así como aumentaremos la probabilidad de tener éxito. En cuanto más rápido fracasemos, más experimentos podremos realizar con las mismas limitaciones de presupuesto y de tiempo. El viaje de fracasos durará años enteros.

- La hoja de ruta, el plan de mercadeo, todo, constituye únicamente una serie de experimentos que probamos hasta cuando encontramos aquello que funciona. Si funciona, entonces pasamos al experimento siguiente.

- El fracaso es un evento, no una persona. Es la única manera como una organización acoge el fracaso y alienta una rápida recuperación para seguir con el experimento siguiente.

- El emprendedor que se arriesga por segunda vez tiene una probabilidad mucho mayor de tener éxito que quien lo hace por primera vez. Comprométete con alguien que haya construido una startup antes para que sea tu guía y mentor.

CAPÍTULO 3

ABRACEMOS LA DISRUPCIÓN

No hay una posibilidad de que el iPhone obtenga una participación
significativa en el mercado.
—STEVE BALLMER, CEO DE MICROSOFT, 2007

En el 2007, el CEO de Microsoft, Steve Ballmer, tuvo acceso a su primer iPhone. Con su típica vehemencia, Ballmer criticó el nuevo producto de Apple, en especial en comparación con lo que Microsoft tenía para ofrecer. El iPhone "no tenía una posibilidad", dijo Ballmer. "Es un producto subsidiado en 500 dólares. Es posible que ganen mucho dinero, pero si en realidad miramos los 1300 millones de móviles que se venden, yo preferiría tener un software [de Microsoft] en un 60, 70 u 80 % de ellos que tener el 2 o 3 %, que es lo que Apple podría obtener".

La bravuconería de Ballmer es típica de lo que sucede cuando aparece algo verdaderamente disruptivo; inicialmente, se lo descarta como algo irrelevante, hasta cuando el producto se come la participación del mercado de quien lo descartó.

Para citar a otro ejecutivo de Microsoft, el ex CEO Bill Gates, "estamos subestimando el futuro lejano y sobreestimando el futuro cercano".

El por qué es relativamente sencillo. Entre ahora y el futuro lejano habrá revoluciones que nos cuesta trabajo contemplar. Si pudiéramos hacerlo, las crearíamos nosotros mismos.

El camino del *disruptor* es siempre el mismo. Primero se ríen de nosotros, después nos ignoran y luego ganamos. Bien, no siempre ganaremos, pero si no lo intentamos, ¡ciertamente no ganaremos!

Este capítulo se refiere a la perspectiva de la disrupción: cómo cambiará el mercado si tenemos éxito y qué tan grande será nuestro impacto. Examinaremos cómo lucen las disrupciones a los ojos de un innovador y de la industria existente (que no lo ve venir), y de qué se trata la disrupción. Lo más importante de la disrupción es que no se trata de tecnología, sino de cambiar el comportamiento y, como resultado de ello, cambiar el equilibrio del mercado.

En lo que podría ser el ejemplo más famoso de descartar algo por estar mal informado, una incipiente startup llamada Netflix se acercó, en el año 2000, al gigante de la industria de video Blockbuster, que en aquella época tenía un valor de 6000 millones de dólares. Había tiendas de Blockbuster en cada esquina, más de las que hay actualmente de Starbucks. Netflix, entre tanto, con apenas dos años de creada, se disponía a perder 57 millones de dólares tan solo aquel año.

El CEO de Netflix, Reed Hastings, hizo una oferta que, estaba seguro, el director de Blockbuster, John Antioco, no podría rechazar: comprar a Netflix por 50 millones de dólares. El equipo de Netflix luego desarrollaría y administraría Blockbuster.com como la sección de alquiler de videos en línea de la compañía. Antioco rechazó la oferta de Hastings. "Netflix es un negocio que tiene un nicho muy pequeño", declaró confiado. Pero en una reunión interna de la administración de Blockbuster, el equipo concluyó la discusión así: "Cualquier cosa que puedan hacer, nosotros podemos hacerla mejor". El resto, como dicen, es historia.

Netflix se hizo pública en el año 2002. Para el año 2010, Blockbuster se había declarado en bancarrota. Y durante la siguiente década, Netflix no solo fue sinónimo de los videos de *streaming*, sino que se convirtió en un estudio cinematográfico completamente desarrollado, con un capital de mercado en el 2021 de 250 000 millones de dólares, cerca de cuarenta veces del que tuvo Blockbuster en su mejor época.

Netflix es una historia algo inusual, puesto que perturbó su propio mercado existente. En sus primeros años, Netflix enviaba DVD a través del servicio postal de Estados Unidos. Esencialmente, habían hackeado el sistema: la oficina de correos podía entregar paquetes en veinticuatro horas, y el precio era el de una estampilla corriente. Al adoptar un modelo de *streaming*, ¡el precio fue aún mejor!

Luego está la historia de Kodak.

Fue Steve Sasson, un ingeniero de Kodak de veinticuatro años, quien creó el concepto de una cámara digital en 1973. Cuando se la mostró a la gerencia, el CEO, Walter Fallon, le dijo a su personal: "Está muy bonita, pero no le hablen a nadie de ella". ¿Entendió Fallon que la tecnología sin película de Sasson tenía el potencial de perturbar el negocio principal de Kodak? Pareciera que así fue, porque la gerencia de Kodak adoptó una modalidad reaccionaria, enfocándose principalmente en las fallas de aquello que Sasson había inventado. Era excesivamente pesada, tenía baja resolución y tomaba demasiado tiempo procesar cada fotografía. ¡Pero es imposible impedir una revolución matando al mensajero! Kodak había patentado la tecnología de su cámara digital, pero la patente expiraba en el 2007. Kodak no hizo nada con la patente durante años. "Estamos en la industria del papel y de la química", repetía la compañía; una cámara digital sencillamente sería irrelevante para su negocio básico. Una competencia más ágil se comió el almuerzo de Kodak. Luego los *smartphones* perturbaron incluso a la competencia. Kodak se declaró en bancarrota en el 2012.

Cuando Google apenas iniciaba, la compañía tuvo grandes dificultades para obtener capital. Los cofundadores de la compañía, Sergey Brin y Larry Page, querían regresar a sus estudios en Stanford. Por lo tanto, en 1998, se pusieron en contacto con Yahoo! (más precisamente la división Excite@Home) y le pidieron que adquiriera su compañía, conocida entonces por el nombre de su algoritmo básico, PageRank, por solo 2 millones de dólares. No 2000 millones, no 2 millones de millones, sino 2 millones de dólares.

Yahoo! dijo que no. Dos veces. La segunda vez fue en el 2002 y, para ese momento, el precio había saltado a 5000 millones de dólares.

Punto de vista perturbado

Blockbuster, Netflix	"Netflix es un negocio con un nicho muy pequeño". **CEO Blockbuster, 2000**
Microsoft, iPhone	"No hay una posibilidad de que el iPhone tenga una participación significativa en el mercado". **CEO MSFT, 2007**
Kodak	"Está bonita, pero no le hablen a nadie de ella". **CEO Kodak**
Yahoo!, Google	Dijo que no por US$2M

La razón que dio Yahoo!: no querían un motor de búsqueda que enviara tráfico a sitios de terceros, como lo hacía PageRank. Quería que los usuarios permanecieran en Yahoo!. Para cuando Yahoo! se dio cuenta de la importancia de los ingresos que producían los anuncios pagados por terceros, era demasiado tarde.

Yahoo! adquirió otro motor de búsqueda, Inktomi, en su apuesta por sobrepasar a Google, pero la ejecución fue descuidada y Yahoo! finalmente fue vendido al negocio de internet de Verizon AOL. El precio fue de 4480 millones de dólares.

Al mirar actualmente los resultados, podríamos inclinarnos a decir que fue una enorme equivocación, pero no sabemos qué habría ocurrido si hubieran dicho que sí. Suponemos que todo habría permanecido igual, pero eso no es necesariamente así.

Escuché lo mismo después de que Google adquirió Waze en el 2013 por 1150 millones de dólares. La gente me preguntaba a menudo si había sido la decisión correcta. ¿La compañía no habría tenido un valor mucho mayor si hubiéramos esperado y la hubiéramos vendido años más tarde? Mi respuesta es siempre muy sencilla: hay decisiones correctas y hay NO decisiones. Esto sucede porque cuando tomamos una decisión y elegimos un camino, nadie sabe qué habría pasado si hubiéramos elegido un camino diferente.

¿Es posible que Waze, con más de 300 millones de dólares en ingresos y cerca de mil millones de usuarios actualmente en el mundo, valiera más de lo que valía en el 2013, cuando tenía únicamente un millón de dólares en ingresos y cerca de 55 millones de usuarios? Bien, desde luego que sí, pero lo que no sabemos es si Waze se habría convertido en lo que es hoy día sin esa decisión.

Por lo tanto, en lugar de pensar que hubiera sucedido con Yahoo! si hubiera aceptado adquirir a Google por 2 millones de dólares (o años más tarde, por 5000 millones), preguntémonos más bien: "¿Se habría convertido Google en lo que es actualmente bajo el liderazgo y la visión de Yahoo!?".

No sabemos esa parte y, por consiguiente, cualquier afirmación acerca de si la decisión fue correcta o equivocada es irrelevante. Hay decisiones correctas o NO son decisiones, sencillamente porque no podemos predecir qué habría ocurrido en el camino que no elegimos.

¿QUÉ ES UNA DISRUPCIÓN?

La gente habla todo el tiempo acerca de una tecnología disruptiva. Tiende a pensar que se trata de una tecnología que saca a los líderes del mercado al crear algo que no existía antes, pero la disrupción tiene poco que ver con la tecnología. Se refiere a cambiar el comportamiento y el equilibrio del mercado, esto es, la forma como hacemos negocios.

Disrupción

Producto

Precio

Equilibrio de mercado

Conocimiento

Modelo

Pensemos en Gmail. Antes de que Google lanzara su servicio de correo electrónico, solíamos pagar para tener una casilla de correo en línea. Pagábamos una suscripción mensual a nuestro PSI (proveedor de servicios de internet) por acceder a internet, y una suscripción adicional para tener una casilla para el correo electrónico. Google introdujo Gmail, el cual, al comienzo, no era lo suficientemente bueno, pero después de unas pocas iteraciones, resultó lo suficientemente bueno y GRATUITO. Nadie puede competir contra lo suficientemente bueno y GRATUITO.

Mi primera cuenta de correo electrónico fue con Yahoo!. Luego Google introdujo Gmail y me inscribí con la misma dirección electrónica, pero con Gmail.

¿Por qué les estoy contando esto?

Mi dirección electrónica de Yahoo! se remonta aproximadamente a 1995 y, hace un par de años, alguien me pidió mi dirección electrónica. Le di el correo de Yahoo!, y la persona me miró y dijo: "Conozco únicamente a dos personas que aún utilizan el correo electrónico de Yahoo!: usted… y mi abuela".

Google perturbó a Yahoo! también en el aspecto del correo electrónico. La disrupción puede ocurrir cuando se ofrece un nuevo producto (que podría ser un derivado de una nueva tecnología), un nuevo modelo de negocio (motonetas eléctricas para alquilar como Wind, Bird o Lime, para que no sea necesario adquirir una propia) o, en el caso de Gmail, un nuevo precio.

Gmail, desde luego, no está solo. Uber perturbó el negocio de los taxis. ¿Hay una gran tecnología detrás de Uber? No, no la hay. Se trata sencillamente de introducir un conocimiento que no estaba disponible anteriormente. En el caso de Uber, ese conocimiento era acerca de la oferta y la demanda. ¿Quién necesita ir a dónde, y qué conductores se encuentran en el área ahora mismo para llevarlo?

Esta transparencia ha sido más importante para los conductores que para sus clientes; estos no necesitan saber exactamente dónde está su vehículo, solo que estará allí en cinco minutos. Pero para los conductores, ubicar clientes confirmados, en lugar de dar vueltas, aguardar y perder el tiempo ha sido crucial.

Airbnb perturbó, de manera análoga, el negocio hotelero. Con miles de propiedades de Airbnb inundando el mercado, los hoteles han tenido que esforzarse para competir bajando los precios, ofreciendo más comodidades y resaltando los desayunos tipo bufé. Al igual que en Uber, no hay una tecnología radical en Airbnb. Se trata de introducir la transparencia a la oferta y la demanda, creando un mercado más sencillo.

La disrupción del iPhone no consistió en el aparato mismo, aun cuando fue asombroso. La verdadera disrupción fue el ecosistema: la tienda de aplicaciones, su comunidad de desarrolladores y el acceso en la tienda. Este modelo comenzó antes del iPhone, con el iPod, donde se podía pagar para descargar una única canción.

Hasta ahora, hemos mencionados tres ejemplos principales de disrupción: gratuidad (Gmail), mercado (Uber, Airbnb) y ecosistema (Apple). Hay algunas otras categorías, pero, a fin de cuentas, cada una de ellas creó un mercado que tiene un orden de magnitud más grande del que existía anteriormente.

LOS EMPRENDEDORES COMO REVOLTOSOS

Quienes introducen una disrupción son siempre recién llegados. Son quienes no tienen nada que perder y, por lo tanto, tomarán más riesgos. Quienes tienen la responsabilidad y, en particular, los líderes del mercado, generalmente no perturban, porque tienen demasiado que perder. Sin embargo, esta no es la verdadera razón.

Para perturbar algo, debemos decirnos a nosotros mismo que lo que hacemos actualmente está mal. Para las personas, esto es algo difícil; imaginemos qué tanto más difícil lo será para las organizaciones. Por lo general, es imposible. A nadie le agrada admitir que se equivoca. Si alguien propone una idea perturbadora, la gerencia dirá reflexivamente: "Esto nunca funcionará". Es una "limitación del ADN" de la disrupción, y no el hecho de que una organización tenga demasiado que perder lo que limita la innovación.

Las organizaciones que desean introducir una disrupción no pueden hacerlo desde adentro. Solo pueden hacerlo invirtiendo en nuevas organizaciones o startups que perturbarán sus propios mercados.

Los emprendedores son, en la mayor parte de los casos, revoltosos. No dan nada por sentado. No son "buenos empleados corporativos". El ingeniero de Kodak Steve Sasson, cuando fue puesto a cargo del proyecto que tuvo como resultado la cámara digital, comentó que "era solo un proyecto para impedir que me metiera en problemas haciendo otra cosa".

Los revoltosos por lo general no se adaptan al ADN de las grandes corporaciones y, en muchos casos, sencillamente renuncian. Tal vez porque intentan hacer algo diferente, o tal vez solo porque alguien quiere deshacerse de ellos.

Yo fui despedido de todos los lugares donde trabajé. Al final, siempre estaba la manera como deseaba hacer las cosas (que, obviamente, consideraba la correcta) y la manera como la organización hacía las cosas. Por lo tanto, en algunos casos, terminaba con alguien que me decía: "Así es como se hacen las cosas", y yo respondía que no tenía sentido y que deberíamos hacerlas justo al contrario. Por lo general, era el principio del fin.

El lugar donde permanecí más tiempo fue Comverse Technology —once años— y terminó cuando me despidieron. Poco después, uno de los ejecutivos de la compañía me buscó.

—No tenemos ni idea de cómo dejamos ir a una de nuestras mentes más creativas.

A lo que repliqué:

—No me dejaron ir, ¡me despidieron!

Mientras Comverse crecía, encontré mi lugar allí y la organización pudo manejar a los revoltosos, pero en cuanto dejó de crecer, ya no había lugar para los revoltosos como yo.

Mi abuelo tuvo el mismo empleo durante toda su vida. Actualmente, nos movemos rápidamente. Los once años que pasé en Comverse fueron los más largos hasta entonces en mi carrera y probablemente serán los más largos para mí en la vida. La mayor parte de las organizaciones hallarán una manera de salir de los revoltosos y, en general, diría que la mayor parte de las organizaciones deberían salir de tres tipos de personas: víctimas, personas melodramáticas e inconformes (aun cuando recordemos que la mayoría de las startups nacieron gracias a los inconformes).

UN MERCADO MÁS GRANDE

La buena noticia es que podemos definir la disrupción como "un cambio en el equilibrio del mercado". Ahora bien, por definición, el nuevo mercado es mucho más grande y mejor que el anterior; de lo contrario el equilibrio no se modificará. Esta es la belleza de la disrupción: *La oportunidad es mucho más grande que la amenaza.*

Después de que Uber comenzó a perturbar el negocio de la movilidad personal por pedido, el mercado creció diez veces. En este mercado diez veces más grande, hay espacio para Uber, Lyft y DiDi (China), Grab (Suroriente de Asia), Cabify (Europa) y 99 Taxi

(América Latina). Actualmente, hay tres veces más carreras en el servicio normal de taxis de las que había antes de Uber. Así, aun cuando todas las compañías de taxis del mundo han intentado impedir la entrada de Uber a sus mercados, la realidad es que la oportunidad para los taxis normales ha sido mayor que la amenaza.

La venta de tiquetes en línea para el turismo dio un giro similar. Perturbó a los agentes de viajes, que hace tiempo decían sencillamente: "Aquí está su tiquete", y eso era todo. No había comparación de precios. Antes de internet, ¿cómo podría haberla? Ahora la hay.

La transparencia, quizás más que cualquier otra cosa, crea la disrupción. La información está disponible para todos. Inicialmente, puede existir el temor de que las utilidades del negocio bajen, pero la transparencia crea a menudo un mercado más grande que el anterior y con una demanda mucho más alta.

MERCADOS EN LOS QUE FALTA INFORMACIÓN

Algunos mercados, sencillamente, piden una disrupción. Tienden a ser mercados en los que falta información, mercados asimétricos y cargados de reglamentaciones que no funcionan.

Pensemos en lugares donde no sabemos cuánto estamos pagando o no sabemos qué estamos pagando. Los servicios médicos en Estados Unidos, por ejemplo, son cerca de cinco veces más costosos que en Alemania. No es que sean mejores en Estados Unidos, sencillamente son más costosos. Obviamente, es una industria que pide una disrupción.

El CEO de TomTom, la compañía de elaboración de mapas y navegación, Harold Goddijn, me dijo alguna vez: "Si su mercado va a ser perturbado, lo será". La pregunta clave es si seremos perturbados al tiempo con él, o si disfrutaremos de este nuevo mercado expandido.

Escuché el comentario de Goddijn durante los primeros días de Waze, cuando intentaba comprometerlo en una negociación de intercambio. Mi oferta en el año 2010 era muy sencilla. Él nos pedía nuestros mapas en América Latina.

—Perfecto —le dije—. Podemos darles los mapas de América Latina si ustedes nos dan los mapas de Estados Unidos o de Europa, donde nuestros mapas aún no son lo suficientemente buenos.

El CEO lo pensó, pero finalmente dijo:

—No, nuestros mapas en Estados Unidos y en Europa son mucho más valiosos que sus mapas de América Latina.

A lo que respondí:

—Bien, tiene razón. Europa y Estados Unidos son mucho más importantes para nosotros, pero ¿qué hay de usted? Si no hacemos el intercambio, usted estará perdiendo la totalidad de Latinoamérica.

El segundo diálogo que sostuvo Waze con TomTom fue en el 2012. Para entonces, ya habíamos ganado terreno importante en Estados Unidos y Europa, y TomTom había perdido su cliente más grande, Google, en Estados Unidos. TomTom nos pidió información de tráfico.

—Está bien, dennos sus mapas y les daremos nuestro tráfico —respondí. Incluso extendí la oferta—. Podemos darles también actualizaciones de los mapas y así mantenerlos relevantes en el espacio de los mapas, si ustedes nos dan los rastreos de GPS en tiempo real, para que podamos mejorar nuestro tráfico —le propuse.

TomTom lo pensó de nuevo y, de nuevo, respondió que no.

—Si les damos nuestros mapas y ustedes son una aplicación gratuita, estaremos perturbando nuestro propio mercado —dijo el CEO.

—Su mercado de consumidores ya no existe —repliqué— ahora que existen Waze y Google Maps, que son gratuitas. Ustedes no son gratuitos, así que su aplicación para los consumidores se acabará de todas maneras.

—Sí —dijo el CEO con reticencia, al estar de acuerdo con mi evaluación—, pero NOSOTROS no la estamos matando.

No están solos en esa posición. Una vez que advertimos la forma como funcionaba Waze, resultó evidente que más usuarios crean mejores datos y mejores datos retienen a más usuarios, un círculo virtuoso. Y la pregunta clave era cómo acelerar el volante de inercia mediante la consecución de más y mejores datos.

Aun cuando Waze crea sus propios mapas, esto toma tiempo. Si pudiéramos depender de mapas existentes y solo actualizarlos y mantenerlos allí, podríamos movernos *con mayor rapidez*. Este fue uno de los diálogos clave respecto al desarrollo del negocio que tuvimos con muchas compañías pequeñas de elaboración de mapas a nivel local en todo el mundo. Nuestra asociación con Location World en Latinoamérica fue uno de ellos.

Estas conversaciones eran siempre iguales. Yo les decía lo que estaba haciendo Waze y cómo se creaba el mapa mediante la *crowdsourcing* de la información; luego les hacía la propuesta: "¿Por qué no nos dan su mapa y nosotros les suministramos constantemente las actualizaciones y compartiremos los ingresos en la venta de mapas y de tráfico?".

Por lo general, esta aproximación se hacía en lugares en los cuales nuestros mapas aún no eran lo suficientemente buenos. Después de todo, si ya éramos lo suficientemente buenos, ya no necesitaríamos sus mapas.

La retroalimentación inicial era casi siempre la misma. Decían que no, que ellos tenían algo de valor y nosotros no, y que nuestro sistema aún no estaba probado.

—Tienen razón —respondía yo—. Nuestro mapa no fue lo suficientemente bueno en Ecuador, Letonia, Chile, Colombia, Israel, Italia, Malasia y en una larga lista adicional de países, pero ahora es suficientemente bueno. Llegará a ser suficientemente bueno aquí también, y para entonces esta oferta ya no será relevante. —Teníamos más argumentos—. Con el transcurso del tiempo, ustedes no podrán competir con las grandes compañías (Nokia y TomTom) y, ciertamente no podrán competir con Google, que puede invertir muchos más recursos en este proyecto que ustedes. Nosotros somos su futuro en términos de mantener un mapa actualizado.

Cuando este argumento tampoco funcionaba, ensayaba un último argumento.

—Miren —decía—. Aquí hay dos opciones. Una, mi tesis funciona y Waze será exitoso en este lugar. De ser así, la única manera que tienen de sobrevivir es cooperar con nosotros. O bien, mi tesis no funciona y Waze no tiene éxito aquí. Entonces no importa de cualquier manera. ¿Realmente quieren estar en una situación en la que serán irrelevantes en el mercado y habrían podido hacer algo al respecto?

Finalmente, tuvimos muchos socios de datos en India, Brasil, el resto de América Latina y Europa. Adicionalmente, toneladas de compañías de administración de flotas se nos unieron; el intercambio con ellas era: "Dennos datos de GPS y obtengan datos sobre información de tráfico a cambio de ellos". Ocasionalmente, este intercambio no funcionó, pero estuvieron dispuestas a vendernos los datos sin procesar, que convertíamos en información de tráfico que era muy valiosa para nosotros. Estos datos sin procesar eran literalmente monedas de cinco y de diez centavos de dólar (el GPS activo de un vehículo cuesta entre cinco y diez centavos de dólar por vehículo por mes).

LA DISRUPCIÓN DE WAZE

Las compañías existentes de mapas y de navegación inicialmente descartaron a Waze.

—Su producto, sencillamente, no es suficientemente bueno —nos decían.

—¿Por qué?

—Ustedes no tienen el mismo mecanismo de validación que tenemos nosotros —me dijo una persona que trabajaba en desarrollo del negocio en TomTom. Yo había escuchado lo mismo de Nokia.

Lo que querían decir era que, dado que los mapas de Waze son creados mediante *crowdsourcing*, no había una manera de saber si alguien había insertado datos incorrectos en el mapa.

Yo tenía una respuesta.

—Si es una zona problemática con muchas personas, ellas identificarán el problema y lo arreglarán —dije—. Por el contrario, si se trata de una zona rural y es poco frecuentada, a nadie le importará el error.

—¡Es exactamente por eso que su producto nunca será suficientemente bueno! —era la respuesta.

PERTURBAR AL PERTURBADOR

Incluso es posible que Waze sea perturbada algún día. Waze es una aplicación para conductores. Si los autos que se conducen a sí mismos se convierten en la norma y deja de haber conductores, ¡entonces ya no necesitaremos a Waze!

¿Cómo se siente actualmente TomTom respecto a Waze? Tuve la oportunidad de encontrarme con el CEO de TomTom hace algunos años. Me insultó, pero alegremente.

—¿Por qué no estás más enojado? —le pregunté.

—Si la disrupción se va a dar, lo hará, y me alegro de que fueras tú —replicó—. Ahora el mercado es más grande. Y, de hecho, nos has ayudado a enfocarnos en no tratar de competir con una aplicación de teléfono y ni siquiera con otras aplicaciones de navegación.

En efecto, cuando miramos actualmente el mercado, todas las compañías en el campo de la navegación tienen más utilidades que antes. La aplicación de Waze para los móviles, por ejemplo, aun cuando funciona de maravilla, es insuficiente; muchas personas desean que Waze funcione en las pantallas de sus autos. Esto crea un mercado más grande para todos. Hay más autos con sistemas de navegación incorporados que antes.

Para las compañías existentes cuyos mercados pueden verse perturbados y desean adoptar el cambio y prepararse para la disrupción (o, en otras palabras, aumentar la probabilidad de construir algo que resulte sostenible en el futuro), la idea de que "si la disrupción va a suceder lo hará" las pone en una posición más fuerte para avanzar.

Hay dos preguntas que debemos considerar para que este futuro se haga realidad.

- ¿Qué hará que nuestra compañía sea irrelevante en el término de cinco años? Si podemos responder a esta pregunta, entonces otra persona también puede hacerlo, y en este mismo momento estará construyendo una startup que, en efecto, hará irrelevante nuestra compañía. Si podemos determinarlo, debemos comenzar a trabajar en una dirección nueva y perturbadora hoy mismo.
- ¿Cuáles son los activos con que contamos que, si se los organizamos de otra manera, pueden llegar a ser más grandes de lo que tenemos ahora? Si cualquiera de nuestros activos puede ser organizado de otra manera para un negocio más grande, deberíamos comenzar hoy, pero hacerlo de manera independiente o por fuera de nuestra organización básica. Únicamente podemos ensayar estos métodos:
- Podemos crear una compañía derivada.
- Podemos invertir en una startup externa que pueda realmente responder estas preguntas.

Permítanme darles algunos ejemplos.

Supongamos que somos dueños de una cafetería local, en una zona donde hay otras cafeterías, y creemos que nuestro *espresso* es mejor. Ganamos dinero por vender café y, sin embargo, las otras cafeterías de la zona ofrecen a sus clientes tarjetas de regalo o tarjetas de lealtad 10+1.

¿Qué sucedería si cambias por completo tu modelo de negocio y vendes una suscripción: un paquete de "beba todo el café que quiera"?

Esta es una disrupción realizada a través de un modelo de negocio. Los bebedores cotidianos de café irán a nuestra cafetería (aun cuando es posible o no que compren las otras cosas que vendemos).

Nos hemos dado cuenta también de que hay muchas personas que van a nuestra cafetería a trabajar, y permanecen allí muchas horas, ordenan únicamente una bebida y ocupan una silla y una mesa durante medio día o incluso más.

Nuestros pensamientos son claros: "Necesitamos este lugar para otros clientes. Necesitamos que estas personas consuman más, así que limitaremos su permanencia en el local a una hora".

Yo sugeriría una forma completamente diferente de mirar el problema.

Tienes clientes que van con propósitos específicos. En lugar de hacer de ese propósito tu nuevo modelo de negocio, queremos que se vayan. Pero ¿qué sucedería si agregáramos mejores escritorios con mejores sillas y, potencialmente, una "cabina telefónica" privada para hacer llamadas, y una impresora, es decir, esencialmente todo lo que se necesitaría para una oficina temporal?

Podríamos ensayar diferentes modelos de negocio. Por ejemplo, un cargo fijo diario o mensual. Ofrezcamos a nuestros clientes una toma de corriente y un internet rápido, y habremos encontrado una manera distinta de usar nuestros activos para ganar dinero.

¿POR QUÉ LAS COMPAÑÍAS EXISTENTES NO PUEDEN CAMBIAR?

¿Por qué las compañías existentes no pueden introducir una disrupción en sus propios mercados? Aun cuando deseamos creer que tienen demasiado que perder, analicémoslo mejor. Queremos imaginar que están pensando en su propio negocio, pero no es el negocio, es la organización.

Hay tres retos para la organización:

- **ADN**: Las corporaciones más grandes tienen menos enfrentamiento de riesgos en su ADN. Nadie es despedido nunca por tomar la opción obvia.
- **Falta de emprendedores**: Recordemos que los emprendedores tienden a ser revoltosos; no permanecen largo tiempo en las organizaciones grandes, así que ya los han despedido o, sencillamente, se han ido.
- **Ego**: Digamos, por un momento, que tenemos mil millones de negocios en tres divisiones geográficas y dos líneas de productos, y que nuestro equipo de liderazgo consiste en estos cinco líderes (a cargo de esos cinco Estados de pérdidas y ganancias [P&G]). ¿Qué les vamos a decir exactamente? ¿Que vamos a crear otra división en la compañía para construir nuestro futuro y que este futuro es más importante que la principal línea de negocios de la compañía, o que están generando otro P&G que revelará la pérdida de dinero durante los próximos cinco años? Es un dilema de liderazgo: si decidimos que esta nueva división es más importante, tendremos un problema con la parte existente de la organización. Si no es importante, la nueva división consumirá dinero hasta cuando sea eliminada en algún momento en el futuro (y demasiado tarde).

Recuerdo un diálogo que sostuve con el CEO de una compañía, en el que me decía que creía que su mercado sería perturbado y que su oferta actual sería irrelevante en el término de cinco años.

—Esto es maravilloso —le dije—. Puedes iniciar el cambio ahora. Me sorprendí cuando dijo:

—No puedo. No puedo hacer que mi gerencia lo haga. —Le ofrecí mi ayuda. Incluso estaba dispuesto a reunirme con la gerencia, pero me dijo—: ¡Estás loco! Vas a decirles que desaparecerán si no cambian. Enloquecerán. Todos son líderes muy respetados, y les dirás que no tienen futuro si no cambian de dirección. No lo permitiré de ninguna manera.

Y luego me preguntó si tenía otras sugerencias.

—Sí —respondí—. Busca al presidente de la compañía y renuncia.

TELMAP PIERDE LA OPORTUNIDAD DE HACER UNA OFERTA... CUATRO VECES

Cuando estábamos consiguiendo financiación para Waze la primera vez (nuestra "ronda semilla"), me puse en contacto con el equipo de Telmap. No por Telmap, sino por su principal inversionista. Puesto que sabíamos que a él le agradan estos asuntos, pensábamos que podría ser un inversionista relevante para nosotros también.

Aquel inversionista era el accionista mayoritario de Telmap, así como el inversionista mayoritario de Mapa, la compañía local de mapas de Israel. Así que fuimos al equipo de Telmap acompañados por este inversionista y el CEO de Mapa. Esta vez, pensábamos que él estaría interesado en invertir, pero resultó que, principalmente, estaba tratando de determinar si éramos una competencia para ellos.

Escuchamos después que Telmap estaba considerando ofrecernos un millón de dólares por el concepto y por nosotros tres. (Esto sucedía en el 2007, por lo tanto, era antes de que la compañía siquiera estuviera establecida). La parte divertida es que, por aquel entonces, habríamos podido aceptar si la oferta nos hubiera permitido construir nuestro sueño.

Esta era la segunda vez que acudía a Telmap. La primera fue un año antes, cuando le ofrecí al CEO la oportunidad de construir información de tráfico por *crowdsourcing* para incorporarla a sus mapas, y respondió que la información de tráfico no era factible y que, por lo tanto, a nadie le interesaba el tráfico y nos rechazó.

Nuestra tercera reunión tuvo lugar en algún momento del 2009, después de que habíamos lanzado Waze en Israel y teníamos unas pocas decenas de miles de usuarios. En aquella época, Telmap tenía más de 150 000 suscriptores a través de operadores locales de móviles. Nos acercamos con una oferta. "¿Por qué no comparten con nosotros los datos de GPS de sus usuarios y nosotros les suministramos información de tráfico?" —les propuse—, tomando parte de nuestra discusión con TomTom. Sin embargo, Waze aún era muy joven y Telmap no podía prever la revolución que se avecinaba. Telmap dijo, de nuevo, que no.

Una de las razones por las cuales Telmap no nos consideró como un competidor fue que, aun cuando nuestros mapas en Israel eran en buena parte lo suficientemente buenos y actualizados, en muchos otros casos no eran suficientemente buenos, y había un problema exactamente en el lugar en el que se encontraban las oficinas de Telmap. Cerca de ellas (en Herzliya, Israel), había una intersección en T y Telmap era el primer edificio a la izquierda de aquella T. Puesto que no habíamos agregado todavía todos los números de las casas para esa calle, hicimos un cálculo aproximado según el cual su oficina se encontraba cincuenta metros a la derecha de la T. Por lo tanto, cuando la gente usaba Waze para llegar a Telmap, Waze le decía "Gire a la derecha" en lugar de "Gire a la izquierda". "No son suficientemente buenos. Tienen que ser perfectos", nos dijo el CEO para justificar la decisión de Telmap.

En el 2010 tuvimos la que resultó ser nuestra última conversación.

Estábamos comenzando a orientarnos hacia el mercado internacional y Telmap tenía algunos clientes en México. Pensamos en expandirnos a ese país mediante la utilización de la base instalada de Telmap, así que nos pusimos en contacto con ellos para discutir una posible cooperación. Esta vez sí se mostraron interesados, pero con una condición: que dejáramos de competir con ellos en Israel, es decir, no se nos permitiría jugar en nuestro propio patio.

Por aquella época, teníamos más usuarios en Israel que Telmap y estábamos creciendo rápidamente (definitivamente éramos "suficientemente buenos"), mientras que Telmap disminuía sus usuarios.

Desde luego, no podíamos aceptar esta condición y los rechazamos.

Cuando creamos algo completamente nuevo, al principio la gente se burlará de nosotros. Luego nos ignorarán hasta cuando finalmente ganamos (o ellos pierden, dependiendo de la perspectiva).

Esta es la respuesta habitual a casi todos los perturbadores tecnológicos del mundo.

La primera crítica es siempre: "Esto nunca funcionará". No importa si se trata de BMW diciéndolo a propósito de Tesla, Microsoft criticando el primer iPhone o Blockbuster creyendo que ellos podrían construir mejor cualquier cosa que pudiera hacer Netflix. La gente que está a cargo sencillamente no cree que lo que hacemos sucederá… hasta cuando ya es demasiado tarde.

ATASCOS DE TRÁFICO — TODAVÍA PIDEN UNA DISRUPCIÓN

Una nota final acerca de Waze y la disrupción. Emprendimos la travesía de Waze para solucionar problemas de tráfico y ayudar a los conductores a eludir atascos. Esto sucedió en el 2007. No obstante, actualmente seguimos atascados en el tráfico, incluso más de lo que estábamos en ese año. Por lo tanto, hasta cierto punto, he fracasado en mi misión (o quizás sería mejor decir que aún no la he terminado).

Recientemente, se me acusó de que Waze en realidad crea más atascos de tráfico, porque empodera a los conductores para que conduzcan, incluso a aquellos que temen hacerlo. De ser así, me siento aún más feliz de haber creado Waze. ¡Empoderar a la gente es ciertamente mucho más gratificante que ahorrar tiempo!

¿Significa esto que las corporaciones existentes están condenadas a desaparecer? Desde luego que no. Están evolucionando. Pensemos, por ejemplo, en Microsoft. Su mayor fuente de ingresos fue DOS, luego Windows, luego Office, y hoy en día es muy diferente. ¿Pueden sobreponerse a una ola de disrupción? Es mucho más difícil, pero es posible, si crean una empresa derivada o invierten en aquellas que introducen la disrupción.

CONSEJOS PARA STARTUPS

- La disrupción no se refiere a la tecnología, sino a cambiar el equilibrio del mercado y la forma como nos comportamos o hacemos negocios.

- La gratuidad es la más grande disrupción de todas.

- Los revoltosos son casi siempre personas que acaban de llegar. Quienes están a cargo no perturban, porque tienen demasiado que perder.

- La disrupción es buena; la oportunidad es mucho mayor que la amenaza.

- Quienes introducen la disrupción escuchan la misma retroalimentación una y otra vez: "Esto nunca funcionará".

CAPÍTULO 4

TRABAJEMOS EN FASES

Lo principal es mantener lo principal como lo principal.
—Stephen Covey

Cuando no se determina el ajuste producto-mercado (APM), la empresa fracasa. Pero, un momento: si no conseguimos el capital, ni siquiera comenzamos, y si no tenemos un modelo de negocio, nadie invertirá. ¿De qué sirve determinar el APM si no conseguimos usuarios? Este capítulo intenta establecer el orden de las diferentes fases de una startup y, en particular, cómo y cuándo pasar de una fase a otra. Para cada una de las fases, la palabra clave es ENFOQUÉMONOS: es preciso trabajar en esta fase únicamente y no trabajar en nada más.

LA "FASE DE ESTAR EN TODAS PARTES"

Cuando comenzamos con los ciclos de "enamorarnos", pensamos en nuestro nuevo proyecto desde muchas perspectivas: el problema, la solución, el mercado, el modelo de negocio, la financiación y el plan para salir al mercado (PSM). Tenemos todo organizado en la mente para poder trazar el plan.

Luego comenzamos a reunirnos con otras personas.

Inicialmente son amigos, quizás colegas o personas de negocios. Esto es lo que llamo la "fase de estar en todas partes": los primeros comienzos, cuando intentamos capturar todo en la mente (la compañía, el equipo, el producto) y, como resultado de ello, nuestro enfoque queda regado por todas partes.

Si bien ya hemos establecido la suposición subyacente de que muchas (si no la mayoría) de las personas con quienes nos reunimos en este momento dirán que nuestra idea no funcionará, es posible que tengan su propio razonamiento. Será algo así:

- "Yo no tengo este problema", lo cual es bueno, pues es la muestra de una persona. No obstante, en muchos casos, harán una abstracción y generalizarán, de manera que terminan diciendo algo como "nadie tiene este problema" o "no conozco ni a una sola persona que tenga este problema".
- "La solución no está dirigida al problema; debe ser X, Y o Z" o "no es tan sencillo".
- Sobre el asunto del modelo de negocio, escucharemos cosas como "Yo no pagaría por eso" o, con abstracción y generalización, "nadie va a pagar por eso".
- "Ya conozco startups que hacen exactamente eso".
- "Google puede hacer esto en un minuto" o "tengo un amigo que es el ingeniero jefe en XYZ y ya están trabajando en eso".

El paso siguiente, entonces, es buscar más apoyo para nuestra idea, responder a cada una de las objeciones y validar el problema, la solución, el mercado, el modelo de negocio y la competencia. En este momento, creemos que estamos listos con nuestra historia y vamos a reunirnos con inversionistas.

Yo he creado muchas startups y puedo decir que esta es, por lo general, la mentalidad. Validamos un poco, obtenemos las principales respuestas y pasamos a la parte siguiente de la validación. Ahora mismo, se encuentra todo en teoría y sabemos que la diferencia entre "en teoría" y "en la realidad" es mucho más grande en la realidad que en la teoría.

Por lo tanto, en la mente ya tenemos respuestas maravillosas a muchos de los retos del APM, el plan para salir al mercado, el modelo de negocio, la escala, el crecimiento, la expansión global, etc., pero no hemos validado ninguno de ellos.

Luego nos reunimos con inversionistas y ellos realmente nos ponen en aprietos. Nos dicen cosas como "no creemos que este modelo de negocio funcione, así que dejaremos pasar esta oportunidad".

Pueden estar en lo cierto o no. No importa.

Lo que escuchamos en realidad fue algo completamente diferente de lo que ellos quisieron decir.

Por ejemplo, escuchamos "una vez que hayan determinado el modelo de negocio, diremos que sí", pero no dijeron eso. Sencillamente dijeron que no.

O dicen "todavía no tienen usuarios, vamos a esperar", y escuchamos: "Muéstrenos mil usuarios y diremos que sí".

El reto es no malinterpretarlos. Están diciendo que no y nosotros escuchamos. "Si nos muestran usuarios, o usuarios que pagan, o una versión operativa en este y aquel mercado, diremos que sí". El problema es que ya no estamos seguros de nuestro plan. Si dicen que no creen en el modelo de negocio, ¿es necesario probarlo ahora? ¿O deberíamos seguir con el plan según el cual el APM debe hacerse primero?

O si dicen que no hay mercado para esto en Israel, ¿deberíamos comenzar en California? ¿Significa que debemos cambiar el plan?

Aquí es donde nos confundimos. Entonces, ¿en qué debemos trabajar?

¿El producto?

¿Adquirir usuarios?

¿Validar el modelo de negocio?

¿Demostrar que la competencia no es temible?

¿Nos dedicamos a profundizar en una de estas áreas? ¿Trabajamos en todas en paralelo?

Si solo podemos trabajar en una, ¿en cuál?

Y hay un escenario aún peor: ya hemos conseguido una ronda presemilla o semilla (primera inversión temprana), y estamos trabajando en el APM. No lo hemos determinado aún, pero creemos que estamos muy cerca de hacerlo.

Nos reunimos con inversionistas para conseguir la ronda semilla, y recibimos toda clase de insumos sobre el modelo de negocio, la competencia, el crecimiento, la globalización, y creemos que debemos satisfacer todas sus inquietudes.

¡NO TENEMOS QUE HACERLO!

Nuestro trabajo es entregar resultados: un producto o un servicio que esté generando valor. No hacer felices a los inversionistas.

Pero, aguarda un momento. Si entregamos resultados, ¿no estarán felices?

Deberíamos decirles: "Este es mi plan, mi APM, mi modelo de negocio, el crecimiento esperado, y en cinco años tendremos una expansión global". Es preciso convencerlos mostrándoles que sabemos lo que estamos haciendo, y estarán felices si entregamos lo que proyectamos.

La "fase de estar en todas partes" termina cuando tenemos la convicción de que nuestro plan funciona, incluyendo el tiempo y secuencia de las fases y, en particular, qué fase debe ir primero. Luego ya nadie podrá distraernos. Hemos recolectado suficiente retroalimentación para nuestras suposiciones subyacentes de manera que estamos convencidos de que es así como va a funcionar. No importa si estamos en lo cierto o no, solo necesitamos estar convencidos en esta fase.

Recordemos que este es un viaje de fracasos y validaremos luego las suposiciones subyacentes. Estamos intentando llegar a este nivel de confort en muchos aspectos —validar el problema, la percepción de la solución, un modelo de negocio, un plan para salir al mercado, la competencia, el presupuesto, etc.—, de manera que podamos responder el primer y segundo niveles de preguntas.

Por lo tanto, si alguien nos pregunta sobre la competencia, podemos nombrar a tres o cuatro competidores potenciales y decir por qué somos diferentes (no mejores, pero diferentes). O si alguien nos pregunta por el modelo de negocio, respondemos que tenemos una tabla de Excel con predicciones para los próximos cinco años y, al final del día, ganaremos un dólar por usuario mensualmente. No es necesario ejecutar nada. Solo crear presentaciones. Hojas de Excel y otros documentos de soporte.

Ocasionalmente validaremos cosas con los usuarios.

Por ejemplo, si creemos que podemos atraer usuarios para una solución de aparcar a través de Facebook en Tombuctú, entonces intentémoslo. Pongamos un anuncio allí como si hubiera un producto, y miremos si a la gente le interesa. (Para ahorrarles el tiempo de buscar dónde queda Tombuctú, está en Mali, en el África subsahariana, y allí hay usuarios de Waze).

EL ENFOQUE ES LA CLAVE

El plan real es sencillo: sigamos con las fases y trabajemos de acuerdo con ellas.

En los primeros días de Waze en el 2009, estábamos buscando respaldo para nuestro modelo de negocio. Por aquella época, teníamos la impresión de que estaríamos vendiendo datos, mapas y, en particular, información de tráfico, pues esta puede mejorar drásticamente la movilidad.

Me reuní con muchos ingenieros municipales y les pregunté: "¿Qué sucedería si pudiéramos decirles cuánto tiempo toma hacer un giro a la izquierda en todos y cada uno de los semáforos de la ciudad, todos los días de la semana y a cada hora del día, en tiempo real, y ustedes pudieran reajustar el sistema de control de tráfico y mejorar drásticamente el tráfico en la ciudad?".

En otros casos, me reuní con compañías de logística y les dije: "Nuestra información de tráfico puede ayudarles a mejorar sus tiempos y eficiencia de combustible, permitiéndoles hacer el 15 % más de entregas con camión".

A una compañía en Israel le agradó esta idea. "¿Qué tal si instalamos Waze en una tableta especial que sea utilizada por nuestros conductores?", preguntaron.

Ahora bien, estábamos en el 2009, así que aquello que estábamos llamando una tableta era, más exactamente, un asistente personal digital (PDA) que operaba el sistema operativo móvil de Windows. A nosotros también nos agradó la idea, así que el trato estaba casi hecho. Mejor aún, no teníamos que hacer nada para ellos. Únicamente habilitábamos la característica de no ladear para que el despliegue fuese horizontal, incluso cuando el aparato estuviera en posición vertical, y ellos estaban dispuestos a pagarnos por camión anualmente. No era mucho dinero, pero estaba muy bien: 10 dólares por camión anualmente.

Para una compañía con 5000 camiones, representaba 50 000 dólares al año.

Hasta ahí, suena maravilloso. La compañía comenzó su prueba de conducción (literalmente). Dos días más tarde, la respuesta fue que no funcionaba.

—¿Qué es lo que no funciona? —pregunté.

—Waze lleva a nuestros camiones por caminos que están prohibidos o la ruta no tenía suficiente información sobre la altura de un paso elevado. Necesitamos que incluyan estos datos.

Regresamos al tablero y nos dimos cuenta de que el modelo no podía suministrar esta información. Somos una aplicación para las personas que se desplazan de la casa al trabajo, y la información que recolectamos mediante *crowdsourcing* y aquella en la que estaban interesados los conductores de camiones no era lo que les interesaba a las primeras.

En nuestro diálogo con la compañía respondimos que no podíamos hacer lo que pedían, porque no disponíamos de los datos. Fue una interacción difícil. Nuestro modelo de negocio era vender mapas y datos de tráfico, y había un cliente real dispuesto a pagar una cantidad de dinero exactamente para eso.

La firma de logística fue persistente. Sugirieron aumentar diez veces el precio anual de la suscripción y aun así la rechazamos.

Luego nos presentaron una oferta intrigante.

—Si ustedes pueden crear un algoritmo para los viajes de un agente de ventas [una parte del programa que se ocupa de rutas que tienen múltiples paradas, en caso de que un vendedor deba visitar veinte lugares diferentes en un día], les pagaremos el doble.

Se trataba de un millón de dólares al año y, dado que Israel es un país bastante pequeño, advertimos que en realidad podíamos hacerlo: podíamos hacer nosotros mismos el mapa con la altura de todos los pasos elevados y los pasos a desnivel, y obtener las restricciones del paso de caminos de otras fuentes. El algoritmo para el agente viajero parecía algo que podríamos hacer a pequeña escala (con un máximo de veinte paradas por día).

Convocamos a una reunión de gerencia y nos preguntamos si deberíamos hacerlo.

Una voz dijo:

—No es algo difícil de desarrollar y es un millón de dólares al año.

Pero otra voz dijo:

—Nuestra misión es ayudar a las personas que se desplazan a su trabajo a evitar los atascos de tráfico, así que deberíamos permanecer enfocados en resolver el problema que tienen. Ahora mismo estamos en la fase de extendernos al nivel global y no en la de ganar dinero.

Hubo algunos días de discusiones, en las que se argumentaban cosas como:

—Aguarden un momento, esta es solo una compañía de transporte, hay cuatro millones de conductores de tractores en Estados

Unidos y, si todos pagan cien o doscientos dólares al año, es un negocio enorme.

A lo que se respondía con el argumento:

—Si cambiamos la propuesta de valor o el público objetivo, entonces esta es una nueva compañía o un giro, lo cual significa que ya no creemos en el problema que intentamos solucionar.

Finalmente dijimos que no: no a los conductores de camión, no a los ciclistas, no a los peatones, no al transporte público, no a todo lo que no fuesen conductores que se desplazan a su trabajo. El trato de un millón de dólares al año que habríamos podido firmar en el 2009 fue superior a los ingresos de Waze en el 2009, el 2010 y el 2011, y aproximadamente del mismo orden de magnitud de los ingresos que tuvimos en el 2012 y el 2013.

Con el transcurso del tiempo, le he contado esta historia a muchas personas y siempre me preguntan por qué no hacer ambas cosas, y la respuesta es muy sencilla: *enfoque*.

Para tener éxito, una startup debe hacer una, y solo una cosa bien hecha y, para aumentar la posibilidad de hacerlo, debe decir que no a todo lo demás. Enfocarse no se refiere únicamente a lo que hacemos; ¡se refiere a lo que no estamos haciendo! Estas son las decisiones difíciles de rechazar.

Lo principal es mantener lo principal como lo principal

¿Cuál es la etapa más importante en una compañía? ¿Es el desarrollo del producto? ¿Conseguir financiación? ¿Adquirir usuarios? ¿El desarrollo del negocio?

La respuesta es que cada una de ellas es la más importante hasta cuando está terminada, y luego deja de serlo.

El foco se trata de hacer una cosa a la vez.

Cuando estamos consiguiendo financiación, nada es tan crucial como eso. El día después de que el dinero esté en el banco, conseguir financiación es irrelevante (hasta la próxima ronda de inversión).

Cuando estamos construyendo el producto por primera vez, la persona más decisiva del equipo es quien dirige el producto. Cuando el producto está terminado y se ha logrado el APM, es posible que ni siquiera necesitemos la misma organización de producto a medida que la compañía avanza hacia el mercadeo o la creación de negocio.

Si bien, por un segundo, diría que el desarrollo del producto es una historia sin fin, lo cual es verdad, la fase principal de conseguir el APM y, por consiguiente, crear valor para los usuarios o clientes, se realiza una vez que el producto haya sido desarrollado.

Lo mismo sucede por fuera del espacio tecnológico. Una vez que aprendemos a montar en bicicleta, las rueditas de apoyo ya no son necesarias. Sencillamente dejan de ser importantes.

TRABAJAR POR FASES

Esta idea de dirigir el enfoque se llama "trabajar por fases". Lo primero que debemos decidir es en qué enfocarnos, lo cual significa decidir cuál es la CMI (la cosa más importante). Si no decidimos esto, no podemos pasar a la fase siguiente. La estrategia y el liderazgo se refieren a decidir la CMI; la ejecución se refiere a entregarla.

Pensemos como ejemplo en conseguir financiación. Por lo general, es la fase más difícil para una startup. Si fracasamos en esta fase, es probable que seamos eliminados (en realidad, la compañía). Es muy diferente de cualquier otra fase en la vida de una compañía. Exige tanta atención y energía que resulta difícil hacer otras cosas durante este tiempo. Ocasionalmente quisiéramos pensar en ella como cero o uno, pero resulta también que hay muchas otras cosas en el medio, por ejemplo, conseguir menos dinero del deseado.

Conseguir fondos para una startup es como llenar el auto de gasolina antes de emprender un viaje.

Si no tenemos suficiente combustible (o ninguno), el viaje termina. Pero el propósito del viaje no es llenarlo de nuevo. El objetivo es llegar a alguna parte. Llenar el tanque es sencillamente un mal necesario. Y una vez que tenemos el combustible que necesitamos, no es necesario preocuparnos por él durante algún tiempo.

Ahora bien, en la fase de conseguir financiación para el viaje de una startup, estaremos corriendo de un inversionista a otro —y escuchando no, no, y no— hasta cuando, sin darnos cuenta, hemos invertido de seis a nueve meses en este proceso. Eventualmente cerramos un trato y, al día siguiente, todo por lo que pasamos durante aquellos nueve meses, incluyendo el compromiso emocional altamente cargado, ya no tiene importancia. Ahora debemos ir a construir el producto.

Otra manera de trabajar por fases es como conducir un auto mecánico. Si no oprimimos el embrague cuando pasamos a otro cambio, la caja de cambios protestará. Cuando pasamos a otro cambio en una startup, debemos reajustarlo todo. Primero, es necesario establecer la siguiente prioridad, la nueva CMI. Lo segundo es qué hacer con las personas y sus funciones.

COMIENZA CON EL APM

La estrategia de una startup comienza siempre con un APM y, déjenme decírselos claramente: si determinamos el APM, viviremos; de lo contrario, moriremos. Después del APM, el orden de las fases puede variar. Cada fase toma aproximadamente de dos a tres años. Algunas de las fases posteriores a alcanzar el APM pueden realizarse en paralelo.

¿Podemos determinar la escala antes de determinar el APM? Pues bien, imaginemos que podemos traer millones de usuarios, pero el producto no crea valor para ellos. En ese caso, sencillamente se retiran.

¿Podemos determinar un modelo de negocio antes de lograr el APM? En realidad, no. Incluso si persuadimos a alguien de que pague por el producto, si luego no entregamos consistentemente un valor, se irán, cancelarán sus pagos.

Para cada fase, una parte diferente de la organización y, por lo tanto, un miembro diferente del equipo, serán los más importantes.

Por ejemplo:

- Si estamos tratando de determinar la monetización, entonces el director de finanzas será la persona más importante.
- Si estamos trabajando en ampliar la escala, el director de mercadeo será fundamental.

Una vez que termina una fase, el cargo que era tan importante quizás ni siquiera sea necesario en la compañía, o puede tener un nivel de importancia diferente. Y la persona a cargo puede asumir una nueva función.

La transferencia de una fase a otra es dramática, porque aquello que está cambiando es la CMI. Una inevitable consecuencia de ello es que algunas personas serán más decisivas que otras para la compañía, incluso si un día antes todas estaban profundamente involucradas en lo que había sido la CMI de la startup.

Cuando presenté este esquema de trabajo por primera vez, la reacción inicial de la gente fue: "¿Qué quiere decir que toma de siete a diez años determinar las fases? Yo pensé que sería un tiempo mucho más corto, y mi plan de negocio sugiere que ganaré 100 millones de dólares el quinto año". Pues bien, pensemos en todos los gigantes tecnológicos que se iniciaron durante las últimas cuatro décadas: Google, Amazon, Netflix, Tesla, Facebook y cerca de cincuenta más. Consideremos luego el valor combinado de todas estas exitosas compañías de tecnología. ¿Qué parte de este valor fue creado durante su primera década? La respuesta es el 4 %. No más. La mayor parte de su valor, el 96 %, fue generado después de que determinaron el APM, el modelo de negocio y el crecimiento.

FASE DE AJUSTE PRODUCTO-MERCADO (APM)

Esto es tan crucial que vale la pena repetirlo: la fase más importante en la evolución de una compañía es el APM. Si se crea valor para los usuarios, entonces estamos en el camino correcto. De lo contrario, la compañía morirá.

El APM tiene una medida clave: la retención. Ocasionalmente, habrá otros indicadores clave, como usuarios activos al mes (UAM) u otras mediciones de uso.

Durante esta fase, debemos enfocar todos nuestros esfuerzos a conseguir la creación de valor para los usuarios; nada más importa. Prácticamente nada debería hacerse en otros frentes, como desarrollo del negocio o mercadeo. El resultado de ello es una organización muy austera y un presupuesto pequeño. Todo el mapa de ruta del producto durante esta fase se enfoca a mejorar la retención (y, muy probablemente, a la conversión para llegar a la retención). Esta fase es tan dramática, que le he dedicado un capítulo entero, el capítulo 8.

MÚLTIPLES CMI A LA VEZ

Es posible tener múltiples CMI a la vez durante la misma fase. El APM es, desde luego, la clave, pero es posible que no sea suficiente; puede ser necesario determinar la retención y la conversión paralelamente. O es posible que debamos conseguir más financiación antes de haber alcanzado el APM. O puede que hayamos alcanzado el APM en nuestro país de origen, pero que otros territorios presenten retos únicos que exijan modificaciones o incluso un rediseño total. (Pensemos en una aplicación en China vs. Estados Unidos).

Por otra parte, tratar de trabajar en múltiples fases al mismo tiempo es casi siempre una receta para el desastre, especialmente en las primeras etapas de una compañía, aun cuando, ocasionalmente, es un mal necesario. Lo que sucede es que gastamos demasiado dinero en diferentes tareas mientras que aún no tenemos el APM. Si no trabajamos en fases secuencialmente, podemos gastar todo el dinero que tenemos demasiado pronto. Más aún, sentiremos la presión de agrandar la organización: mercadeo, ventas, soporte.

Por lo tanto, no solo incrementamos el gasto, incrementamos también el *compromiso* de gastar y este puede ser muy difícil de reducir.

Si antes teníamos diez personas en la compañía, ahora habrá veinte, y la velocidad del gasto se habrá duplicado. También habremos reducido la cantidad de tiempo que durarán los fondos en un 50 %. Si esto ocurre antes de determinar el APM y nos vemos obligados a regresar a lo básico, descubriremos que ya hemos gastado los fondos que teníamos para continuar.

Si no estamos trabajando en fases, estamos gastando los fondos inútilmente y no estamos avanzando. Recordemos, si no tenemos el APM, lo más probable es que no podamos conseguir más capital. Si en la ronda semilla, lo único que se necesitaba era que a los inversionistas les agradara el CEO y la historia, a medida que madura la compañía se necesita también que los inversionistas crean que el CEO puede materializar la historia.

Ya no se trata de la historia. Se trata de avanzar.

Una advertencia importante: si no fue posible determinar el APM, es posible hacer otra ronda semilla (no una ronda para la serie A o B). Luego es preciso salir y hablar con clientes potenciales, diciéndoles qué haremos y cuánto cobraremos. Por lo general, es posible tener la sensación de avanzar en la dirección correcta, pero seguir adelante y construir algo en esta fase es un error.

CUIDARSE DE NO CONTRATAR DEMASIADO PRONTO

Si nos encontramos en la fase del APM, no hay ninguna razón para contratar todavía un ejecutivo de mercadeo o un ejecutivo de finanzas. Sería una pérdida de tiempo y talento contratar a alguien bueno cuando aún no tiene nada que hacer; sencillamente se irá. O, peor aún, ¡cumplirá con sus objetivos!

Por ejemplo, el vicepresidente de desarrollo de negocio se pondrá en contacto con compañías que entregan resultados que no necesitamos en este momento y que nos retrasarán en la obtención del APM.

Supongamos que ese vicepresidente traiga un socio que aportará millones de usuarios. ¿Qué sucede después? Lo más probable es que estos usuarios se retiren porque el producto aún no está disponible, y el socio para la distribución se enojará.

Esto es aún más dramático cuando se tiene ya el equipo fundador. Preguntémonos: ¿Realmente necesitamos esta función ahora mismo? En muchos casos, habrá inversionistas que nos presionen para avanzar rápidamente y contratar muchas personas. Debemos contratar únicamente a aquellas que necesitamos, y cuando sepamos exactamente qué esperamos que entreguen en los siguientes noventa días.

El momento más peligroso para una startup es cuando creemos que hemos determinado el APM y en realidad no lo hemos hecho. Peor aún: no nos damos cuenta y decimos: "*OK*, llegó el momento de las ventas", y comenzamos a construir la organización de ventas en nuestra startup. Contratamos a un vicepresidente de ventas, un ejecutivo de finanzas y una cantidad de personal de ventas.

Ahora nos encontramos a una velocidad de gasto tres veces mayor, y pronto agotaremos los fondos. Luego, puesto que los clientes estarán insatisfechos porque el producto no es suficientemente bueno, regresamos a I+D. Pero ¿qué haremos ahora con la organización de ventas que pasamos seis meses construyendo, y que está costando dos tercios de nuestro capital, y que no quiere vender nuestro producto porque los clientes no están satisfechos con él?

Esto crea un círculo vicioso: estamos gastando demasiado, no hay nada que el personal de ventas pueda vender y se agotan los fondos demasiado pronto. Para cuando nos demos cuenta, por lo general es demasiado tarde para tomar medidas que reduzcan el desastre.

Es necesario hacer una iteración tras otra del producto antes de contratar una sola persona. Hasta entonces, el CEO hará algunas ventas para comprometer el mercado y obtener retroalimentación, pero para una organización de ventas o, incluso más importante, para la maquinaria de ventas (el equipo de ventas y el mecanismo de ventas) es demasiado pronto. Es necesario conseguir primero el APM.

Los primeros cinco o seis acuerdos de negocios (en especial para los productos B2B) de una startup por lo general serán realizados por el CEO. Solo después de que estas ventas iniciales se hayan efectuado, debemos considerar construir una organización de ventas para replicar el proceso. Nuestra CMI variará constantemente dependiendo de la fase en la que nos encontremos. Si se necesita contratar a dos ingenieros realmente buenos para construir el producto, contratarlos se convierte entonces en la CMI.

LA SIMPLICIDAD ES LA CLAVE

Llegar al APM genera valor, pero, como lo señalé antes, no es necesario construir nada realmente para llegar a este punto. Recientemente escuché la afirmación de que el 78 % de los estadounidenses no completan una transacción si es necesario descargar una aplicación para hacerlo. Supongamos, por un momento, que estos datos están sesgados. Incluso si lo están, cada paso en el camino agrega complejidad, y la complejidad crea más barreras para los usuarios; sencillamente, perderemos más usuarios.

Debemos hablar con los clientes (y clientes potenciales); ellos nos dirán si lo que nuestra compañía está intentando lograr es un problema importante para ellos, uno que pagarían por resolver. Esto nos dará la indicación más clara de si vale la pena resolver un problema.

Los atascos de tráfico, por ejemplo, son un problema importante. Si te digo de frente que puedo resolver este problema, incluso sin mostrar siquiera un producto, dirás que sí.

Lo más difícil es asegurarse de que el acceso al valor sea lo suficientemente sencillo. El hecho de que nuestro producto haga X, Y o Z no significa que los usuarios puedan determinar cómo hacer todo esto. Es posible que el producto sea demasiado complejo.

Lograr la simplicidad exige iteraciones. Podemos haber pensado que sería una buena idea exigir un registro antes de usar el producto. Después de todo, deseamos capturar los datos de ese usuario para efectos de mercadeo y de propaganda. Pero si perdemos el 50 % de los usuarios porque no saben a qué se están registrando, no se sienten cómodos compartiendo su información personal (o cualquier información) o, sencillamente, porque el proceso es excesivamente largo, no hemos construido un producto fácil de usar.

Si este es un producto B2B y acabamos de firmar un trato con un cliente por 100 000 dólares, probablemente esté bien tener un entrenamiento *in situ* para explicar cómo se usa el producto. Pero para todos los demás, especialmente en el espacio de los consumidores, reina la simplicidad. De lo contrario, nadie lo usará.

Pensemos lo que sucedía diez años atrás cuando conseguíamos un teléfono nuevo. Abríamos la caja y encontrábamos un grueso manual debajo del cual estaba el teléfono.

Pensemos en desempacar un iPhone. No hay ningún manual en la caja. ¡Esto es simplicidad!

(Más acerca de la simplicidad para comprender a los usuarios en el capítulo 7).

Admito que pasar de una fase a otra puede ser frustrante, porque acabamos de lograr nuestro objetivo, tenemos un producto que crea valor y todos están felices. Y luego tenemos que arremangarnos y empezar otra vez todo desde cero. Aun cuando todos estemos bastante satisfechos por lo que hemos conseguido, puede ser irrelevante para la siguiente fase del viaje.

Entender cómo manejar estas transiciones puede significar la diferencia entre el éxito y el fracaso.

NO PERMITAS QUE TE CHOQUEN

En el 2009, un producto para dispositivos móviles llamado Bump se convirtió en una de las aplicaciones de más rápido crecimiento de todos los tiempos. Para el 2011, Bump había llegado al número ocho en la lista de Apple de las aplicaciones para iPhone más populares de su historia. Grandes inversionistas como Sequoia Capital y Andreessen Horowitz se unieron a la empresa. Bump apareció en la lista de la revista *Time* entre las 50 mejores aplicaciones para dispositivos Android en el 2012. Aquel mismo año alcanzó un total de 125 millones de descargas de la aplicación.

Y, no obstante, para comienzos del 2014, la aplicación fue descontinuada; desapareció por completo de los iPhones y los Androids. ¿Qué sucedió? Muy sencillo: Bump no consiguió el APM. Bump era una engañosa aplicación adictiva: permitía intercambiar información de contacto (así como fotografías) al "chocar" físicamente dos teléfonos entre sí. Era sexy, fácil de usar y divertida. Una versión posterior permitía compartir fotos con el computador "chocando" el móvil contra el teclado. Pero no había ninguna razón para seguir usándola. El valor de Bump era muy limitado; era la definición de un solo truco, que hace únicamente una cosa (y admitimos que la hace bien, pero eso no es suficiente).

Aquello que Bump tenía a su favor era la distribución; se volvió extremadamente viral. Pero esto no fue suficiente para compensar la limitación del producto.

No todo fue malo, sin embargo; Google compró a Bump en el 2014, y el equipo pasó al gigante de motores de búsqueda para trabajar allí en nuevos proyectos.

¿Por qué resultó Bump tan atractiva para capitales de riesgo de primer nivel? Pues bien, ya habíamos dicho que construir una startup es un viaje de fracasos, y que cada una de sus fases será también un viaje de fracasos en sí misma. Ahora bien, pensemos en este viaje como escalar una montaña. Ascender hasta la cima es difícil, y es posible que ensayemos diferentes maneras hasta que lleguemos al pico. Y solo entonces advertimos que esta no es la montaña, sino solo una montaña camino a la cima. Pero solo podemos verlo una vez que hayamos alcanzado el primer pico. Por lo tanto, reenfocamos nuestros esfuerzos y escalamos esta nueva montaña, solo para advertir que todavía no es la que queremos: hay una montaña más allá de esta cordillera, que es mucho más empinada y difícil de escalar.

Eln cuando determinar el APM es esencial, la fase más difícil es determinar el crecimiento: cómo atraer usuarios. Por esta razón Bump era tan atractiva. Se las ingenió para atraer usuarios (en cierta medida, escalaron hasta la cima por un sendero diferente). El supuesto subyacente era que serían capaces de determinar su valor, pero una vez que alcanzaron una distribución viral, esto se percibió como el premio gordo y se atascó allí.

CONSTRUIR UN UNICORNIO — LAS ESTRELLAS SE ALINEAN

Para convertirnos en un líder de mercado y en un unicornio, es necesario alinear todas las estrellas:

Estrategia del Unicornio—Alinearlo

El producto es
necesitado y usado

El mercado es grande

La relación de préstamo
a valor (PAV) es alta
(el modelo de negocio funciona)

El crecimiento de usuarios y la
globalización están determinados

El Factor X
(Atractivo)

Esto que parece bastante sencillo es, en realidad, mucho más complejo porque, cuando comenzamos, todas estas estrellas son un caos.

Estrategia del Unicornio—Alinearlo

El producto es
necesitado y usado

El mercado es grande

La relación de préstamo
a valor (PAV) es alta
(el modelo de negocio funciona)

El crecimiento de usuarios y la
globalización están determinados

El Factor X
(Atractivo)

La dificultad de alinear todas estas estrellas es que cada una de ellas es compleja y exige un gran esfuerzo durante largo tiempo y, en muchos casos, es en sí misma un viaje de fracasos.

La alineación debe hacerse una por una. Cada estrella representa una fase en el viaje de fracasos. Terminamos de estabilizar una estrella y luego pasamos a la siguiente. Entre tanto, debemos observar las estrellas anteriores para asegurarnos de que no se desalineen.

Simplemente NO PODEMOS pasar a la estrella siguiente hasta cuando hayamos determinado el APM.

¿Qué fases vienen primero y cuáles después? Cuando era joven, mi padre me dijo alguna vez que para una revolución solo hay una justificación: que resulte exitosa.

La mayor parte de los servicios al consumidor intentarán determinar su crecimiento después del APM. Si tienen éxito, podrán conseguir financiación con base en el crecimiento, y es probable que se conviertan en unicornios rápidamente; de lo contrario, seguirán e intentarán determinar su modelo de negocio para poder alimentar el crecimiento con fondos.

Las empresas de negocio-a-negocio (B2B) deben determinar su modelo de negocios antes del crecimiento. En cierta medida y, en algunos casos, este modelo de negocio puede formar parte del APM.

Si para los negocios entre negocio y consumidor (B2C) la principal medida es la *retención*, para los B2B la medida es si un cliente regresa a comprar por segunda vez. Esto indica un mayor compromiso, como comprar después de una prueba o renovar un acuerdo por un período adicional de tiempo. Este segundo compromiso es una señal de que hemos alcanzado el APM. Las *renovaciones* son el equivalente de la retención en B2B.

En lo que se refiere a la globalización, depende de dónde comencemos. Si estamos en un país grande, con un mercado grande, como Estados Unidos, Rusia, Brasil, Japón, China, Alemania, Indonesia o India, no es necesario que pensemos en una estrategia para expandirnos más allá de nuestro país de origen, o al menos no de inmediato. El mercado es lo suficientemente grande y, en cualquier momento, durante los siguientes cinco años, para la pregunta "¿A dónde deberíamos ir?" la respuesta será todavía "aquí".

Si nuestra compañía tiene su base en Israel, Suecia, Estonia, Holanda u otros países pequeños, es importante manejar la globalización más pronto. No tenemos muchas opciones cuando estamos ubicados en un mercado pequeño. Es necesario pensar en globalizarse desde el primer día. De hecho, en muchos casos, las startups provenientes de países pequeños se globalizaron con mayor rapidez.

Alinear las estrellas es un proceso lento y dispendioso. No podemos asirlas todas de una vez; es preciso determinarlas una por una y luego pasar a la siguiente.

Más aún, cuando estamos en el proceso de alinear las estrellas, recordemos que estas se mueven todo el tiempo. Una vez que pasamos a otra y enfocamos la compañía en otra parte del viaje, es posible que haya una disminución en el nivel de satisfacción de los usuarios, como resultado de enfocar de nuevo los esfuerzos.

La buena noticia es que será menor, así que, incluso si se pierden algunos usuarios, no serán muchos. Puede suceder también cuando estemos en el proceso de globalización. Si salimos a un mercado nuevo que es dramáticamente más grande que el mercado original, es posible que perdamos terreno en el mercado original porque ya no estamos enfocados en él.

FRECUENCIA DE USO

Para los productos de consumo, una vez que se alcanza el APM, la fase siguiente es, por lo general, la del crecimiento. La frecuencia de uso es la clave del éxito. Si el producto tiene una frecuencia de uso de algunas veces al mes o más, nuestro objetivo debe ser el 30 % de retención de usuarios después de tres meses, es decir que, de todos los clientes que usaron el producto por primera vez en enero, para abril el 30 % de ellos aún deben estar ahí y estar usando el servicio. Este es un buen logro. Si estamos cerca de este porcentaje, entonces hay espacio para mejorar y es muy posible alcanzar el éxito.

No obstante, si estamos, por ejemplo, únicamente en el 3 %, no hemos llegado y tenemos un largo camino por delante. Aun cuando ciertamente podemos reordenar las cifras cuanto queramos, no es posible engañar a los usuarios; si no les ofrecemos valor, no regresarán.

La frecuencia de uso es poderosa por varias razones. Primero, si la gente está usando el producto con frecuencia, es evidente que estamos creando valor para ella y, por lo tanto, es probable que tengamos una mayor retención y una mejor oportunidad de determinar el APM. Segundo, es probable que se resuelva también el asunto del crecimiento, porque, con el boca a boca, cada vez que alguien utiliza el servicio es una oportunidad para que le hable a alguien más de él.

Estamos en el auto con alguien, ve que estamos usando Waze y pregunta: "¿Qué es eso?". Se lo decimos y él también queda

enganchado. El hecho de usar Waze cada vez que estamos conduciendo nos da muchas oportunidades de compartir.

Con Moovit, sucedió exactamente lo mismo. Había gente aguar-
dando en un paradero de autobuses y alguien que usaba Moovit
decía: "El bus llegará en tres minutos", y otros le preguntaban:
"¿Cómo lo sabe?".

Si nuestra frecuencia de uso es alta, una vez que determinemos
el APM, la fase siguiente es siempre la de crecimiento.

Si nuestra frecuencia de uso es baja, será necesario que saltemos
más bien a la fase del modelo de negocio en lugar de a la de crecimiento. ¿Por qué? Siempre necesitamos adquirir usuarios, pero no
tenemos un boca a boca. Nos tomará largo tiempo determinar el
crecimiento, y es probable que no contemos con financiación suficiente para llegar a ese punto. (Si tenemos tanto boca a boca como
frecuencia de uso, tomará menos tiempo determinar el crecimiento).

Si tenemos financiación para tres años, es posible que aún podamos crecer, incluso si la frecuencia de uso es baja, pero si no hay
un boca a boca potencial, entonces es probable que debamos pagar
para adquirir usuarios. Lo más probable es que tengamos de doce a
dieciocho meses de fondos y, por lo tanto, tiempo para determinar el
modelo de negocio y así conseguir más capital y luego pasar a la fase
de crecimiento.

Pensemos en la primera vez que oímos hablar de Waze, Google,
WhatsApp, Facebook, Uber o cualquier otra aplicación que usemos
habitualmente. En más del 90 % de los casos fue porque "alguien me
dijo". Este es el poder del boca a boca. En realidad, el boca a boca
sucede únicamente si nuestros servicios o aplicaciones se utilizan
con mucha frecuencia.

CREAR VALOR EN B2B

Permítanme definir "modelo de negocio" de la siguiente manera:
¿Qué es lo que nos paga el usuario y cuánto? Por lo general, estos dos

factores deben remitirse al modelo que creamos. Como regla general, debemos llegar del 10 al 25 % del valor que creamos.

Supongamos, entonces, que ayudamos a las compañías a ahorrar dinero. Si les ahorramos un millón de dólares al año, debemos esperar que el trato sea de un orden de magnitud entre los 100 000 y los 250 000 dólares. El modelo mismo (aquello por lo que los clientes están pagando) debe ser sencillo de explicar y, esperamos, aumentará con el tiempo (en términos de usuarios, uso, etc.).

Una vez que determinemos esta parte, debemos remitirnos de nuevo al modelo de negocio.

- Si este es el modelo, ¿es el mercado lo suficientemente grande?
- ¿Puede tener utilidades?
- ¿Tiene sentido desde el punto de vista económico (llamado también economía de unidad)?

En la mente del comprador estará la siguiente fórmula: ¿Es razonable la relación entre valor y precio? Si lo es, los compradores aceptarán probar el producto.

¿Cómo cuantificamos esto? Preguntémonos: ¿qué promete el producto que hará por sus clientes? ¿Ganar dinero para ellos? ¿Ahorrarles dinero? ¿Reducir el tiempo para salir al mercado? Todos estos aspectos tienen valor.

FairFly, como software B2B, hace exactamente eso. Ayuda a los administradores de viajes a medir y supervisar los gastos de viaje y, por lo tanto, puede ahorrarles hasta el 10 % de su presupuesto para viajes. Si pensamos en una corporación grande, esto podría significar cientos de millones de dólares en el presupuesto anual para viajes y, por lo tanto, decenas de millones de dólares en ahorros (el valor creado por FairFly).

La propuesta de valor es muy sencilla, como lo es también el modelo de negocio: Si nosotros les ahorramos X dólares, deben darnos parte de esta suma.

Si estamos construyendo un sistema de software de apoyo que aumentará las ventas del cliente en un millón de dólares, entonces tenemos derecho del 10 al 20 % de esta suma por nuestro servicio.

Podríamos pensar que determinar los precios en una escala variable podría ser beneficioso para capturar nuevos clientes. Por ejemplo, podríamos vernos tentados, especialmente al comienzo del viaje, a ofrecer a los clientes un precio que aumente dependiendo de cuánto dinero le ahorramos a ese cliente.

Los CEO de sus clientes potenciales nos dirán: "Eso me agrada. Compartimos el riesgo. Si ustedes no crean valor, no obtendrán nada". Pero el CFO será mucho más precavido: "¿Me están diciendo que no sabré cuánto voy a pagarles el mes entrante? No, yo quiero una tarifa fija. Quiero saber que cada mes les pago X y eso es todo. Si ahorramos más o hacemos más negocios, podemos renegociar el trato".

Cada acuerdo será un poco diferente cuando estamos en el mundo de los B2B, aun cuando, después de un tipo de acuerdo, comenzaremos a ver que surgen los mismos tipos de acuerdos. Algunos tendrán un precio fijo, otros serán riesgo/recompensa, y otros tendrán un mínimo y un tope. El modelo será más directo con el tiempo, pero siempre tendrá variaciones. Aun así, haremos tratos en los que perdamos dinero, pero esperamos que sean cada vez menos.

Los tratos B2B se negocian uno a la vez, a diferencia de los productos listos B2C.

FASES Y UNICORNIOS

¿Cuánto tiempo toma convertirse en un super éxito, en un unicornio avaluado en 1000 millones de dólares o más?

Una lista de los unicornios israelíes, recopilada por la publicación de negocios israelí *Calcalist* en diciembre del 2020, mostró que el tiempo promedio para construir un unicornio es de trece años. Casi nadie alcanza este nivel en menos de diez años. Incluso para las compañías más exitosas, toma largo tiempo determinar y completar todas las fases.

- A Microsoft le tomó cinco años determinar su APM. La compañía se lanzó a mediados de los años setenta, pero solo se estableció por completo en 1980.
- A Netflix le tomó diez años determinar su APM.
- Waze inició su desarrollo en el 2007 (o en el 2006 si nos remontamos a Free-Map). ¿Cuándo determinamos efectivamente nuestro APM? Únicamente a fines del 2010. Esto fue relativamente rápido: solo tres años y medio.

Si no aspiramos a convertirnos en un unicornio, ¿podemos lograrlo en menos tiempo? Desafortunadamente no. Siempre tomará tiempo. No habíamos determinado el modelo de negocio para Waze cuando Google nos compró. Por lo tanto, aún si nuestro viaje como compañía independiente terminó solo seis años después (o cinco y cuarto, si contamos desde el comienzo oficial hasta la fecha de adquisición), si hubiéramos permanecido como independientes nos habría tomado muchos más años determinar el modelo de negocio.

El día de la adquisición, los ingresos de Waze estaban cerca del millón de dólares anual. En el 2020, esta cifra había saltado a más de 400 millones de dólares. (Para poner las cosas en perspectiva, Google lo llamaría 0,4 miles de millones de dólares).

¿Por qué toma de dos a tres años completar cada fase? Porque es un viaje de fracasos. Elaboramos una hipótesis, la verificamos, si funciona es maravilloso y es posible que quizás podamos acortar las fases. Sin embargo, por lo general, se necesitan varios intentos para llegar allí.

¿Existe alguna manera de acelerar el proceso? Sí. ¡Hay que medir rápido! Entonces sabremos. Si analizamos nuestras mediciones antes de realizar ningún experimento en el viaje de fracasos, entonces lo sabremos. Determinemos qué necesitamos medir para poder tener las herramientas a mano antes de comenzar a construir el producto.

Recordemos que mi padre solía decir que la única justificación para iniciar una revolución es que tenga éxito y es cierto. La gente solo nos respeta si la revolución funciona. Pero no sabemos de antemano qué sucederá. Para obtener la fuerza de perseverar, es necesario creer que lo que hacemos es una causa noble. La mejor parte es que aumentamos drásticamente la probabilidad de éxito de la próxima revolución si intentamos esta.

SPAMOFF: UN ESTUDIO DE CASO DE SER EXCESIVAMENTE EXITOSO

Algunos años atrás, mi hijo Ido inició una compañía en Israel llamada Spamoff. Naturalmente, yo fui su mentor e invertí en la compañía. El objetivo era detener todo el *spam* (correo no deseado) que recibimos todos a través de mensajes de texto SMS. Emprendimos el viaje llenos de entusiasmo. ¡He aquí una injusticia que podemos remediar! Construimos una plataforma para apalancar la legislación recientemente aprobada en Israel, que estableció que enviar mensajes de *spam* era ilegal, y permitía al receptor de un mensaje semejante demandar al remitente por 1000 nuevos séqueles (cerca de 300 dólares) *por mensaje*, sin tener la necesidad de probar daños.

Como sucede en muchos casos en los que las autoridades intentan ofrecer un servicio al público, era demasiado complejo. Nuestra plataforma simplificaba el proceso y permitía casi automáticamente interponer una demanda a los israelíes que recibían mensajes SMS de *spam*. Lo único que debían hacer era cargar la foto del mensaje; el sistema entonces presentaba un formato ante el tribunal de pequeñas causas. Parte de este proceso era realizado manualmente al comienzo, mientras estábamos aun desarrollando la plataforma y probando el concepto.

Lanzamos el servicio en el 2015 a través de una página de Facebook donde ofrecíamos a los seguidores la oportunidad de usarlo. La respuesta fue abrumadora; mucha gente nos pedía interponer una demanda a través de Spamoff. Poco después, Geektime, un sitio web israelí de tecnología, encontró nuestro servicio y publicó un artículo que nos trajo miles de usuarios a la vez, en un momento muchos más de los que la compañía podía digerir. En otras palabras, demasiado pronto para nosotros. Supimos de inmediato que existía la necesidad.

Nuestra startup recibió de inmediato críticas para que desistiéramos. A quienes enviaban los *spams* desde luego no les agradó el modelo. Si bien antes podían enviar millones de mensajes al día, y había quizás diez demandas como resultado de ello, nosotros interpusimos 200 demandas durante el primer mes, y resultaba más como una avalancha, que creció hasta 1000 al mes. Esto perturbó los modelos de negocio de quienes enviaban *spams*.

Luego, para hacernos desistir, recibimos otra crítica que no esperábamos: los tribunales y los jueces estaban experimentando una carga excesiva de trabajo. Aquellas 1000 demandas al mes eran entre el 15 y el 20 % de aquello que el tribunal manejaba, así que, súbitamente, el sistema de justicia debía invertir del 15 al 20 % de sus casos en manejar aquellos de quienes enviaban *spams*.

Con el 15 al 20 % de las demandas ante los tribunales de pequeñas causas siendo generado ahora por una máquina —nuestra máquina—, los jueces se sentían abrumados y hallaban toda clase de razones para no admitir las demandas que interponíamos, sosteniendo incluso que el hecho de que el proceso fuese automatizado lo hacía inválido. (A propósito, un gran porcentaje de las demandas fueron dirimidas por fuera de los tribunales, así que la carga no fue tan grande como lo pensaron en aquel momento).

Intentamos pelear, pero no teníamos suficiente financiación. Habría sido un largo proceso y, de hecho, una de las demandas llegó a la Corte Suprema de Israel, donde finalmente ganó. Pero ya era demasiado tarde para nosotros. No tuvimos más opción que cerrar Spamoff.

Spamoff es un buen ejemplo de una compañía que trabajó por fases, pero en la cual trabajar por fases no fue suficiente. Con Spamoff, la reglamentación y el sistema de justicia fueron los principales obstáculos para su éxito.

Si se me preguntan hoy en día, sabiendo lo que sé ahora, si hubiéramos debido iniciar Spamoff de todas maneras, contestaría que sí, porque era una pelea que valía la pena dar.

¿Qué habríamos hecho de una manera diferente? Probablemente habríamos comprometido antes al sistema judicial e intentado construir el servicio junto con él.

Spamoff fue, en un aspecto, un gran éxito, y actualmente existe únicamente el 10 % de sms *spam* del que había originalmente en el país. Lo único que lamento es que perdí dinero, pues yo era el único inversionista.

CAMBIAR DE FASES EN LATINOAMÉRICA

Cuando Waze comenzó a expandirse por fuera de Israel, al comienzo fue una pesadilla. Una de las pocas regiones donde ganamos terreno fue en América Latina, y esto se debió principalmente a que tuvimos un gran socio en Ecuador, quien también nos llevó a Colombia, Venezuela y Chile. Estábamos promoviendo el BlackBerry, que era el teléfono inteligente más común en América Latina por aquella época.

Este socio era una compañía llamada Location World, especializada en telemática para autos conectados. Location World tenía también capacidades para la elaboración de mapas, lo cual hizo que, instantáneamente, nuestros mapas en la región fuesen más exactos. De no haber sido por ellos, habríamos podido desaparecer; ellos nos permitieron el salto necesario para avanzar hacia el futuro.

El trato con Location World era que nosotros haríamos los mapas y luego ellos los revendían. Ellos se ocuparon activamente del desarrollo del negocio para nosotros, pero cuando cambiamos nuestro modelo de negocio y comenzamos a vender publicidad para ganar dinero, Location World resultó completamente irrelevante. Vender anuncios no era algo de lo que supieran mucho. Estaban dispuestos a ensayarlo, pero aun cuando fueron asombrosos en los primeros días de construcción de datos y de usuarios, estábamos buscando un socio que tuviera experiencia en este ámbito.

No estaban contentos.

—Nos sentimos como un burro que cargó una carreta cuesta arriba y, ahora que ustedes van cuesta abajo, nos dicen que ya no nos necesitan porque la carreta puede bajar sola la cuesta —se lamentaron.

—Estamos muy agradecidos por todo lo que han hecho —les aseguré—, pero lo veo de una manera completamente diferente. Nuestra carreta puede ir cuesta abajo mucho más rápido que el burro. ¡Si no se hacen a un lado, la carreta los atropellará!.

Les propuse un arreglo alternativo.

—Siéntense en la carreta con nosotros. Tienen acciones en la compañía y tendrán éxito de esta manera.

Y, en efecto, a lo largo del tiempo de su relación con Waze, ganaron mucho dinero y aún somos amigos.

Podríamos creer que Estados Unidos era el mercado más importante, pero, con relación a su tamaño por aquella época, América Latina fue para Waze (y también para Moovit) mucho más exitosa.

El punto de esta historia es que las diferentes fases deben venir en el momento adecuado. Location World fue decisiva para el éxito de Waze en el 2010. Se convirtió en un muy buen socio en el 2011 y un socio menos relevante en el 2012. A medida que la compañía avanzó, su relevancia disminuyó hasta el nivel en que ya no eran necesarios. Lo mismo habría podido ocurrir con un empleado, un grupo, un gerente o un fundador, y es probable que ocurra también cuando cambiamos de fase.

LA STARTUP COMO UNA ORQUESTA

El mayor reto para un CEO es asegurarse de que la organización esté cambiando junto con las fases. Por esta razón, el CEO es como un director de orquesta. Cada intérprete en la orquesta de la startup —ventas, mercadeo, desarrollo de producto— es importante por sí mismo, cuando realiza su trabajo en el momento adecuado.

Comenzamos con el piano, agregamos algunos violines (entonces el piano ya no es el 100 % del paisaje sonoro), y quizás después añadimos tambores y trompetas. Durante el intermedio, el pianista puede irse a casa, porque no se necesita un piano durante el resto del evento.

Una organización madura tiene todas las piezas en su lugar. Debe tocar en armonía. Cada intérprete sabe que lo que hace es únicamente parte de un todo.

La incapacidad de pasar de una fase a otra, de fluir con estos cambios drásticos, de conseguir personal para la orquesta en los momentos indicados o para crear el ritmo adecuado es una de las principales razones por las cuales fracasan las startups.

¿CUÁNDO ES EL MOMENTO ADECUADO PARA CAMBIAR DE FASE?

Prepárate para cambiar de fase cuando suceda alguna de las siguientes cosas:

Cuando las mediciones son correctas.

Cuando se ha logrado el objetivo de retención en el APM.

Cuando se ha acortado el ciclo de ventas al determinar el modelo de negocio.

Cuando reducimos nuestro costo de adquisición de usuarios a cero o muy por debajo del valor de por vida de un usuario para el crecimiento.

¿Cuáles son las cifras correctas? Esto lo discutiremos en los capítulos dedicados al APM, al crecimiento y al modelo de negocio. El reto es actuar de acuerdo con las cifras y no de acuerdo con nuestra intuición, y dirigir a la compañía al cambio de fase cuando las cifras son correctas. He visto a muchas compañías que pasan a la fase siguiente demasiado pronto… y también demasiado tarde.

CONSEJOS PARA LAS STARTUPS

- ¿Cuál es la etapa más importante en una compañía? Todas lo son, una a la vez.

- Las startups y los emprendedores exitosos trabajan por fases, por lo general una a la vez. El APM siempre viene primero.

- Cada fase toma de dos a tres años. Después de la fase del APM, viene por lo general el aumento de escala y la monetización (plan de negocio).

- Intentar trabajar en múltiples fases a la vez es casi siempre una receta para el desastre. Terminaremos gastando dinero inútilmente y no avanzaremos.

- Comienza por decidir cuál es la CMI, la cosa más importante. Pasar de una fase a otra es especialmente dramático porque aquello que cambia es la CMI.

- No todos los miembros del personal, incluyendo a los fundadores, llegarán a la fase siguiente.

- Debes cuidarte de no contratar demasiado pronto. De lo contrario, el personal talentoso no tendrá nada que hacer y se irá.

- Conseguir que el primer cliente compre por segunda vez es una indicación excelente del APM.

- Puedes cobrar del 10 al 25 % del valor que entregas a los clientes.

LA MONTAÑA RUSA DE LA BÚSQUEDA DE FINANCIACIÓN

Si construir una startup es como un viaje en una montaña rusa,
buscar financiación es como una montaña rusa en la oscuridad:
¡ni siquiera sabemos qué nos espera!

La reunión con "todos los socios" de Vertex Ventures estaba programada para un jueves en la mañana a fines de noviembre del 2007. Fue una de las muchas reuniones que tuvo Waze con inversionistas, y era la tercera que teníamos con Vertex, una clara indicación de que había interés de su parte.

Estábamos buscando nuestra primera ronda de financiación para Waze, que ni siquiera estaba formulada como una compañía en aquel momento, y no tenía personal contratado. Yo ya trabajaba de tiempo completo en la misión de búsqueda de financiación. En síntesis, necesitábamos este dinero para contratar personal y cambiar de fase para emprender nuestro viaje.

La reunión en noviembre con Vertex sería la primera vez que se encontraban presentes todos sus socios. Anteriormente nos habíamos reunido con Ehud Levy, nuestro contacto principal, y con unos pocos miembros del equipo de Vertex.

Ehud se mostró muy entusiasmado con lo que estábamos construyendo, pero tenía que vendérselo a sus colegas, en particular a Yoram Oron, el gerente financiero y la única persona que decidía en esa compañía.

Habíamos recibido ya decenas de "noes" de otros capitalistas de riesgo. Sus razones para entonces eran un poco borrosas, así que yo no recordaba quién había dicho qué.

Muchas de estas razones —cuando tenían alguna razón— eran completamente irrelevantes o mostraban una desconexión con la historia que les contábamos.

Otras en realidad tenían sentido.

"¿Usted cree que la gente que conduce sus autos puede crear un mapa mejor que Navteq o Tele Atlas?" fue una de estas respuestas, refiriéndose a las empresas más importantes en la elaboración de mapas GPS en aquel momento.

"Si no sabe dónde está mi casa, nunca será lo suficientemente bueno", fue otra crítica.

"¿Cómo sabrá si alguien ha creado información incorrecta? ¿No necesita tener a una persona que valide todo?".

"Los usuarios nunca compartirán sus ubicaciones. Estos son asuntos privados".

"¿Por qué necesita el mundo otra aplicación de navegación?".

Y, respecto a mí, personalmente: "¿Por qué cree que usted es la persona indicada para dirigir esta empresa?".

Uno de los factores clave en el proceso de decisión de los capitales de riesgo es la "perspectiva del usuario". Es muy poco probable que los socios de una empresa de capital de riesgo inviertan en algo que no creen que usarían ellos mismos. Todo el concepto de *crowdsourcing* era demasiado para digerir para muchos de los inversionistas con quienes nos reunimos.

Aun cuando ideas como "NOSOTROS somos más inteligentes que YO" y la "sabiduría de la multitud" eran bien aceptadas, la idea de que alguien contribuyera activamente a través de una aplicación cuando el mapa y la aplicación misma no eran suficientemente buenos sencillamente no resonaba con ellos.

Necesitábamos crear un efecto asombroso, para que Yoram pensara que funcionaba "como magia". Incluso si él no creía que debía contribuir activamente al mapa, necesitábamos que creyera que otra persona sí estaría dispuesta a hacerlo.

Entonces tuve una idea.

"Asegurémonos de que todas las casas de los socios estén en el mapa —les dije a mis socios—, así que si nos piden que naveguemos hasta su casa funcionará". Esperaba que, en efecto, nos lo pidieran, pero si no lo hacían, yo los guiaría amablemente, por decirlo así, en esa dirección.

Mi plan era preguntar a Ehud Levy durante la reunión dónde se encontraba su casa, y luego mostrarla en el mapa. Esperaba que, después de esto, alguien más quisiera intentarlo también.

Llamé a Ehud Levy y le pedí una lista de las direcciones de los socios de Vertex. Cuando me preguntó para qué la necesitaba, respondí que quería estar seguro de que, al hacer nuestra presentación, estuviera en el vecindario de uno de los socios para que se sintiera real.

"La primera dirección que la gente más frecuentemente ensaya para probar es la de su casa o su oficina —le expliqué—". Le prometí que luego borraría los datos.

Ehud me envió la lista más tarde aquel día, y simulamos la conducción y la creación del mapa cerca de la zona donde vivía cada uno de los socios. Creamos múltiples sesiones de edición de mapas que generaban información para el vecindario cerca de las casas de los socios.

De esta manera, no solo aparecía el número de la casa de cada uno de los socios, sino el de muchas otras casas en la misma calle, en la calle siguiente, y así sucesivamente. Como resultado de ello, sabíamos que estábamos preparados si alguien preguntaba si su casa estaba en el mapa.

Llegamos temprano para poder organizar el escenario. Yo siempre organizo el escenario; me agrada sentarme donde está la pantalla, para que la gente continue mirándome cuando hago la presentación y, especialmente, para poder mirarlos incluso cuando están mirando a la pantalla.

Comenzamos mostrando el mapa/la navegación en la pantalla grande.

—Entonces, ¿me está diciendo que mi casa podría estar en ese mapa? —preguntó Yoram Oron, el socio principal.

Esto era exactamente lo que yo deseaba.

—Pues sí; no sé dónde vive usted, pero dígame su dirección y lo averiguaremos —respondí.

No era siquiera una mentira, porque personalmente no sabía dónde vivía Yoram, pero sí sabía que su casa estaba en nuestro mapa.

Escribimos la dirección de Yoram. Y allí, mágicamente, estaba su casa que apareció, en la pantalla.

Los socios estaban mirando fijamente la pantalla, pero yo estaba mirando a Yoram, estudiando su expresión. En el momento en que apareció su casa en el mapa, sus ojos cambiaron. Las comisuras de sus labios subieron. La única forma en que puedo describirlo es como puros signos de dólar.

Fue en aquel momento cuando supe que el trato era nuestro.

Una semana más tarde, recibimos un contrato de Vertex por 2 millones de dólares.

Sin embargo, eso no fue elfinal; lejos de eso. El trato no se cerraba sino tres meses más tarde y, para entonces, dos inversionistas más se habían unido y la inversión saltó a 12 millones de dólares.

Si una startup es una montaña rusa y buscar financiación es una montaña rusa en la oscuridad, entonces cerrar un trato es como una montaña rusa en la oscuridad ¡y retrocediendo! ¿Disfruté la montaña rusa? Me agradan la velocidad y los deportes extremos, pero aquello que aprendí resultó invaluable para la docena de compañías que fundé después de Waze.

Si se está buscando financiación por primera vez, este es el capítulo que se debe leer. Buscar financiación es algo muy diferente de todo lo que hayamos visto antes. Imaginemos que fuera necesario tener cien citas para encontrar "la persona indicada". Esto es exactamente lo que sucede al buscar financiación. Es necesario ser extraordinario; este capítulo nos dirá cómo convertirnos en un emprendedor extraordinario y financiable.

Pensemos en lo siguiente: a fin de cuentas, un inversionista invertirá en una nueva startup y en un emprendedor que empieza únicamente si le agrada el CEO y le agrada la historia. ¡Hagamos que la historia brille!

CONTAR UNA BUENA HISTORIA

Después de que Waze fuera adquirido en el 2013, me encontraba en una reunión con el socio de una de las firmas de capital de riesgo más importantes de Israel. Le pregunté cuánto tiempo tardaba en decidir si le agradaba el emprendedor o no.

—¿Quiere la respuesta verdadera o la respuesta correcta? —preguntó.

—La verdadera —respondí—. He escuchado la correcta suficientes veces.

Estábamos sentados en una pequeña sala de conferencias. Me miró y luego dirigió la vista hacia la puerta. Luego me miró de nuevo, y de nuevo a la puerta.

—Así de rápido —dijo—. Incluso antes de que se sienten.

Es decir, tan rápido como se hace una primera impresión. Después de esto, es cuestión de algunos minutos para confirmar o cambiar esta impresión.

Ahora bien, si esto es así, entonces en la historia que vamos a contar es necesario comenzar con el punto más fuerte. De lo contrario, para cuando lleguemos a él, ¡es posible que ya hayan tomado una decisión!

Les pregunté a algunos inversionistas en varias ocasiones respecto a compañías en sus comienzos: ¿Por qué decidió invertir en esta startup o en aquella?". Escuché una respuesta constante: "Yo conocía al CEO por una startup anterior", o bien: "Me agradó la historia y me agradó el CEO".

A partir de allí, podemos sacar dos conclusiones principales:

1. *Me agradó la historia*: Es necesario APRENDER *a contar una buena historia*. Una buena historia se refiere a un compromiso emocional y no a los hechos. Estamos tratando de involucrar al inversionista para que quiera lo que estamos fabricando, como lo hicimos nosotros con la "magia" en Vertex.

2. *Me agradó el* CEO: Necesitamos estar lo mejor posible, y la apariencia sí importa. Por lo tanto, el CEO acude a la primera reunión SOLO. De esta manera, nadie más estará en el escenario con el CEO para desviar el foco de atención.

Un colega me contó alguna vez una anécdota valiosa acerca de contar historias.

—Un amigo mío fue a correr a la playa anoche y, después de correr cinco millas, pensó que sumergirse en el refrescante mar Mediterráneo sería una idea maravillosa. Ya era tarde, así que no había nadie en la playa. Pensó que, si no había nadie, podría desnudarse para nadar y refrescarse. Entonces se quitó la ropa —incluso su reloj— y entró al agua. Pocos minutos después, súbitamente, se encontró con un tiburón. Entonces sacó su cuchillo y lo mató...

Aquí fue donde lo interrumpí.

—Espera un momento —dije—. ¿De dónde exactamente sacó el cuchillo?

—¿Quieres una historia, o quieres hechos? —respondió.

La anécdota ilustra un punto importante: Si narramos hechos, hacemos que el público piense. Si les relatamos historias, hacemos que imaginen y sientan. Si queremos que inviertan, necesitan imaginar e involucrarse emocionalmente.

¿Cómo contamos una buena historia? Estamos intentando crear un compromiso emocional y hacer que imaginen que hacen parte de él. Por lo tanto, la historia tiene que ser auténtica. Inventar un "caso de uso" —como una parte frecuente de planes de negocio y documentos de mercadeo que describe detalladamente quiénes serán los usuarios del producto y exactamente cómo lo usarán— no servirá de nada.

Relatar el uso que otra persona le da a algo puede proporcionar incluso la autenticidad que necesitamos, pero lo importante es hacer que el oyente (en este caso, el inversionista) crea que hace parte de la historia (esto es, que piense: "Esto puede sucederme a mí"). Necesitan "sentir" la historia, incluso si no es exactamente verdadera.

ZEEK: COMENZÓ CON UN MICROONDAS

Cuando estábamos creando a Zeek, una startup que ayudaba a los clientes a sacar el mejor provecho del crédito de los almacenes, queríamos presentar varios casos de uso.

Ahora bien, aun cuando los casos de uso pueden ser herramientas muy útiles, también pueden ser muy tediosos. No son historias.

Yo era el presidente de Zeek, y Daniel Zelkind era su cofundador y CEO. Daniel me preguntó cómo podía convertir en historias los casos de uso de su nueva compañía. Yo inventé una para Daniel. Era así:

En nuestra cocina, tenemos espacio para un horno microondas con un mueble hecho a la medida. Hay un marco de madera alrededor del horno y solo se ven la puerta y los botones de control.

Un día, el microondas se averió y mi esposa (ahora exesposa) me dijo que era urgente conseguir uno nuevo. Dado que comprendía la urgencia, pero también que el microondas debía ser más pequeño que el tamaño del marco o de lo contrario no entraría, mediría con cuidado su tamaño antes de ir a la tienda a comprar uno nuevo. Tuve mucha suerte y conseguí comprar el último microondas del tamaño que necesitaba. Lo llevé a casa, lo desempaqué, quité el marco del gabinete, deslicé hacia afuera el horno original, y coloqué el horno nuevo en su lugar. Luego puse de nuevo el marco, el viejo microondas en la caja nueva, y lo llevé al cuarto de la basura. Finalmente, me cercioré de que el nuevo microondas estuviera funcionando.

Fue entonces cuando advertí que la puerta del horno microondas era un octavo de pulgada más ancha que el marco. Cuando narro esta historia, uso mis manos para mostrar el ancho del marco, cómo llevé la pesada caja a la basura, y el tamaño del gato callejero que tuve que sacar del cuarto de la basura. En este punto, espero que estén comenzando a imaginar que hacen parte de la historia y se siente auténtica; comparten mi frustración.

Sin embargo, este no es el fin de la historia.

Cuando regresé a la tienda a devolver el microondas, el vendedor no fue de gran ayuda.

—No tenemos ningún microondas del tamaño que usted necesita —me dijo y me ofreció darme más bien crédito de la tienda para que comprara otra cosa.

—¿Qué quiere que haga con crédito de la tienda? —respondí—. Necesito un microondas que quepa en este espacio. Usted no lo tiene, así que no tengo nada más que comprar en su tienda.

Terminé comprando un segundo microondas en una tienda diferente. Ahora tengo dos microondas: uno en mi casa y otro que es "crédito de la tienda".

Reunamos todo esto —la sensación de impotencia, darme cuenta de que había perdido tiempo y dinero, la reacción esperada de mi esposa— y tendremos una historia completa que explica por qué necesitamos tener un mercado para los créditos de las tiendas.

Esa fue la génesis de Zeek.

La historia funcionó debido a la abundancia de detalles. En efecto, cuando leo la historia impresa aquí, es posible que crea que hay un exceso de detalles, pero son los detalles los que crean la autenticidad que necesitamos. (Cuando narremos la historia, podemos eliminar algunos detalles si creemos que ya transmitimos el mensaje).

Más aún, la sensación de frustración inherente a la historia hizo que sonara auténtica y emocionalmente comprometedora. Resulta fácil imaginar que estamos exactamente en la misma situación. De hecho, Daniel incluso me preguntó qué había dicho mi esposa después del fiasco del microondas, así que hubo un momento en el tiempo en el que la historia sonaba tan real que olvidó que era toda inventada.

Daniel comenzó a usar esta historia en todos sus discursos promocionales. Creo que, en algún momento, comenzó a creer que realmente le había sucedido a él, al punto de que la historia se repitió hasta llegar otra vez a mí.

Había redactado una introducción para que Daniel la usara en su discurso promocional en la firma de capital de riesgo Sequoia. Se

reunió con uno de los socios, Gili Raanan, a quien yo había conocido desde que trabajamos juntos en la unidad de inteligencia IDF
8200 y, luego, más tarde, en varios otros lugares, incluyendo la junta
directiva de Moovit.

Yo ya le había contado a Gili la historia del microondas. Luego
resultó que Daniel también lo había hecho.

—Es tan divertido —me dijo Gili mientras estábamos informando sobre el discurso—. Su CEO tiene exactamente la misma historia
del microondas que usted. ¡Incluso utilizó los mismos movimientos
de las manos!

No importa de dónde provenga la historia. Si el CEO puede darlo
"todo" de sí en la historia para hacerla auténtica, para crear un verdadero compromiso emocional para que los inversionistas puedan
imaginar hacer parte de ella —quizás estén frustrados, quizás estén
enojados, quizás quieran vengarse—, esto hace toda la diferencia.

Recordemos lo que dije antes: los inversionistas también son
usuarios. Si eres un inversionista y no crees que utilizarías el producto
que está promocionando un emprendedor, no invertirás.

Por lo tanto, cuando nosotros, los emprendedores, estemos dise-
ñando la historia, intentemos tener de antemano más información
sobre el inversionista con quien nos reuniremos. Si nuestro producto
es software para niños, pregunte al inversionista si tiene niños de la
edad correspondiente. Quizás tenga sobrinos. El inversionista debe
imaginar a alguien que conozca usando el producto.

LA HISTORIA DE REFUNDIT

La historia de Refundit es aún más poderosa que la de Zeek, en el
sentido de que Refundit está dirigida a otro tipo de frustración: tratar de recibir un reembolso de VAT (por lo general llamado LIBRE DE
IMPUESTOS) cuando viajamos por Europa.

Como lo señalamos en el capítulo 1, las personas que residen
en países no europeos y visitan la Unión Europea tienen derecho a

recuperar cualquier VAT pagado sobre elementos adquiridos mientras están allí. Sin embargo, en el 90 % de los casos, la gente no consigue recuperar su dinero. Quizás haya largas filas en la aduana, la tienda no tenga los formularios correctos o el despacho en el aeropuerto esté cerrado. Siempre hay algo que no funciona en el proceso.

Refundit lo simplifica, de manera que lo único que debemos hacer es usar una aplicación para escanear los recibos, el pasaporte y la tarjeta de embarque para obtener el reembolso.

Cuando le narro esta historia a los inversionistas, siempre desencadena algo de su propia frustración con el proceso. A menudo comparten conmigo anécdotas acerca de lo que les sucedió personalmente. Es exactamente lo que le ocurrió a Ziv, el CEO de Refundit, cuando habló con usuarios e intentó comprar una bicicleta en Barcelona.

Esta es la parte más importante de contar una historia: escuchar la retroalimentación, y, luego, una vez que el inversionista esté comprometido, resaltar y empoderar esa conexión.

Un inversionista, por ejemplo, me dijo alguna vez:

—Yo nunca me detengo en la devolución de impuestos, pero mi esposa siempre lo hace.

Podemos usar esta retroalimentación para responder con algo como:

—¡Cielos, eso es aún peor! Al menos su esposa tiene una razón y, esperamos, algo saldrá de ello, pero usted solo aguarda, sin nada que hacer. Es una verdadera pérdida de tiempo. Refundit puede ahorrarle el tiempo y la frustración de aguardar a su esposa.

DEMOS Y PRESENTACIONES AUDIOVISUALES

¿Qué sucede si somos nerviosos o sentimos que no hablamos muy bien en público? ¿Podemos enseñarle al inversionista un demo en video de cómo funciona el producto en lugar de ir personalmente a dar nuestro discurso promocional? ¡No! Esto solo enfadará al inversionista y habremos perdido la oportunidad de tener noventa segundos para narrar nuestra historia en vivo. ¿Qué clase de primera impresión sería esa?

Sin embargo, estos videos son decisivos cuando la historia se envía por correo electrónico. La mayor parte de los inversionistas con quienes nos reunimos no son las únicas personas que deciden; tienen una organización que los apoya. Cuando se lo hace correctamente, un video puede ser la mejor manera como ellos pueden compartir información entre ellos.

Hablemos de estos demos de YouTube de noventa minutos por un momento. Cada vez son más comunes en esta época. He advertido que muchas personas están usando "música de ascensor" como relleno en lugar de narrar la historia en palabras. Esta es una terrible pérdida de tiempo y de oportunidad. Alguien nos concedió noventa minutos de su atención ¿y los usamos para poner música de ascensor? Cuando la gente me manda videos así, con frecuencia pregunto quién hizo los videos. Cuando me lo dicen, ¡respondo que deberían despedir a esa persona!

Un video en vivo es un escenario completamente diferente. Estamos ahí físicamente y tenemos a un oyente a quien podemos ver y sentir, y con quien podemos hablar; es una oportunidad clave para narrar nuestra historia. Hay un consejo importante: es necesario separar completamente aquello que la gente ve en la pantalla y aquello que les decimos con nuestras propias palabras. Ellos ven el producto mientras nosotros les contamos la historia. Al final, habrán escuchado la historia y sentirán que han visto la historia funcionando. No debemos caer en la trampa de explicarles lo que están viendo, ni lo que hacemos mientras desplazamos el cursor del computador. Esta es una oportunidad perdida. Es preciso relatarles más bien una historia que cree un compromiso emocional.

No obstante, vale la pena producir un video profesional (no un video de demostración). Si lo hacemos, asegurémonos de agregar subtítulos o una transcripción además de la historia que estamos narrando, para que la gente lo pueda ver incluso en un ambiente silencioso. Esto también hará muy fácil para nosotros cambiar el lenguaje de los subtítulos de ser necesario.

Cuando diseñamos una presentación audiovisual, las dos diapositivas más importantes que habitualmente se pasan por alto son la primera y la última (esto es, la diapositiva del título y la diapositiva final). Probablemente ¡esto no es lo que esperábamos! En la mayor parte de las presentaciones que he visto, la diapositiva del título no dice nada aparte del nombre de la compañía, que se trata de una presentación para inversionistas, y la fecha. Sin embargo, esta diapositiva quizás estará en la pantalla mucho más tiempo que cualquier otra diapositiva de la presentación, y la hemos usado para no decir absolutamente nada.

Por el contrario, debemos usar la diapositiva del título para enviar un mensaje sencillo y poderoso. Debemos explicar el problema, presentar la oportunidad o hacer una afirmación, para que, después de que contemos la historia, se considere un hecho. Por ejemplo: "Nos dirigimos a un mercado roto de 400 000 millones de dólares", "Nadie puede hacerlo mejor que nosotros" o "El 90 % de la gente odia ir al dentista".

Acerca de la primera diapositiva dije "*quizás*", porque la última, aquella que por lo general dice: "Gracias", es probable que permanezca en la pantalla aún más tiempo. Usémosla entonces para repetir nuestro mensaje clave. Estas dos diapositivas serán las que vean durante más largo tiempo. Digámosle a nuestro público algo que queramos que recuerden.

Por último, pero no menos importante, en la historia, si estamos resolviendo un problema, comencemos con quién y por qué, y lleguemos al "qué" al final. Es el mismo proceso que vimos en el capítulo 1 acerca de identificar un gran problema que valga la pena resolver. ¿A *quién* le estamos resolviendo el problema? Ese es nuestro público. *¿Por qué* lo estamos construyendo? Ese es el problema. El *qué* es la solución.

Cuando hacemos un discurso de promoción recordemos de nuevo que el CEO es la única persona que debe estar en esa reunión (a menos que el inversionista pida específicamente que esté el equipo). No es algo que tenga que ver con el ego. Si una empresa de capital de riesgo decide invertir, es porque le agradó el CEO y le agradó la historia.

¿Qué sucede si llevamos más gente a la reunión? Hay dos opciones. Todos participan activamente y, por lo tanto, toman parte del tiempo/atención/brillo que debieran estar centrados en el CEO. O bien, no dicen nada y entonces podríamos preguntarnos: ¿Cuál exactamente es su papel allí?

LA DANZA DE LOS CIEN NOES

Toda startup se esfuerza por conseguir capital al comienzo. Únicamente el 15 % de las startups (aquellas que ya han formado una compañía y quizás ya han conseguido un dinero presemilla de parte de los inversionistas) llegan a la ronda semilla.

Waze recibió docenas de noes antes de que Vertex hiciera su propuesta. Podríamos llamar esa etapa: "La danza de los cien noes".

¿Por qué cien? Pensémoslo en esta forma: una empresa de capital de riesgo se reunirá con entre cien y doscientas compañías al año. Sin embargo, el socio de una empresa de capital de riesgo invertirá únicamente en una o dos al año, es decir, el 99 % de noes frente a un 1 % de síes. Por lo tanto, tener que dar un discurso promocional noventa y nueve veces no significa que estemos haciendo mal nuestro trabajo. Es solo la forma como funciona.

Esto es muy diferente cuando estamos determinando el APM. Si les hablamos a veinte personas y todas nos dicen que el problema que estamos definiendo no es un problema para ellos, pues bien, entonces nuestra percepción del problema podría estar equivocada y no hay razón para seguir adelante. Pero si hablamos con veinte inversionistas y todos dicen que no, no significa nada; debemos seguir intentándolo. Ahora bien, no me entiendan mal, es muy desalentador. Personas de quienes esperas que sepan algo sobre startups nos dicen no y no y no y no. No nos podemos permitir desanimarnos. Debemos determinar cómo mejorar, y pasar a la etapa siguiente.

De hecho, estamos avanzando en dos aspectos: la historia mejora y la perseverancia aumenta.

Permítanme reiterar este punto, porque es crucial. Supongamos que estamos intentando encestar desde tres cuartos de cancha en baloncesto. Nos ubicamos en la línea de falta e intentamos anotar llegando a la cesta desde el otro lado. Si creemos que lo podemos lograr en un tiro, no deberíamos estar construyendo startups, sino jugando en la Asociación Nacional de Baloncesto. Pero si lo intentamos cien veces, eventualmente tendremos la oportunidad de encestar.

Hay una razón por la cual las empresas de capital de riesgo son tan selectivas. El 75 % de todas las startups apoyadas por empresas de capital de riesgo fracasan, según un estudio de la Escuela de Negocios de Harvard. En Israel, el 40 % de las compañías apoyadas por empresas de capital de riesgo generan cero rendimientos de capital. En Estados Unidos, únicamente el 6 % de las compañías generan el 90 % de rendimientos de capital.

Ocasionalmente, sin embargo, una empresa de capital de riesgo encontrará el éxito, quizás incluso un unicornio. Las empresas de capital de riesgo buscan un tipo específico de compañía: una que valdrá mil millones de dólares algún día o que participe en un mercado de muchos miles de millones de dólares. A esta inversión la llaman el "generador de fondos". Compensa todas las pérdidas. La proporción entre unicornios y startups era, en el 2014, de 1:1500 y, aun cuando fue mucho mejor, en el 2021 era solo de 1:800, esto es, solo una de aproximadamente cada mil startups se convertirá en un unicornio.

Un socio de una empresa de capital de riesgo no quiere una compañía que únicamente duplique una inversión de 5 millones de dólares. Quieren un rendimiento de diez, veinte, cien veces la inversión. Si la empresa de capital de riesgo no cree que tengamos la posibilidad de llegar a ser un generador de fondos, no invertirá.

Esta es otra razón por la cual es tan importante poner el punto más fuerte al comienzo de la historia. El trabajo de una empresa de capital de riesgo es decir que no, porque es lo que hace en el 99 % de los casos. Luego se deteriora su paciencia con el transcurso del tiempo y, por lo general, se apresuran a saltar a conclusiones. Comencemos con el punto más fuerte, ¡para que la conclusión a la que llegue la empresa de capital de riesgo sea la correcta!

¿Con quién debemos ponernos en contacto en una empresa de capital de riesgo? Podemos optar por comenzar por lo más bajo: el analista de primera línea cuyo trabajo es hablar con los emprendedores. Mi experiencia indica que no debemos hacerlo. Únicamente los socios de una empresa de capital de riesgo pueden tomar decisiones. Es inútil hablar con cualquier otra persona. Lo máximo que puede decir un analista es no.

CUIDÉMONOS DE LA BASURA QUE PUEDE DECIRNOS UN INVERSIONISTA

Mientras bailamos la *danza de los cien noes*, debemos cuidarnos de la basura que puede decirnos un inversionista. He aquí algunos ejemplos: "En todos los tratos que hacemos, esta es la forma como lo hacemos". ¿En serio? Si uno de mis hijos llegara a casa y dijera: "Pero papá, todos los padres de los niños de mi clase les permiten hacer esto o lo otro" —"Todos", "Nunca", "Siempre", "Nadie"—, no debería tomarlo literalmente. Lo mismo sucede con los inversionistas.

"Nunca invertimos en algo así" o "Nunca hemos invertido a ese precio" debe leerse como: "Pues bien, sí lo hicimos, pero no queremos decírselos". Si es nuestra primera vez como emprendedores, resulta muy difícil detectar el engaño de un inversionista. Los términos "todo" y "nunca" son casi siempre basura del inversionista.

"La gente nunca lo descargará".

"Pensamos que la trayectoria del mercado será más lenta".

"Creemos que su producto es para este y el otro tipo de inversionista, no para nosotros".

Lo llamo basura. Son las palabras que utiliza un inversionista para decir "No me agrada su idea" o "Usted no me agrada, pero no quiero decírselo".

Una de las más comunes objeciones basura que escuchará un emprendedor es "Google puede hacer eso". Rara vez es verdad, porque Google está enfocado en construir su propio negocio. No le interesa el nuestro. Y si decide que quiere comerse nuestra cena, tendrá que pasar por una travesía igual o similar a la que seguimos nosotros para llegar a donde estamos ahora, lo cual, si tenemos el APM correcto, no es trivial.

Cuando Nir Erez, cofundador y CEO de Moovit, estaba intentando buscar financiación para la compañía en el 2012, una de las objeciones que escuchó una y otra vez era que muy probablemente Waze intentaría apoderarse del espacio del transporte público. Después de todo, Waze ya había perfeccionado los atascos de tráfico mediante *crowdsourcing* para quienes se desplazaban a su trabajo.

—Pueden hacerlo en un minuto —decían los inversionistas, lo cual era bastante divertido, porque yo ya estaba en la junta directiva de Moovit. Esto me permitía decirles a los inversionistas de frente:

—¡No, Waze no puede hacerlo en un minuto! Nuestros usuarios y los suyos son públicos completamente diferentes. Los usuarios de Waze conducen autos, los de Moovit no lo hacen.

Como sucede con Google, es una cuestión de enfocarse, y no se refiere a lo que hacemos, sino a lo que *no haríamos*. Nuestro foco en Waze eran los conductores que se desplazan al trabajo, lo cual significa que no nos interesa el transporte público, los peatones, o los jinetes. Ni siquiera nos interesan los esquiadores ni los ciclistas (aun cuando yo practico ambos deportes).

El público es el motor de una compañía. Para decirlo de otra manera, no se trata tanto de lo que hacemos, sino de *por qué* y *para quién* lo hacemos. Waze y Moovit nunca fueron competidores, aun cuando algunos inversionistas afirmaran que lo éramos.

Si nos involucramos en una discusión semejante de afirmaciones en pro y en contra, muchos de los emprendedores que conozco intentarán refutar a los inversionistas. Si el emprendedor recibe un correo electrónico detallado explicándoles por qué la empresa no invertirá en su proyecto, el emprendedor tiende a responder en gran detalle por qué los argumentos del inversionista son imprecisos o irrelevantes.

No debemos molestarnos en hacerlo, sino decir, sencillamente: "Gracias por tenernos en cuenta" y continuar con la lista de cien empresas de capital de riesgo. Recordemos que nos rechazaron porque no les agradó la historia o no les agradamos nosotros.

Algunas empresas de capital de riesgo nos enviarán un correo electrónico muy amable explicando por qué no van a invertir. Debemos responder sencillamente: "Gracias" y agregar una nota: "Los actualizaremos cuando haya novedades relevantes". ¿Una empresa de capital de riesgo que no responde nuestros correos electrónicos? Sigamos adelante. Si quieren invertir, nos lo harán saber.

INDICADORES CLAVE SOBRE INVERSIONISTAS

¿Cómo sabremos si un inversionista está interesado en seguir adelante?

Presentaré aquí aquello que llamo los ICI: "Indicadores Clave sobre Inversionistas".

- Si están hablando del acuerdo, están interesados.
- Si preguntan quién más está analizando el acuerdo, están interesados.

- Si preguntan quiénes eran los inversionistas anteriores o si desean mirar nuestra tabla de capitalización (donde aparecen los porcentajes de propiedad y la dilución de capital), están interesados.
- Si comienzan a ofrecer consejos acerca de cómo cambiar la presentación, esto significa que desean presentársela a alguien más de su fondo de inversión, así que están interesados.

En un momento dado, llevé a Waze al mismo inversionista, Atomico, cuatro veces. Cada vez, Atomico tenía una objeción diferente. Comenzó por "es demasiado pronto", lo cual es, en realidad, una buena respuesta. Significa que aún no creen en nuestra historia, pero si podemos mostrarle que funciona con datos del mundo real, entonces invertirán.

Atomico no invirtió, pero nos agradaban, así que regresamos para la ronda B. Esta vez, Atomico dijo: "Aquello que han hecho hasta ahora es asombroso, pero pensamos que la valoración es excesivamente alta".

La valoración es un estimativo del valor de una compañía. Si una empresa de capital de riesgo invierte cierta suma en una compañía de baja valoración, la empresa de capital de riesgo obtiene un porcentaje más grande de la compañía que si la inversión se hace con una valoración más alta. Las valoraciones más altas significan también que los inversionistas anteriores —y los accionistas de la compañía— están menos "diluidos", esto es, que el porcentaje de la compañía que les pertenece sigue siendo mayor.

Nos reunimos con Atomico de nuevo para la ronda C y ellos nos repitieron el mismo mantra:

—Su progreso es asombroso. No creímos que pudieran llegar tan lejos. Habríamos deseado invertir en la ronda anterior, pero esta vez su valoración es todavía muy alta.

—Está bien —respondí—, pero la próxima vez nos van a decir exactamente lo mismo.

Atomico nunca participó antes de que Waze fuera adquirida por Google. Sin embargo, fue de gran ayuda para el desarrollo del negocio en Brasil.

SOLO QUEDAN UNOS POCOS MESES

La verdad es que Atomico no estuvo sola, al menos en lo que se refiere a nuestra segunda ronda. Waze enfrentó muchas dificultades para obtener financiación. Habíamos tenido mucho éxito en Israel, pero nuestro progreso en Estados Unidos y en Europa era lento; los únicos países en los que habíamos ganado algún terreno eran Letonia, Eslovaquia y la República Checa. También nos había ido bien en Ecuador, debido a un socio asombroso que tuvimos: la compañía de tecnología automotriz llamada Location World.

Todas las empresas de capital de riesgo en Israel nos rechazaron. Nos reunimos con muchas de ellas, enseñándoles cómo habíamos progresado, y estaban usando la aplicación en Israel. Sin embargo, nuestras cifras globales eran insuficientes y no había un modelo de negocio claro.

Tampoco las empresas de capital de riesgo con las que contábamos estaban dispuestas a invertir sumas adicionales, lo que muestra el poco apoyo que teníamos.

"Si pueden vender la compañía hoy por entre 20 y 40 millones de dólares, deberían hacerlo", nos dijo uno de nuestros primeros inversionistas.

Fue un momento difícil para Waze. Era el año 2010 y estábamos a punto de agotar el dinero que habíamos conseguido en la serie A. Teníamos quizás unos pocos meses por delante. Todo el equipo de gerencia decidió reducir sus salarios para evitar hacerlo en toda la compañía, de manera que los otros empleados no se vieran afectados.

GOOGLE HACE UNA JUGADA INESPERADA

Fue por aquella época que Noam y yo salimos a cenar con uno de los socios de Khosla Ventures, una empresa grande de capital de riesgo de Silicon Valley, con quien nos habíamos reunido en varias ocasiones. Nos estábamos preparando para una reunión con todos los socios a la mañana siguiente, cuando haríamos la presentación y buscaríamos financiación para la ronda B.

Por lo general, cuando esto sucede, es un claro indicio de que el socio realmente desea invertir, así que te está informando antes de la reunión con todos los socios. También deseaba mostrarnos cuán valiosa podía ser su firma (otra indicación clara de que estaban interesados).

Luego el socio agregó que sabía que nuestra única posible competencia era Google, pero que eso no debería inquietarnos, pues él había hablado con sus contactos allá y le habían dicho que tardarían al menos dos años en tener sus propios mapas y una navegación gratuita calle por calle.

A la mañana siguiente, abrí mi computador para verificar las últimas noticias de tecnología y recibí una sorpresa muy desagradable: Google había anunciado que haría la navegación calle por calle en Estados Unidos, reemplazando a TomTom como fuente de los mapas.

Noam Bardin, el CEO de Waze, y yo nos reunimos a desayunar.

"¿Deberíamos siquiera molestarnos en ir a la reunión con todos los socios?", preguntó seriamente. Acudimos a la reunión, pero Noam estaba en lo cierto: el anuncio de Google detuvo de inmediato el interés de aquel importante inversionista en Waze.

Finalmente, para cuando habíamos terminado con la ronda B, hubo varias docenas de empresas de capital de riesgo que nos rechazaron. Las rondas B, en muchos casos, se basan más en ganar terreno y ejecutar que únicamente en la historia. Nuestro equipo era asombroso, el modelo (donde funcionó) era increíble, y nuestra historia era muy poderosa. Pero sin tracción en los países que eran importantes, resultaba difícil.

Excepto por una compañía: Microsoft. El gigante tecnológico tenía una inquietud que encajaba con la nuestra. Temían que algún día quisieran construir su propio producto de mapas y, ahora que Google estaba expandiendo su funcionalidad de mapas, ¿qué sucedería si Google se negara a dar la licencia de los mapas a Microsoft?

El temor de Microsoft fue nuestra salvación. La compañía lideró una ronda de 20 millones de dólares en Waze, que incluyó también a Qualcomm Ventures, para una valoración de 70 millones de dólares. ¡Era incluso más alta de lo que esperábamos recibir!

Así, lo que comenzó como un desastre —el anuncio de Google de navegación calle por calle en Estados Unidos— motivó a otras compañías a buscar alternativas de mapeo… y nosotros éramos la alternativa.

También nos permitió enfocarnos. En lugar de tratar de competir con Google en la búsqueda dentro del mapa, nos concentramos en el desplazamiento al trabajo, lo cual no era una de las fortalezas de Google Maps.

La inversión de Microsoft, que no fue publicitada en aquel momento pues estaba por debajo del umbral de lo que debían reportar, llegó justo a tiempo. Estábamos a solo un mes de cerrar la compañía y despedir a todo el personal. Aquella fue nuestra ronda B, y fue suficiente financiación para nosotros.

TQA COMO ESTRATEGIA DE BÚSQUEDA DE FINANCIACIÓN

Para Qualcomm, utilicé el poder de TQA —el "temor de quedar afuera"— para convencerlos de unirse. Inicialmente, sostuvieron que nuestra valoración era excesivamente alta. Pasé muchas horas con ellos, pues vacilaban. En una reunión en particular me dijeron que habían perdido una oportunidad de inversión en Twitter cuando la valoración era apenas de 55 millones de dólares. (En el momento de escribir esto, en el 2021, Twitter estaba avaluado en 34 400 millones de dólares).

Una semana más tarde, me pidieron unirme a una conferencia telefónica con todos los socios y presentar el video. Mi última diapositiva solo decía: Si pudiéramos regresar en el tiempo, ¿invertirían en Twitter en aquella valoración de 55 millones de dólares?

¡El TQA sí funciona en muchísimos casos!

Microsoft finalmente lanzó un producto de navegación en su motor de búsqueda Bing, pero con mapas de Navteq (que, por aquella época, pertenecía a Nokia), ¡no con los nuestros!

La danza de los cientos de noes puede ser agotadora. Puede ser debilitador escuchar no tras no. Es posible que queramos renunciar. Muchos antes de nosotros lo han hecho.

Podríamos decir al comienzo: "Somos fuertes, podemos escuchar cincuenta noes y eso no nos detendrá", pero después de veinte noes, sentimos que nos quebramos.

No renunciemos. Si tenemos una buena historia y somos emprendedores agradables, lo único que necesitamos es un sí de entre cien.

LA CARTA DE INTENCIÓN

Una carta de intención es una especie de pliego de condiciones del inversionista donde sintetiza los términos de su inversión potencial en la compañía. Puede parecer como el santo grial, pero es solo un hito en el camino hacia la ronda de financiación. Muy probablemente se convertirá en una inversión, pero aún queda un largo camino por recorrer.

Negociar con un inversionista es una lucha injusta desde el comienzo, especialmente si es nuestro primer emprendimiento, pues llegamos sin ninguna experiencia y enfrentamos a alguien que ha cerrado decenas de acuerdos.

Pero es más que eso. Si ya conseguimos agradarles y que les agrade la historia al punto de querer invertir y están preparados para firmar una carta de intención, puede preocuparnos que parecer inexpertos en esta fase pueda desanimarlos. No estamos seguros si el enfoque correcto sea hacernos los difíciles o sencillamente ceder, pues lo que más nos atemoriza es perder el trato.

Imaginemos que estamos comprando nuestra primera casa. Recibimos el acuerdo de hipoteca de la compañía inmobiliaria y nos damos cuenta de que no tenemos idea qué significan la mitad de los detalles que aparecen en el contrato.

No temamos pedir ayuda. En realidad, es más que eso: necesitaremos la ayuda de alguien en quien podamos confiar para que nos oriente durante todo el proceso de obtener financiación (al menos la primera vez).

¿Tenemos un abogado en el equipo que pueda dedicar el tiempo necesario para explicárnoslo todo? El abogado puede explicarnos cada parte de la carta de intención y cuáles son sus alcances y la práctica común.

¿O quizás conocemos a un CEO de otra compañía que puede mirarla, alguien que ya haya pasado por eso? (Otro CEO es la mejor opción como guía). De lo contrario, ¿cómo sabremos qué parte de los términos es negociable? (La respuesta: prácticamente todas). La mejor posición de todas es cuando tenemos una carta de intención, pero aún podemos "vender" nuestra compañía a otras empresas de capital de riesgo y terminar recibiendo múltiples cartas de intención. Esto es más común de lo que pudiéramos creer.

Es posible que un inversionista quiera el trato, pero si hay un trato mejor que puede obtenerse de una firma más grande, el inversionista original puede preferir participar en lugar de liderar la inversión. Es una cuestión de manejo de egos. A los inversionistas les agrada unirse con una empresa de capital de riesgo más prestigiosa, pues esto aumentará la probabilidad de que el trato sea exitoso, incrementará la financiación disponible para la compañía en el futuro y, en especial, aumentará el prestigio de la empresa de capital de riesgo, pues la firma habrá invertido junto con una organización mejor o más prominente.

Hay tres fases en el proceso de la carta de intención. La primera es la "discusión de la carta de intención", en la cual la empresa de capital de riesgo nos dirá que nos dará una carta de intención y hará énfasis en los términos específicos. Esto puede ser abrumador si no estamos preparados. La empresa de capital de riesgo puede estar discutiendo cuestiones con las que no estamos familiarizados, y es posible que nos sintamos incómodos de admitirlo. Si yo tuviera que interrogarlos después y me dijeran: "La empresa de capital de riesgo quiere darnos una carta de intención por X millones de dólares en una valoración de Y millones", y luego les preguntara cuáles eran los otros términos, es posible que se sintieran realmente confundidos. Si, por el contrario, yo interrogara al socio de la empresa de capital de riesgo, podría decir: "Oh sí, el CEO aceptó todos los términos, incluyendo las preferencias de liquidación y los derechos de veto que solicitamos".

En la segunda fase, la empresa de capital de riesgo emitirá de hecho la carta de intención. Ahora estamos en la "negociación de la carta de intención". Antes de firmar, no es vinculante. Esta es quizás nuestra mejor oportunidad de mejorar la posición de la compañía, pues podemos seguir vendiendo nuestra startup. Negociaremos con cualquier empresa de capital de riesgo adicional desde una posición de fuerza, porque sabemos que no podemos perder: ¡ya tenemos una carta de intención en la mano! En esta situación, debemos tratar cada presentación como una práctica y aspirar a algo más alto.

La tercera fase viene una vez que se firma la carta de intención. Por lo general hay una cláusula de no negociación, aun cuando pueda ser posible que otros se unan a la ronda. Aun cuando una carta de intención firmada es todavía oficialmente un acuerdo no vinculante, rara vez será retirada. Quizás una vez de cincuenta en épocas normales, y una vez de diez durante épocas de tensión. Una excepción notable es encontrarnos en medio de una época como la del covid-19, donde cualquier cosa puede suceder.

Durante la pandemia, vi retirar más cartas de intención que durante toda mi carrera. Incluso después de haber firmado una carta de intención, es posible seguir negociando o traer un nuevo inversionista con un mejor trato (bien sea con mejores términos o mejor financiación). Siempre es posible renegociar los términos con los primeros inversionistas.

Otra opción: Podemos aguardar tres o cuatro semanas a que expire el período de no negociación y luego obtener una nueva carta de intención. Debo agregar que la cláusula de no negociación es bastante débil. Nunca he escuchado que un inversionista demande a una compañía por violar este término o no aceptar la inversión.

Para obtener el trato que queremos, debemos decir que no al trato que no queremos.

A algunas de las startups más jóvenes en las cuales he sido mentor las he enviado a hablar con un inversionista aun cuando sé que no invertirá (quizás porque el fondo se encuentra ya en un momento posterior al período de inversión, quizás porque yo no les agrado), únicamente para que puedan practicar su historia (y se habitúen a escuchar algunos noes).

En cuanto más implicados psicológicamente y en términos de tiempo estemos en una negociación, menos dispuestos estaremos a abandonar el trato. Pero funciona en ambos sentidos: el inversionista también está menos dispuesto a renunciar al trato. Así que debemos dejar de pensar únicamente en nuestro lado y considerar también el de ellos. Si estamos comprometidos, ellos también lo están. Si hemos invertido esfuerzos legales, también ellos lo han hecho.

Una vez que recibimos una carta de intención, no debemos vacilar en sentarnos con alguien que pueda explicarnos cada parte de ella.

El reto, sin embargo, está en la reunión previa a la carta de intención. La mayor parte de los inversionistas se reunirán con nosotros para discutir el contenido de la carta. La tabla que aparece a continuación, muestra los parágrafos importantes de una carta de intención y cómo leerlos, así como aquello que es una práctica habitual, qué es desagradable, y cuáles son los términos favorables.

CARTA DE INTENCIÓN

- **Términos clave** A qué debe prestarse atención en una carta de intención

- **Suma de inversión** ¿Cuánto se invierte? Si el inversionista líder es solo parte de la ronda, queremos asegurarnos de poder cerrar la ronda (oficialmente) con esta parte únicamente. Así, por ejemplo, si estamos consiguiendo 5 millones de dólares y el inversionista principal está invirtiendo 3 millones, quisiéramos que la carta de intención diga que la ronda es de al menos 3 millones de dólares y hasta 5 millones. De lo contrario, la ronda no estará terminada hasta cuando encontremos los otros inversionistas.

- **Títulos ofrecidos** La mayor parte de la inversión sería de acciones preferenciales, por oposición a acciones comunes (las nuestras). Las preferencias de las acciones preferenciales se dan habitualmente en el caso de un evento de liquidación y derechos especiales, como se describirá luego en la tabla.

- **Valoración de la compañía** Este es el trato principal, junto con la suma que constituye la transacción ("¿Cuánto por cuánto?"). La valoración define cuánto vale lo que se ha construido hasta el momento. No hay una metodología para definirla, así que probablemente se negociará con base en nuestras alternativas. Se define como valoración previa al dinero que es el valor de lo que ha sido creado hasta entonces y, junto con la suma de inversión, constituyen la valoración posterior al dinero: el valor de la compañía una vez terminada la ronda. Habrá un derivado inmediato de esta valoración, que es el PPA (precio por acción) y el número de acciones de la compañía (antes de la ronda). Matemáticamente, sería: valoración previa al dinero

= PPA × número de acciones previo a la ronda. Y luego la compañía emite nuevas acciones para los inversionistas al mismo PPA en la cantidad total de la suma invertida.

- *Una nota* Es importante advertir que mientras que las opciones sobre acciones o el programa de oferta de acciones para los empleados (ISO/ESOP, por sus siglas en inglés para *Incentive Stock Option* y *Employee Stock Ownership Plan*) son críticos para atraer y retener empleados, se usan por parte de los inversionistas principalmente como una manera de reducir la valoración. La asignación de ISO/ESOP exige que se emitan más acciones, una nueva acción por opción, aumentando esencialmente el número de acciones y, por lo tanto, reduciendo el PPA. Por lo tanto, una valoración previa al dinero de 10 millones de dólares con un 10 % de ISO/ESOP es en realidad menos de 9 millones de dólares. Es práctica común que la asignación de ISO/ESOP venga de los accionistas actuales y no de los nuevos. Para tener una mejor ventaja de negociación, necesitaremos otra oferta competitiva.

- *Derechos preferentes* El inversionista tendrá derecho a participar en la siguiente ronda para mantener su posición; así, por ejemplo, un inversionista con 10 % de la compañía que participe en la siguiente ronda podrá mantener su posición del 10 %. Aun cuando pueda parecer muy bien que lo único que desee sea aumentar su posición, esto puede desalentar el próximo inversionista. O, peor aún, ¡el próximo inversionista podría pedir términos similares!

- *Derecho de primer rechazo* El inversionista tiene el derecho a invertir bajo los mismos términos que un nuevo inversionista. Por ejemplo, si un nuevo inversionista en la siguiente ronda nos ofrece X dinero para una valoración Y, los inversionistas actuales pueden decir: si estos son los términos, yo lideraré.

- *Venta conjunta* Si hay una transacción de venta por parte de cualquiera de los accionistas, el inversionista tiene derecho a unirse a la transacción en términos similares. Es muy importante asegurarse de que las acciones de los fundadores (secundarias) sean excluidas de los derechos de venta conjunta. Por lo tanto, si los fundadores están vendiendo, el inversionista no tendrá el derecho de venta conjunta.

- *Preferencia de liquidación* El inversionista tiene prioridad por sobre las acciones comunes (o acciones menores) en caso de liquidación. En esencia, el último dinero que ingresó será el primero en salir. Hay cuatro niveles de preferencias de liquidación:

  1. No hay preferencias de liquidación: todas las acciones son iguales.

  2. No participantes: El inversionista puede elegir la suma de inversión (más intereses) o el valor de las acciones.

  3. Participante 1x: Los inversionistas recibirán primero la suma de su inversión (con o sin intereses) y luego obtendrán el valor de las acciones.

  4. Participante Yx: El inversionista obtendrá Y veces su inversión y luego el valor de sus acciones. Esto puede ser desagradable.

  La práctica común es la no participación 1x, y muy probablemente con una tasa de interés. Por lo tanto, en caso de una salida, los inversionistas pueden elegir bien sea la suma invertida más intereses o el valor de sus acciones. Consultar mayor información al final de la tabla.

- *Junta directiva* Existe una práctica común según la cual los inversionistas forman parte de la junta directiva de la compañía, lo cual tiene sentido. Recientemente, he visto cada vez más inversionistas unirse como observadores en la junta directiva, para poder recibir toda la información y participar en las discusiones, pero sin derecho al voto y sin asumir responsabilidades. El objetivo es mantener el número de miembros de la junta en un mínimo. En cuanto más personas haya en la Junta, más sentiremos la necesidad de ofrecer respuestas y de satisfacerlas a todas, y las reuniones de la Junta serán un problema adicional.

- *Derechos antidilución* ¿Qué sucede si hay una ronda a la baja en el futuro? (Existe un 30 % de probabilidad de que esto suceda). Una base amplia es común; un incremento pleno es desagradable. Permítanme explicar lo de incremento pleno. Supongamos que nuestra última ronda era de de 5 millones de dólares a 10 millones previos al dinero, de manera que, esencialmente, el inversionista es un tercio de la compañía y los fundadores dos tercios (olvidémonos de las ISO por un momento). Ahora bien, el tiempo apremia. No hemos determinado el APM y se está agotando la financiación, el mercado tiende a la baja y la mejor carta de intención que podemos obtener es conseguir otros 5 millones de dólares a 5 millones de valoración previa al dinero. El nuevo inversionista tendrá el 50 %, y todos los demás serán diluidos a la mitad de su propiedad, ¿cierto? Si existe una cláusula antidilución de pleno incremento, entonces el inversionista existente (de la ronda anterior) está protegido y, por lo tanto, mantiene un tercio, y los únicos que sufrimos somos nosotros. Existe un aspecto aún más complejo. El nuevo inversionista mirará la tabla de capitalización y verá que después de la ronda (que es, esencialmente, otra ronda semilla), los fundadores tendrán cerca del 15 %, lo cual es demasiado poco, y esto puede tener como resultado que decida no hacer el trato.

- *Derecho al voto; Disposiciones de protección* Esto es difícil: enumera los derechos de veto del inversionista. Algunos de ellos tienen sentido. Por ejemplo, no podemos violar los derechos de un inversionista aun cuando las acciones comunes sean acciones mayoritarias; no podemos terminar las preferencias de liquidación del inversionista, o nosotros como mayoría en la junta y la mayoría de los accionistas quisiéramos decidir sobre nuestra bonificación anual. Otros derechos de voto pueden interferir con el normal funcionamiento de la compañía; en estos casos, deberíamos negarnos. De cualquier manera, queremos impedir que los derechos al veto queden en manos de una única entidad.

- *No venta* ¡Ohhh! Esto es doloroso, porque afecta nuestro propio bolsillo y nos dice cuándo podemos vender acciones secundarias y por qué valor. Pero también tiene sentido que no vendamos nuestras acciones inmediatamente después de que el inversionista haya invertido y luego pierda su apuesta. La práctica habitual sería permitir que se venda hasta determinada cantidad por año y hasta un total de determinada cantidad (30 % es razonable).

- *Consolidación de los fundadores* Esto parece aún más doloroso, pero en realidad es algo que realmente deseamos. Dice básicamente que, si nos salimos pronto, solo podemos llevarnos una parte de nuestras acciones. Es un modelo de seguro/

retención para los fundadores. Esto es dramático; después de la tabla, se ofrecerán mayores detalles.

- *Gastos* "Aguarden: ¿nos están diciendo que parte de la suma de inversión será usada para pagar los gastos legales del inversionista?". "Sí, eso es exactamente lo que estamos diciendo". Parece absurdo, pero, en realidad, es una práctica habitual. Y cuando dice "hasta X dólares", sencillamente cámbienlo por "exactamente X dólares", pues de lo contrario nos harán perder el tiempo tratando de justificar X.

Está bien, ¿y qué hay de la consolidación? Imaginemos que un inversionista invierte en una compañía con tres fundadores y uno de ellos se marcha al día siguiente. Esta persona sigue siendo un accionista importante, pero, en realidad, perjudicó enormemente a los otros fundadores y al inversionista.

El inversionista confió en que el equipo entregaría lo ofrecido. Ahora bien, no solo no es claro si el equipo puede entregar, pero también si hay un equipo o al menos no todo el equipo. Por lo tanto, la mayor parte de los inversionistas exigirá un modelo de consolidación en el cual, si uno de los fundadores se sale dentro de un determinado período de tiempo, algunas de sus acciones pueden ser readquiridas por la compañía.

Esto tiene sentido. Estamos haciendo lo mismo con nuestros empleados, dándoles un ESOP o una ISO, consolidándose durante tres o cuatro años y, si se retiran, las opciones no consolidadas regresan a las reservas. Por lo tanto, en la carta de intención, advertimos que el inversionista va a exigirlo, pero, de hecho, es más decisivo para nosotros de lo que creemos. Por lo general solo pensamos en una perspectiva, la nuestra. Sin embargo, por un momento, quiero que pensemos que otro de los fundadores se retira, o descubrimos que uno de los otros fundadores no es lo suficientemente bueno y, por lo tanto, es preciso dejarlo ir. Queremos ese período de consolidación ahora, para tener suficientes acciones que nos permitan contratar a un nuevo líder que sustituya al fundador que se retiró.

Olvidemos cuánto confiamos en nuestro equipo ahora mismo. Debemos recordar que cerca de la mitad de los equipos fundadores no duran siquiera tres años. Y nuestra misión más importante ahora es el éxito de la compañía y no el fundador que se retiró.

Tengo algunas startups que extendieron el período de consolidación. Advirtieron que el viaje sería largo, y querían un compromiso mutuo, así que extendieron el período de tres a cuatro años, y luego a otro período adicional de tres años.

¿Qué sucede si no hay una cláusula semejante en la carta de intención? ¡Agreguémosla! Después de todo, el inversionista de la siguiente ronda la añadirá, y entonces solo comenzará en la siguiente ronda, cualquiera que sea ese período de tiempo. Si la añadimos hoy, es menos probable que el próximo inversionista la cambie.

Esto es válido para la mayor parte de las cláusulas de la carta de intención: si no hay preferencias de liquidación, el líder de la siguiente ronda creará una, así que estaremos mejor agregando algo justo hoy en día que probablemente perdure.

¿Cómo funcionan las preferencias de liquidación? Demostrémoslo de una manera sencilla. Supongamos que la ronda semilla fue de 5 millones de dólares, la ronda A de 20 y la ronda B de 50, y todas tenían preferencias de liquidación como participantes 1x, y cada una tiene la propiedad del 20 % de la compañía, y las acciones comunes representan el 40 % de la compañía. Ahora bien, hay una oferta para adquirir la compañía por 100 millones de dólares. Inicialmente, pensamos que las acciones comunes obtendrán 40 millones de dólares, lo que significa X millones para nosotros, un evento que puede transformar nuestra vida. Pero al mirar las preferencias de liquidación, advertimos que 75 millones de dólares regresarán a los inversionistas y solo entonces dividiremos el resto, o sea, el 40 % de 25 millones de dólares, cerca de 10 millones para las acciones comunes, no 40 millones. Las preferencias de liquidación son útiles en un mercado al alza, para satisfacer una valoración muy alta (irrazonablemente alta). Supongamos que una compañía intenta obtener 500 millones de dólares para una valoración de 10 000 millones, y que estos están algo desconectados de cualquier razonamiento económico, pero es un mercado al alza y alguien tomará el trato. Un inversionista puede ofrecer 500 millones de dólares para una valoración de 10 000 millones, pero con 2x o incluso 3x preferencias de liquidación (participante o no participante). (2x o 3x significa que los inversionistas obtendrán al menos el doble o el triple de la suma invertida). Ahora supongamos que esta compañía, tiempo después, sale al público con una valoración de 5000 millones de dólares (o es adquirida por esta suma). Aun cuando la valoración es mucho más baja que en la ronda anterior, el último inversionista de todas maneras está ganando mucho dinero (2x o 3x).

UN MATRIMONIO CATÓLICO

El cofundador de Sun Microsystems, Vinod Khosla, dijo alguna vez que "del 70 al 80 % de los capitalistas de riesgo añaden valores negativos". ¡Elijamos bien!

¿Por qué son tan malos los inversionistas? Probablemente es una cuestión de fijar expectativas. Esperaríamos que su tarea principal sería ayudar a sus startups, pero, en realidad, es muy diferente.

Las funciones de un socio de una empresa de capital de riesgo son:

- Seleccionar en cuáles startups invertir, esto es, manejar el flujo de tratos,
- Obtener capital para este fondo o el siguiente, y
- Solo entonces ayudar a las compañías existentes y únicamente a aquellas que muestren que ganan terreno.

Si estamos luchando por salir adelante y esperamos que nos ayuden, debemos ser conscientes de que esta no es su prioridad. Depende también de si un inversionista era anteriormente una persona que trabajó en una startup. En el pasado distante, muchos capitalistas de riesgo fueron administradores financieros, no administradores de compañías. En la actualidad, muchos de los socios de las empresas de capital de riesgo son antiguos emprendedores. Este es el tipo de inversionista que deseamos: tienen experiencia en el viaje de fracasos y lo entienden. No se atemorizan con facilidad. Los emprendedores han estado allá y ya han hecho todas estas cosas.

Cuando iniciamos una relación con un inversionista, es como un matrimonio católico: no hay manera de deshacerse de él. Tienen toda clase de derechos que, en la mayor parte de los casos, los pondrán en una posición más fuerte que la nuestra. Está bien pensar en el lado oscuro y preguntarnos: si las cosas salen mal, ¿realmente quiero que este inversionista haga parte de mi compañía?

El inversionista y fundador de Netscape, Marc Andreessen, observó que los "inversionistas específicos que estarán en la junta directiva de nuestra compañía son tan importantes como las personas con quienes nos casamos".

Mientras estamos negociando, el inversionista hará su debida diligencia[**] sobre nosotros. Verificará nuestras referencias y se asegurará de que la historia que les estamos contando esté sustentada. Nosotros deberíamos hacer lo mismo. Hacer una debida diligencia al inversionista también, porque al final del viaje de una startup hay solo dos tipos de relación entre inversionistas y fundadores: se aman o se odian.

Preguntemos a un emprendedor experimentado qué piensa acerca de los inversionistas de la compañía después de su viaje y cuando el matrimonio católico con estos inversionistas ha terminado. El emprendedor dirá: "Haría negocios con este inversionista de nuevo en cualquier momento" o bien "Nunca aceptaría a este inversionista".

[**]   La diligencia debida es un término utilizado habitualmente en el ámbito de las adquisiciones empresariales para referirse al proceso de búsqueda de información sobre una organización. (N. del E.)

(Y los inversionistas estarán diciendo lo mismo sobre nosotros). La razón de todo este amor u odio por lo general no son los resultados, sino las relaciones personales.

Un consejo sobre cómo llevar a cabo la debida diligencia: debemos hablar con media docena de antiguos CEO/emprendedores para quienes la empresa de capital de riesgo haya invertido previamente. Deberían ser inversionistas que ya no estén involucrados, para que el emprendedor pueda hablar libremente. La principal pregunta que deseamos que nos respondan es cómo se comportó la empresa de capital de riesgo cuando la compañía estuvo en problemas. Nosotros también, sin duda, experimentaremos momentos difíciles, y deseamos un inversionista que nos apoye durante las dificultades del viaje.

Muchos emprendedores me preguntan qué pienso acerca de un inversionista en particular. Mi respuesta es la misma que daría para cualquier otra recomendación que se me pida: lo único que puedo decir es lo que sé, con base en lo que he visto. Puedo pensar que alguien es muy inteligente, que causa una buena impresión, pero solo después de haber estado con él en una crisis podré decir lo que pienso realmente.

Uno de los comportamientos más importantes de un CEO exitoso es la perseverancia, alguien que no se atemoriza y que nunca renuncia. Como emprendedor, me encantaría tener un inversionista que se comporta de esa manera.

MOVIÉNDONOS LENTA Y RÁPIDAMENTE

¿Qué tan rápido se moverá una empresa de capital de riesgo en un trato? La respuesta es: por lo general, no muy rápido. Depende de su agenda, no de la nuestra. En muchos casos, le conviene avanzar lentamente. Con el transcurso del tiempo, es posible que deseen revaluar si todavía quieren hacer el trato. Puede que quieran ver si hay otros inversionistas interesados primero.

Pensémoslo: el diálogo sobre la valoración ya se dio antes de la carta de intención. Podría tomar un mes más firmar la carta, y dos o tres meses cerrar el trato. Durante este tiempo, la empresa de capital de riesgo ha aprendido más (mucho más) y puede decidir retirarse del trato. Entre tanto, aun cuando estamos avanzando, no es por cuenta de ellos. E incluso si estamos avanzando significativamente, los términos no cambiarán a nuestro favor, a menos que rechacemos el trato.

Todo esto cambia si los inversionistas creen que perderán el trato. Entonces se moverán muy rápido. Esto fue lo que ocurrió con Waze unos pocos días después de recibir la carta de intención de Vertex, así como durante la negociación de la carta de intención. Me reuní con Shraga Katz, un socio comanditado de Magma (otra de las principales empresas de capital de riesgo israelí), en una presentación de Shmulik Wasserman, CEO de LiveU, que había desarrollado una tecnología para cargar videos con calidad suficiente para ser transmitidos por medio de un dispositivo en movimiento. Yo le había estado ayudando a Shmulik al comienzo del viaje de LiveU, y Shmulik había trabajado antes para Shraga.

Shraga se mostró bastante interesado. Nos reunimos un sábado en la tarde y, a la mañana siguiente, Magma llamó. Hablé con Yahal Zilka, el cofundador y socio codirector de Magma.

—¿Cómo están avanzando con la obtención de financiación? —preguntó Yahal.

Le dije que estábamos en medio de múltiples discusiones, y que avanzaban bien.

Luego indicó que Magma también estaría interesado en Waze.

—Pero ¿todavía es relevante? —me preguntó.

—Si pueden moverse con suficiente rapidez, entonces sí —respondí.

Continuó averiguando.

—¿Qué es suficientemente rápido?

—Pues voy a hacer una carta de intención a finales de la próxima semana —le dije—. Si pueden hacerlo para entonces, reunámonos.

Nos reunimos el lunes, el martes y de nuevo el miércoles.

El jueves nos ofrecieron una carta de intención y comenzamos a negociar.

En otras palabras, en cuatro días, Magma nos había enviado una carta de intención, solo que esta vez no era por 2 millones de dólares, sino por 6 y con mucho mejores términos.

Me puse en contacto con Ehud Levy, en Vertex, y le dije acerca de la segunda carta de intención.

—Todavía hay lugar para ustedes —le dije—, pero será a una valoración más alta.

Esperaba que Ehud se enojara, que pensara que lo habíamos traicionado. Por el contrario, me respondió sencillamente:

—Mándamela y le echaré una mirada.

Para mi sorpresa, firmó el documento y me lo regresó en diez minutos.

Hay dos enseñanzas críticas aquí:

1. Las empresas de capital de riesgo pueden moverse rápidamente cuando están cerca de cerrar un trato.
2. Olvidarán todo acerca de la valoración y de la suma que están pensando invertir si creen que están a punto de perder un trato.

Este no fue el final de "moverse lentamente, moverse rápido" para Waze. Firmamos las cartas de intención con Vertex y con Magma en diciembre del 2007, con la expectativa de que cerraríamos al final del año. En realidad, fue solo en marzo del 2008 que el trato finalmente se cerró.

¿Qué sucedió entretanto? Primero, nunca dejamos de negociar. Completamos una negociación con otra empresa de capital de riesgo antes de rechazarla. Luego, durante la fase de la debida diligencia, Magma presentó una nueva exigencia.

—En lugar de 6 millones de dólares, creemos que necesitan mucho más —dijo Yahal—. Subamos el nivel a una ronda de financiación de 12 millones. Nosotros invertiríamos 4 millones, Vertex invertiría 4 millones y un nuevo inversionista pondría los 4 millones restantes.

Nos alegró saber que Magma creía tanto en nosotros, pero este nuevo plan en realidad ponía en riesgo toda la ronda de financiación. ¿Qué sucedería si no encontrábamos otro inversionista? Magma hizo algunas presentaciones y terminamos reuniéndonos con BlueRun Ventures en el Congreso Mundial GSM (Sistema Global de Comunicaciones Móviles, por sus siglas en inglés), en Barcelona, en febrero del 2008. Decidieron unirse.

Pero cuando empezamos a finalizar los documentos, se atemorizaron y se retiraron.

—Vimos que había otra compañía que hacía mapas por *crowdsourcing* en Estados Unidos —fue la excusa (¿recuerdan lo que dije acerca de obtener financiación? ¿Que era como una montaña rusa en la oscuridad?).

Resultó ser un simple hackeo donde alguien había añadido una capa de propiedades inmobiliarias para alquilar o vender sobre un mapa existente, pero, de alguna manera, fue un retroceso aún más difícil, porque nos dimos cuenta de que, si esto los atemorizaba, no comprendían lo que nosotros hacíamos.

El tiempo transcurría y yo comencé a temer que al final no cerraríamos el trato.

Finalmente, lo conversamos con ellos y BlueRun Ventures regresó a la ronda con los 4 millones de dólares. El trato finalmente se cerró en marzo del 2008 por la totalidad de los 12 millones. Al fin estábamos listos para iniciar la compañía.

¿CUÁNDO ES EL MOMENTO ADECUADO PARA OBTENER CAPITAL?

La respuesta sencilla: cuando podamos, y si hemos ganado buen terreno y podemos conseguir más, ¡hacerlo! En cuanto más, mejor. Los tiempos difíciles (debido a la tracción o al mercado) solo lo harán más difícil.

En resumen, pensemos en la obtención de financiación como llenar el tanque de combustible para el viaje que tenemos por delante. Sin combustible no habrá viaje, pero es solo una pequeña parte de él. Inmediatamente después, tendremos que pensar si tenemos suficiente combustible (*i. e.*, financiación) para el viaje, o si necesitaremos más.

Si necesitamos más, esta es una tarea importante. Preguntémonos: ¿Qué nos hará atractivos para la próxima ronda? ¿Qué construirá nuestros objetivos de tal manera que los alcancemos con suficiente dinero en mano, para tener tiempo de conseguir nueva financiación y espacio para cuando haya desaceleración (al lograr hitos financiables o en el mercado)?

Recordemos lo que dije en el capítulo 3: cuando estamos consiguiendo financiación, nada más es igualmente crucial. El día después de que el dinero está en el banco, es necesario cambiar por completo de objetivo hacia la ejecución del plan.

Este resulta ser uno de los más grandes retos de la estrategia de una startup.

Imaginemos lo siguiente: Como CEO, durante los últimos seis a nueve meses, estaba completamente enfocado en conseguir financiación. Tomó una enorme cantidad de esfuerzo y atención, y estaba implicado en ello 150 %.

Luego se acaba.

Al día siguiente, ciertamente querremos —y deberíamos— celebrar, pero un día más tarde es necesario regresar a la ejecución, la construcción del producto, diseñar la estrategia para salir al mercado, despedir y contratar.

Con el transcurso del tiempo, he aprendido que es decisivo mantener el plan de ejecución de la startup mientras que, al mismo tiempo, el CEO está ocupado en el proceso de obtener financiación. La ejecución debe seguir su curso, en especial para alimentar los ciclos de consecución de fondos. Es posible que a los inversionistas les agrade nuestra historia, pero de todas maneras están esperando los avances. Si podemos mostrarles progresos dentro de los dos, tres o cuatro meses siguientes, querrán seguir con nosotros. De lo contrario, pasarán y seguirán a la siguiente inversión.

¿Cómo asegurarnos de que estamos avanzando? Es necesario mantener al equipo de administración por fuera del proceso de obtener financiación. No necesitan escuchar todos los rechazos. Esto es desalentador. Únicamente el CEO debe sufrir los cien noes. La administración debe concentrarse en la ejecución.

¿Qué tanto dinero deberíamos conseguir? Pensemos en el siguiente hito financiable. ¿Cuánto tiempo nos tomará llegar allá? Debemos agregar seis meses para conseguir fondos después, y seis meses más de protección: esa es la cantidad de dinero que necesitamos conseguir. Si por el camino se presentan oportunidades de conseguir más financiación, ¡aprovechémoslas!

¿Existen cuentos de hadas sobre conseguir financiación? En realidad, sí, en algunas ocasiones el proceso es mucho más sencillo, en especial durante el período de "luna de miel" después de haber conseguido el dinero.

Hay también historias acerca de que cerrar una nueva ronda fue cuestión de semanas o que bastó con una reunión. En una ocasión llamé a un inversionista anterior y le dije que tenía una idea y me dijo que sí de inmediato.

Pero no debemos contar con esto. Sí: si somos emprendedores exitosos, con antecedentes de salidas, será más sencillo, pero de lo contrario (y por lo general) es siempre difícil.

CONSEJOS PARA STARTUPS

- La clave más importante para una inversión es que a la empresa de capital de riesgo le agrade el CEO y la historia. Por lo tanto, el CEO va solo a estas reuniones y practica la historia a la perfección. Narrar historias se refiere al compromiso emocional; queremos que el inversionista imagine que hace parte de la historia.

- Los inversionistas se forman impresiones rápidamente —en cuestión de segundos— antes incluso de que el emprendedor se siente. Debemos comenzar con el punto más fuerte que tengamos antes de que el inversionista se forme una opinión.

- Debemos narrar una historia auténtica y verosímil, no una serie árida de "casos de uno".

- Asegurémonos de tener una gran historia de mercado. Si no somos "creadores de fondos", si no podemos llegar a ser un unicornio, no seremos relevantes para la empresa de capital de riesgo.

- Los inversionistas son usuarios también. Si no creen que usarán nuestro producto, o no pueden relacionarse con alguien que lo haga, tendremos muy pocas posibilidades de obtener una inversión.

- Las empresas de capital de riesgo son lentas, hasta cuando piensan que perderán el trato.

- Obtener financiación es la "danza de los cien noes". Debemos estar preparados para ser rechazados una y otra vez. La proporción de síes a noes puede ser muy desalentadora.

- Debemos estar atentos a indicadores clave de inversionistas. Estos nos dirán si un inversionista está interesado en seguir adelante.

- No intentemos negociar una carta de intención solos. Es una pelea desigual. No temamos pedir ayuda. Encontremos mentores que puedan orientarnos.

- Si el trato no es lo que deseamos, retirémonos. La inversión es como un matrimonio católico: no hay manera de deshacerse de nuestra pareja.

- Busque directamente un socio en una empresa de capital de riesgo. Es inútil hablar con un analista de primera línea cuyo trabajo es decir "no".

CONTROLEMOS A NUESTROS INVERSIONISTAS

Si construir una startup es un viaje en una montaña rusa,
obtener financiación es una montaña rusa en la oscuridad.
Ni siquiera sabes qué vendrá.
Cerrar un trato es estar en la oscuridad, invertido y en reversa…

Obtener financiación para nuestra compañía no es un evento que se haga una única vez. Es algo continuo y repetitivo. Una vez que hemos terminado la ronda semilla, están las rondas A, B y C, y otras adicionales. Cuando buscamos capital, nos "comprometemos", por decirlo así, y manejar a los inversionistas, a la junta directiva, los conflictos de interés, los eventos de liquidación, las acciones secundarias, etc., serán asuntos permanentes. Para planear futuros eventos de obtención de financiación, he desarrollado un algoritmo que nos ayuda a construir nuestra estrategia de conseguir financiación (ver la página siguiente).

Una vez que hemos terminado una nueva ronda y nos hemos reunido con cantidades de inversionistas, lo último que deseamos hacer es conocer más inversionistas (o incluso a los mismos), pero no tenemos otra opción más que seguir reuniéndonos con ellos para construir nuestro canal para ahora y hacia el futuro.

Después de terminar una ronda de financiación, es necesario administrar a nuestros inversionistas. A continuación hay algunas consideraciones que debemos tener en mente:

Diagrama de flujo de la estrategia de obtener financiación

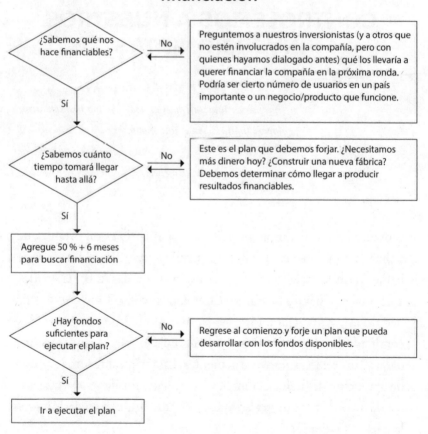

¿Sabemos qué nos hace financiables?

No → Preguntemos a nuestros inversionistas (y a otros que no estén involucrados en la compañía, pero con quienes hayamos dialogado antes) qué los llevaría a querer financiar la compañía en la próxima ronda. Podría ser cierto número de usuarios en un país importante o un negocio/producto que funcione.

Sí ↓

¿Sabemos cuánto tiempo tomará llegar hasta allá?

No → Este es el plan que debemos forjar. ¿Necesitamos más dinero hoy? ¿Construir una nueva fábrica? Debemos determinar cómo llegar a producir resultados financiables.

Sí ↓

Agregue 50 % + 6 meses para buscar financiación

↓

¿Hay fondos suficientes para ejecutar el plan?

No → Regrese al comienzo y forje un plan que pueda desarrollar con los fondos disponibles.

Sí ↓

Ir a ejecutar el plan

CONFLICTOS DE INTERÉS

En el 90 % de los viajes de las startups que he visto o con las que he estado involucrado habrá una alineación de los intereses entre los fundadores y los inversionistas. Es posible que tengamos diferentes ideas acerca de cómo alcanzar estos objetivos, o bien habrá que manejar los egos (tanto los nuestros como los de los inversionistas), pero, en últimas, nosotros y los inversionistas queremos lo mismo: una compañía exitosa y una salida aún más exitosa (para los inversionistas).

Sin embargo, durante el otro 10 % del tiempo, hay varios ámbitos donde los conflictos de interés entre nosotros y los inversionistas pueden representar un problema.

LIQUIDACIÓN: EVENTO DE COMPRA DE ACCIONES

No importa si se trata de una salida, la venta de acciones secundarias o traer a un nuevo inversionista: cualquiera que sea el evento, es muy probable que nuestros intereses como fundadores, accionistas y ejecutivos de la compañía sean diferentes de los de otros accionistas y, en particular, de los inversionistas.

Puede ser confuso. ¿Cómo es posible que, si tenemos una ronda al alza (conseguir dinero a una valoración más alta que en la ronda anterior), esto pueda desagradar a alguien? Puede haber una serie de razones para ello.

- Quizás el inversionista pensó que algún día podría mejorar su posición en la compañía al invertir unos pocos millones más y ahora no podrá hacerlo.
- Quizás están al final del término de financiación y conseguir mucho dinero potencialmente pone la salida en un momento posterior en el tiempo.
- Quizás están muy diluidos y no tienen suficiente dinero para participar en la ronda actual.

- Quizás su nueva posición los coloca por debajo del derecho a cualquiera de las preferencias (por ejemplo, no obtendrán un lugar en la junta directiva).

- Quizás los nuevos inversionistas están exigiendo un *top-up* (una "recarga") para los fundadores y la administración, que diluye aún más a los inversionistas anteriores. Hacer un *top-up* se da cuando los fundadores, el CEO y el equipo de gerencia se están diluyendo demasiado y se les conceden acciones adicionales en forma de ISO o ESOP. Una nueva ronda de financiación es siempre una buena oportunidad para revisar nuestra posición como accionista resultante de la ronda y la posición de la administración y, si es necesario, sugerir al nuevo inversionista que podría considerar una recarga.

Resolver estas cuestiones nunca es sencillo, pero obtener capital es algo que, por lo general, ¡se da en el mejor interés de la compañía! Y si sucede lo peor, debemos recordar que la liquidación es el final de nuestra relación con ese inversionista.

Esencialmente, hay dos maneras como puede terminar una relación entre fundadores e inversionistas: se aman, o se odian, muy probablemente como resultado de su respectivo comportamiento durante un conflicto de intereses. Amar a nuestros inversionistas después de que termina el viaje no es parte de nuestra agenda.

Esencialmente, nosotros llevamos la compañía al éxito y cuidamos de nuestros empleados. Esa es nuestra misión. Si tenemos una buena junta directiva, ellos cuidarán de nosotros.

En una compañía a la que me uní recientemente como presidente de la junta directiva, estaba mirando la tabla de capitalización y le dije al principal inversionista que el CEO estaba excesivamente diluido y necesitaba un *top-up*. Estuvo de acuerdo conmigo en general, e intentó posponer la decisión hasta cuando todo estuviera decidido. Le dije que no me uniría a la junta directiva a menos de que el CEO/

fundador no estuviera en una posición más razonable como accionista antes de completar la ronda. El inversionista me preguntó si era una condición innegociable, y respondí que sí. El CEO obtuvo el *top-up*. El recién llegado, por lo general, tendrá una ventaja de negociación mucho más grande que las partes existentes.

LIQUIDACIÓN: ACCIONES SECUNDARIAS

Las acciones secundarias se presentan cuando nosotros (los fundadores, la administración y todos los empleados) vendemos algunas de nuestras acciones a otras personas, muy probablemente a inversionistas. El resultado es esencialmente una "minisalida" para nosotros específicamente y para nuestro equipo (aun cuando no se consigue más dinero para la compañía).

Cuando vendemos acciones secundarias, nosotros, así como los otros fundadores y la administración y los empleados estamos ganando dinero, pero los inversionistas existentes no. Este es otro ejemplo de manejo de egos. ¿Cómo puede resolverse? Debemos tratar de incluir el evento "secundario" como parte de una ronda de financiación. Intentemos que la obtención de fondos esté excesivamente suscrita. En otras palabras, debemos tratar de obtener una demanda más alta en la cual los inversionistas quieran invertir más de lo que la compañía quiere obtener.

En esta fase, podemos decirle al nuevo inversionista que solo podemos satisfacer su deseo de comprar más si hay acciones secundarias como parte del trato. Una vez que haya un exceso de suscripción, por un lado, y el nuevo inversionista advierta que la única manera de satisfacerla es a través de acciones secundarias, entonces ofrecemos a los inversionistas existentes la opción de vender acciones secundarias también. No debemos preocuparnos, pues lo más probable es que no lo hagan y así tendremos exactamente lo que queríamos.

COMPENSACIÓN

Los fundadores están fuertemente comprometidos con su viaje y con su misión; no se retirarán cuando las cosas se ponen difíciles y no renunciarán incluso si no se les paga. Todos los inversionistas saben esto. La diferencia entre los inversionistas "profundadores" y los otros inversionistas es sencilla: ¿nuestros inversionistas se aprovechan de este conocimiento?

La compensación debería idealmente fijar el ADN de la compañía como uno de generosidad con sus empleados. Tendremos que llevar a la junta directiva a adoptar este espíritu de generosidad, porque su ADN inicial puede ser exactamente el contrario.

LIQUIDACIÓN: SALIDA

Una salida pareciera ser el evento menos probable que ocasione un conflicto de intereses; después de todo, todos estamos ganando dinero. Sin embargo, pensemos en el siguiente escenario.

Hemos conseguido una inversión semilla y una ronda A para un total de 10 millones de dólares. La valoración más reciente fue de 30 millones de dólares. Por lo tanto, supongamos que la posición de los fundadores representa del 40 al 50 % de las acciones y los inversionistas tienen entre el 40 y el 50 %. Se deja el 10 % aparte para los empleados. Se presenta la oportunidad de vender la compañía por 50 millones de dólares. Abrimos nuestra página de Excel y vemos que esto significaría cerca de un poco más de 20 millones de dólares para nosotros como fundadores. Este es un evento que puede cambiar nuestra vida y queremos aceptar el trato.

Para el inversionista de la ronda A, sin embargo, no es tan claro. El inversionista creyó que nuestra compañía estaba en camino a convertirse en un unicornio y produciría veinte, treinta o incluso cuarenta veces la suma invertida. La salida propuesta representa únicamente cerca del 25 %. Definitivamente, no es una salida que produzca muchos fondos. Por lo tanto, al inversionista no le agradará.

Hay otra forma como el escenario puede desarrollarse. Supongamos que la salida es un acuerdo muchísimo mejor: una adquisición de 200 millones de dólares, por ejemplo. Al inversionista le agrada, pero el comprador dice: "Esperen un minuto, necesito que el equipo siga comprometido por cuatro años después de la transacción, así que necesitamos asignar el 25 % del trato a la retención de empleados y no a los accionistas", *i. e.*, a los inversionistas. En este ejemplo, es necesario pensar en la transacción y en el día después. Los inversionistas solo están pensando en la transacción. Para ellos no hay un día después.

TODO ACERCA DE LAS ACCIONES SECUNDARIAS

Debemos vender acciones secundarias cada vez que sea posible. Tanto en Waze como en Moovit, así como en otras startups, vendimos acciones secundarias y seguiremos haciéndolo en todas mis compañías cuando sea razonable hacerlo (si el precio es correcto, tendrá como resultado un cambio drástico para los vendedores, o bien hay una excesiva suscripción para la ronda). Si para ustedes significa mucho llevar a casa entre unos pocos miles de dólares y unos pocos millones, entonces deben hacerlo.

Vender acciones secundarias es algo más común entre las compañías estadounidenses que entre las europeas. Incluso hay mercados secundarios donde es posible comprar y vender acciones.

Las acciones secundarias no son lo mismo que realizar una ronda B o una ronda C. No se trata de emitir nuevas acciones. Por el contrario, las acciones secundarias son críticamente importantes para mantener a los fundadores activos y contentos. Pensemos en ellas como la recompensa por un arduo trabajo, por obtener resultados y por llevar a la compañía a cierta valoración.

Vender acciones secundarias puede también aliviar la presión sobre los fundadores de vender la compañía prematuramente. Si ya conseguimos unos pocos millones de dólares por la venta de acciones secundarias y llega un comprador que afirma estar preparado para comprar la compañía por 250 millones de dólares, es posible que nos mostremos más reticentes a aceptar el trato si no necesitamos el dinero.

Vender acciones secundarias indica que la compañía y los fundadores pueden recorrer la distancia necesaria y que están buscando una oportunidad en grande.

¿Quién debería vender? La respuesta es todos. Todos los accionistas que deseen vender acciones secundarias deberían hacerlo. Es particularmente valioso para los empleados, para quienes vender acciones secundarias puede verse como una recompensa y como una construcción de retención que fortalece aún más el compromiso entre empleador y empleado.

Otra razón muy importante para vender acciones secundarias es cuando hay un exceso de suscripción para la ronda, es decir, como lo mencioné, que demasiada gente desea "entrar". Esta es una maravillosa noticia y contribuirá a posicionar la compañía en su camino al éxito. Es posible también que facilite la obtención de capital, pero el beneficio principal es que hace que la compañía sea más atractiva para los empleados.

Ocasionalmente, cuando se venden acciones secundarias y se da la oportunidad de vender acciones secundarias a los empleados también, es probable que no deseen hacerlo. Creen en la compañía, o no quieren dar la impresión de que no creen en ella al 100 %. Aun cuando no podemos decirles qué deben hacer y, de hecho, no se nos permite siquiera aconsejarles qué hacer, si esta es una oportunidad para toda la compañía o para múltiples empleados, deberíamos hacer dos cosas: decirles que estamos vendiendo, y luego traer un asesor o consultor financiero que ofrezca una presentación general o una consulta personal con quienes deseen hacerlo. Discutiremos en más detalle las acciones secundarias en el capítulo 12.

MANTENER A LOS INVERSIONISTAS ACTUALIZADOS

La mejor manera de manejar a los inversionistas actuales es mantenerlos informados. Debemos enviar actualizaciones periódicas cada mes o cada dos meses. En el caso de los accionistas actuales, debemos pedir su ayuda en tareas específicas en las que pueden ser útiles. Deberíamos utilizar la misma actualización para los inversionistas potenciales. Con todos los cien inversionistas que nos dijeron que no, debemos seguir en contacto también.

Si los inversionistas piden actualizaciones más frecuentes o tienden a tomar mucho de nuestro tiempo (algunos de los inversionistas que conozco sencillamente no tienen nada que hacer, así que molestan a sus CEO), ¡no permitan que lo hagan! Podemos ignorarlos, pero, si eso no ayuda, remítanlos a las actualizaciones periódicas que hemos estado enviando.

¿Qué debería aparecer en las actualizaciones? Algo sencillo, solo dos o tres párrafos que muestran los avances. Podemos decir: "Este trimestre nos centramos en el APM" o "Este mes aparecimos citados en este diario" o "Tenemos un nuevo miembro del equipo".

Recordemos que probablemente nadie estará leyendo el texto de las actualizaciones. Los inversionistas quieren ver el progreso en gráficas. Debemos crear un formato visualmente coherente, para que sea claro que estamos midiendo y actualizando la misma información.

¿Qué tipo de gráfico es el más eficaz? ¡Los que suben! Una gráfica cronológica —de líneas o de barras— es mejor que un gráfico de torta. ¿Qué sucede si no tenemos un crecimiento que mostrar? Sigamos creando las gráficas y enviándolas. Los inversionistas no pondrán más dinero si no podemos mostrarles crecimiento, pero eventualmente invertirán más si somos constantes y podemos mostrar un incremento continuo, aunque sea lento. De esta manera, cuando llegue nuestro "momento ¡Eureka!", será claro para todos que ahora finalmente somos financiables.

La solidez puede ser dramática para los inversionistas si podemos mostrarla durante un largo período de tiempo. Crea magia, sencillamente porque la gente solo puede prever líneas rectas. Por lo tanto, si podemos mostrar un crecimiento constante durante los últimos tres años, la mayor parte de la gente creerá que podemos seguir mostrando este crecimiento hacia adelante. Esto no guarda ninguna relación con los inversionistas; es solo la naturaleza humana.

MANEJAR INVERSIONISTAS POTENCIALES DURANTE UNA RONDA DE FINANCIACIÓN

Los inversionistas son un grupo cauteloso. Nadie quiere ser el primero en saltar, pero después de que el primer inversionista está de acuerdo, es posible que haya muchos inversionistas interesados en seguirlo (en ocasiones, más de los que necesitamos). A veces, un inversionista dirá: "No quiero liderar esta ronda. Quizás otros estén interesados en contribuir".

- Por otra parte, si conseguimos un inversionista de renombre como Sequoia, a16z, Kleiner Perkins, etc., entonces vemos rápidamente una larga lista de inversionistas que desea unirse a la ronda. ¿Qué hacer entonces?
- Podemos aumentar el tamaño de la ronda, aun cuando esto por lo general no funciona porque el inversionista líder, suponiendo que sea un fondo grande con suficiente dinero, habitualmente querrá aumentar su contribución para mantener su posición.
- Podemos desviar a los nuevos inversionistas hacia una ronda de seguimiento o de restos donde se incrementa la valoración como parte de la extensión de la ronda.

Hay una gran diferencia entre inversionistas que entran en los primeros momentos y quienes entran más tarde. Los inversionistas tempranos participarán en la ronda semilla y tal vez en la ronda A después de esta, y luego se detendrán, pues sencillamente no tienen suficiente dinero asignado para seguir apoyando a la compañía. La regla general para los primeros inversionistas es X por la primera ronda y una o dos veces X asignados para las rondas siguientes. Por lo tanto, si los inversionistas comienzan en la ronda semilla con cerca de 3 millones de dólares, es posible que tengan entre 3 y 6 millones adicionales para seguir apoyando a la compañía en el futuro. Esto significa, básicamente, que si la valoración crece significativamente, no tendrán dinero suficiente para mantener su posición en la compañía y, por lo tanto, se diluirán.

¿CUÁNTO TIEMPO TOMA CONSEGUIR DINERO?

Conseguir dinero casi siempre viene en un mal momento. Preferiríamos dedicar nuestro tiempo a hacer crecer la compañía, no a conseguir financiación. Y si no estamos avanzando como lo esperábamos, entonces estamos buscando capital en términos muy desfavorables.

En mi experiencia, debemos dedicar de seis a doce meses a la ronda semilla, aun cuando depende del mercado y de nuestros antecedentes. Si hace poco tuvimos una salida y ahora comenzamos una nueva compañía, y le agradamos a los inversionistas, podríamos conseguir el dinero semilla en un solo día. Si es nuestro primer emprendimiento, tomará más tiempo.

¿Por qué toma tanto tiempo? Decidir cuál es la historia que debemos contar y contarla sencillamente toma tiempo. En Waze, tuvimos tres cartas de intención en la mano a comienzos de diciembre del 2007. Luego tuvimos tres meses para cerrar la ronda. El tiempo tiende a correr a favor del inversionista, no de nosotros. Pensaríamos que todos quieren avanzar rápidamente, pero los inversionistas pueden usar las demoras para ver si estamos progresando y, si no están satisfechos, pueden renegociar los términos.

Durante estos tres meses, por lo general estaremos encerrados en un período de no ventas. Los inversionistas, por su parte, pueden continuar con la debida diligencia de nuestra compañía y nuestro plan de negocio. Y pueden retirarse si eligen hacerlo, sin que haya consecuencias (para ellos).

Por esto recomiendo que continuemos hablando con otros inversionistas incluso si oficialmente estamos en un período de no venta. Es posible que no podamos recibir una carta de intención de otra persona, pero si las cosas salen mal, tendremos una alternativa preparada.

¿Qué sucede si nuestros inversionistas descubren que estamos hablando con otros? No considero que esto sea un gran riesgo. Les podemos responder que tenemos la responsabilidad de mantener viva la compañía en caso de que ellos decidan retirarse.

¿Qué sucede si recibimos una oferta de otro inversionista durante esta fase? Podemos decirle la verdad al otro inversionista: que estamos en período de no venta que expirará en tantos días, y que entonces podrán seguir hablando. O podemos sencillamente aguardar a que expire el período de no venta (por lo general son treinta días), suponiendo que sea una mejor oferta.

Esto en realidad sucedió con Waze, no durante la búsqueda de financiación, sino durante las transacciones de fusiones y adquisiciones (M&A, *Mergers and Acquisitions*, en inglés).

Nos encontrábamos en un período de no venta con un comprador potencial cuando llegó la oferta de Google (que no fue solicitada y llegó por correo electrónico). Google se enteró de la otra oferta, y el otro comprador potencial permitió que la adquisición por parte de Google siguiera adelante. De lo contrario, habríamos permitido que expirara el período de no venta y habríamos continuado luego la negociación con Google.

Al comienzo del período del covid-19, vi que muchos tratos se renegociaban, pues viajar era imposible, y la capacidad del CEO de reunirse con nuevos inversionistas era también casi imposible. Las valoraciones se redujeron fácilmente en un 30 y un 40 %. Vi a inversionistas retirarse de acuerdos, así como otros que respetaron sus compromisos. Durante la crisis del 2022 vi lo mismo: inversionistas que desaparecían, cartas de intención renegociadas y valoraciones drásticamente reducidas.

¡EL MÚSCULO DE CONSEGUIR FINANCIACIÓN QUE NECESITA EJERCICIO!

Estaremos conociendo inversionistas todo el tiempo, antes de una ronda, después de una ronda, ufanándonos de nuestro más reciente inversionista, en conferencias, etc. Estas reuniones son la base de nuestra próxima ronda de financiación. Incluso si acabamos de terminar una ronda, debemos conservar nuestro resumen ejecutivo y bandeja de presentación actualizados todo el tiempo, aun cuando no estemos buscando fondos ahora mismo. De esta manera, si un inversionista nos pide algo, estaremos preparados.

Sin embargo, lo más importante es atraer a los inversionistas. Los mendigos no deciden, dice el refrán y, por lo tanto, si queremos decidir, hay una y solo una manera de hacerlo: múltiples cartas de intención.

Mantengamos informados a todos —y quiero decir a todos los inversionistas con quienes alguna vez hayamos entrado en contacto—. Debemos crear el hábito de enviar una actualización cada mes (o cada dos meses) a todos ellos. Debería llamarse "actualización de la compañía" y es solo una página con dos o tres párrafos y dos o tres gráficas. Estas gráficas deben ser siempre las mismas (por ejemplo, número de usuarios, número de transacciones).

Para nuestras dos o tres gráficas, seleccionemos aquellas que:

- Estén siempre creciendo,
- Sean más altas que la industria,

204 ENAMÓRATE DEL PROBLEMA, NO DE LA SOLUCIÓN

- Muestren nuestra belleza, y
- Muestren progreso en el tiempo.

¿Qué debe ir en esos párrafos?

- Introducción a la compañía en un párrafo (corto). Por ejemplo: "Nos ocupamos del problema de XYZ para los clientes de Fortune 500". Este párrafo no cambia de un mes a otro.
- La actualización reciente. De nuevo un párrafo, que podría ser: "Contratamos a un nuevo vicepresidente de ventas" o "Hemos recibido tres nuevos clientes este mes". Este párrafo siempre cambia de un mes a otro.
- Podría haber un tercer párrafo que es una pregunta. Por ejemplo: "Estamos buscando a un CFO (director financiero). ¿Tienen algunos buenos candidatos?" o "Estamos buscando presentar a un CIO (director de informática) a una compañía de Fortune 500".

Ahora bien, aun cuando esto puede sonar muy genérico y forzado, la idea es crear demanda. No tenemos idea qué pueda desencadenar la demanda.

- Tal vez sea el progreso que mostramos.
- Tal vez el inversionista acaba de perder una oportunidad con una compañía similar.
- Tal vez el inversionista advirtió que necesita invertir más dinero.
- Tal vez solo tenga un muy buen amigo que es un candidato maravilloso para nuestra startup.

Una vez que pasamos de ponernos en contacto a solicitudes que nos llegan, no solo aumentamos la probabilidad de una ronda de financiación por cierto orden de magnitud, sino que eso puede representar también la diferencia entre ser percibidos como unos mendigos o como quienes decidimos.

Es crucial que los inversionistas o posibles inversionistas vean coherencia. Necesitamos que los reportes mensuales y el progreso se extiendan durante un largo período de tiempo para que obren su magia.

MANEJAR LA JUNTA DIRECTIVA

El CEO de una de mis compañías consiguió capital con base en un crecimiento de 3x (3 veces). Todos estábamos muy entusiasmados por esto, afirmando que un crecimiento del 300 % es excelente. Alguna vez escuché a Sequoia decir: 2x está bien, 2,5x es bueno, 3x es excelente, y más allá de esto es asombroso.

Todos excepto el inversionista líder.

—Aun cuando el crecimiento del 3x cada año está bien, sencillamente no es suficiente —se lamentó el inversionista—. Deberíamos estar haciendo 4x o incluso 10x.

—Pero usted invirtió en 3x —replicó el CEO, tratando de convencer al inversionista de que se calmara y se sintiera feliz como nosotros.

Muchos inversionistas tienden a ser desalentadores. No lo hacen a propósito y, definitivamente, no es con nosotros; es solo parte de su hábito de mostrarse desagradados la mayor parte del tiempo. Y, hasta cierto punto, incluso tienen una teoría al respecto.

Durante la época de Waze, tuvimos un período de tiempo impresionante en el que todo parecía maravilloso y, sin embargo, veíamos a uno de nuestros inversionistas muy desagradado en las juntas directivas. Después de una junta hablé con él y le pregunté qué pensaba acerca de tres o cuatro aspectos del progreso de la compañía. Estaba muy satisfecho con ellos, respondió. Luego le pregunté:

—Si todo es tan maravilloso, ¿por qué no estaba complacido durante la reunión de la junta directiva?

—Mi oficio es estar desagradado, así es como llevo al CEO a hacer más, a realizar un esfuerzo adicional —respondió.

—Pueden lograrse incluso mejores resultados alentando a la gente que desalentándola —repliqué.

—Esto funciona mejor para mí —insistió. Lo uso también con mis hijos.

Y pensé: "¡Pobres chicos!"

Es cierto que una de las funciones clave de los miembros de una junta directiva es conseguir que el CEO lleve a la compañía a obtener mejores resultados, pero, de alguna manera, yo siempre estoy en el lado del empoderamiento y no en el lado de desalentar. Sin embargo, muchos inversionistas que he visto utilizan diferentes metodologías.

Hay tres reglas que debe seguir un CEO cuando maneje una junta directiva:

- No sorpresas. Cuando un miembro de una junta directiva se sorprende, se siente como un idiota y esto no le agrada (a nadie le agrada), pero hay más que eso. Es posible que hayamos sorprendido a toda la junta, pero cada uno es un individuo y puede creer que es el único que ha sido sorprendido. Esto entonces se convierte en una cuestión de manejo de egos. Debemos preparar a cada uno de los miembros de la junta directiva antes de la reunión para que no haya sorpresas.

- Debemos conducir a los miembros de la junta hacia la decisión que deseamos a través de la discusión (y con muchísima preparación). Si deseamos que se elija la alternativa Y, debemos mostrar tres alternativas —xYz—, de manera que Y sea la elección evidente. No solo la Y en la mitad sino también resaltada y en grande. La gente tiende a elegir la opción del medio cuando hay tres opciones. O bien, ofrezcámosle a la junta una opción en la que A es excesivamente agresivo, C es demasiado conservador y B es lo que deseamos que elijan.

¡Ricitos de Oro, el personaje infantil, tenía la razón! (Si hay más de tres opciones, asegúrese de que aquella que desea que elijan los inversionistas sea la segunda desde arriba o la segunda desde abajo).

- Si los miembros de la junta inversionista no están de acuerdo, utilice las palabras mágicas: "¿Qué sugieren?". Aprendí este truco de mi esposa Noga, quien es una *coach* de vida. No hay nada como quitar la fuerza a una discusión con esta pregunta. No es "Pero ¿qué sugiere?" ni "Entonces, ¿qué sugiere?". Únicamente: "¿Qué sugiere?".

Manejemos nuestra junta directiva enviándole cualquier material para revisión al menos tres días —y mejor, una semana— antes de la reunión.

Pero lo más importante: llame para prepararlos.

Esto puede parecernos similar al manejo de una clase de kínder, pero pensemos por un segundo en el socio de una empresa de capital de riesgo que hace una o dos inversiones nuevas al año.

A este ritmo, en un período de cinco a seis años, el socio forma parte de entre cinco y diez juntas directivas, además de su función principal en la empresa. Por lo tanto, la probabilidad de que un socio de estas empresas invierta el tiempo necesario para obtener un conocimiento profundo de nuestra compañía y de los retos que enfrentamos es muy pequeña.

Podemos esperar que los miembros de la junta lleguen preparados a la reunión, pero, por lo general, no lo están. Nosotros vivimos nuestra compañía todos los días. Ellos no. Nosotros nunca quisiéramos asistir a la reunión de una junta directiva con una decisión sorpresiva. Nuestros inversionistas y los miembros de la junta la rechazarán y será necesario programar otra sesión.

Por ejemplo, si tenemos una diapositiva en nuestra presentación que dice que entraremos al mercado alemán y no al italiano, cuando anteriormente habíamos dicho que entraríamos a Italia primero, incluso si tenemos buenas razones, sorprenderemos a la junta. Ellos pensaron que íbamos a tener éxito en Italia y ahora no iremos allá. ¿Por qué? Esta conversación debe darse *antes* de que se reúna la junta.

En una junta directiva reciente, el CEO de una de las compañías en las que invertí anunció que la firma se mudaría a una oficina más grande en poco tiempo. Yo no solo sabía eso antes de la reunión de la junta, sino que en realidad ya le había dicho dos meses antes que la oficina actual estaba terriblemente congestionada.

Sin embargo, los otros miembros de la junta se mostraron sorprendidos. No estaban tan comprometidos con la compañía como yo, y la última vez que habían visitado las oficinas había sido muchos meses antes. El rechazo fue completamente desproporcionado, pero esto se debió a que estaban sorprendidos.

Lo que realmente enoja de las sorpresas a los miembros de junta es la sensación de que ellos son los únicos que no están enterados, que nadie los escucha, y que a nadie le interesa su punto de vista. Entonces, naturalmente, ¡van a reaccionar negativamente!

La razón principal por la cual debemos informar a cada uno de los miembros de la junta por separado y personalmente antes de las reuniones es que podemos manejar los egos de uno en uno. Nadie puede (o debería) manejar los egos en público.

Las reuniones de las juntas directivas pueden convertirse rápidamente en una pesadilla. Nos esforzamos muchísimo tratando de avanzar a través del desierto en una montaña rusa… y luego nadie valora lo que hemos logrado, más aún ¡si llegan a la junta sin haberse preparado!

Recordemos lo más importante: nuestro trabajo es que la compañía tenga éxito, no satisfacer a la junta directiva, o a nuestros inversionistas: todos estarán felices cuando la compañía tenga éxito.

INFORMEMOS CON PRECISIÓN

Manejar una junta directiva significa decir siempre la verdad. Esto significa informar los hechos como hechos y los pensamientos o esperanzas como tales. Inevitablemente tendremos que responder por lo que estamos reportando a la junta.

Si nuestro informe tiene una enorme cantidad de productos en desarrollo, o estamos hablando con X, Y y Z clientes o potenciales socios de negocios, entonces la expectativa es que algo saldrá de esto. Durante la siguiente reunión, uno de los miembros de la junta podrá preguntarnos qué sucedió con estos contactos o con un trato en particular que reportamos como algo que se estaba adelantando.

Si decimos que estamos en un diálogo avanzado con tal y tal socio, y a la reunión siguiente decimos lo mismo, perdemos credibilidad.

Los directores y los inversionistas quieren ver progreso y quieren ver que haya impulso.

No mencionemos nada que tenga poca probabilidad de suceder ni una larga lista de clientes o colaboraciones potenciales: a nadie le interesan los nombres. No los mencionemos. Si es un nombre conocido, es posible que nuestros inversionistas averigüen más detalles y, en la próxima reunión, nos pregunten al respecto. Por el contrario, mencionemos únicamente aquellas cosas que tienen una alta probabilidad de resultar en un acuerdo entre este momento y la próxima reunión de la junta. (Por esta razón, las reuniones trimestrales de la junta directiva son mejores que las reuniones mensuales).

MANEJO DE CRISIS

En el viaje de montaña rusa que es una startup, es probable que nuestra compañía se encuentre a punto de morir varias veces. Subir en la montaña rusa es agradable. Al bajar, es posible que nos acerquemos mucho a la tierra y estemos a punto de estrellarnos. O quizás nuestros pies (o todo nuestro cuerpo) esté bajo el agua.

Durante este tiempo, veremos un comportamiento diferente de parte de los inversionistas: aquellos que entran en pánico y quienes nos apoyan. ¡Ya tenemos suficiente presión con algunos de los miembros de junta en pánico!

Durante el manejo de la crisis, es crucial mantener nuestra relación con la junta. Es posible que algunos de los miembros de la junta directiva puedan sacarnos de la crisis, quizás haciendo una ronda interna de financiación, tal vez trayendo a otros inversionistas o quizás sencillamente apoyándonos. Necesitamos su apoyo. Es lo suficientemente difícil manejar una compañía en crisis, por ejemplo, recortar los salarios, despedir personal o diseñar un nuevo modelo de negocios apresuradamente, como para tener también que manejar a los miembros de la junta que entran en pánico. Es posible que necesitemos llamadas más frecuentes cuando estamos en una crisis.

¿Qué llevaría a una crisis en una startup? La mayor parte de las crisis son de dinero. Algunas están relacionadas con una demanda legal. Si tiene que ver con infracción de una patente, un cambio en las reglamentaciones gubernamentales, discriminación o acoso sexual, la junta directiva se verá expuesta también. Por lo tanto, es una crisis para nosotros y para ellos.

Pontera consiguió 3 millones de dólares en el 2013 de Blumberg Capital. Una segunda ronda fue liderada por Horizons Ventures un año más tarde, y en ella obtuvimos 7,5 millones de dólares. Esto fue suficiente dinero para operar durante un tiempo y para pasar de un mercado basado en Israel a uno basado en Estados Unidos.

Esta montaña rusa de la compañía nos golpeó cuando necesitamos conseguir más capital, aun cuando no habíamos determinado todavía el APM para Estados Unidos. Y, sin embargo, ¡ya habíamos cerrado la operación en Israel para enfocar nuestros esfuerzos en Estados Unidos!

Cuando llegó el momento de hacer una tercera ronda, una de las empresas de capital de riesgo quería hacer una "severa ronda a la baja".

—En lugar de una valoración de 50 millones de dólares, hagámosla a 5 millones —nos dijeron.

Para Yoav Zurel, el CEO de Pontera, aquella severa ronda a la baja representó también una pérdida de inocencia igualmente severa. Los inversionistas olieron la sangre y no vacilaron en abalanzarse.

—Lamento que esto te haya sucedido —le dije—. Pero también me alegro. Me alegra que hayas aprendido, y lamento que hayas tenido que aprenderlo de esta manera.

Aun cuando la oferta era realmente agresiva, tuvimos algo de suerte porque pudimos conseguir financiación de mi parte y de parte de varios otros coinversionistas que estuvieron dispuestos a poner cerca de 3 millones de dólares en unos términos mucho más favorables.

En aquel momento, resultó claro quiénes apoyaban a la compañía incluso cuando tenía dificultades, y quienes la apoyaban únicamente cuando todo estaba bien. Créanme, queremos tener a los inversionistas que nos apoyan.

¿Cómo saber cuál es cuál?

Debemos hacer nuestra debida diligencia con los inversionistas y, en particular, hablar con otros emprendedores y CEO que ya se han separado de estos inversionistas (a través de un evento de liquidación, exitoso o no).

Sin embargo, este no fue el final para Pontera.

Tuvimos que hacer otra ronda de capital cuando estábamos a punto de determinar el APM, y una más justo al comienzo de la pandemia del covid-19. Estas dos rondas fueron difíciles, pero terminaron exitosamente (no morimos).

Dos años más tarde, una vez que habíamos alcanzado el APM, habíamos determinado el crecimiento y el modelo de negocio estaba decidido, Pontera estaba camino a despegar con una valoración 20x más alta que antes. Recordemos que la montaña rusa de obtener financiación para cualquier compañía puede cambiar de dirección docenas de veces en el futuro.

LOS SORPRENDENTES BENEFICIOS DE RONDAS A LA BAJA

Cerca de un tercio de todas las startups tendrán una ronda a la baja (o al menos una ronda plana) en algún momento de su viaje de obtención de financiación. Esto no siempre es negativo. En ocasiones puede incluso ser un mal necesario, una manera de limpiar la tabla de capitalización y de sacar a unos inversionistas más antiguos, pero ahora irrelevantes, aquellos que no apoyan la compañía.

¿Cómo funciona esto?

Si un inversionista nuevo (o dominante) exige una ronda a la baja, esto tiende a diluir más que todo a los inversionistas anteriores. Estos inversionistas anteriores siempre pueden poner más dinero para mantener su posición —la expresión es "pagar para jugar"—, pero, por lo general, no lo hacen. No lo hacen porque ya no creen en la compañía o en el equipo de dirección.

Miremos un ejemplo.

Supongamos que una compañía ha conseguido una ronda semilla y una ronda A, e incluso también una ronda B, de manera que la tabla de capitalización sería así: 30 % para los fundadores, 10 % para los empleados, 20 % para los inversionistas semilla, 20 % para los inversionistas A y 20 % para los inversionistas B. La valoración para la última ronda en este ejemplo es de 50 millones de dólares.

Infortunadamente, la compañía no está todavía en plena forma y, por lo tanto, no podrá conseguir capital adicional o al menos no podrá hacerlo en términos favorables.

Más aún, uno de los inversionistas dice: "*OK*, me agrada el concepto y me agrada el equipo, pero, puesto que no han determinado el APM, es una ronda semilla a 5 millones de dólares de valoración previa al dinero y yo estoy dispuesto a invertir 5 millones".

Ahora bien, si hacemos los cálculos, el nuevo inversionista tendrá cerca del 50 % de la compañía después de esta ronda, y todos los otros accionistas serán diluidos a la mitad de sus propiedades. Sin embargo, el nuevo inversionista está mirando la tabla de capitalización esperada después de la ronda y advierte que los tres fundadores quedarán únicamente con el 15 %, o sea 5 % cada uno para una compañía a nivel semilla. Esto no tiene sentido y no resulta lo suficientemente atractivo para que ellos permanezcan en la compañía en sus funciones, ciertamente no a largo plazo.

Entonces, el nuevo inversionista decide asignar fondos a través de un ESOP dirigido a los fundadores y a los empleados para llevarlos de regreso al 40 % de la posición total que tenían antes de la ronda a la baja.

La nueva tabla de capitalización quedaría entonces así: 50 % para el nuevo inversionista, 40 % para los fundadores y empleados y 10 % para todos los inversionistas anteriores. Esta es una dilución bastante severa, del 20 % anterior al 3,3 % después, a menos que el inversionista decida "pagar para jugar" para seguir siendo relevante.

La mejor situación, desde luego, es tener únicamente rondas al alza, pero en ocasiones, durante la montaña rusa de la obtención de fondos, podemos encontrarnos como mendigos y no como quienes deciden, necesitados de financiación mientras erramos por el desierto.

Si una compañía necesita obtener financiación tres, cuatro, cinco, seis, incluso diez veces antes de un evento de salida, algunas de estas podrían ser rondas a la baja.

Las rondas a la baja no perjudican a los fundadores y a la administración tanto como podríamos creer. Esto se debe a que la mayor parte de los inversionistas intentarán compensar a los fundadores para mantenerlos incentivados y que realicen su mejor trabajo. Como regla general, finalmente los fundadores serán "recargados" para que tengan la propiedad hasta del 10 % de la compañía cada uno. Los nuevos inversionistas por lo general aceptarán compensar a los fundadores, en particular, porque no están siendo diluidos en esta última ronda.

Carecer de fondos, sin embargo, significa que moriremos, y no nos afectará únicamente a nosotros, sino que será también un evento muy doloroso para nuestros inversionistas: su inversión valdrá nada. Si todavía creen en nosotros y en la compañía, o solo desean evitar cerrar la compañía en este punto, es posible que encuentren una manera de apoyarnos durante una ronda a la baja agresiva o paguen por jugar.

LAS HISTORIAS DE BÚSQUEDA DE FINANCIACIÓN DE WAZE Y MOOVIT

En el 2010, Waze estaba a punto de quedarse sin fondos. Habíamos obtenido capital en el 2008, pero, a través de nuestro viaje de fracasos, descubrimos que, descontando a Israel, no éramos lo suficientemente buenos todavía. Como resultado de ello, nuestros inversionistas no estaban interesados en poner más dinero en la compañía.

"Ustedes han ganado terreno únicamente en Israel, pero no en Estados Unidos", nos dijeron cuando intentábamos conseguir 4 millones de dólares. "Tienen un modelo de negocio que no ha sido probado, y su valoración es excesivamente alta".

Uno de los fondos más exitosos de capital de riesgo, en una reunión interna, fue incluso más allá: "No tocaríamos a Waze ni con una vara de tres metros", escuché decir a uno de los socios mientras me encontraba en otro salón redactando unas notas.

El día en que Google adquirió Waze, Noam Bardin, el CEO de Waze, y yo discutimos si deberíamos enviarles una vara real de tres metros… no lo hicimos, ¡pero disfrutamos la idea!

Lightspeed Venture Partners fue otro fondo que estaba considerando invertir (una valoración de 28 millones de dólares era la cifra sobre la mesa), pero finalmente no lo hizo. El día de la adquisición de Google, nos mandaron una enorme bandeja de frutas. "¡Lamentamos haber perdido esa!", decía la nota que la acompañaba. Poco después, me convertí en un pequeño inversionista en Lightspeed, y Lightspeed desde entonces se ha convertido en una inversionista en Pontera.

El CEO de Moovit, Nir Erez, manejó la financiación de su compañía estrictamente, es decir, comenzaba a mirar hacia la próxima ronda de financiación el día en que completaba la ronda actual. Construyó relaciones con inversionistas que en la ronda actual habían dicho que no.

A cada uno le preguntaba: "¿Qué objetivos deberíamos satisfacer para que inviertan en la próxima ronda?". Tomaba esos insumos y, cuando tenía sentido, basaba su estrategia de financiación en torno a ellos.

¿Qué le dijeron los inversionistas?

Que Moovit necesitaba mostrar crecimiento, o al menos mostrar una fuerte presencia en una serie de países.

Moovit salió e hizo exactamente eso.

Nir tomó el enfoque de que tomaría al menos seis meses obtener capital, así que se aseguró de comenzar una ronda de financiación un año o antes de necesitar el dinero, para garantizar que tendría suficiente para operar sin desesperarse (como nos había sucedido a nosotros en Waze).

Lo hizo con constancia y, en general, funcionó maravillosamente bien.

Sin embargo, un inversionista casi lo convierte en un desastre.

Moovit había recibido una carta de intención del fabricante de autos Ford para la ronda C de Moovit. Nir presentó la carta de intención a la junta directiva y recibió su aprobación para negociar el trato y quizás tratar de obtener mejores términos.

Estaba programada una reunión de la junta en California, y se suponía que Nir se detendría en Detroit para que el CEO de Ford aprobara la carta de intención. Antes de llegar a la reunión de la junta en California, el CEO de Ford retiró la oferta.

Los miembros de la junta directiva de Moovit se mostraron muy preocupados y propusieron que reconsideráramos nuestro camino. Yo dije: "Si Ford hubiera estado decidiendo su estrategia antes de la carta de intención, nosotros ni siquiera lo sabríamos. Lo mismo que no conocemos acerca de las otras discusiones que tuvieron otros inversionistas que no llevaron a nada".

Nir y yo estábamos tranquilos.

"Tenemos más de un año de pista. No estamos a punto de quedarnos sin fondos. Tenemos muchísimo tiempo para recuperarnos", le dijo a la junta.

Nir, desde luego, estaba decepcionado. Pero entendió que este era solamente otro "no" de las docenas de noes que había recibido anteriormente.

CONFLICTO DE EVENTO DE LIQUIDACIÓN

¿Qué sucede si un inversionista se opone a un trato? ¿Qué sucede si hay una cláusula en su acuerdo de inversión que le concede cierto derecho al veto, incluyendo la opción de rechazar un trato? En este caso, las negociaciones se convertirán en un juego en el que una de las partes dirá: "Si está dispuesto a perjudicarme, adivine qué, yo también estoy dispuesto a perjudicarlo".

Si queremos que cedan, necesitaremos una carta de renuncia colectiva firmada por todos los fundadores y, si es posible, también por la administración. La ponemos sobre la mesa en un sobre y decimos: "Esta es la carta de renuncia de todos nosotros. O aceptan el trato o nos vamos todos".

Tenemos que estar realmente dispuestos a hacerlo.

Les tomará a los inversionistas un tiempo pensarlo. Algunos dirán que no estaremos realmente dispuestos a renunciar, y que eventualmente cederán, pero si nos mantenemos firmes, serán *ellos* quienes cedan.

Sin importar cuál sea el resultado, nosotros los odiaremos y ellos a nosotros. ¡No les pidamos nunca referencias!

CONSEJOS PARA STARTUPS

- Obtener financiación es una actividad continua y repetitiva.

- Nunca dejemos de reunirnos con inversionistas ni de mantenerlos actualizados. Enviemos correos electrónicos mensualmente. Incluyamos gráficas coherentes.

- Vendamos acciones secundarias cuando tenga sentido hacerlo (especialmente para una ronda suscrita en exceso y un evento que cambie la vida para los vendedores) para mantener satisfechos a los fundadores.

- Consideremos incrementar el tamaño de una ronda para conseguir financiación si parece que será suscrita en exceso.

- La mayor parte de los conflictos de interés que surgen entre las startups y sus inversionistas están relacionados con dinero, rondas, liquidación y beneficios.

- Debemos programar de seis a doce meses para obtener la primera ronda y la misma cantidad de tiempo para cada ronda subsiguiente.

- Informe de antemano a los miembros de su junta directiva para que no haya sorpresas en sus reuniones.

- Ricitos de Oro estaba en lo cierto: demos a los miembros de la junta tres opciones en la que una es "apenas correcta" y hagamos de la opción "correcta" la opción del medio.

- Las rondas a la baja son más comunes de lo que pensamos y mucho más comunes de lo que quisiéramos creer. Pueden tener sorprendentes beneficios, tales como limpiar una tabla de capitalización rota, por ejemplo.

- Realicemos una debida diligencia a los inversionistas antes de que inviertan. Después, es como un matrimonio católico. Hablemos con los antiguos CEO en cuyas startups estuvieron involucrados los inversionistas a través de un evento de liquidación, exitoso o no, para que la relación de negocios entre el inversionista y el CEO ya no sea relevante. Solo entonces podrán darnos una opinión honesta, que es lo que necesitamos.

CAPÍTULO 6

DESPEDIR Y CONTRATAR

Sabiendo lo que sabemos hoy, ¿contrataríamos a esta persona?

Pero si el equipo no era el correcto, y el CEO lo supo durante el primer mes, el problema no era que el equipo no fuese el indicado. El problema fue que el CEO no tomó la decisión difícil.

Tomar decisiones fáciles es fácil, y tomar decisiones difíciles es difícil, y a la mayor parte de la gente no le agrada tomar decisiones difíciles.

Por lo tanto, en una organización pequeña como una startup, la mayor parte de las decisiones difíciles le corresponderá tomarlas al CEO. Aquí es donde las cosas se complican.

En los primeros días de una startup pequeña, casi todos estamos involucrados en todo. Pensemos en un pequeño grupo o incluso en un grupo o en una clase a los que pertenecimos y preguntémonos lo siguiente: "Si había alguien que no se ajustaba, ¿lo habríamos sabido?". La respuesta es sí, desde luego, y no importa si la persona no se ajustaba porque su desempeño era muy deficiente o porque era un idiota. Todos lo sabían. Punto.

Ahora bien, el CEO supo, el primer mes, que el equipo no era el indicado, que había alguien que no debería estar allí. Esto significa que todos en el equipo también lo sabían.

Entonces, todos lo saben y el CEO no hace nada. ¿Adivinemos qué piensan los miembros del equipo? Hay alguien que no debería estar aquí y el CEO no hace nada al respecto.

Solo hay dos opciones:

1. El CEO no lo sabe, lo cual significa que es estúpido y esto en realidad no es bueno.
2. El CEO lo sabe y, aun así, no hace nada. Esto es incluso peor, pues indica que al CEO le falta liderazgo y las habilidades necesarias para tomar decisiones difíciles.

El resultado, además, es siempre el mismo: las personas de mejor desempeño se irán porque no quieren estar en un lugar que carece de la capacidad de tomar las decisiones correctas y difíciles, y se irán porque tienen la opción de hacerlo.

En capítulos anteriores escribí que una startup que no determina el APM morirá. La segunda razón por la cual puede morir es porque el equipo, o más específicamente, el CEO no es capaz de tomar decisiones difíciles.

Si somos el CEO o un líder de una startup, o si estamos manejando gente, debemos leer los siguientes párrafos, cerrar el libro, cerrar los ojos y pensar en ello. Si podemos suscribir lo que dice, ya hemos aumentado la probabilidad de ser ENORMEMENTE exitosos:

Cada vez que contratemos a alguien, démonos treinta días y preguntémonos lo siguiente: "Sabiendo lo que sabemos hoy, ¿contrataríamos a esta persona?". Si la respuesta es no, despidámosla al día siguiente. Cada día que esta persona esté con nosotros crearemos más daño para el equipo.

Si, por el contrario, la respuesta es sí, entonces demos a esta persona un ascenso, (en salario, opciones o de otra manera). Así estableceremos un compromiso increíble.

Ahora bien, si la respuesta es: "No lo sé todavía", entonces estamos mintiendo. Pero si realmente necesitamos treinta días más, tomémonos el tiempo y pensémoslo bien.

EL ADN DE NUESTRA STARTUP

Cuando emprendemos nuestro viaje, sabemos que será una travesía llena de fracasos y que, si determinamos el APM, estaremos en el camino correcto; de lo contrario, moriremos. Pero cuando emprendemos nuestro viaje, hay una decisión igualmente importante que tomar: decidir el ADN de nuestra compañía. Debemos definirlo en cuanto decidamos el problema que vamos a resolver y nuestra misión.

Todas las compañías del mundo tienen un ADN —una cultura comercial o un conjunto de valores— que las define. La nuestra también lo tendrá. El primer día tenemos la oportunidad única de definirlo como queramos. Después será demasiado tarde para hacerlo.

Retrocediendo en el tiempo a 1999, tres de mis amigos comenzaron una nueva compañía llamada HumanClick. Esta startup fue adquirida dieciséis meses después, en el año 2000, por LivePerson (una compañía pública con sede en Estados Unidos). En la mayor parte de los acuerdos de M&A, el comprador adquiere principalmente la gente. El corazón y el cerebro son los fundadores y, por lo tanto, en casi todas las transacciones de M&A, el comprador se asegura de que los fundadores y el liderazgo de la compañía adquirida quieran hacer parte del nuevo viaje y firmen para un importante paquete de retención durante los próximos dos a tres años.

El punto de vista de los fundadores, sin embargo, es muy diferente.

Si se comprometen por tres años, durante el primer año harán todo lo que esté en su poder por realizar una integración exitosa.

Durante el segundo año, comenzarán a buscar a alguien que los reemplace en su cargo.

Durante el tercer año, comenzarán a pensar en su siguiente startup.

Estos amigos, los fundadores de HumanClick, permanecieron en LivePerson hasta el 2007, exactamente cuando iniciamos Waze. Les pregunté:

—¿Por qué? ¿Qué fue lo que los mantuvo allí durante siete años? ¿Qué les pasa?

Su respuesta me asombró y me hizo pensar.

—Fue el mejor sitio de trabajo que jamás tuvimos —dijeron.

Al día siguiente, busqué a Ehud y a Amir, y les dije:

—Hagamos de Waze el mejor sitio de trabajo que jamás tuvimos.

Les agradó la idea y entonces definimos cómo sería. Lo importante para nosotros era: (1) apoyar a los empleados y a los dinamizadores, (2) votar los tres como una sola persona y (3) despedir a las personas rápidamente si no se ajustan a nuestra cultura.

Waze terminó siendo un lugar de trabajo maravilloso con un índice muy bajo de deserción. Solo unas pocas personas se retiraron a lo largo de los años, y permanecimos comprometidos con nuestro ADN.

De los tres fundadores de HumanClick, Tal Goldberg se convirtió más tarde en el ingeniero principal de Waze y es actualmente el CTO en Kahun (donde yo estoy en la junta directiva); Eitan Ron es el CEO de Kahun, y Eyal Halahmi es el CTO de Pontera.

Cuando iniciamos Pontera, llevamos la definición del ADN un paso más allá: creamos un "Documento de ADN". Los resultados son incluso mejores de los que obtuvimos en Waze.

Yoav Zurel, el CEO de Pontera, era y es asombroso para el manejo de la gente. Nueve años después de que lanzamos la compañía, el nivel de retención de empleados es tan alto que resulta difícil imaginar que Pontera pasó por muchos viajes de montaña rusa.

Pensemos en el mejor lugar de trabajo en el que hayamos estado y preguntémonos por qué era el mejor lugar, qué lo hacía el mejor. Luego, tomemos estas partes e incorporémoslas en el ADN de nuestra nueva startup. Después de todo, estaremos pasando todos los días trabajando en nuestra nueva misión, así que será mejor que amemos el ADN.

Nuestro ADN debe incluir una sección sobre valores (por ejemplo, hacer el bien). Ocasionalmente, los valores estarán relacionados con la misión, pero no siempre.

¿Cómo decidimos en casos en los que hay conflictos o desacuerdos entre los fundadores acerca de cuestiones que nos importan y que siempre nos importarán, los valores que nunca cambian? Podemos enfrentar estos conflictos de dos maneras: O bien el CEO decide, o se lleva a votación entre los fundadores. No consideraremos nada correcto o incorrecto, pero solo podremos definirlo de antemano y no cuando surja el conflicto.

Las palabras "conflicto" o "desacuerdo" deberían usarse muy rara vez (*i. e.*, una vez en unos pocos años).

Elegir el logo de la compañía no es importante y, por lo tanto, debe ser decisión del líder de mercadeo. Por otra parte, vender la compañía puede ser una cuestión decisiva, y en ese caso yo preferiría tener el consenso de los fundadores o al menos su mayoría.

Una vez establecido esto, lo haremos parte de nuestra historia para los inversionistas y candidatos, incluso si se ríen de nosotros o nos dicen que no les importa. Aun cuando los inversionistas puedan creer que no es importante, créanme, es superimportante para nosotros y para el éxito de nuestra compañía.

Cuando estaba contratando gente, solía contarle la historia de HumanClick y nuestra decisión de hacer de Waze el mejor lugar de trabajo. Significaba que aspirábamos a trabajar con personas con quienes nos agrada trabajar, y viceversa. Les explicaba que, puesto que pasaríamos allí la mayor parte del día, quisiéramos que la gente que contratamos quiera estar allí y, en especial, necesitaríamos que les agrade trabajar con nosotros y a nosotros con ellos. De lo contrario, no estaríamos felices y ¡mereceríamos estarlo! Si no vas a estar contento aquí, te despediremos, porque mereces ser feliz en otro lugar.

Tiempo después descubrí que hay un nombre para este método: la "regla de no idiotas". El ADN de una compañía se trata de cometer errores, fracasar pronto, despedir pronto, y acerca de la transparencia.

DESPEDIR Y CONTRATAR

Este es el nombre de este capítulo y no, no los puse al revés; es más importante despedir pronto que contratar y es por eso que el nombre del capítulo comienza con despedir.

Aun cuando no parezca evidente, despedir resulta ser algo mucho más importante, de lejos, que contratar, pero lo evitamos porque despedir es difícil. Es difícil por varias razones.

Porque somos buenas personas (o queremos creer que lo somos), tendemos a evitar despidos porque puede ser perjudicial para la persona a quien despedimos. Es difícil también porque acabamos de contratar a esta persona, fue un proceso prolongado, y no deseamos pasar por eso otra vez.

Este último punto resulta ser el más significativo, en especial si estamos siguiendo la regla de: "Sabiendo lo que sabemos hoy, ¿contrataríamos a esta persona?" solo un mes después de haberla contratado.

Si la respuesta es no, y debemos despedir a esta persona, tenemos que admitir que nos equivocamos al contratarla. Esta es una oportunidad de establecer el ADN adecuado, que diga con claridad: "Está bien cometer errores y arreglarlos rápidamente".

Si parte de nuestro ADN es fracasar rápido, entonces los errores o fracasos son eventos y no personas, y despedir rápidamente a una persona es una lección clave y una demostración de este valor.

Por el contrario, mantener a esta persona durante más tiempo es un desastre. La verdadera razón para despedir pronto es el impacto.

Cuando trabajé en Openwave, el pionero del internet móvil a comienzos de la década del 2000, y dirigía el mercadeo del producto, reuní a mi equipo y dibujé en el tablero una curva normal de distribución —una campana— que representaba a todos los empleados de Silicon Valley. Algunos de los empleados eran considerados maravillosos, otros menos buenos. Entonces pregunté a mi equipo:

—¿Dónde creen que Openwave está en esta curva?

Hubo un consenso: éramos un poquito mejor que el promedio. No una maravilla, ni asombrosos, sino mejor que el promedio, lo cual es bastante bueno. Luego les pregunté:

—¿Dónde creen que nuestro equipo está en la curva?

Resultó que todos los equipos fueron clasificados como asombrosos.

Pero esto creó un problema de percepción. Si todos los equipos son asombrosos, entonces ¿quién es menos que el promedio? Alguien tiene que serlo.

Clasificación de Empleados

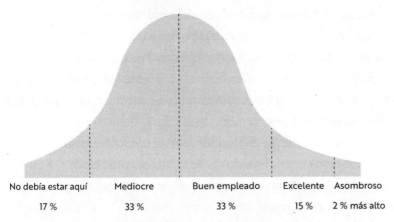

No debía estar aquí	Mediocre	Buen empleado	Excelente	Asombroso
17 %	33 %	33 %	15 %	2 % más alto

En términos generales, en una distribución normal, el 2 % de los empleados serán asombrosos, el 15 % excelentes, el 33 % buenos y el 33 % menos que buenos.

El último grupo no debería siquiera estar ahí.

No es algo personal.

Son puras estadísticas y probabilidades.

Podemos decir que en realidad estamos usando dos distribuciones normales: una para el desempeño y otra para las personas con quienes nos agrada trabajar.

Ahora viene la idea más importante.

Si queremos que nuestra organización haga la transición desde su posición actual a una mejor posición, ¿qué camino funcionará mejor: contratar otra persona asombrosa o excelente, o despedir a alguien que no debería estar ahí?

Sabemos que el ingeniero de mejor desempeño está creando tres veces más valor que el promedio, y probablemente diez veces más valor que el empleado peor calificado. Por lo tanto, supongamos que tenemos únicamente una opción: contratar otro empleado excelente o despedir a alguien que no debería estar ahí.

Permítanme ayudarles con esto.

Recordemos que todos saben si hay alguien que no debe estar ahí. Es por ello que despedir a esa persona tiene un impacto mayor que contratar a otro empleado excelente. Porque todos lo saben, si despedimos a esta persona, aumenta la confianza en la organización y en su liderazgo y, por consiguiente, el compromiso con la compañía aumenta también.

Como resultado de ello, todos se desempeñarán mejor.

En algunos casos, escucho la siguiente preocupación: "Y ¿si me equivoco? ¿Qué sucede si despido a esa persona y la organización no está contenta con esto?".

¿Saben qué? Por lo general, somos los últimos en saber que alguien no se ajusta y, por lo tanto, si despedimos a esa persona, la organización en realidad estará más contenta.

Pero si no me creen, debemos salir y preguntar a otras personas (colegas, en especial, pero también gerentes directos) algo muy sencillo: "En una escala de uno a diez, ¿qué tanto lamentarían que esa persona se fuera?".

Ahora bien, es posible que queramos formular la pregunta de otra manera según las personas involucradas, o como una pregunta abierta: "¿Qué persona, si se va, lo lamentaríamos realmente, y qué persona, si deja la compañía, no echaríamos de menos?".

En la mayor parte de los casos, cuando debemos tomar una decisión, sabemos cuál es la decisión correcta, pero estamos buscando confirmación. Nuestro equipo nos dará lo que necesitamos.

Aquí hay una muestra del tipo que preguntas que podemos hacer para determinar cuáles son nuestros empleados clave y cuáles miembros del personal no deberían estar ahí.

1. Si se está construyendo un nuevo equipo y quedamos en ese equipo, ¿quién quisiéramos que se nos uniera? ¿Quién quisiéramos que liderara el equipo?

2. Si se está creando un equipo y estamos a punto de dirigirlo, ¿a quién no elegiríamos como parte del equipo?

3. Si nos promovieran a una función sénior y pudiéramos incidir sobre quién será nuestro reemplazo, y el reemplazo preguntara: "¿Hay alguien aquí que no debería estar aquí?", ¿qué responderíamos?

4. Hay una pregunta de seguimiento: Una vez que hayamos decidido quiénes se quedan y quiénes se van del equipo, preguntémosle a este: "En una escala de uno a diez, ¿qué tanto lamentarían que X se marchara (siendo X una persona clave)?". Luego agreguemos el nombre de otra persona clave, y luego a una o dos personas de la parte inferior de la lista. Si queremos que esto sea más enfocado, usemos una escala de cero o uno. Si queremos que la pregunta sea abierta, sin nombres, preguntemos: "¿Quiénes son las mejores personas que echarían de menos si se marcharan?" y "¿Quiénes son aquellas que a ustedes nos les importaría que se fueran?".

Esto es todo: cuatro preguntas y ya tenemos la idea. El reto es muy sencillo, pero si hacemos las preguntas, debemos actuar de acuerdo con ellas. Por lo tanto, si creemos que una persona es un excelente empleado y resulta que es un imbécil con quien nadie quiere trabajar, que roba el crédito a los demás y no reconoce los esfuerzos de los otros, no tendremos más opción que despedir a esta persona.

Este método, aun cuando es el más fuerte que hay, no es ampliamente implementado. A muchas organizaciones sencillamente les atemoriza descubrir que no son tan maravillosas como creen serlo. Esta es una cuestión de manejo del ego de la organización.

Otra de las razones por las cuales este método no se usa ampliamente es muy sencilla. Como lo mencioné antes, si preguntamos a nuestros empleados, tendremos que implementar sus ideas y la acción que señalaron, o sea, actuar de acuerdo con sus respuestas. De lo contrario, perderemos credibilidad y liderazgo. Para algunas organizaciones es demasiado difícil, ¡así que prefieren evitar incluso las preguntas!

La buena noticia es que, si despedimos a un imbécil o a una persona de deficiente desempeño, todos los reconocerán, para bien.

Aplicar un examen sociométrico que involucre a los miembros del equipo puede identificar a las personas indeseables mucho antes. Muchos lugares de trabajo dirán que tienen una política de "no imbéciles" pero, en realidad, cuando contratamos a alguien no sabemos cómo es esta persona en realidad. Preguntar a los pares del empleado es la forma más rápida de averiguarlo.

¿Con cuánta frecuencia deberíamos aplicar los exámenes sociométricos? Debemos hacerlo cada seis meses. Y quien tenga el menor puntaje debe ser despedido de inmediato.

Recordemos, si no despedimos a la gente que no debiera estar ahí, los empleados asombrosos se marcharán tarde o temprano. La diferencia entre una organización asombrosa y una promedio es que la maravillosa alcanza su objetivo deshaciéndose de quienes no deben estar allí. Esto basta para hacer toda la diferencia.

Preguntar al personal acerca de sus colegas no debe limitarse únicamente a los empleados de menor nivel. Podemos preguntar también a los ejecutivos. Por lo tanto, si muchas personas dicen que tal y tal vicepresidente no está haciendo un buen trabajo, entonces deberíamos comenzar a hacer la misma pregunta: ¿Por qué esta persona no está haciendo un buen trabajo?

¿Cómo sabemos si nuestra organización es asombrosa, buena o menor que el promedio?

Hay dos mediciones: la sesgada y la atemorizadora.

- La sesgada es PPN —puntaje de promoción neto—, que es una simple pregunta y un simple número. "¿Qué tan probable es que recomiende a su mejor amigo que se una a la compañía?" usando un número entre -1 (nunca) y 1 (ya lo hice). (Sustituya "compañía" por "equipo" o "departamento", según sea el caso).
- El otro método es medir el índice de deserción, tanto dentro de la compañía como en comparación con los estándares de la industria para el área de experticia de la compañía. Por lo tanto, es posible que tengamos una tasa del 20 % de deserción, que parece terrible, pero si el estándar de la industria es del 30 %, entonces el nuestro es bastante bueno.

El PPN es sesgado, pero indicativo. El índice de deserción es real, pero tarda.

¿De qué manera, como CEO, podemos asegurarnos de que nuestra organización se ajusta al ADN deseado?

Hablemos habitualmente con la gente. Si nuestra organización es pequeña y está en sus comienzos, hablemos con los nuevos empleados después de un mes y con todos los empleados cada tres meses, en un diálogo personal.

TOMA DE DECISIONES

Tomar decisiones difíciles es difícil. Esta es la razón por la cual necesitamos confirmación y herramientas para tomarlas. A continuación están algunas de estas herramientas; usemos aquellas que mejor funcionen para nosotros.

Cuando era joven, le pedí consejo a mi padre. Le dije que tenía dos alternativas y no estaba seguro cuál debería elegir. Entonces buscó en su bolsillo una moneda y dijo: "Voy a lanzar esta moneda al aire y antes de que caiga, tomarás la decisión". Esencialmente, esto me obligó a decidir con base en lo que ya sabía, y usar la moneda como confirmación.

Funcionó. Cuando cayó la moneda, ya había tomado la decisión.

Uno de mis CEO me contó cuál era su método. Se hace la siguiente pregunta: "Supongamos que hay un nuevo CEO en mi lugar y sabe exactamente lo mismo que yo sé. ¿Qué decisión tomaría el nuevo CEO?".

Este enfoque desconecta el proceso de toma de decisiones del pasado y de las emociones para poder tomar la decisión correcta ahora.

Escuché otra versión de lanzar la moneda: decimos: "Si es cara, haré X y si es cruz haré Y". Lanzamos la moneda. Ahora bien, si nos agrada el resultado lo hacemos, si no, hacemos lo contrario.

Para despedir a la gente, es más sencillo: "Sabiendo lo que sabemos hoy, ¿contrataríamos a esta persona?".

Hay otra herramienta que resultó ser muy poderosa: "¿Qué haríamos en nuestra próxima compañía? Si lo sabemos, hagámoslo hoy".

Hace muchos años, uno de mis líderes de equipo se me acercó y me dijo:

—No estoy contento con uno de los miembros de mi equipo; él no hace esto y lo otro, y no sé qué hacer.

Por lo tanto, le pregunté.

—¿Está acudiendo a mí para que le dé mi punto de vista, o para que le confirme que lo despida? Si es para confirmarlo, siéntase libre de dejarlo ir.

El líder del equipo en realidad no estaba preparado para dejarlo ir.

—Quizás debamos decirle que no estamos contentos, y que debe cambiar X, Y y Z —sugirió el líder del equipo.

Le pregunté si ya había sostenido este diálogo con la persona y respondió que sí.

Entonces le dije:

—Usted está buscando confirmación, algo que puede suceder de dos maneras. Una, establece un período de prueba, en el que en realidad está esperando que esta persona fracase, y entonces se sentirá bien de despedirlo. O dos, le estoy dando la confirmación ahora mismo, para que pueda sentirse bien al despedirlo.

CONTRATAR

Siempre y cuando advirtamos qué importante es despedir a la gente, ahora es tiempo de pensar en la contratación. Hay tres partes de la contratación: cuándo contratar, a quién contratar y cómo contratar.

CUÁNDO CONTRATAR

Muchas compañías contratan muy pronto. Digamos que contratamos a un vendedor antes de determinar el APM. ¿Qué queremos que haga esta persona? ¿Vender un producto prematuro? El escenario más probable es que intentará tener éxito y terminaremos con clientes desagradados. Y esto es en el caso en el que hagamos una buena contratación. De lo contrario, la persona no podrá vender, y esto tendrá un impacto sobre el APM, principalmente porque la incapacidad de vender será redireccionada a los requisitos del producto.

El mejor momento para contratar es cuando sabemos lo que la nueva persona contratada hará durante los siguientes noventa días. ¿Podemos definir los objetivos o los entregables para esta nueva contratación? Si no estamos seguros, preguntemos el punto de vista de otra persona: un consultor, quizás, u otro CEO.

A QUIÉN CONTRATAR

Una vez que determinamos qué necesitamos contratar, busquemos a una persona general durante los primeros días y un especialista después. En ambos casos, estamos buscando personal a quien no necesitamos decirle qué hacer. Queremos decirle qué es lo que deseamos conseguir, su objetivo, o qué no hacer. Estamos buscando contratar a alguien que pueda entregar los resultados esperados y, al mismo tiempo, alguien que se ajuste al ADN de la compañía.

Hay aspectos buenos, malos y feos de las posibles contrataciones.

Buenos: pueden determinar qué hacer con base en la comprensión de sus objetivos. Otras personas pueden pensar que son maravillosas, y podemos verlas como un posible reemplazo de sus jefes, si el jefe decide retirarse.

Malos: la gente que es melodramática y se siente víctima le quita energía a la organización en lugar de crear energía. Un tercer tipo "malo" es el del inconforme, el revoltoso. Este tipo de persona es muy difícil de ser aceptada por una organización, aun cuando pueda crear valor.

Feo: Otros miembros del equipo no quieren trabajar con ellas.

CÓMO CONTRATAR

En el capítulo sobre consecución de financiación, discutimos cómo una primera impresión se da en cuestión de segundos. Es lo mismo cuando "salimos" con alguien; solo toma un segundo decidir si nos agrada o no.

Es lo mismo con un candidato para contratación. Toma segundos establecer la primera impresión, y luego la tendencia natural del gerente que contrata es buscar confirmación.

Si este es el caso, las entrevistas desorientan un poco. Aun cuando la mayor parte de las organizaciones organizarán varias entrevistas, hay una forma mejor de hacerlo. Si a fin de cuentas buscamos retroalimentación de los colegas cerca de un mes después de contratar una persona, ¿por qué no buscar esa retroalimentación antes de contratar?

Debemos entrevistar a las referencias del candidato en lugar de al candidato. Incluso algo mejor: deberíamos buscar a alguien que conozcamos y en quien confiemos, quizás a alguien dentro de nuestra organización que haya trabajado antes con el candidato o que lo conozca bien. Busquemos su punto de vista.

El diálogo con una de las referencias debería comenzar o terminar con esta pregunta familiar: "Sabiendo lo que sabe hoy, ¿contrataría a esta persona?".

El reto más grande en la entrevista con un futuro empleado es nuestro estado mental. Buscamos a una persona para un cargo específico, así que tenemos una tarea por completar y es contratar.

En muchos casos, si estamos en una modalidad de crecimiento, deberemos contratar a muchas personas. Contratar es muy dispendioso y requiere de mucha atención. Para usar la analogía de la "primera cita", el candidato está en una primera cita, pero nosotros también, y hay mucha presión para "cerrar el trato".

El resultado es el mismo, estemos en un mercado al alza o a la baja. En un candidato centrado en el mercado, estamos compitiendo para contratar con muchas otras compañías, y la tendencia natural es, que una vez que encontramos un candidato que nos agrada después de la primera impresión, comenzamos a sobrevenderlo respecto al cargo y a la compañía.

Toda la presión para "cerrar el trato" se reflejará en nosotros como gerente que contrata. Por lo tanto, estamos sesgados hacia nuestra primera impresión.

Si es un mercado centrado en el empleador, en realidad tenemos tantos candidatos por cargo que el resultado es el mismo: queremos "cerrar el trato", así que ¡no deseamos malgastar nuestro tiempo para conocer a tantos candidatos!

RECONOCER NUESTRO SESGO

Una vez que advertimos cómo estamos sesgados, ¿cómo podemos cambiar esto? ¿Cómo podemos ser neutrales? La práctica general es bastante sencilla.

A continuación hay algunas reglas:

- Tomemos nuestra primera impresión e intentemos probar lo contrario. Por lo tanto, si nuestra primera impresión es que el candidato se ajusta, intentemos demostrar que no se ajusta.
- Hagamos una entrevista a profundidad. Un profesional sabría lo que ha hecho y, en especial, por qué lo ha hecho. Y esto es exactamente lo que intentamos averiguar. Si el candidato es un profesional, podemos profundizar en lo que haya hecho en el pasado; de lo contrario, será una entrevista superficial. Por lo tanto, debemos llevar la entrevista a hablar acerca de áreas en las que el candidato se sienta mejor, quizás el último proyecto o algo de lo cual el candidato se sienta realmente orgulloso. Solo entonces debemos comenzar a profundizar. Preguntemos qué hizo y luego por qué. Una vez que lo explique, saquemos entonces otra capa de la cebolla, y profundicemos aún más. Hagamos otra pregunta de "qué sucedería si" u otra pregunta "por qué" y avancemos luego un paso más adelante. Continuemos hasta que tengamos una respuesta "No lo sé" o "No he pensado en eso". Ahora bien, si esta es la primera o segunda capa de la cebolla, y el candidato no lo sabe realmente, podemos explorar en capas más profundas. Si el candidato tiene una comprensión profunda, es un verdadero profesional.
- No temamos ser retadores. La mayor parte de los candidatos quieren trabajar en un lugar maravilloso y un lugar maravilloso contrata personas maravillosas. Por lo tanto, en cuanto más retadora sea una entrevista, más tendrá el candidato la

impresión de que este lugar de trabajo ¡contrata únicamente gente maravillosa!

Recordemos que un gerente de contratación maravilloso tendrá una tasa de éxito de aproximadamente el 80 %, y una tasa de fracaso de cerca del 20 %. Incluso Steph Curry, la estrella del equipo de baloncesto Golden State Warriors, no anota el 80 % desde el alcance del tiro de los tres puntos.

Una persona buena para la contratación tendrá un 70 % de tasa de éxitos. Aun cuando la diferencia pueda parecer enorme, en realidad no lo es, porque resolvemos los fracasos al despedir rápidamente. Por lo tanto, si una compañía contrata a una tasa del 80 % de éxitos y otra lo hace al 70 %, de diez personas nuevas contratadas durante los siguientes seis meses, la primera tendrá que despedir a dos personas y la segunda deberá despedir a tres, que no es una diferencia muy grande.

Hace algunos años en una de mis startups, tuvimos un ingeniero menos que promedio que lideraba el desarrollo del iPhone. Aun cuando la versión Android ya había salido y estaba funcionando, la versión iPhone estaba retrasada. Le pregunté al CEO cuál era el problema. Me dijo que el ingeniero no era muy bueno. Seguí explorando.

—¿En qué sentido? —pregunté.

Resultó que, si hubiera sabido entonces lo que sabía ahora, no lo habría contratado.

Entonces le dije, de inmediato:

—Despídalo.

El CEO me respondió:

—Es el único desarrollador de iPhone que tenemos. Si lo despedimos, no tendremos a nadie que trabaje en la versión iPhone.

—¿Durante cuánto tiempo hemos sabido que no es muy bueno? —pregunté. ("No es muy bueno" es una manera amable de decir "mediocre").

—Cerca de un mes después de que comenzó, hace seis meses —replicó el CEO.

Seguí explorando:

—Y ¿qué ha sucedido hasta ahora?

—No encontré el momento adecuado para despedirlo, y todavía no hemos contratado a alguien que lo reemplace —dijo el CEO.

Entonces, resumí:

—Durante seis meses ha sabido que esta persona no se ajusta ¿y la única razón por la cual no la ha despedido es porque es el único desarrollador de iPhone?

—Sí —dijo el CEO, y luego continué:

—Creo que es al contrario: No contrató a un reemplazo porque esta persona estaba ocupando el cargo. Si lo despide, tendrá que buscar un reemplazo de inmediato.

El CEO despidió a esa persona al día siguiente y, una semana más tarde, había otro desarrollador de iPhone en el cargo, mucho mejor que el anterior.

Los grandes líderes contratan personas que creen que son mejores que ellos. Los líderes promedio no lo hacen: temen contratar gente más inteligente o mejor, y como resultado de ello construyen equipos promedio o incluso menos que promedio y luego esto se convierte en el ADN de la compañía. Y hay más. La organización se vuelve mediocre y está configurada para fracasar.

Los equipos promedio atraen personas menos que promedio y distraen a la gente maravillosa. Los miembros del equipo reflejan la calidad del líder.

Equipos maravillosos y poderosos llevan a líderes asombrosos y viceversa.

Cuando grandes personas se retiran, ha llegado el momento de entrenar a todos los gerentes y reemplazar a aquel líder específico.

EL CEO

Al conseguir financiación, al menos durante las primeras fases, hemos establecido la idea de que un inversionista pondrá su dinero en una compañía únicamente si le agrada el CEO y la historia que le cuenta. En una fase posterior, el CEO se mide por la ejecución y la entrega de resultados.

Por lo tanto, esencialmente estamos mirando dos capacidades diferentes: narrar una historia (capacidad de venta) y ejecución. Pero hay más que eso.

Cuando iniciamos Refundit, el CEO, Ziv, no provenía de la industria de alta tecnología. Estaba dirigiendo una compañía de tecnología bioagrícola verde. Mientras buscamos conseguir capital, conocí una empresa de capital de riesgo en Israel y les hablé de Refundit. Les agradó el concepto y conocieron a Ziv, pero decidieron no invertir. Dado que yo tenía una relación bastante buena con el director general de la empresa, le pregunté por qué.

—El CEO no es de la industria —se quejó.

Me dirigí al tablero.

—Dígame cuáles son las cosas que busca en un gran CEO —le pedí.

Juntos generamos la siguiente lista:

- Alguien que nunca renuncia.
- Alguien a quien el equipo seguirá.
- Alguien que escucha a los clientes de la compañía.
- Alguien que no teme tomar las decisiones difíciles.
- Alguien que puede construir equipos fuertes.
- Alguien que reporta con exactitud.

Nos tomó cerca de diez minutos completar la lista.

Luego le pregunté:

—¿Dónde exactamente está "venir de la industria" en la lista?

De hecho, para causar una disrupción, es probable que los líderes *no deban* "provenir de 'la industria'".

- Cuando iniciamos a Waze, ninguno de los fundadores ni el equipo tenían experiencia en el espacio de la navegación/tráfico excepto por unas consultorías que hice en Telmap.
- Cuando iniciamos Pontera, nadie venía de la industria financiera.
- Para Moovit, Nir y Roy (los fundadores, que llevaron la compañía desde el primer día hasta la salida) no tenían experiencia en transporte público ni en movilidad.
- Lo mismo sucedió con Refundit, Fibo, FairFly y SeeTree: sus CEO no venían de la industria, ni eran gente dedicada a la alta tecnología.

El punto es: No necesitamos personas "de la industria".

Necesitamos personas que entiendan el problema y puedan escuchar a los clientes.

Incluso tiene ventajas no contratar a alguien con experiencia en la industria.

Si alguien ha estado en la industria durante décadas, será más difícil para esta persona cambiar su perspectiva. Pero alguien por fuera de la industria no tiene todavía un punto de vista y ¡puede estar en una mejor posición para generar una disrupción!

Como la mayor parte de las decisiones difíciles terminarán siendo adoptadas por el CEO, resulta que el CEO puede sentirse muy solo. Quizás no esté en una posición que le permita consultar con sus inversionistas (pueden entrar en pánico si les decimos que tenemos problemas con el CTO), como tampoco con los miembros del equipo, quienes también pueden entrar en pánico. Entonces, ¿quién es un asesor de confianza para el CEO? Muy sencillo: otros CEO. El suyo es el mejor punto de vista que podemos pedir, y ellos no tienen ninguna agenda. Es posible también tener un mentor, pero nada se compara con el apoyo y asesoría de otros CEO.

EL ESTUDIO DE HARVARD

En el 2017, *Harvard Business Review* publicó los resultados de un estudio de diez años llamado "The CEO Genome Project" (El proyecto del genoma del CEO). En el informe, los investigadores delinearon cuatro comportamientos que, en su concepto, separaba a los líderes exitosos de los demás. Las juntas directivas deberían enfocarse en estos comportamientos en el proceso de selección. Los mejores CEO clasifican en más de una de las cuatro casillas.

1. Tomar decisiones con rapidez y convicción.
2. Comprometerse para el impacto. Necesitamos encontrar un equilibrio entre las prioridades de los accionistas con el enfoque de entregar resultados comerciales. Reunir a la gente en torno a la creación de valor.
3. Adaptarse proactivamente a los cambios y adoptar nuevas decisiones si las circunstancias cambian.
4. Entregar resultados confiables. Superar excesivamente las expectativas crea más incertidumbre que valor.

Para ser claros, no hay una mezcla perfecta de los cuatro comportamientos que funcione para todo CEO. Consideremos que el 100 % de los CEO de bajo desempeño en el estudio de Harvard obtuvo altos puntajes en integridad, y el 97 % altos puntajes en ética del trabajo.

Pero no hay nada "exótico acerca de los ingredientes claves", concluyen los investigadores de Harvard. Se trata de "determinación, capacidad de comprometer a los accionistas, adaptabilidad y confiabilidad".

Una advertencia: si miramos a los CEO más exitosos de los últimos años, veremos que ninguno de ellos se ajusta a las conclusiones del estudio. CEO como Jeff Bezos, Steve Jobs, Larry Ellison y Travis Kalanick son únicos.

ENTRENAR A LOS GERENTES

La gente se une a las compañías porque le agrada el cargo y los términos. Con frecuencia no saben cómo es su gerente, al menos no realmente. En la mayor parte de los casos, no hacen la debida diligencia.

Y, sin embargo, la mayor parte de los empleados se retiran *a causa de su gerente*.

Quizás el gerente no los apreciaba, no reconocía sus contribuciones o tomaba todo el crédito por un trabajo que había realizado el empleado. Si este es el caso, no todo está perdido. Podemos construir el ADN correcto si *entrenamos al gerente*. O reemplazando a los gerentes cuyos empleados clave se retiran.

El entrenamiento comienza con lo que es importante para la compañía en su totalidad. Queremos asegurarnos de que todos los líderes de la compañía utilicen esta idea para dirigir a su personal.

Cuando hay empleados que se retiran, esto puede tener un efecto dominó. De repente, un miembro respetado del equipo, una persona de alta calidad se retira. Un mes después, otra persona se va. ¡Pareciera como si todos huyeran!

No se trata de nuevas oportunidades, sino más bien de que las oportunidades existentes no satisfacen las expectativas de los empleados. Esta actitud puede sintetizarse como: "Me agrada lo que hago, me agrada mi título, mi misión y mi compensación, ¡pero no me agrada estar aquí!".

Si uno de nuestros gerentes no es bueno, reemplacémoslo y ¡entrenemos a los otros! Esto se aplica a todos los niveles de la administración. Podemos traer un *coach* de gerencia u organizar una serie de seminarios. Solo debemos establecer la expectativa de que quizás no ayude a ese gerente en particular, pero puede ayudarle al resto de ellos.

El entrenamiento no es únicamente para los gerentes, desde luego. El entrenamiento es crítico para las personas recién contratadas también. En algunos sentidos, el entrenamiento es incluso más importante que la contratación. Es retador por dos aspectos.

Contratamos a alguien y esperamos que empiece a entregar valor, pero esta persona todavía no conoce la compañía, la organización ni el material. Por lo tanto, los primeros tres meses son el momento de invertir en el entrenamiento para contrarrestar las expectativas (irreales) del gerente que contrata según las cuales los recién llegados entregarán valor de inmediato.

Si, después de uno a tres meses, el nuevo empleado carece de conocimiento, como gerentes podemos concluir que no debería estar ahí, aun cuando, por lo general, defiendo la idea de despedir rápidamente, en estos casos es posible que no sea la decisión correcta. Puede ser una indicación de falta de entrenamiento y, por lo tanto, puede sugerir ¡que es el gerente quien debe ser despedido!

Una organización que contrata debe asegurarse de tener un entrenamiento establecido. Si estamos a punto de hacer crecer a nuestra startup de cincuenta a doscientas personas en el término de un año, como CEO ya no necesitamos entrevistar a todos los candidatos. Una vez que superamos las cien personas contratadas, ni siquiera conoceremos a todos los miembros de los equipos que trabajan para la compañía.

Esto puede representar un reto para nosotros, como CEO, pero es un reto más grande para todos los demás. Los equipos de cinco personas pueden convertirse en equipos de veinte en poco tiempo. Gerentes que se sentían bien dirigiendo solo un área o un equipo de tres personas posiblemente no lo harán tan bien cuando manejen veinte.

El reto más grande, sin embargo, es preservar el ADN de la compañía. Para hacerlo, debemos pensar en entrenar a estas 150 personas nuevas incluso antes de contratarlas, y construir el entrenamiento a medida que contratamos.

Alguna vez escuché la siguiente historia. El CEO y el CFO de una compañía estaban almorzando un día. El CFO le dijo al CEO:

—Me preocupa que estemos invirtiendo tanto en entrenar a nuestros empleados, y que después se retiren.

El CEO le replicó:

—Me preocupa más que no invirtamos en el entrenamiento ¡y que se queden!

EL EQUIPO FUNDADOR

¿Qué sucede si es necesario despedir a uno de los fundadores? Por lo general, prefiero tener un equipo con dos o cuatro miembros fundadores que un único fundador. El viaje es difícil, especialmente al comienzo, y durante el tiempo que nos encontremos en la mitad del desierto, realmente queremos tener más de un creyente.

Pero los equipos fundadores pueden ser un reto, en especial cuando experimentamos dificultades y no ganamos terreno. Cuando emprendemos el viaje con varios fundadores, a menudo no sabemos si estamos todos de acuerdo en cuanto a creencias, estar enamorados, tomar riesgos o perseverar. Eventualmente descubriremos si estamos alineados, y será maravilloso si es así, pero si no, puede ser una pesadilla, porque ahora habrá un fundador que no se ajusta.

Podemos decir que esto no nos va a suceder o que confiamos en los otros fundadores, así que nunca tendremos la necesidad de separarnos de uno de ellos. Y ojalá esto ocurra. Pero ¿qué sucede si nos equivocamos?

En Waze, comenzamos como tres cofundadores y luego reclutamos a Noam Bardin como CEO un año más tarde. En el 2013, vendimos la compañía: los cuatro.

En Moovit, nos separamos de uno de los fundadores un año después de iniciar la compañía, y terminamos únicamente Nir Erez, Roy Bick y yo. No obstante, la separación se dio en buenos términos y seguimos siendo amigos.

En Pontera, comenzamos cuatro y aún somos cuatro (después de cerca de nueve años).

En FairFly, comenzamos con cuatro y ahora somos tres.

En Engie, comenzamos con cuatro, bajamos a tres y luego a dos.

En SeeTree, comenzamos con tres y ahora somos dos. Creo que entienden el punto: la mitad de las startups con las que estoy involucrado han experimentado la separación de fundadores por múltiples razones.

El reto más grande está relacionado con el manejo de egos. La junta directiva no puede despedir a uno de los fundadores en los primeros tiempos de la compañía, y posiblemente tampoco al CEO (esto depende del acuerdo de los fundadores).

Además, nadie dentro de una startup le dirá al CEO que debe despedir a uno de los fundadores. Lo más probable es que la gente no diga nada al respecto y, sin embargo, si hay un fundador que no se ajusta, y somos los CEO y no hacemos nada, tendremos un problema más profundo que cualquier otro miembro del equipo.

También puede suceder lo contrario. Si el CEO no se ajusta, y los otros fundadores no hacen nada al respecto, es aún peor.

Entonces, ¿qué podemos hacer cuando debemos separarnos de un fundador? Es muy sencillo: debemos separar la discusión en tres partes:

- Acciones: si hay una programación para la adquisición de acciones.
- Legal: qué dicen los estatutos de la sociedad.
- Posición ejecutiva: ¿Podemos tener un fundador "no ejecutivo"?

Sin importar lo que hagamos, no debemos esperar seguir con una relación con el fundador que se retira. Incluso si éramos amigos, las probabilidades es que ya no lo sigamos siendo.

La propiedad de las acciones es la primera cuestión. Si hay un programa para la adquisición de acciones, una vez que los fundadores se separan, la compra de acciones por parte del fundador que se retira se detendrá; esto representa un golpe financiero para esta persona. Al mismo tiempo, la compra de acciones fue establecida para compensar a quienes están llevando a cabo el arduo trabajo a lo largo del viaje, no a quienes no tienen esta responsabilidad.

Durante los primeros años de mi carrera, insistía en que los fundadores tuvieran una programación de compra de acciones más corta que larga. Solo en años recientes encontré a un CEO que me dijo: "Desearía que tuviéramos un período de compra de acciones más largo". Por lo tanto, cuatro años es mejor que tres en este sentido. La probabilidad de que un fundador se retire durante los primeros años es alta y, si lo hace, queremos tener suficientes acciones que regresen al conjunto para poder traer a nuevos ejecutivos si es necesario.

La parte legal es sencilla: hacemos exactamente lo que está escrito en este libro o en los estatutos de la sociedad, en el acuerdo de fundadores o en el acuerdo de inversionistas: se hace exactamente lo que diga.

Una de las soluciones alternativas que he visto con el tiempo es la de crear un cargo no ejecutivo. Si uno de los fundadores es valioso en algunas áreas, pero está creando daño cuando está en la oficina, para este fundador podemos encontrar un cargo no ejecutivo que esté fuera de las oficinas. Es posible que queramos seguir contando con su perspectiva o incluso con su presencia en las reuniones de la junta directiva.

Parece como una solución mágica —podemos conservar al fundador, pero a distancia—, pero suscita también posibles problemas de manejo de ego si el fundador siente que se hirieron sus sentimientos. Será necesario realizar una separación completa en un momento posterior.

Permítanme sintetizar esta parte para ustedes.

- Si uno de los fundadores va a retirarse —bien sea uno mismo u otro fundador—, cuando pensemos en el acuerdo de fundadores o en la programación de compra de acciones de los fundadores debemos adoptar la perspectiva del fundador que permanece en la compañía. Esto nos ayuda a pensar en la situación de forma correcta.
- Cuando hablo con CEO de compañías donde otro de los fundadores se ha retirado, escucho una respuesta muy coherente: "Lo hice demasiado tarde, y habría deseado que la programación de compra de acciones fuera más larga".
- Hoy es el primer día del resto de nuestra vida. Debemos pensar en el futuro, no en el pasado. Y el futuro será mejor sin este fundador.

Cuando pensamos qué debemos poner en el acuerdo de fundadores desde la perspectiva del fundador que permanece en la compañía, hay cuatro elementos críticos que debemos tener en mente:

- Un período largo de compra de acciones,
- Un proceso para decidir sobre la separación,
- Un veto de parte de varias personas (esto es, ninguna persona podrá individualmente impedir que avancemos), y
- Una actitud generosa frente a cualquier socio que se retire.

CONFORMAR UN EQUIPO

Ocasionalmente, la gente me pregunta dónde puede encontrar un cofundador. Esto es muy difícil y, aun cuando no sé la respuesta a esta pregunta, en la mayor parte de los casos se trataría de buscar a personas con quienes hayamos trabajado antes o a quienes conozcamos personalmente.

Luego, la pregunta clave no es a quién elegir, sino quién nos elegiría. Obviamente, esto es muy diferente si somos emprendedores seriales y hemos llevado varias compañías al éxito. En este caso, es probable que haya personas que nos sigan y podremos elegir de una reserva más amplia.

Pero si es nuestra primera startup, pensamos en la siguiente historia. Puede sonar intrascendente, pero les aseguro que es muy pertinente.

El primer país que adoptó el modelo de Refundit fue Bélgica. No es uno de los países más grandes de Europa y tiene un número limitado de turistas.

Una vez que terminamos la segunda ronda de financiación, en la primera reunión de la junta directiva uno de los inversionistas preguntó:

—¿Por qué Bélgica?

—Piense en su primera cita en la secundaria —le dije—. No en la persona con quien realmente queríamos salir, sino en la primera cita real: la persona que dijo que sí.

¡Eso es! Bélgica fue, sencillamente, el primer país que dijo que sí.

Puede suceder lo mismo al buscar los socios fundadores. Ya estamos enamorados, así que buscamos a fundadores que se enamoren del mismo problema del que nos enamoramos nosotros. Ese será el punto de partida.

No obstante, si estamos buscando construir un equipo, pensemos en lo siguiente:

- **Complementariedad**: Tres ingenieros son buenos, pero se necesitarán otras capacidades para equilibrar el equipo. Lo mismo sucede si el equipo de inicio son tres personas de mercadeo o tres personas de ventas.
- **Falta de ego**: Es claro que la misión es más importante que el individuo, y es imperativo que todos acepten el liderazgo del CEO (la última palabra).

- **Planeación clara:** Es claro lo que cada uno estará haciendo durante los siguientes noventa días y después. Por lo tanto, una startup con un CEO, un COO (director de operaciones) y un presidente como equipo fundador no es una buena recomendación, al menos no en términos de quién hace qué y no en términos de que carezcan de egos.
- **Alineación de intereses (la misión) y compromiso:** Si alguien está trabajando medio tiempo porque tiene otro trabajo de día, y esta situación se prolongará durante largo tiempo, no funcionará.

Permítanme compartir varias historias que les darán una perspectiva adicional.

En una de las startups con las que estuve involucrado, había dos fundadores, uno con el 95 % de las acciones y el otro con el 5 %. Al comienzo, ambos estaban contentos, pero, con el transcurso del tiempo, cuando advirtieron que esto era muy diferente de lo habitual, surgió una gran desconfianza entre ellos, que terminó en la separación.

La startup finalmente no tuvo éxito. Yo preferiría tener un punto de partida completamente igual, o al menos del mismo orden de magnitud.

En otra startup en la que estuve involucrado, había tres fundadores. Durante los primeros tiempos, parecían apoyar al CEO, pero después me enteré de que no confiaban en él desde un comienzo. Poco tiempo más tarde, sostuvieron que tampoco creían en su liderazgo. Resultó que los otros fundadores estaban motivados por su ego, y que el CEO era la única persona que carecía de ego en la ecuación. Esa startup también fracasó.

En Waze, bastante pronto en el viaje, decidimos traer a un CEO que me reemplazara, y lo hicimos durante el segundo año de la compañía. Noam Bardin se convirtió en el CEO y permaneció en ese cargo después de la venta a Google, hasta el 2021, cuando finalmente se retiró.

Durante la búsqueda de un CEO, nos reunimos con muchos candidatos. Una de las consideraciones más cruciales para nosotros era reclutar a alguien que creyera en nuestra visión del "mejor lugar de trabajo que jamás tuvimos" y que la suscribiera, disfrutando de su valor y sin tratar de cambiarla. Noam era una persona así.

Finalmente aceptamos a Noam y rechazamos a otro candidato, lo cual resultó también mucho mejor para este candidato, Naftali Bennett. Se dedicó a la política y se convirtió en ministro de Educación y, tiempo después, en el decimotercer primer ministro de Israel.

Él es un buen líder.

Elegir a Noam resultó un acierto para Waze, y también para Israel.

CONSEJOS PARA STARTUPS

- Despedir es mucho más importante que contratar.

- Por cada persona que contratamos, después de un mes y luego de tres meses, hagámonos la pregunta: "Sabiendo lo que sabemos hoy, ¿contrataríamos a esta persona?".

- Si todos saben en la compañía que alguien no es la persona adecuada y el CEO no hace nada, significa o que el CEO no lo sabe o que sí sabe, pero no hace nada al respecto. En ambos casos, el personal de mejor desempeño se irá.

- Las entrevistas nos ofrecen una información limitada. Las referencias son más importantes. Hablemos con personas que hayan trabajado anteriormente con un empleado potencial.

- Solo otros CEO pueden ayudar a combatir la soledad del CEO.

- El 90 % de la deserción se debe al gerente directo. La gente se une a las compañías, pero estas abandonan a las personas.

- La compra de acciones por parte de los fundadores está dirigida a proteger a quienes permanecen en la compañía, no a quienes se retiran.

- La llave mágica para la toma de decisiones es preguntarse: "Sabiendo lo que sé hoy en día, ¿haría algo diferente", y luego, de ser así, preguntarse: "¿Puedo comenzar a hacer algo diferente ahora mismo?

CAPÍTULO 7

COMPRENDER AL USUARIO: SOLO SOMOS UNA MUESTRA DE UNO

La sencillez es la mayor sofisticación.

—Leonardo da Vinci

Steve Wozniak, el cofundador de Apple, y yo estábamos sentados en la misma mesa durante una cena anterior a la convención en América Latina hace varios años. Yo quería tomar una *selfie* de los dos, así que saqué mi iPhone. Enmarqué la fotografía y luego puse el dedo en el botón del volumen al lado del móvil.

—¡Finalmente! —dijo Wozniak—. Usted es la primera persona que veo que usa la cámara de la manera como yo creo que debe usarse, ¡como una cámara!

La verdad es que ninguna de las dos formas de hacerlo es correcta o incorrecta: es posible, desde luego, tomar fotografías de ambas maneras. Más bien, la anécdota demuestra la importancia de entender que no todos los usuarios son iguales, y que tampoco utilizarán nuestro producto de la misma manera.

Por ejemplo, estábamos seguros de que la manera "correcta" de usar Waze era ingresar un destino y luego dejar la aplicación en el tablero del auto. Resultó, sin embargo, que cerca del 20 % de los usuarios abren la aplicación, pero no le dicen adónde se dirigen. Solo quieren que los alerten si hay algún peligro o un atasco de tráfico en el camino. Otro 10 % abre la aplicación, encuentra la mejor ruta y luego la cierra durante el resto del viaje.

En algún momento, en el 2015 o el 2016, estaba hablando en una conferencia en Chile. Usamos taxis para que nos llevaran de un lugar a otro mientras estábamos en este país. Chile era, por aquella época, uno de los países de más rápido crecimiento de Waze en el mundo. Prácticamente todos los conductores del país usaban nuestra aplicación, y aún lo hacen hoy en día.

Durante el tercer viaje en taxi, noté que los conductores usaban Waze de una manera diferente a como yo lo habría hecho. En lugar de ingresar un destino y seguir la guía de navegación, sencillamente tenían la aplicación encendida y, cada cierto tiempo, movían el mapa para ver qué venía.

Como mi español era limitado, discutí lo que había visto con un amigo que hablaba bien español. Él le preguntó al conductor durante el viaje siguiente. El conductor nos dijo que es así como se usa en Chile. El conductor estaba entusiasmado de explicarnos cómo usar Waze y cómo debía usarse, y ni siquiera sabía quién era yo.

Estamos acostumbrados a hacer las cosas de cierta manera, pero otros tienen sus propias maneras de hacerlo. No están bien o mal, solo son diferentes modos de hacerlo. El reto, cuando pensamos en los usuarios, es que está en nuestra naturaleza pensar en nosotros mismos como el ejemplo perfecto y, sin embargo, solo somos una muestra de uno.

Es casi imposible para nosotros pensar en una forma diferente de hacer las cosas. De eso se trata este capítulo, de entender que hay otro tipo de usuarios, cómo captar sus formas de pensar y, en particular, comprender la enorme brecha que existe entre quienes usan un producto por primera vez y quienes ya lo han hecho.

Como creadores del producto, no somos usuarios de primera vez y, por lo tanto, es casi imposible pensar en el usuario de primera vez, aun cuando la mayor parte de los usuarios que tendremos durante los próximos años ¡son usuarios por primera vez!

LA PRIMERA VEZ

¿Cuándo fue la última vez que leímos un manual de instrucciones? En la mayor parte de los casos, no hay siquiera una vez. ¿Cuándo fue la última vez que en realidad nos detuvimos a leer una nueva versión de una aplicación?

¿Cómo aprendemos a usar una aplicación por primera vez? Pensemos en la última aplicación que instalamos. ¿Qué sabíamos de ella antes? ¿Cómo descubrimos cómo usarla? ¿Cuántas de sus características usamos?

La parte más importante es que podemos ser muy diferentes de otros usuarios.

Para comprender a los usuarios, debemos comenzar con una aproximación humilde: solo somos una muestra de UNA persona.

Pero hay mucho más.

En nuestra relación actual, o en nuestra relación más reciente, ¿recordamos nuestro primer beso? ¡Desde luego que sí! Fue un beso asombroso, una explosión de sensaciones y emociones; no podemos experimentar un primer beso de nuevo. Podemos experimentar besos maravillosos, asombrosos y aquellos que mejoran una relación, pero el primer beso es un evento que ocurre solo una vez.

Lo mismo sucede con los usuarios de primera vez. Nadie puede recrear la experiencia de un usuario de primera vez la segunda vez; esto significa que es muy difícil para nosotros y para nuestro equipo pensar en la experiencia del próximo usuario.

Estadísticas del sitio web BuildFire (de septiembre del 2021) revelan que el estadounidense promedio mirará su teléfono móvil cada doce minutos. Esto significa cinco veces por hora, quizás ochenta veces al día, más de dos mil veces al mes.

¿Qué es lo que estamos haciendo estas dos mil veces? ¿Cuántas aplicaciones usamos realmente? ¿Cuántas tenemos? El estadounidense promedio tiene ochenta aplicaciones instaladas en su teléfono. De ellas, cerca del 10 % son usadas todos los días. En realidad, solo son nueve. Hay otras treinta aplicaciones que se abren aproximadamente una vez al mes.

¡Nunca hemos usado la mayoría de las aplicaciones que hemos descargado!

Intentemos lo siguiente: Miremos la pantalla principal del teléfono y entremos a una de las pantallas llenas de aplicaciones que no usamos con frecuencia. Ahora, tratemos de responder las siguientes preguntas:

- Digamos que hay de veinte a treinta aplicaciones allí. ¿Sabemos siquiera que hace cada una de esas aplicaciones?
- ¿Cuándo fue la última vez que utilizamos la mitad de esas aplicaciones?

Sorprendentemente, la respuesta de mucha gente es: "No tengo idea qué es esta aplicación". Para quienes sí lo saben, es probable que no recuerden la última vez que la usaron. Por lo tanto, en términos de no uso, todos los usuarios son iguales, pero en términos de cómo usamos nuestras aplicaciones, hay grandes diferencias.

LOS USUARIOS SON DIFERENTES

Yo comencé Waze porque odio los atascos de tráfico.

Facebook comenzó por las frustraciones de un estudiante universitario, Mark Zuckerberg.

En muchos casos, comenzamos con la muestra de la pasión de una persona. Luego utilizamos la retroalimentación de otras personas para comprender la percepción del problema.

Pero hay un gran salto de entender la percepción del problema a entender a los usuarios. Esta diferencia se basa en un gran número de usuarios. Cuando estamos narrando historias, los ejemplos son clave (son auténticos y emocionales). Cuando tratamos con grandes números de usuarios, hay algo que debemos recordar: la distribución normal.

Los usuarios son diferentes; no todos caen en el mismo grupo o categoría. De hecho, hay tres categorías relevantes de usuarios: innovadores, primeros usuarios y la primera mayoría. *El reto más grande es entender que los usuarios de una categoría ni siquiera se dan cuenta de que hay otros usuarios que no son como ellos.*

Estos usuarios podrían estar en diferentes categorías respecto a los diferentes tipos de actividades. La mayor parte de la gente estará un paso adelante cuando se trata de sus aficiones o su principal línea de negocios. Supongamos que somos un empleado de mantenimiento. No solo sabemos qué herramientas existen y tenemos una caja de herramientas de la que nos sentimos muy orgullosos, sino que en realidad sabemos cómo usar estas herramientas.

Segmentación de Usuarios

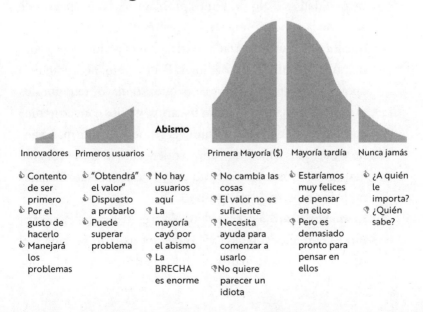

Innovadores	Primeros usuarios		Primera Mayoría ($)	Mayoría tardía	Nunca jamás
Abismo					
Contento de ser primero	"Obtendrá" el valor"	No hay usuarios aquí	No cambia las cosas	Estaríamos muy felices de pensar en ellos	¿A quién le importa?
Por el gusto de hacerlo	Dispuesto a probarlo	La mayoría cayó por el abismo	El valor no es suficiente	Pero es demasiado pronto para pensar en ellos	¿Quién sabe?
Manejará los problemas	Puede superar problema	La BRECHA es enorme	Necesita ayuda para comenzar a usarlo		
			No quiere parecer un idiota		

Pero la mayor parte de la gente no es como nosotros. Por lo tanto, mientras usamos una sierra, sabemos exactamente qué hoja usar para qué, pero cuando usamos una aplicación para escanear un documento, nos podemos sentir completamente impotentes.

Es importante comprender los cuatro tipos diferentes de categorías de usuarios:

1. **Los innovadores** intentarán cualquier cosa solo porque es nueva. Manejarán cualquier problema como ajustes especiales, e incluso probarán algo cuyo valor no es claro, porque es nuevo y pueden encontrar algo allí.

2. **Los primeros usuarios** utilizarán una aplicación incluso si es nueva. La mayor parte de la gente teme a los cambios, pero a los primeros usuarios no les importan. No temen ensayar cosas nuevas, y superarán la mayoría de los problemas, si los hay. En cuanto entienden el valor que tiene para ellos, probarán la aplicación.

3. **La primera mayoría** (que me incluye, lo admito) teme probar cosas nuevas. No les agradan los cambios. De hecho, su mentalidad es: "No causemos problemas". La propuesta de valor de la aplicación no es suficiente; necesitarán a alguien que les ayude a comenzar a usarla. Odian pedir ayuda, pues no quieren sentirse como idiotas. Por lo tanto, necesitan más apoyo. Esta categoría representa nuestro mayor reto por dos razones principales. Sin estos usuarios, no nos convertiremos en el líder del mercado porque es el grupo relevante más grande y es el más difícil de comprender, pues lo más probable es que nosotros, nuestro producto y nuestros desarrolladores no formen parte de este grupo.

4. **La mayoría tardía** usarán algo solo si es necesario. Por ejemplo, si el teléfono Nokia viejo de este usuario se daña y el nuevo de la misma marca ya no lo venden, se ven obligados

a ensayar un nuevo modelo. Debemos pensar siempre en esta categoría de usuario, aun cuando no sea relevante al comienzo de nuestro viaje.

La brecha entre los primeros usuarios y la primera mayoría es tan grande y compleja de atravesar que es como conocer personas de planetas diferentes. La mentalidad de estos usuarios es tan distinta, que no podemos comprenderlos a menos de que los observemos y hablemos con ellos.

Pero hay más.

Cuando emprendemos nuestro viaje, y queremos convertirnos en líderes del mercado, imaginamos que nuestra propuesta de valor es relevante para todos, e imaginamos a estas personas como una proporción grande de la población.

Pero cuando comenzamos el viaje, la mayor parte de nuestros usuarios serán en realidad innovadores o primeros usuarios. Por lo tanto, recolectamos nuestra retroalimentación de aquellos usuarios y nuestro producto se convierte en un producto lo suficientemente bueno para ellos.

Y luego encontramos el abismo, cuando pensamos que nuestro producto está listo. Aquí es donde muchos usuarios caerán al abismo. Creemos que ya hemos determinado el APM y luego, de repente, resulta que no lo hemos hecho.

Hay UN ÚNICO puente para cruzar este abismo: la SENCILLEZ.

Supongamos que somos el tipo de persona que puede acercarse con facilidad a una persona atractiva en un bar. Estamos llenos de confianza en nosotros mismos, pero tenemos un amigo que no se atrevería a hacer algo así. No entendemos por qué es un problema tan grande para nuestro amigo, mientras que nuestro amigo no puede siquiera imaginar que nos pasa por la mente cuando nos acercamos a aquella persona especial.

Esta es la brecha entre usuarios: *No podemos entender siquiera cómo otros usuarios de un grupo diferente piensan, sienten o actúan.*

Pero permítanme ayudarles a entender mejor el comportamiento de los usuarios. Pensemos en las últimas cinco aplicaciones que hemos descargado y preguntémonos lo siguiente:

1. ¿Por qué la descargamos?
2. ¿Cómo nos enteramos de ella?
3. ¿Qué hicimos después de descargarla?
4. Cuando algo no funcionó o no era claro, ¿qué hicimos?
5. ¿Todavía la usamos, y si así es, por qué?
6. ¿Verificamos las configuraciones de la aplicación? ¿Por qué?
7. Cuando hay una nueva versión de una de las aplicaciones que usamos todos los días (por ejemplo, Waze, Netflix, Facebook o WhatsApp), ¿nos gustó más o menos el primer día que usamos la nueva versión?

Ahora preguntemos a diez tipos de personas diferentes estas mismas preguntas.

La autoexploración es un comportamiento típico de un *innovador* o de un *primer usuario,* mientras que "alguien me habló de la aplicación" pertenece al perfil de la *primera mayoría.*

"Pensé que era valiosa" es la respuesta de un *primer usuario,* mientras que "No tuve otra opción" (como usar la aplicación de Tesla o la aplicación móvil de nuestro banco) es la respuesta de la *primera mayoría.*

Luego, preguntemos: "¿Qué hicimos después de descargarla?". Ir a buscar más información (*i. e.,* buscamos en YouTube un video tutorial) es la acción de un *innovador.* "Iniciamos la aplicación" es la respuesta de un primer usuario. "Nada" es la respuesta de la *primera mayoría*, y el hecho de que "un amigo nos dijo que la descargáramos porque puede hacer X, Y y Z, y ahora la hemos descargado" no indica si superamos nuestras inquietudes sobre algo nuevo y pudimos hacer un cambio.

El comportamiento más común de los usuarios de la *primera mayoría* que han descargado la aplicación es no hacer nada. Es una mentalidad: "La vida era buena antes de descargar la aplicación, y seguirá siendo así si no hacemos nada".

Lo mismo sucede cuando algo no funciona. Los *innovadores* y los *primeros usuarios* regresarán a YouTube o a Google para averiguar qué hacer o para tratar de superar el problema. La *primera mayoría*, por su parte, abandonará la aplicación.

Pensemos en la configuración de una aplicación. Si somos un *primer usuario* o un *innovador*, sabremos ajustarla bastante rápido, pero esto no es para la *primera mayoría*, a menos que se vean obligados a hacerlo.

Es exactamente lo contrario cuando sale una nueva versión. Mientras que los *primeros usuarios* y los *innovadores* están entusiasmados, la *primera mayoría* la odia. Significa un cambio para ellos, y ellos odian el cambio.

Si estamos leyendo este libro, es probable que seamos innovadores o primeros usuarios, pero debemos pensar en la primera mayoría; de lo contrario no nos convertiremos en líderes del mercado.

Pensar en esa categoría significa comprender los comportamientos básicos de este grupo.

- Se retirarán más rápido de lo que creemos.
- Sencillo = menos.
- Solo hay una manera de comprenderlos: debemos observarlos y preguntarles por qué hacen una cosa en lugar de otra.
- Ellos no encontrarán por sí mismos la manera de usar la aplicación ni sabrán qué debe hacer la aplicación. Para aprender, es necesario observar y hablar con todos nuestros usuarios.

B2B VERSUS B2C

Está bien, nos hemos dado cuenta de que hay importantes diferencias entre los innovadores y primeros usuarios, por un lado, y la primera mayoría, por el otro.

¿Qué hay acerca de las startups B2B (negocio a negocio)? ¿Hay alguna diferencia entre negocios? ¿Pertenecen estos usuarios también a tipos diferentes?

Desde luego que sí.

Pensemos en nuestros primeros clientes B2B o socios de diseño. Son innovadores o al menos primeros usuarios. La primera mayoría podría pedir clientes de referencia y estaría dispuesta a esperar hasta que "otros" utilicen nuestro producto.

Este es exactamente el mismo comportamiento que vimos en los consumidores. Los primeros usuarios y los innovadores están dispuestos a probar algo nuevo, mientras que la primera mayoría no lo está.

La mentalidad de "no causemos problemas" es lo que motiva a la primera mayoría. Y ¿qué hay de los usuarios dentro de la organización de clientes B2B? ¿Qué sucede si estamos vendiendo una herramienta de productividad al cliente y esperamos que el personal de la organización que la compra lo utilice?

Pues bien, si la organización que la compra no fuerza la decisión a través de la totalidad de la compañía, la gente dentro de la organización se comportará de la misma manera como lo hacen los usuarios individuales.

- Algunos son innovadores, y serán los primeros en usarla.
- Algunos son primeros usuarios, y la ensayarán en cuanto se den cuenta de su valor.
- La mayor parte pertenece a la primera mayoría (así como a la mayoría tardía). Ni siquiera la ensayarán, a menos que alguien los guíe.

En algunos casos, podemos acelerar la adopción de su uso, pero, en muchos otros casos, estas organizaciones sencillamente tienen un ritmo propio y puede tomar un par de años que una organización adopte plenamente o se adapte a un nivel en el que esté preparada o dispuesta a ordenar el uso difundido de un producto semejante.

La buena noticia es que las organizaciones más grandes tienden a "obligar" más que las pequeñas.

¿Qué sucede con los grupos de género? ¿Son diferentes grupos de usuarios?

En algunos casos, desde luego que lo son. En otros no lo son, pero permítanme mostrarles unos pocos casos donde hay importantes diferencias de las que quizás no seamos siquiera conscientes.

DIFERENCIAS DE GÉNERO

Para este momento, debe resultar claro que me apasiona la movilidad y, con más de dos mil millones de personas usando Waze, Moovit y Zoomcar (una compañía de mercado para compartir vehículos, como un Airbnb para autos, de la cual soy presidente), diría que comprendo a los usuarios de la movilidad bastante bien.

Mi tesis principal es que, dadas múltiples alternativas de movilidad, la gente elegirá su medio de transporte (movilidad) con base en tres criterios principales: conveniencia, velocidad de llegada y costo.

¿Existe una diferencia entre cuáles criterios son importantes para los hombres frente a las mujeres? Pues bien, casi todas las mujeres que utilizan los medios de transporte público se han sentido inseguras muchas veces en su vida. Quizás alguien estaba demasiado cerca, alguien les dijo algo y, en muchos casos, la experiencia fue aún peor.

Entonces, ¿dónde está la seguridad personal en este orden de criterios? Si eres un hombre gerente de producto probablemente ¡ni siquiera has pensado en eso!

Ahora bien, deliberadamente elegí como ejemplo un servicio que no presenta una diferencia inherente entre hombres y mujeres.

Obviamente, si esta es una propuesta de valor específica de género, todos entendemos que es más difícil captar la sensibilidad del usuario si no es uno mismo un usuario (*i. e.*, el género objetivo). Pero esta situación representará un verdadero reto para la dirección del producto. Si se sostiene que "un producto es apto para todos", entonces la diferenciación de género debe ser cuidadosamente examinada.

EL IMPACTO DE LA GEOGRAFÍA

¿Existe una diferencia entre los usuarios en Estados Unidos y los de la India? ¿O entre los israelís y los brasileños? Desde luego que la hay. Las dos historias siguientes demuestran el impacto de la geografía.

En una de ellas, la naturaleza de la bestia es diferente, así que el problema percibido también lo es. En la otra, el problema percibido es el mismo, pero aun así hay muchas diferencias entre los usuarios.

Mego es un ejemplo perfecto.

A nadie le agrada aguardar en fila ni perder el tiempo. Mego nos trajo los paquetes de Amazon de la oficina de correos a la casa cuando y donde los quisimos.

Como lo expliqué brevemente en el capítulo 1, este problema era bastante grave en Israel, pues la oficina de correos ni siquiera intentaba entregar los paquetes; sencillamente avisaban que había un paquete para nosotros y debíamos ir a buscarlo.

Ahora bien, aun cuando recibir un paquete es maravilloso, el proceso de ir a la oficina de correos en la mitad del día, sin lugares para aparcar y con una larga fila de gente no es lo que esperábamos. Pero esta era la situación en Israel.

En Estados Unidos, esto nunca fue un problema. Los servicios postales o de entrega llevan el paquete a nuestra puerta si vivimos en una casa de familia o un edificio más pequeño de varias unidades, o lo entregan al portero en un edificio de apartamentos.

Ahora bien, esta es una diferencia evidente entre usuarios basada en la geografía: el problema existe en una región y no existe en la otra.

Pero ¿existe una diferencia en la mentalidad de los usuarios entre geografías cuando el problema existe en ambas regiones?

¡Desde luego que la hay!

Pensemos en dos conductores que pertenecen a la primera mayoría de usuarios de Waze, uno en Brasil y uno en Alemania.

Indudablemente, a los conductores de ambos países les desagradan los atascos de tráfico, y han descargado Waze porque alguien les dijo que esto les ayudaría a evitar atascos en las carreteras y, eventualmente, les permitiría llegar a tiempo.

Waze es una aplicación *social+*. Social+ significa que hay un aumento de valor al usar la aplicación cuando otros también la están utilizando, hasta el punto de que no funciona siquiera si no hay otros usuarios. La participación de los usuarios es obligatoria para crear valor para todos. En muchos lugares en todo el mundo, las trampas de velocidad y la funcionalidad del informe sobre la policía en Waze son la segunda característica más valiosa de la aplicación. Para algunos conductores, es su aspecto más importante.

Resultó que existe una diferencia importante entre Alemania y Brasil. Los alemanes son significativamente menos activos en lo que se refiere a reportar trampas de la policía en comparación con los brasileños. Como resultado de ello, no se podía depender de Waze para evitar trampas de velocidad en Alemania.

¿Por qué debería importarnos este comportamiento basado en la geografía? Tenemos que comprender a los usuarios de diferentes lugares geográficos para saber a dónde dirigirnos en el plan global de salir al mercado (GTM, *Go to Market*, en inglés). Una brecha cultural debería definir nuestro plan para salir al mercado y nuestro producto.

Pensemos en las siguientes diferencias geográficas:

- ¿Qué tan bueno es ser "suficientemente bueno"?
- Comportamiento social y social+

- Empleo y la economía de compartir
- Confianza en general y confianza en el gobierno o en las marcas
- Seguridad y percepción de seguridad
- Inclusión
- Pequeño o grande en términos de población
- Riqueza (PIB per cápita será la mejor manera de comparar este elemento)

USO REGULAR

La parte más importante de entrar en la mente de nuestros usuarios es comprender a quienes abandonaron rápidamente la aplicación.

En el 2006, yo era asesor de Telmap pero, antes de unirme a ellos, un amigo que me conoce bien y estaba trabajando allá me dijo:

—Yo sé que eres de la primera mayoría. Necesito que pruebes nuestra aplicación en un teléfono, y necesito que lo hagas sin ninguna ayuda. Por lo tanto, no te diré nada acerca de cómo usarla. Aquí está un teléfono de prueba, y te agradecería que me dieras tu retroalimentación la semana próxima.

Aun cuando no me agradan los cambios, la causa era lo suficientemente importante como para que aceptara. Ayudar a un amigo siempre es una buena causa.

Tres días más tarde me llamó y me dijo:

—He notado que no has usado la aplicación en absoluto.

—Tienes razón —respondí—. Realmente quería hacerlo, pero me diste un nuevo teléfono con la aplicación y no tengo idea de cómo encontrar la aplicación.

Esta es la mentalidad de un usuario de la primera mayoría: si es solo un poco complejo, sencillamente renunciamos.

Pensemos en la sencillez y comencemos por mirar aquellas nueve aplicaciones que utilizamos con regularidad. Tomemos un momento para contar cuántas aplicaciones utilizamos hoy. Hagamos una lista de ellas y luego, para cada una, escribamos cuántas características hemos usado hoy en estas aplicaciones.

No solo descubriremos que estamos utilizando muy pocas aplicaciones diariamente, sino que el número de características que estamos usando es aún más pequeño: únicamente de tres a cinco características por aplicación y, en ocasiones, incluso menos.

A continuación hay algunos ejemplos de aplicaciones que yo uso diariamente:

- La aplicación de las noticias locales. Uso esta aplicación todos los días y únicamente uso una característica: revisar las noticias.
- Cuando conduzco, uso tres aplicaciones: Tesla para encender el aire acondicionado antes de subir al auto; Waze, en la que uso dos o tres características (buscar un destino usado recientemente o un destino guardado y luego navegar hacia allá y, ocasionalmente, reportar cuestiones del camino o reconocer el reporte de otra persona); la tercera aplicación es la que abre la puerta del garaje cuando salgo o entro a mi edificio. (Una nota al margen: Tesla no apoya a Waze y, por lo tanto, he decidido vender mi Tesla y comprar un auto que la apoye).
- Google: dos características. Busco y luego oprimo el vínculo que creo que es el correcto.
- La aplicación de mi banco. No uso esta aplicación todos los días, pero cuando lo hago hay muchas de las características de la aplicación que me parecen útiles.
- Google Maps. Cuando necesito ir a algún lugar en bicicleta, que es mi principal medio de transporte, quiero verificar la ruta y la distancia o duración para poder organizarme. En ocasiones, es posible que quiera montar en determinado camino y la duración del trayecto no es el asunto principal cuando elijo la ruta. (Montar en bicicleta por la ruta de la

playa de Tel Aviv es asombroso, por ejemplo, pero no es necesariamente la manera más directa de llegar a mi destino).

- Uso otras pocas aplicaciones diariamente: correo, calendario, redes sociales y mensajería, pero eso es prácticamente todo… y muy pocas características con regularidad.

MANTENERLO SENCILLO

Pero esperen un momento. Si únicamente estamos usando de tres a cinco características cada día, ¿para qué necesitamos todas las otras (y tantas características)?

La respuesta es sencilla: *no las necesitamos.*

La primera regla de la complejidad es *más = menos.* Más características significan más complejidad y, por lo tanto, es más difícil para los usuarios adaptarse y probablemente tendrán como resultado menos usuarios activos.

La segunda regla es que el nivel de complejidad del lado del consumidor de la aplicación más la del lado del servidor de soporte es un juego que queda en tablas. Si queremos que la aplicación sea sencilla, el apoyo debe ser complejo y realizar una cantidad de trabajo detrás de bastidores para mantener sencillo el lado del usuario.

Regresando a las características, quisiera compartir algunas de las características de Waze que probablemente no sabíamos siquiera que existían; de hecho, es probable que digan: "No sabía siquiera que la aplicación podía hacer eso".

Al mismo tiempo, podríamos pensar: "Esperen un momento, Hemos estado usando esta aplicación durante largo tiempo y no solo no sabíamos que esta funcionalidad existía, ¡sino que estaba muy bien sin ella!".

Una de estas características "ocultas" de Waze es que podemos elegir un avatar para nuestro auto. No solo una flecha, sino una larga lista de avatares diferentes.

"Y ¿eso por qué podría interesarme?", podemos preguntar.

Pues bien, si podemos el elegir nuestro tipo de vehículo en general, no importa si conducimos un auto de pasajeros, pero si conducimos un taxi entonces puede ser de la mayor importancia, puesto que los taxis pueden conducir en los carriles del transporte público. Un avatar a la medida puede ser útil también si conducimos un vehículo de dos llantas, los cuales, en muchos lugares, no se atascan en el tráfico, así que la ruta más rápida para ellos puede ser diferente de aquella para quienes conducen autos.

Otra característica menos conocida de Waze: podemos conectarla a nuestro calendario.

Probablemente digamos: "Pues hasta ahora no estábamos conectados y no lo echábamos de menos", pero pensemos en las ventajas.

Podemos obtener una alerta que nos notifique cuándo debemos salir con base en dónde estemos ahora, la ubicación de nuestra próxima reunión y el tiempo estimado para llegar allí. En cuanto invocamos la aplicación, sabe a dónde debe ir.

Una de las características más útiles de Waze es obtener notificaciones para el momento en que debemos salir. Si sabemos que debemos ir a otro lugar más tarde durante el día, podemos iniciar la aplicación, insertar el destino y luego, en lugar de presionar ir, seleccionar el mejor momento para salir. Waze nos dirá qué tanto tiempo tomará llegar allí, y recordarnos cuándo debemos salir con base en el tiempo en que deseemos llegar y las actuales condiciones del tráfico.

Si yo quería mantenerlo sencillo, ¿por qué hay tantas características que se usan con tan poca frecuencia?

Hay dos razones principales para ello. Una es que muchas de estas características fueron creadas durante la fase del APM en busca de una característica esencial que funcionara e hiciera exitosa la aplicación.

Después, una vez que encontramos el verdadero negocio —la característica que hace la diferencia—, por lo general solo ocultamos las otras características en la configuración o en las configuraciones avanzadas, sencillamente porque, aun cuando tienen usuarios, no son muchos. Al mismo tiempo, no queríamos quitar estas características y enojar a los usuarios que sí las usan.

La segunda razón es que las características en general sí aumentan el mercado objetivo, así que, sin un avatar de taxi, un conductor de taxi no usaría Waze. Si quisiéramos mantenerlo aún más sencillo y quitar estas características, el mejor momento para quitar una característica es en la versión que sigue a la introducción de esta característica, una vez que nos damos cuenta de que no hace una gran diferencia y que no muchos clientes la están usando.

Otra aplicación que uso, no diariamente, pero quizás algunas veces al mes, es Moovit, la aplicación que es líder mundial para el transporte público. Recordarán que yo fui el primer miembro de la junta directiva de Moovit, incluso antes de que empezara y, aun cuando encuentro que esta aplicación es fácil de usar, resultó que Waze es mucho más sencilla, porque no hay muchas alternativas.

En el transporte público, sin embargo, las alternativas son mucho más complejas. Como resultado, la experiencia del usuario es un poco más compleja también. En especial, seleccionar la mejor opción para un usuario poco frecuente es difícil. Si Waze nos dijera que debemos elegir entre Highway 101 y la Interstate 280 en la zona de la bahía de San Francisco, muy probablemente sabríamos qué hacer, independientemente de la navegación calle por calle.

No obstante, con el transporte público, la diferencia entre "camine 7 minutos + BART + camine otros 12 minutos para un total de 57 minutos" frente a "camine 5 minutos luego BUS, luego camine 9 para un total de 72 minutos", pues no es claro para el usuario cuál alternativa es mejor.

Además de lo anterior, es preciso agregar el costo del transporte público. Y hay otras inquietudes. Quizás tenemos un pase mensual para un servicio de bus, pero no para otro. O este es el tiempo calculado si salimos de casa ahora mismo, pero en cinco minutos todo cambia porque ese bus ya salió.

Durante los primeros tiempos de Moovit, nos dimos cuenta de que la aplicación era compleja, especialmente para los viajeros poco frecuentes del transporte público, pero también para los nuevos usuarios. Tuvimos que separar entre los usuarios de primera vez que son usuarios frecuentes del transporte público y quienes no lo son.

Una parte importante de la complejidad estaba relacionada con el hecho de que la aplicación es, *de facto,* multimodal: incluso si solo tomamos el bus, es necesario caminar desde el punto de partida hasta la parada del bus y, al final del trayecto en bus, hay otra caminada hasta nuestro destino. Fue allí donde vimos la diferencia entre los viajeros frecuentes y los demás.

Los viajeros frecuentes sabían dónde estaba la estación del bus y apagaban la aplicación una vez que tomaban el bus en algunos casos (y ciertamente cuando se bajaban del bus).

Los usuarios poco frecuentes mantenían la aplicación encendida hasta que se acercaban a su destino. Esta información fue decisiva para determinar los diferentes tipos de viajero para dirigirnos a ellos mejor a través de la aplicación.

El flujo para el uso por primera vez, por segunda vez, por tercera vez y luego usos posteriores tenía que ser diferente para aumentar la tasa de conversión. La deserción después de usar la aplicación tres veces era muy baja, pero solo podemos "convertir" a una persona si es un viajero frecuente, si vamos de la casa al trabajo.

Aun cuando Moovit es la mejor aplicación para el transporte público del mundo, aún no supera la complejidad del transporte público.

- ¿Qué es mejor para determinado usuario? ¿Caminar menos y cambiar con más frecuencia de buses? ¿Caminar menos y hacer un largo trayecto? ¿Cambiar de trenes para llegar más rápido?
- ¿Tienen los costos una influencia en la toma de decisiones? ¿Tiene el usuario una tarjeta mensual para el metro, o paga por trayecto?

SUPUESTOS SUBYACENTES

Estoy escribiendo este libro con la ayuda de dos mujeres: Adi Barill, quien es mi gerente de Relaciones Públicas y de la marca, la socia de este libro, generadora de negocios, y coeditora, y mi esposa, Noga Peer Levine, quien es una *coach* de vida.

En nuestra discusión acerca de los mapas y de la experiencia de los usuarios, cada uno de nosotros presentó diferentes casos de uso de Google Maps mientras estaban en modo peatón.

Supongamos que acabamos de salir del subterráneo y nuestro destino está a unas cuatro calles. ¿Cómo sabemos a dónde dirigirnos? ¿En qué dirección debemos comenzar a caminar? Aquí hay tres respuestas de exactamente tres personas.

- La primera usuaria dijo que utiliza la característica de realidad aumentada de Google Maps, que nos muestra exactamente en qué dirección está en la pantalla del teléfono y por lo tanto puede comenzar a caminar exactamente en la dirección correcta.
- La usuaria de la primera mayoría dijo que comenzaba a caminar en cualquier dirección y luego se seguía a sí misma en el mapa. Si el mapa la muestra caminando en la dirección correcta, continúa; si es en la dirección contraria, sencillamente gira y comienza a caminar hacia allá.

- Y yo, también como parte de la primera mayoría, no tenía idea acerca de la característica de realidad virtual.

Por lo tanto, dejamos caer nuestro producto en un nuevo usuario. He usado deliberadamente la expresión "dejar caer", porque no tenemos idea cómo llegó este usuario ni si este usuario es un primer usuario o está en la primera mayoría ni cuál será su impresión.

¿Cuáles son nuestros supuestos subyacentes acerca de este usuario? Es posible que este usuario haya oído hablar de nuestra aplicación a través de nuestra actividad de mercadeo o quizás por un amigo. Ellos pueden saber qué debe hacer el producto o quizás no. Aquí es donde debemos pensar en los usuarios y regresar a lo básico.

1. Nadie va a leer nada, así que no podemos suministrar a los usuarios siete pantallas de guía. Si no estamos seguros de que esto sea así, pensamos en las últimas diez aplicaciones que hemos descargado. ¿En cuántas de ellas leímos las pantallas de orientación en lugar de pasar por ellas tan rápido como pudimos?
2. No es claro si nuestros usuarios saben qué hace la aplicación y, por lo tanto, van a ser reticentes en ofrecer cualquier información. ¿Le daríamos nuestro número de teléfono o acceso a nuestro calendario a una aplicación cuando ni siquiera sabemos qué hace (o qué le puede hacer a nuestra información)? ¡Desde luego que no!
3. A los usuarios de los grupos mayoritarios no les agradan los cambios; esta mentalidad de "no cambio" para un nuevo usuario consiste sencillamente en no usar nuestro producto. Pero ¿qué sucede con los usuarios existentes, qué significa la nueva versión para ellos? Es un cambio, y ¡no les agrada tampoco!

HACIENDO MAPAS CALLE POR CALLE

En los primeros días de Waze, el mapa estaba lejos de completarse, incluso en Israel. Por lo tanto, había muchos caminos, intersecciones y definitivamente restricciones de giro y direcciones de conducción que aún no eran precisas. Como fundador y, al igual que la mayor parte de los otros empleados, cada vez que nos encontrábamos en una situación en la que había un mapa incompleto, conducíamos por varios lugares para permitir que el sistema "aprendiera".

Ahora bien, para poner las cosas en perspectiva, fue como conducir a casa, determinando que un camino o una calle no está en el mapa, y desviarse del trayecto a casa para conducir por esa calle y de regreso, y solo una vez más, porque el sistema necesita tres trayectos para confirmar una ruta.

Y luego, en toda la calle, hacíamos todos los giros posibles. Por lo tanto, si había una intersección, esto significaba doce giros (a la derecha, a la izquierda, derecho y desde cada dirección) y luego cada uno de esos giros debía repetirse tres veces. En resumen, tomaría cerca de media hora ir y venir durante unos cuatrocientos metros con una intersección en el medio que no aparecía en el mapa. No es que tuviéramos que hacerlo —el *crowdsourcing* se encargaría de hacerlo con el tiempo—, pero la alegría de la creación fue ciertamente una de las principales motivaciones. Una vez que terminábamos, el mapa se actualizaba para el otro día, y al día siguiente la calle estaba en el mapa para todos.

LUCHANDO CONTRA LA FRUSTRACIÓN

Me siento frustrado cuando no consigo hacer algo en línea. Me siento como un idiota o impotente y, por lo general, se debe a que la aplicación o quienes la diseñaron no entendieron correctamente al usuario.

¿Qué respondemos a una pregunta de seguridad sobre el apodo que tenía nuestro estado cuando fuimos a la escuela? Pues bien, no hay una para Israel.

O bien estamos llenando un formato de impuestos y nos pide el número de teléfono de nuestra casa. Pues bien, tampoco tenemos una casilla para el teléfono en los formatos israelíes.

O se nos pide un nombre, escribo Uri, y el formato me dice que es excesivamente corto.

Encontramos situaciones similares todos los días y nos sentimos todos frustrados. Me digo a mí mismo que esto es lo que sucede cuando los líderes del producto están distantes de los usuarios, o es lo que sucede cuando los líderes del producto no observaron a suficientes nuevos usuarios. La actitud del líder del producto que dice "Sabemos más que los usuarios" sencillamente no funciona.

Recientemente intenté interponer una demanda en un tribunal de pequeñas causas en Israel.

Resultó que era posible hacerlo en línea. Escribí todo en un documento de Word e intenté cargarlo digitalmente. Una hora y media después, renuncié y entregué mi demanda físicamente en el tribunal.

Con Waze, estaba observando a los usuarios todo el tiempo y la guía general para todos en la compañía era que debían observar los usuarios.

Pensemos en un miembro del personal en I+D que está construyendo el producto y, de repente, alguien está usando una característica de una manera diferente de como la diseñó o imaginó el programador en el proceso de diseño. O quizás el usuario no entiende siquiera qué se espera de él.

Si queremos que la gente utilice nuestro producto, no hay atajos. Tendremos que observar a los usuarios.

CASOS DE USOS DIFERENTES DE LOS ESPERADOS

Cuando construimos Waze, nos dimos cuenta de que los conductores pueden reportar diferentes cosas durante sus trayectos. Esto incluye atascos de tráfico, trampas de velocidad, y peligros en el camino, desde luego, pero no sabíamos todo lo que los conductores llegan a reportar.

Por lo tanto, una de las opciones abiertas que teníamos era un "chat de mapa" en el que se pueden cargar fotos de cualquier cosa. Este reporte permanecía en el mapa aproximadamente durante quince minutos, a menos que alguien respondiera.

Teníamos algunas ideas acerca de casos de uso común, pero nada nos había preparado para lo que presenciamos. Durante los eventos, los vendedores que especulan con los boletos y los traficantes ilegales utilizaban esta característica para decir: "Tengo dos boletos para la venta", cargaban una fotografía de los boletos, y Waze los ubicaba correctamente en el mapa.

O alguien escribía: "Tengo buenas cosas para vender" y, en cuanto terminaba la transacción, reportaban que el chat de mapa ya no estaba ahí, se mudaban a una nueva ubicación y lo hacían todo de nuevo.

Nada de esto era lo que habíamos previsto como casos de uso, pero debemos recordar que, cuando creamos características, hay muchos tipos de usuario que hallarán maneras mucho más creativas de usarlas.

PENSEMOS EN EL NUEVO USUARIO

Durante los primeros meses después del lanzamiento de nuestro producto, la mayor parte de nuestros usuarios serán nuevos. Para ellos, aquello que parece evidente o sencillo para nosotros como creadores de la aplicación no es tan obvio: son nuevos.

Cuando usamos nuestra aplicación, sabemos exactamente qué estamos haciendo. La suposición de que un nuevo usuario sabe lo que sabemos nosotros es equivocada.

Lo más probable es que sepan muy poco si acaso saben algo.

La identidad y las características de nuestros usuarios cambian con el tiempo, en dos dimensiones.

Primero, es más probable que nuestros usuarios durante los primeros tiempos sean innovadores o primeros usuarios. La otra dimensión también es crítica: nuestros usuarios son, en su mayoría, nuevos usuarios.

Una vez que tenemos éxito, nuestros usuarios serán usuarios recurrentes que saben ya cómo utilizar el producto.

- Actualmente, es probable que sean primeros usuarios y nuevos usuarios.
- Mañana, serán la primera mayoría y nuevos usuarios.
- En el futuro, todo se trata de usuarios que regresan.

La "diferencia de tiempo" entre hoy y mañana es de dos a tres años, y entre hoy y el futuro es de cuatro a cinco años.

El reto es que, cuando emprendemos el viaje, imaginamos a la primera mayoría y nos decimos a nosotros mismos: "Mi aplicación es para Juan y María Pérez, cualquiera la puede utilizar". Comenzamos el viaje de desarrollo de nuestra aplicación con la primera mayoría en mente, pero los primeros usuarios son innovadores o primeros usuarios en el mejor de los casos, y no hay una primera mayoría en absoluto. Los usuarios de la primera mayoría necesitan que los primeros usuarios los guíen, les digan que está bien usar la aplicación, y les ayuden a dar el salto de fe.

La brecha entre los usuarios con los que soñamos y los que tenemos en realidad es crítica a lo largo del trayecto, porque, aun cuando nuestro producto parezca haber llegado al APM, este es para los primeros usuarios. Todavía no es un ajuste para la primera mayoría.

Una vez que comenzamos a tener usuarios de la primera mayoría, necesitaremos regresar al proceso de hacer que la aplicación sea lo suficientemente buena para ellos.

Los primeros usuarios tendrán unas tasas mucho más altas de conversión y de retención, así que las mediciones pueden estar sesgadas. Por lo tanto, deberíamos hacer dos cosas con los primeros usuarios:

- Medirlos por separado. Tener diferentes mediciones para las cohortes. Si no estamos seguros de poder diferenciarlos, mantengamos a los usuarios del primer año completamente separados del resto.

- Debemos traer siempre a los usuarios de la primera mayoría tan pronto como sea posible para recolectar retroalimentación. Recordemos que no vendrán por sí mismos; debemos alentarlos a probar nuestro producto.

CONSEJOS PARA STARTUPS

- Para comprender a los usuarios, comencemos por interiorizar el hecho de que somos únicamente una muestra de uno y que los otros usuarios no son como nosotros.

- Imaginemos el primer beso con nuestro amor. Solo podemos tener UNA VEZ la experiencia de la primera vez. La mayor parte de nuestros usuarios son usuarios de primera vez, y no podemos comprender cabalmente cómo usan ellos una aplicación. Por lo tanto...

- Observemos a los usuarios de primera vez. Si admitimos que nadie puede tener una primera experiencia dos veces, la única manera en que podemos tener una idea de cómo es, es observar a quienes nunca han usado nuestro producto antes.

- Hay tres categorías principales de usuarios: innovadores, primeros usuarios y la primera mayoría.

- Los usuarios temen el cambio, y a los usuarios de la primera mayoría, en particular, no les agradan los cambios. Antes de utilizar nuestro servicio, estaban bien y si no lo usan, aún estarán bien. Si algo no funciona para ellos, abandonarán el producto.

- Los usuarios no saben de lo que se pierden. Es posible que la gente esté utilizando el producto de una manera diferente, no estén usando una característica clave o no usen el producto en absoluto. Necesitamos encontrar la manera de ponernos en contacto con ellos para mostrarles características que aún no han descubierto.

- Nadie lee nada. Ni manuales, ni la publicidad en la aplicación, ni los mensajes.

- No causemos problemas; la gente le teme al cambio.

CAPÍTULO 8

DETERMINEMOS EL AJUSTE PRODUCTO-MERCADO O FRACASAMOS

Lo sencillo puede ser más difícil que lo complejo:
debemos trabajar duro para limpiar nuestro pensamiento y hacerlo sencillo.
Pero vale la pena, porque, al final, una vez que llegamos allí,
podemos mover montañas.
—STEVE JOBS

La parte más crítica de todos los viajes de las startups es determinar el ajuste producto-mercado (APM). La buena noticia es que si lo determinamos, estamos camino al éxito y la probabilidad de lograrlo ha aumentado en un 50 %. No obstante, si no determinamos el APM, moriremos.

Este capítulo se refiere a determinar el APM y las herramientas cruciales para medirlo y mejorarlo hasta cuando lo obtengamos. Se trata también de darse cuenta de que este es un proceso iterativo, una travesía y, sorprendentemente, otro viaje de fracasos.

Hay cementerios llenos de startups que no determinaron el APM. Y, sin embargo, la mayor parte de las startups que fracasaron no advirtieron que iba a ser así; pensaban que sí lo habían determinado.

Nunca escuchamos hablar de compañías que no determinaron el APM. La mayor parte de ellas sencillamente murieron (esperamos que en paz), pero pensemos por un momento en aquellas que sí determinaron correctamente el APM.

Pensemos en todas las aplicaciones que utilizamos todos los días —Google, Waze, WhatsApp, Facebook, Messenger, Uber, Netflix, la serie entera de productos de Microsoft— y preguntémonos cómo estamos utilizando estas aplicaciones de una manera diferente de como las usamos por primera vez.

La respuesta es muy sencilla: no hay ninguna diferencia. Buscamos en Google actualmente de la misma forma como lo hicimos la primera vez (incluso si fue más de dos decenios atrás). Usamos Waze o Uber hoy en día de la misma forma como lo hicimos la primera vez que los utilizamos. Chateamos en WhatsApp como lo hemos hecho desde el comienzo.

Una vez que determinamos el APM, hemos establecido cuál es la propuesta de valor, de manera que nuestro producto ya no cambiará. Es posible que cambie el soporte, se diseñe el modelo de negocio, y las capacidades de crecer a escala requieran de mucho desarrollo, pero la creación de valor permanece igual.

¿Cuánto tiempo les tomó a estas asombrosas compañías llegar allí? ¿Cuánto tiempo toma, en general, determinar el APM?

Para Waze, fue un proceso que se prolongó desde el 2007 hasta finales del 2010, cerca de tres años y medio. Para Microsoft, tomó más tiempo: cinco años. Microsoft lo hizo hace largo tiempo cuando se dieron cuenta de que estarían construyendo el sistema operativo y no los computadores (esta era la tarea de IBM). Microsoft determinó el APM en 1980, pero la compañía comenzó en 1975.

A Netflix le tomó incluso más tiempo: diez años. El Netflix que todos conocemos se inició en el 2008, pero solo recientemente comenzó a tener una competencia real. Recordemos que Netflix en realidad se lanzó en 1998; les tomó una década entera determinar el APM, aun cuando ¡antes tenían un APM diferente!

EL CAMINO AL APM

El APM se refiere todo a la *creación de valor*. Si creamos valor, tendremos éxito. Si creamos un gran valor para mucha gente, tendremos mucho éxito. Si no creamos valor, moriremos. No es de sorprender que obtener el APM sea de nuevo un viaje de fracasos, con muchas iteraciones hasta cuando tenemos el ajuste correcto (o, más bien, lo suficientemente bueno).

Todo este libro está dedicado a aumentar la probabilidad de que tengamos éxito al compartir mis experiencias, pero si hay un capítulo que nos ayudará más que todos, es este. Si pueden acortar el tiempo que tomen en determinar el APM, he hecho mi parte para ayudarlos a aumentar sus probabilidades de éxito.

¿Por qué hay tantas startups que creen haber determinado su APM pero, en realidad, no lo hicieron? Escucho mucho lo siguiente:

—Estamos vendiendo nuestro producto e incluso tenemos clientes que pagan. Por lo tanto, ¿cómo puede decirnos que no hemos determinado nuestro APM?

—La respuesta es muy sencilla —les digo—, los usuarios vendrán o los negocios firmarán si les estamos contando una historia acerca del APM, pero solo permanecerán con ustedes si el producto entrega lo que promete la historia.

Esencialmente, la única medición es si los usuarios permanecen; en otras palabras, la *retención*. Si regresan, hemos determinado el APM.

Existen, desde luego, algunas diferencias entre las aplicaciones para los consumidores (B2C) y los servicios de negocio a negocio (B2B), pero la esencia es la misma. Si los usuarios regresan, esto significa que estamos creando valor.

En las B2C, esto es pura retención, lo cual quiere decir que calculamos cuántos de quienes usaron por primera vez el producto este mes regresarán al producto dentro de tres meses. En los B2B, se trata de que el cliente compre más, esto es, renueve su contrato anual o extienda su compromiso y cobertura.

En los B2B se trata de que el mismo cliente compre más, no de un nuevo cliente que compre por primera vez.

MEDICIÓN DEL APM

La mayor parte de las startups que he visto creen que han determinado el APM, pero no lo han hecho. Es difícil saber cuándo se ha logrado; por lo tanto, debe medirse.

En este caso, de ser posible, me reuniría con el CEO que cree que han conseguido el APM (y donde yo digo que no lo han hecho) para que veamos una startup idéntica que se encuentra exactamente en el mismo lugar en el que ellos están. Imagino que aquí el CEO me dirá: "¡Oye, no han determinado el APM!".

¿Qué es lo que empaña nuestro espejo, que es evidente cuando lo vemos en otro sitio pero que no es claro cuando somos nosotros quienes lo miramos?

¿No es siempre así? ¿No es verdad que siempre parecemos saber lo que es mejor para los demás, pero nos cuesta mucho trabajo implementarlo para nosotros mismos?

Es difícil para nosotros detectar el APM y, sin embargo, otra persona puede hacerlo con facilidad. De hecho, si queremos una verificación real, llamemos a otro CEO o a un amigo para que pase unas pocas horas con nosotros para responder a esta pregunta.

Nuestra percepción es mucho más precisa cuando miramos algo nuevo que cuando miramos nuestros propios productos, servicios o compañías. Esta "otra persona" hará algo muy sencillo: nos preguntará acerca de la conversión, retención y cifras sobre la frecuencia de uso. Tenemos que hacer mediciones para evitar engañarnos.

Nos engañamos debido a unas pocas razones fundamentales:

1. Escuchamos la retroalimentación de posibles usuarios, que nos lleva a confirmar que la naturaleza de la bestia (el problema) y la solución conceptual son correctos.

2. Ya tomamos en cuenta el siguiente ajuste o versión que sabes que está por llegar y, por lo tanto, en nuestra mente, estamos 100 % seguros de que este cambio hará la diferencia. Pensamos en la versión futura del producto como si ya hubiera entregado los resultados.

3. Escuchamos principalmente a usuarios activos y retenidos que confirman nuestro punto de vista, y no escuchamos a quienes han abandonado el producto (se han retirado de la plataforma o producto).

La buena noticia es que hay mediciones claras que nos dirán si hemos obtenido el APM o no, y la noticia aún mejor es que hay un proceso que nos llevará allá.

Las mediciones son muy sencillas. Hay solo dos:

- Conversión: mide el porcentaje de usuarios de primera vez que pudieron obtener valor del producto (*i. e.*, utilizaron la función principal del servicio/aplicación).
- Retención: el porcentaje de usuarios que siguieron usando el producto en el transcurso del tiempo.

Existen otras mediciones que eventualmente nos dirán cosas similares. UAM (usuarios activos mensualmente) es una de ellas y PNP (puntaje neto de promoción) es otra. El PNP refleja el porcentaje de gente que recomendaría (o no recomendaría) nuestra aplicación/sistema.

Con ambas medidas, obtendremos un PDV (punto de vista) similar, pero si estamos buscando identificar el número de usuarios o el puntaje de la aplicación en las diferentes tiendas de aplicaciones, esto puede ser engañoso. Muestra la eficacia de la maquinaria de mercadeo en el caso de los UAM, o qué tan contentos están los usuarios retenidos en el caso del PNP.

Los puntajes en la tienda de aplicaciones y el número de usuarios no ayudarán a mejorar nuestro producto. Nuestro viaje hacia el APM trata de cómo aumentar las cifras de conversión y retención, y no solo de medirlas.

Hace poco, recibí un correo electrónico de un emprendedor en el que me decía que su compañía había determinado el APM y estaba buscando mi ayuda. Puesto que estoy muy ocupado y no estoy en condiciones de hacer nuevas inversiones en este momento, le dije:

—Si están buscando mi punto de vista, por favor envíeme su tabla de cohortes (una tabla de cohortes muestra la deserción/retención de usuarios a lo largo del tiempo) y dígame qué es lo que necesitan de mí. Si están buscando financiación, no estoy interesado en invertir este año.

Me envió un correo de vuelta diciendo que no tenían muchos usuarios, porque no habían invertido en mercadeo todavía. A lo que respondí:

—No pregunté cuántos usuarios tienen o no tienen. Usted dijo que habían determinado el APM, entonces quiero ver las gráficas de las cohortes.

Resultó que no habían medido cohortes ni retención. Entonces le pregunté:

—¿Cómo saben que han determinado el APM?

Resultó que estaba tratando de obtener capital y pensó que si les decía a los posibles inversionistas que había determinado el APM, aumentaría la posibilidad de que los financiaran. Yo fui el primero que respondió:

—Muéstreme las cifras.

El APM no es una cuestión de intuición, sino de cifras.

NAVEGAR POR EL EMBUDO

¿Cómo se llega a una alta retención? Es preciso considerar principalmente dos cosas:

- El embudo de usuarios
- Los usuarios de primera vez

Ver la figura a continuación. En la parte alta del embudo está el total
del mercado objetivo, esto es, todos los usuarios. En la parte final del
embudo están los "usuarios retenidos", aquellos que están regresando.

El Modelo de Embudo del APM

286 ENAMÓRATE DEL PROBLEMA, NO DE LA SOLUCIÓN

Entre ambos hay varias fases de adopción por parte de los usuarios. En cierta medida, deberíamos pensar en un único usuario de primera vez y qué debe hacer para pasar de descargar la aplicación (o ir al sitio donde se encuentra) a llegar al valor. Para muchos servicios, las fases son similares: registro, entender qué hacer y qué esperar y, luego, al final, obtener valor.

Recordemos aquello que discutimos en el capítulo 7: que no todos los usuarios nacen iguales, y que somos un ejemplo excelente de un único usuario. Estamos enfrentando, en general, a usuarios de primera vez y su experiencia es lo que debemos tener en mente.

En este embudo, cada paso es una barrera —un obstáculo— y únicamente algunos de los usuarios llegarán al otro lado. Si no lo hacen, podríamos pensar que se están perdiendo de algo, pero no es verdad. Su vida era buena hasta ahora y seguirá intacta después. ¡Somos nosotros quienes hemos perdido a un usuario!

Esta es la manera correcta de mirar el embudo. Mientras estamos midiendo a todos los usuarios, estamos considerando el proceso de pensamiento de un único usuario.

Esta regla es muy sencilla: los usuarios se atascan en diversos obstáculos durante el flujo del servicio. Por ejemplo, si nuestro servicio exige registrarse, entonces la fase de registro se convierte en una puerta o en un obstáculo, porque habrá usuarios que, sencillamente, no se registran.

Si el registro es obligatorio en esta fase, entonces hemos perdido a ese usuario en particular. Si hay muchos usuarios de este tipo, entonces esta barrera se convierte en algo muy significativo.

En muchos casos, recomiendo posponer el registro hasta después de que se haya obtenido algún valor. Si se requieren interacciones adicionales antes de llegar al valor esperado, cada interacción es una puerta, para la cual tenemos una medición crítica: el porcentaje de usuarios que no pasan por esta puerta.

Existen tres tipos principales de barreras desde la perspectiva del usuario:

- Entender qué hace nuestra aplicación o servicio
- Llegar al valor
- Decidir si hay suficiente valor en ellos

DERRIBAR BARRERAS

Ahora bien, el embudo de usuarios es un método, pero, para sacar el mejor provecho de él, es necesario dominar dos cosas:

- **Las mediciones**. Esta es básicamente una medida precisa y sólida de cada una de las puertas a lo largo del tiempo. Así es como sabemos dónde debemos enfocar nuestros esfuerzos para mejorar y determinar si estamos mejorando o no.
- **El aprendizaje**. Para entender por qué esto es una barrera (lo sabemos porque lo acabamos de medir), debemos hablar con los usuarios que no pasaron por esta puerta y preguntarles algo muy sencillo: ¿Por qué no pasaron? No hay nadie más en el mundo que pueda decírnoslo. Los usuarios activos o retenidos no tienen problema con esta puerta en particular y, por lo tanto, no sabrían cómo responder a la pregunta. Nosotros tampoco lo sabemos, en especial nuestro director de producto; después de todo, si lo supiéramos no sería una puerta. Por lo tanto, de repente, cuando estamos en las iteraciones del APM, la persona más importante en el mundo es aquella que falló. Únicamente esta persona puede revelarnos el secreto: el por qué. Dado que este aprendizaje es crítico, yo diría que todos en la organización deben comprender los problemas y, en particular, comprender a los usuarios. Si no todos son factibles, comenzaría con el CEO, el CTO, el gerente

de producto y el resto del equipo de administración, seguidos por quienes trabajan en el desarrollo del producto.

El resto es más sencillo. Lanzamos una nueva versión que se ocupa del problema de una única puerta, luego lo medimos una y otra vez hasta que sea lo suficientemente bueno, o hasta cuando ya no podamos mover la aguja durante un tiempo.

En la mayor parte de los casos, encontraremos que hay únicamente unas pocas puertas (quizás tres o cuatro), y las mediciones nos mostrarán cuál es la más dramática.

He visto dos métodos principales en relación con esto:

- Uno por uno, de acuerdo con el flujo de la aplicación o servicio (el primero primero).
- Uno por uno, de acuerdo con la gravedad, de manera que estamos trabajando con la puerta más grave en términos de cuántos usuarios fallan en este punto.

Al final, el valor para todos los usuarios se verá afectado por todas las puertas.

¿Cuál es el mejor método? Yo diría que es la gravedad, sencillamente porque es más probable que veamos resultados con mayor rapidez.

Cuando estábamos iterando a Waze, estábamos tratando constantemente de determinar el APM. El mayor salto que hicimos fue cuando cambiamos por completo el algoritmo de enrutamiento.

En general, todos los algoritmos de navegación/enrutamiento del mundo funcionan de la misma manera: buscan el punto de partida y el punto de llegada en el mapa y luego intentan conectar todos los segmentos del camino y las intersecciones, bien sea a través de la ruta más corta o de la ruta más rápida.

El supuesto subyacente a este algoritmo es que el mapa es bastante completo y preciso, así que, si se permite un giro a la izquierda en una intersección, los datos del mapa lo mostrarán. Pero los datos del mapa de Waze estaban incompletos y no teníamos esta información para todos los caminos e intersecciones. De hecho, teníamos los datos completos solo para una fracción de los caminos y las intersecciones.

Entonces decidimos cambiar el algoritmo y en lugar de decir: "Está permitido solo si sabemos que lo está", la regla ahora era: "Está permitido a menos de que sepamos que no lo está".

Esto causó un impacto inmediato. De repente, casi todas las rutas parecían razonables, aun cuando, en algunos casos, les dijimos a los conductores que podían girar aunque era una intersección en la que no se podía hacerlo. Por lo tanto, necesitamos entonces un par de iteraciones adicionales, pero, aun así, fue el salto más grande en el viaje de Waze para convertirse en una aplicación "suficientemente buena".

Como regla general, he enseñado a mis hijos que es mejor pedir perdón que pedir permiso: sencillamente, ensayamos más cosas y nos atrevemos a más de esta manera. El viaje hacia el APM es similar: No debemos temer desagradar a nuestros usuarios; avanzaremos más rápido hacia el APM de esta forma. Respecto al producto, tenemos cuatro maneras de manejar una barrera:

1. **Eliminarla** o pasar la puerta a una etapa posterior de la experiencia del usuario. Los usuarios se muestran mucho más dispuestos a registrarse, por ejemplo, después de ver el valor y, esperamos, comprendan por qué se necesita el registro.
2. **Simplificarla**. Supongamos que el registro tiene cuatro pasos. Podemos hacer que todos los pasos aparezcan en una única página, o bien usar una barra de progreso, pero tener cuatro pantallas sin una barra de progreso significa que el usuario

enfrenta algo desconocido hasta cuando termina. Y no hay nada como la incertidumbre para alejar a los usuarios.

3. **Copiar (y microcopiar)**. "Mejor" con frecuencia significa "menos". Si creemos que porque tenemos siete páginas de guías y, por lo tanto, los usuarios deberían comprender, permítanme preguntarles lo siguiente: Cuando obtenemos una nueva versión de un producto, y hay que deslizar la página siete veces para continuar, ¿qué hacemos? Les diré que hace la mayor parte de la gente: si este producto es obligatorio para nosotros, sencillamente pasarán las páginas rápidamente siete veces sin leer una sola letra. No obstante, si somos un usuario nuevo y esta es la primera vez que utilizamos la aplicación, y no es una aplicación obligatoria, lo más probable es que renunciemos.

4. **Usar lenguaje visual**. Este punto tiene un menor impacto, pero igualmente es muy importante. Los diseñadores del producto pueden incluir un diseño de interfaz que dirija al usuario. Por ejemplo, la información crítica y los botones que exigen alguna acción deben ser diseñados de una manera que enfaticen la acción preferida que se desea que tomen los usuarios, como registrarse o completar una compra. Si tenemos un botón de sí y uno de no, ambos del mismo color, o el botón de sí es verde y el de no no tiene ningún color, la mayor parte de los usuarios elegirá sí. Las opciones de color, tamaño del texto y ubicación de los botones son muy valiosas para aumentar la conversión y obtener mejores resultados.

OBSERVEN QUÉ HACEN LOS USUARIOS

Hasta ahora, he descrito dos prácticas: el embudo de usuarios y los nuevos usuarios. Medir la experiencia de estos últimos es un método mucho más complejo, sencillamente porque, como lo expliqué antes, nadie puede experimentar su primera vez con nuestro producto o aplicación la segunda vez.

Entonces, ¿qué hacemos?

Observamos a estos nuevos usuarios, y entre más, mejor. Podemos tener diferentes tipos de usuarios que manejan el sistema por primera vez. Utilizamos la oportunidad para decirle a la gente lo que estamos haciendo y, si están preparados, sencillamente observamos cómo usan el producto por primera vez. No decimos nada, ni pistas, ni guía, nada.

Luego les preguntamos a los usuarios: "¿Por qué hizo esto o eso?" Podemos reunir grupos de sondeo para ensayar el producto, con pizza y cerveza (o margaritas y nachos). Observamos a los usuarios y luego facilitamos la discusión.

Una de las conclusiones a las que probablemente lleguemos es que nuestro producto está demasiado cargado de características, y que menos es, en realidad, más. Menos características significan un mejor uso.

¿Quién debería hablar con los usuarios? Y ¿quién debería observar a los nuevos usuarios? Comencemos con el CEO y luego agreguemos a todos los de la startup. Necesitamos tener la idea de escuchar a los usuarios como parte fundamental del ADN de nuestra compañía: todos necesitan hablar con ellos y observarlos.

VALIDACIÓN INSTANTÁNEA O GRATIFICACIÓN INSTANTÁNEA

Una vez que una primera mayoría de usuarios comienza a usar un producto, inicialmente se mostrarán cautelosos; para ellos, pasar a un nuevo producto es un peaje que hay que pagar, y la prueba de su valor debería ser relativamente instantánea.

Si me recomiendan un nuevo sitio de viajes que dice: "Puedo encontrar mejores precios para usted", quiero ver los mejores precios comparados con otro sitio de viajes que suelo usar. Si los dos son iguales, significa que no hay valor en el nuevo producto.

Cuando iniciamos a Waze, tuvimos que manejar la inexactitud del mapa. Lo primero que hacía una persona era buscar su propia casa. Si Waze pasaba esa prueba, entonces buscaban la dirección de su lugar de trabajo.

Una vez que establecimos esta parte de los datos, el siguiente conjunto de usuarios consistía en conductores relativamente comunes, una mezcla de primeros usuarios y conductores de la primera mayoría. La información del mapa era bastante precisa para entonces, de manera que Waze podía pasar con facilidad las dos primeras validaciones, pero la validación real era en la carretera: ¿Qué tan bien podía la aplicación reportar el tráfico y otros "acontecimientos"?

La justificación era fácil: si el sistema reporta algo y está ahí —"¡Wow, hay un atasco de tráfico y fue reportado con exactitud por el sistema!"—, entonces puedo confiar en Waze.

Pero ¿qué sucede si hay un atasco de tráfico y no fue reportado? O, al contrario, ¿qué sucede si el sistema reporta un atasco de tráfico y ya ha desaparecido? Aquí es donde nos vimos obligados a realizar unas pocas iteraciones adicionales hasta cuando lo pudimos solucionar. Los conductores necesitan recibir confirmación instantánea de su experiencia.

Por lo tanto, supongamos que estamos atascados en el tráfico y no lo supimos con antelación. A los pocos segundos, nuestra aplicación mostrará que hay un atasco de tráfico en ese lugar. De esta manera, preservamos nuestra credibilidad.

También funciona en sentido contrario. Si el sistema pensó que había un atasco de tráfico en un sitio en particular, y estábamos conduciendo a sesenta millas por hora, obviamente el camino está libre, así que Waze elimina instantáneamente la marca del atasco de tráfico en nuestra aplicación.

Esta validación instantánea fue crítica para establecer credibilidad. La mayor parte de las aplicaciones para los consumidores tienen aquello que se conoce como la regla de los "tres usos": *Si alguien usa el producto tres veces, es muy probable que siga comprometido, así que la conversión se da con tres usos.*

Debemos asegurarnos de que estos tres usos terminen siendo creíbles y valiosos.

MENOS ES MÁS

Cuando lanzamos Zeek por primera vez, enfrentamos exactamente este problema. Zeek era un mercado para crédito comercial y tarjetas de regalo, de manera que si teníamos un crédito en Home Depot por 100 dólares, y no había nada que quisiéramos comprar, podíamos venderlo en el mercado de Zeek. Obteníamos un precio que era menor que el valor nominal, pero era en efectivo, de parte de alguien interesado en comprar productos de esa tienda.

Tener un crédito de una tienda que no vamos a utilizar es dejar dinero sobre la mesa. ¡Y ya hemos establecido cómo odio dejar dinero sobre la mesa! El director del producto en Zeek dijo que el producto sería muy sencillo, con únicamente cuatro características:

- Publicar una tarjeta de regalo para la venta (lado del vendedor)
- Buscar una tarjeta de regalo para comprar (lado del comprador)
- Comprar una tarjeta de regalo (lado del comprador)
- Mantener todas nuestras tarjetas de regalo en una billetera digital

Cuando el director del producto presentó el conjunto de características, dije:

—Espere un momento, ¿para qué necesitamos la característica de la billetera? Si somos un mercado, somos un vendedor o un comprador. Hay muy pocas personas que en realidad tengan varias tarjetas de regalo que deban ser administradas.

El director del producto insistió. Sostuvo que definitivamente usaría esta característica.

Después de lanzar el producto, comenzamos a buscar la conversión, la retención y qué estaba haciendo realmente la gente. Vimos que únicamente el 15 % de todos nuestros clientes ingresaron la característica de la billetera y, de estos, únicamente el 2 % usaron algunas de sus características. Por lo tanto, esencialmente, al 0,3 % les interesó.

Para el lado del comprador, en realidad tuvimos buena tracción. Cerca del 60 % ingresó al mercado a buscar algo.

Tuvimos una larga discusión, durante la cual yo insistí en que debíamos eliminar la característica de la billetera, diciendo que, no solo no estaba siendo utilizada, sino que incluso confundía a algunas personas y podría tener un impacto sobre la conversión.

Decidimos seguir la regla del usuario de primera vez y sostuvimos sesiones de diálogo con docenas de usuarios que ingresaron a la billetera, pero no hicieron nada con ella después. Les preguntamos por qué.

La respuesta consistente fue muy sencilla. "No sabía qué era y, una vez que lo supe, no tenía nada para poner en la billetera, así que no sabía qué hacer después".

Cuando les dijimos que en realidad no se necesitaba la billetera para comprar o vender, su reacción fue: "Oh, no sabía eso".

Eliminamos la billetera en la siguiente versión y el porcentaje de compradores que buscaba algo saltó. Requirió más iteraciones para ser suficientemente buena.

En un mercado, el reto, por lo general, es ofrecer suficiente inventario. Una vez que alcanzamos un equilibrio entre la oferta y la demanda en el mercado, hemos llegado al APM.

La esencia de la sencillez es "menos es más"; no obstante, es decisiva para la conversión.

Quiero que piensen en Waze, o para efectos de la discusión, casi en cualquier producto que utilicemos habitualmente, y preguntémonos: ¿Cuántas características usé hoy? ¿Ayer? Es probable que identifiquemos muy pocas, menos de cinco seguramente.

Luego miremos el conjunto de características de este producto y preguntémonos: "¿Qué sucedería si se eliminara esta característica del producto? ¿Incluso lo notaría?".

Imaginemos que Waze eliminara sus características de avatar. ¿Dejaríamos de usar a Waze por esta razón? ¿Nos importaría? (Si somos conductores de taxis, la característica del avatar le permite a Waze llevarnos por los carriles del transporte público, así que, si se eliminara, es posible que dejáramos de usar Waze).

Ahora bien, pensemos en características que, si fueran eliminadas, harían que dejáramos de utilizar Waze. Estas son las características fundamentales. Una característica crítica es una que:

- Mejora drásticamente el uso, la conversión, o la retención
- Habilita un nuevo mercado total objetivo (*e. g.*, lenguaje o apoyo del iPhone además de Android)
- Tiene como resultado que muchísima gente proteste si se elimina

Cada una de las características desarrolladas debe satisfacer una o más de las condiciones mencionadas, y es preciso medirlas. Si la característica no satisface ninguna, sencillamente no la necesitamos, y sería una pérdida de tiempo construirla antes de determinar el APM.

De hecho, también sería una pérdida de tiempo después de determinar el APM.

ELIMINAR CARACTERÍSTICAS

Una de las mejores maneras de determinar si una característica es necesaria es eliminarla y ver si la gente protesta.

Esto fue exactamente lo que hicimos en Waze. Una de las características de la aplicación de Waze es el velocímetro, el círculo que nos muestra la velocidad actual. Actualmente, esta característica nos muestra también si excedemos el límite de velocidad, pero, en un comienzo, era sencillamente un velocímetro común que mostraba qué tan rápido conducíamos.

Un día, el director del producto dijo que podíamos eliminar la característica porque ya había un velocímetro en el tablero del auto que hacía exactamente lo mismo. A Ehud y a mí no nos agradó la idea, pero teníamos un muy buen vicepresidente de producto, así que le dimos la libertad de liderar el proceso.

Eliminamos la característica y… la gente empezó a protestar.

"Hay un virus en la nueva versión, ¡no puedo ver el velocímetro! ¿Qué sucedió?" fue una de las respuestas típicas. Resultó, a propósito, que el 90 % de las quejas eran de hombres que estaban usando la característica, o creían que la usaban.

Hubo dos iteraciones más. En la siguiente, al otro día, para volver a instalarla rápidamente, y luego una de compromiso, que hacía que el velocímetro fuera una opción que podía deshabilitarse en la configuración.

Cuando agregamos algo a la configuración, la pregunta principal es: "¿Cuál es la configuración por defecto?".

Permítanme demostrárselo, pero necesitaré su participación activa. A continuación hay un cuestionario muy sencillo:

- ¿Sabía usted que se puede eliminar el velocímetro en Waze?
- ¿Eliminó usted el velocímetro?

Por favor, envíe su respuesta por correo electrónico a fallinlove@ urilevine.com y compartiré con ustedes los resultados (esto es, cuánta gente conoce la característica y cuánta gente la ha cambiado).

Mientras miran esta característica, permítanme contarles otro secreto: también pueden cambiar cuándo aparece la alerta del límite de velocidad. Pueden hallar esta función en el mismo lugar de la configuración donde se puede eliminar el velocímetro: Configuración - Despliegue del Mapa - Velocímetro.

Como todo lo demás que hemos discutido en este capítulo, el mapa de caminos del producto es una lista de experimentos que realizamos hasta cuando encontramos lo que sí funciona y luego pasamos a la siguiente fase de construir nuestra startup.

WAZE VERSIÓN 3.5

Hubo docenas de versiones de Waze hasta cuando acertamos. Aun cuando Waze era bueno en muchos mercados, estábamos buscando un avance en crecimiento y una característica que aumentara el boca a boca y que se hiciera viral.

Establecimos el marco para la versión 3.5, que presuntamente lo haría viral, para influenciar a quienes no usaban Waze para que descargaran la aplicación. La característica principal de esta versión era el lugar de encuentro. Esencialmente, si deseamos buscar a otra persona, Waze le enviará una ubicación en vivo con un tiempo estimado de llegada que se actualiza en tiempo real.

Por ejemplo, si deseamos buscar a un amigo para asistir juntos a un evento, le enviamos la nota para encontrarnos, y el amigo podría ver dónde estamos y cuál es nuestro tiempo estimado de llegada. Es similar a la aplicación del pasajero de Uber que nos permite ver dónde está el conductor y cuándo está programada su llegada. Pensamos que esta característica sería usada con frecuencia y, como resultado de ello, muchas de las personas que recibieran la nota para encontrarse descargarían Waze.

Pues bien, ¡estábamos equivocados!

Aun cuando la historia era realmente buena, y los ejemplos de casos de uso tenían sentido, la realidad fue que la mayor parte de las notas de encuentro eran enviadas por los padres a sus hijos y los hijos no conducen y, por lo tanto, ¡no descargan ni usan Waze!

La parte divertida es que, cuando expliqué por qué esta característica era un avance, utilicé este exacto ejemplo de los padres y los hijos.

Por aquella época, mi hijo menor tenía cerca de diez años y un día fui a buscarlo después de una práctica de baloncesto. Con Waze y el tiempo estimado de llegada preciso, estuve allí exactamente dos minutos antes de que terminara la práctica. Esperé en el auto.

Cinco minutos más tarde, me llamó para preguntar dónde me encontraba.

—Esperándote en la entrada —respondí.

—No estás aquí —dijo, mirando hacia la entrada. Resultó que estábamos en diferentes entradas de la escuela.

Finalmente lo resolvimos mediante una llamada telefónica, pero en ese momento tuve una idea: si solo tuviéramos la característica de encuentro en aquel momento, esto no habría sucedido.

Aun cuando esta característica podría reducir un poco la frustración de los padres y sus hijos, no entregó los resultados esperados por nosotros (más usuarios). La característica aún está ahí, pero para poner las cosas en perspectiva, la he usado exactamente tres veces en mi vida.

¿HEMOS ALCANZADO EL APM? MARAVILLOSO. AHORA COMENCEMOS TODO DE NUEVO

—Espere un momento —dirán ustedes—. Si ya hemos determinado el APM, ¿por qué tenemos que comenzar todo de nuevo?

Hay algunas razones posibles.

Una de ellas es que el APM no es lo suficientemente grande.

Otra es que el APM se volvió irrelevante, o quizás alguna reglamentación cambió. Con Pontera las experimentamos todas.

Iniciamos Pontera en Israel, con la intención de crear transparencia en los costos financieros, en particular con unos pocos instrumentos de ahorro a largo plazo. Creíamos que la gente no sabía cuánto estaba pagando y, por lo tanto, estaba pagando demasiado, así que, si les decíamos cuánto pagaban, esto llevaría a una decisión obvia de su parte.

Pero no fue suficiente.

Entonces les dijimos cuánto estaban pagando en comparación con otras personas como ellas en aquello que llamamos el "metro del ingenuo", una especie de metro para la estafa, y les aconsejamos qué hacer para bajar los costos. Los enojamos al mostrarles cómo los estaban estafando, pero aun así, no actuaban.

Únicamente cuando les dijimos: "Oprima aquí para bajar sus costos", comenzó a funcionar. Cuando los usuarios oprimían ese botón, el sistema enviaba una carta a la institución financiera a nombre del usuario con toda la información, y solicitaba un descuento para esta persona.

Una vez que determinamos el APM en Israel, pasamos a la fase de crecimiento en nuestro mercado nacional y, al mismo tiempo, decidimos que había llegado el momento de enfocarnos en Estados Unidos, que es cerca de cien veces más grande que Israel.

Nos tomó algún tiempo convertir el producto que funcionara en Estados Unidos, principalmente con planes de 401(k). La naturaleza de la bestia es muy diferente en los Estados Unidos en comparación con Israel; el problema que intentábamos solucionar en nuestro país de origen no tenía mérito en los Estados Unidos.

Mientras luchábamos por determinar el APM, nos dimos cuenta también de que teníamos que enfocarnos, y que crecer en Israel y establecer el APM en Estados Unidos serían imposibles de manejar simultáneamente. Esto nos llevó a la dolorosa decisión de abandonar por completo el mercado israelí.

I+D desarrolló de nuevo el producto para ajustarlo al mercado financiero estadounidense, creando una tecnología única, pero la verdadera lucha fue que los consumidores estadounidenses no tenían ninguna percepción del problema.

Mientras nos esforzábamos por establecernos, llegó una oportunidad desde un lugar completamente diferente.

El gobierno de Barack Obama había establecido una nueva regla —la regla fiduciaria (del Departamento del Trabajo)—, una nueva reglamentación según la cual los asesores financieros que deseen aconsejar a sus clientes sobre los planes de jubilación 401(k) tienen que asumir la responsabilidad fiduciaria de sus clientes.

En otras palabras, si somos asesores financieros y queremos decirle a una persona que se pase del plan 401(k) a mi plan, o incluso a un IRA (ingresos recurrentes anuales), únicamente puedo hacerlo si nuestro plan es mejor. Sin embargo, no tenemos manera de saber si nuestro plan es mejor si no sé qué incluye el plan que actualmente tiene la persona; sencillamente no tengo acceso a él.

El resultado fue inmediato. Los asesores financieros y las firmas de inversión financiera necesitaban la plataforma de Pontera para cumplir con la nueva reglamentación. Nos sentimos como si hubiéramos ganado la lotería.

Obtuvimos el APM en un día y comenzamos a vender licencias para nuestra plataforma a las firmas de inversión financiera.

Y luego… Barack Obama fue reemplazado por un nuevo presidente —Donald Trump— y su administración no apoyó esta regla del Ministerio del Trabajo. ¡Prácticamente la eliminaron!

Pues bien, para ser precisos, el nuevo Gobierno no apeló cuando la Corte falló en contra de la regla financiera del Ministerio.

Los extremos de esta montaña rusa —por un lado, el gobierno nos está ayudando con un viento de cola y, por el otro, el siguiente gobierno cambia todo otra vez— nos puso en una situación en la cual teníamos una tecnología única y muy compleja que nadie más podía ofrecer, pero se terminó la demanda para ella.

Nos vimos obligados a reinventarnos una vez más.

Aquí fue donde perdimos el apoyo de los inversionistas, y yo fui el único que apoyó a la compañía.

Tuvimos una serie de conversaciones con asesores financieros y formas de inversión financiera; advertimos que aún había esperanza y podíamos quizás llegar a algo único: permitir a los asesores financieros ofrecer asesoría a sus clientes sobre planes 401(k) (y otras cuentas a largo plazo).

Esto resultó ser un gana-gana para el cliente, el asesor financiero y nosotros. Les permitió a los asesores financieros ofrecer un mejor servicio a sus clientes, no solo sobre sus cuentas de corretaje sino sobre sus cuentas de jubilación, aumentando así su objetivo de "retirarse más rico".

Lanzamos el nuevo producto en el verano del 2018 y, desde entonces, hemos visto un rápido crecimiento y, en particular, ninguna deserción durante los últimos tres años.

El viaje de Pontera implicó determinar el APM tres veces. El APM actual es tan significativo que dudo que necesitemos otro, pero ya he tenido esta sensación antes y resultó que estaba equivocado.

"SUFICIENTEMENTE BUENO" PUEDE SER "NO LO SUFICIENTEMENTE BUENO" EN ALGUNOS MERCADOS

Estaba hablando en una conferencia sobre un sistema de información geográfica (SIG), aproximadamente en el 2012, cuando Waze ya era "suficientemente bueno" en muchos lugares, y, mientras explicaba el concepto de *crowdsourcing* y cómo se crea el mapa, advertí que Waze está disponible prácticamente en todas partes, pero que todavía no tiene éxito en todas partes.

—¿Dijo usted que Waze está en todas partes? —me preguntó uno de los sabelotodo del público.

—Sí —repliqué.

—¿Está Waze en la Antártica? —me retó.

A lo que respondí:

—No lo sé.

Sin embargo, durante el receso, me conecté con el sistema y descubrí que había veintisiete usuarios de Waze en Antártica.

¿Qué podían estar haciendo allí? No hay caminos y, desde luego, no hay atascos de tráfico ni trampas de velocidad.

Me comuniqué y pregunté exactamente eso. Resultó que, dado que Waze está rastreando los GPS y creando "seudorrutas", pudieron utilizar esta capacidad para crear caminos en el mapa que les permitían navegar de ida y regreso desde el campo base hasta diversos sitios de investigación. (Recordemos que, si estamos en el Polo Sur, la brújula no funcionará: ¡el norte está en todas partes!).

Aun cuando Waze es asombroso en muchos países, es un desastre y es probable que lo siga siendo en algunos otros países.

Tomemos a Japón, por ejemplo.

En la mayor parte de los países, el plan de numeración de las viviendas tiene un orden geográfico.

En Israel, por ejemplo, hay números impares en un lado de la calle, y números pares del otro lado, organizados secuencialmente.

En el Reino Unido, los números comienzan en un lado de la calle y regresan por el otro lado.

En Estados Unidos, cada calle está dentro de cien números.

Estos modelos geográficos nos permitieron llegar al nivel de "suficientemente bueno" con relativa rapidez. Podíamos llevar al conductor lo suficientemente cerca, que era la definición de "suficientemente bueno".

Imaginemos una calle en Israel con cerca de trescientas casas.

De un lado, tendremos los números 1, 3, 5… 299. Del otro lado, estarán los números 2, 4, 6… 300.

Ahora bien, imaginemos que tenemos únicamente cerca de diez números de casas que fueron editados por la comunidad de usuarios activos. Podemos ubicar esas casas en su ubicación exacta y recalcular la ubicación estimada del resto de las casas. Esto lo hará suficientemente bueno en más del 90 % de los casos.

Por lo tanto, con el 3 % de la información, podemos llegar a un nivel de suficientemente bueno para el 90 %.

En Japón, sin embargo (y también en Corea del Sur), el sistema de numeración de las casas es mucho más antiguo y está en orden cronológico. Por lo tanto, la casa más vieja del vecindario es la casa número 1, la segunda más vieja es la casa número 2, que podría estar en cualquier parte.

En este caso, la información del 3 % nos llevará exactamente al 3 % "suficientemente bueno". Como resultado, Waze no es lo suficientemente bueno allí.

Más aún, casi todos los autos en Japón vienen con un sistema de navegación incorporado, y la única entidad que tiene la ubicación exacta de todos los números de las casas es el servicio postal japonés.

Ni siquiera tuvimos una oportunidad.

¿QUÉ ES UNA CARACTERÍSTICA "SUFICIENTEMENTE BUENA"?

Intentamos incorporar juegos a Waze: diversas maneras en las que los usuarios podían recolectar puntos mientras usaban la aplicación. Por ejemplo, si se publicaba un reporte sobre un accidente de auto, ayudando al resto de los conductores a evitar situaciones peligrosas, obtenemos puntos. Durante los primeros tiempos, cuando conducíamos en un lugar donde nadie había estado antes, nuestro avatar se convertía en una aplanadora, y "pavimentábamos" la calle mientras conducíamos. Y, en particular, si queríamos que alguien condujera

en un lugar donde muy pocas personas habían conducido antes, po-
níamos premios en el mapa, de manera que, si conducíamos allí, pa-
sábamos sobre los premios y obteníamos aún más puntos.

Era divertido y tuvo como resultado algún aumento en uso y
retención, pero no fue un avance significativo.

Muchos emprendedores piensan en adoptar un modelo de juego y se ven sorprendidos y decepcionados cuando descubren que a
menudo no funciona.

Recordemos que, entre el 2009 y el 2010, Waze no fue lo suficientemente bueno y estábamos ensayando muchas cosas para alcanzar
este objetivo. El reto era que la tasa de deserción de los usuarios de
primera vez era muy, muy alta: cerca del 80 % de usuarios en Estados
Unidos lo ensayó solo una o dos veces.

Necesitábamos que lo usaran más, no solo con la esperanza de
alcanzar el nivel de "suficientemente bueno" sino, en particular, porque Waze recolecta información cuando conducimos, así que cada
viaje cuenta.

Si pudiéramos cambiar el 80 % de usuarios que probaron la aplicación una o dos veces a una única vez más, aumentaríamos drásticamente
la recolección de datos. Estábamos buscando maneras de dar este salto,
al darnos cuenta de que el verdadero problema era que la información
de nuestro mapa y del tráfico no era lo suficientemente buena.

Intentamos decirles a los usuarios que el sistema estaba aprendiendo, y que debían darle otra oportunidad. Esto funcionó un poco,
pero la incorporación de juegos fue algo importante. Los juegos fun-
cionaron para algunos de los usuarios, pero ser el primero en llegar a
un camino es algo bastante inusual. Por lo tanto, decidimos animar
a los usuarios a completar el mapa a través de los juegos.

Creamos un juego similar al de Pac-Man en el mapa.

Si conducíamos en una zona de la cual necesitábamos más información, el avatar se convertía en un Pac-Waze-Man, y el camino se
llenaba de puntos que podía recolectar (comer) el Pac-Waze.

Muchas personas me han preguntado si los conductores se desviaban del camino más directo a casa para recolectar estos puntos. ¿Cuánto valían los puntos? Y, oh, sí, ellos nunca harían eso.

Estas personas estaban en lo cierto: a la mayor parte de los usuarios no le interesó los juegos. Pero a quienes sí les interesaron les importaron mucho.

Por lo tanto, en lugar de obtener solo un desplazamiento más, obtuvimos que cerca del 10 al 20 % de los usuarios hicieran de diez a veinte recorridos más. Esto parece mucho, pero no fue suficiente para lograrlo. Incluso con los juegos, Waze aún no era lo suficientemente bueno.

La característica era lo suficientemente buena, pero el producto aún no lo era.

LA INFORMACIÓN ES LA REINA

¿Cómo sabemos cuándo bueno es lo suficientemente bueno? Miremos los datos.

Tenemos una capacidad muy limitada para ver el promedio o, para extrapolar, las cifras acumuladas. Tomemos a Waze, por ejemplo, y pensemos en las mediciones clave:

- UAM: ¿Qué porcentaje de todos los usuarios de Waze han usado la aplicación el último mes?
- Uso promedio mensual por usuario: ¿Cuántos recorridos son completados con Waze por usuario activo?
- Retención de noventa días: ¿Cuántos de los usuarios que han usado Waze por primera vez en enero la han usado también al siguiente mes de abril?

Ahora bien, tratemos de adivinar estas cifras.

Como lo hago con frecuencia en presentaciones y en reuniones con una sola persona, le pido a la gente que adivine cuáles son realmente estas cifras. Por lo general, esto es lo que escucho:

- UAM: cerca del 100 %. Después de todo, ¿por qué alguien descargaría Waze y no la usaría?
- Sesiones por mes: En realidad he visto a algunas personas contando. Esto fue lo que respondieron: de la casa a la oficina y de regreso es cuarenta veces al mes + gimnasio + tienda de alimentos + buscar a los niños en la escuela. El total fue ochenta veces al mes. Si agregamos algunos otros trayectos que no estaban previstos, el gran total sería de cerca de cien veces al mes. Para alguien que vive en un suburbio en Estados Unidos, este es aproximadamente el número de veces que enciende el auto al mes.
- Retención de noventa días: Lo mismo que para el UAM. ¿Por qué alguien dejaría de usar Waze? Esta cifra debe estar también cerca del 100 %, ¿verdad?

Lo siento, ¡pero se equivocaron por más de una milla!

Waze fue descargada cerca de mil millones de veces, pero solo hubo entre 150 y 250 millones de usuarios activos.

Espere un momento, ¿cuentan también a quienes descargaron Waze en su iPhone y luego se actualizaron a un nuevo iPhone y ahora tienen dos versiones de Waze? Pues, en realidad, es posible, dependiendo del teléfono.

¿Contaron también a los usuarios que descargaron la aplicación una vez pero nunca la usaron o alguien que no está conduciendo pero usa Waze para determinar el recorrido de un taxi cuando viaja al extranjero?

Sí, contamos eso también.

Una descarga es una descarga y activo es activo.

La verdad es que la cifra de UAM como porcentaje disminuirá con el tiempo, pues cada vez más usuarios que no son el público objetivo para trasladarse de la casa a la oficina descargan la aplicación y la usan con poca frecuencia.

¿Qué tan frecuentemente se usa? ¿Es cerca de 100 veces al mes? Ni cerca de eso.

Era como siete a ocho veces al mes. Y la retención llegó a cerca del 40 % y se redujo con el tiempo a cerca del 30 %.

Cuando Waze fue adquirida, la retención era cercana al 35 %, el UAM era aproximadamente el 27 %, y las sesiones mensuales por usuario eran de seis a nueve, dependiendo del país.

Por lo tanto, poniendo estas cosas en perspectiva, si queremos pensar acerca de un caso de uso diario, debemos esperar de cinco a diez casos de uso por mes, y una tasa de retención de cerca del 30 % en el mejor de los casos.

Esto puede parecer muy poco cuando pensamos en una aplicación de uso diario, pero lo mismo sucede con la aplicación del clima, aun cuando pensemos que la usamos todos los días. En realidad, esta también se usa únicamente de seis a nueve veces al mes.

Si nuestra aplicación está vinculada con un pago mensual, alrededor del primer mes envía órdenes de pago a todas nuestras cuentas mensuales. Y eso es todo. Pero podemos cambia esto si usamos las notificaciones correctamente. Por ejemplo, si enviamos un texto a los usuarios: "Momento de pagar la cuenta de la electricidad: oprima aquí para pagar", es mucho más probable que aumente el uso.

Esta es la regla general acerca de la conversión: toma tres veces convertirse, de manera que un usuario, después de usar nuestra aplicación o servicio tres veces, es mucho más probable que permanezca activo, a diferencia de quienes los han probado solo una o dos veces.

Esta es nuestra clave. Pongámonos en contacto con estos usuarios y persuadámoslos de que se conviertan. Lo que deseamos medir es el tiempo transcurrido entre la primera, la segunda y la tercera vez, y debemos contactar a quienes han retrasado su tercer uso.

Pero lo más importante, de lejos, como lo mencioné antes, es siempre escuchar y observar a los usuarios, para poder comprender sus problemas acerca de la conversión y, luego, seguir usando esta información.

Regresando a lo básico, la travesía para determinar el APM consiste en comenzar con cualquier nivel de preparación y mejorar en dos cuestiones principales: conversión y retención.

¿Cómo lo hacemos? Sencillamente, observemos a los nuevos usuarios y preguntemos a quienes fallan por qué lo hacen. Por lo tanto, en cierta medida, la única medición que necesitamos es la eficiencia del embudo, y la única hoja de ruta es qué la mejora.

Nos aproximamos a cada barrera por separado y adoptamos los correctivos necesarios para eliminarla. Cuando observemos a los usuarios, recordemos que no hay "usuarios equivocados"; lo más probable es que la copia del producto deba explicar cómo usar la aplicación o el servicio de una manera más sencilla.

CONSEJOS PARA STARTUPS

- Para llegar al APM, debemos usar el embudo de usuarios como la forma principal de medir, o de mejorar, una barrera a la vez.

- Aun cuando queramos creer que nuestros clientes saben cómo navegar en el sistema, la mayor parte de nuestros usuarios son nuevos. No tienen idea de qué hacen y en estos tiempos no leen nada.

- La única manera de experimentar de nuevo un uso de primera vez es observar a nuevos usuarios.

- La única manera de aprender es observar a nuevos usuarios y preguntarles a aquellos que no pasaron la barrera: "¿Por qué no la pasaron? ¿Qué sucedió?".

- Regla general: Los usuarios se convierten en el tercer uso.

- Nos sorprendería, pero el uso diario es de siete veces al mes, y quienes siguen usando nuestro producto por siempre representan únicamente el 30 % de la retención después de tres meses.

- Preparémonos para docenas de iteraciones para eliminar las barreras y mejorar la conversión y la retención.

CAPÍTULO 9

HACER DINERO

La gerencia está haciendo lo correcto.
El liderazgo está haciendo lo correcto.
—**PETER DRUCKER, ASESOR DE GERENCIA**
Y AUTOR DE LIBROS RECONOCIDOS

Construir nuestro modelo de negocio significa establecer cómo hacer dinero. ¿Por qué es por lo que pagarán nuestros clientes y cuánto? No debe sorprendernos que esta sea, de nuevo, otra travesía de fracasos.

Un plan de negocios se refiere a cuánto de este modelo de negocios vamos a vender y cuándo. ¿Cuáles serán los ingresos y gastos esperados de la compañía durante cierto número de meses y de años? A este respecto, el plan de negocios es esencialmente: "Pérdidas y Ganancias (P&G) previstas a largo plazo".

Todos los planes de negocios que he visto siempre predicen hacer ingresos iniciales en el segundo año. Este número aumenta en 5-10x en el tercer año, luego la compañía resulta rentable en el cuarto año y, finalmente, llega a los 100 millones de dólares en el quinto año.

Me sorprendería que nuestro plan fuera diferente. La realidad siempre será más difícil, y tomará más tiempo. Este capítulo trata de cómo definir y construir un modelo de negocio y cómo derivar de él un plan de negocios.

Aun cuando queremos pensar en esto como si fuese nuestra propia opción, con frecuencia será dictada por el mercado: ¿Qué tiene sentido? ¿Cuál es el vínculo entre el valor que creamos y la recompensa que podemos esperar? ¿Cuáles son algunas reglas de oro y proporciones habituales?

Aun cuando ya establecimos el enfoque de "operar por fases", y la idea de que antes de alcanzar el APM no hay nada que podamos hacer, hay dos excepciones:

- Si esperamos que nuestros clientes paguen por la aplicación o producto, el APM se mide por la renovación de pago por parte del cliente. Por lo tanto, determinar el modelo de negocio se da simultáneamente con el APM.
- Necesitaremos un modelo de negocio y un plan de negocios para obtener dinero, incluso en una ronda semilla.

Un emprendedor se me acercó recientemente y dijo:

—Estoy construyendo este producto y, como incluye hardware, he construido el modelo y el plan de negocio de la siguiente manera: calculé el costo de los bienes vendidos (CBV). Dupliqué esta suma y luego intentaré venderlo en el mercado.

—Es todo lo contrario —le dije—. Debe comenzar al final, con cuánto está dispuesta a pagar la gente. Luego pregúntese: "¿Podemos hacer utilidades si este es el precio del mercado?". Si la respuesta es sí, siga adelante y construya su producto. Si la respuesta es no, ni siquiera empiece.

Me explicó que, en su modelo, él tendrá utilidades y en el mío quizás no las tenga.

—En definitiva no podemos cobrar más de lo que los clientes están dispuestos a pagar —respondí—. O tenemos un modelo de negocio con esta limitación, o no tenemos un producto. El precio lo determina el mercado.

Cuando llegó el momento de hacer una segunda ronda semilla para Waze, yo sabía que debía narrar una historia acerca de un modelo de negocio y que necesitaba un plan de negocios. Por lo tanto, creé uno.

En aquel plan inicial, básicamente decía:

> Actualmente, quienes hacen los mapas los venden y ganan cerca de mil millones de dólares al año. El mercado está creciendo y quienes hacen los mapas están vendiendo, además, información de tráfico. Mis costos para hacer mapas y generar información de tráfico, por el contrario, es casi cero en comparación con los de ellos. Por lo tanto, venderé esta información a un precio que es el 25 % del del mercado actual. No pueden competir a este precio, porque perderían dinero.

Aun cuando este modelo de negocio les llamó la atención a los primeros inversionistas, cuando estábamos en nuestra ronda B tuvimos dificultades porque no habíamos avanzado lo suficiente en nuestro viaje hacia el APM (*i. e.*, no éramos "lo suficientemente buenos"). Sin embargo, aun cuando sabíamos qué hacer con el APM, vender información (que era el modelo de negocio de Waze en aquel momento) era mucho más complicado, y teníamos problemas para avanzar.

La razón principal por la cual el producto no era lo suficientemente bueno era que la información no era lo suficientemente buena y, por lo tanto, vender información que no era "suficientemente buena" era casi imposible.

En una ocasión, escuchamos decir a uno de los principales inversionistas de riesgo que antes nos había rechazado: "Esta gente no tiene idea de qué está haciendo. ¡Ni siquiera tienen un modelo de negocio!".

Muy pocos inversionistas pondrán su dinero en una compañía que no tenga un modelo de negocio. Recordemos que "ellos no tienen un modelo de negocio" es la razón más común para que las empresas de capital de riesgo justifiquen por qué no invierten.

No obstante, si descubrimos cómo crear mucho valor para una cantidad de clientes, diseñaremos un modelo de negocio para monetizar el valor que hemos creado. Pero decirle esto a un inversionista puede ser muy difícil.

Un modelo de negocio debe ser sencillo y reflejar lo que están comprando los clientes y cuánto están pagando por eso.

CREAR VALOR

Cuando estamos construyendo nuestro modelo de negocio, supongamos que, al comienzo, los usuarios que esperábamos que pagaran se mostrarán reacios a hacerlo. No obstante, este es el insumo más decisivo: asegurarnos de que estemos creando suficiente valor para que estén dispuestos a pagar por él. La fase siguiente es determinar cómo nos van a pagar y, finalmente, cuánto.

Una vez que hayamos determinado todo esto en nuestro modelo, necesitaremos tres piezas más:

- Una historia para el modelo de negocio: Una explicación sencilla de cómo haremos dinero. La historia debe ser sencilla y comparable con el modelo de negocio de otras compañías exitosas, de manera que sea fácil de aceptar para los clientes… y también para los inversionistas.
- Una *fórmula* para asegurarnos que el VTV (valor del tiempo de vida) de nuestro producto es significativo. La suma final —el VTV menos el CBV (costo de los bienes vendidos) dividido por el CAC (costo de adquisición del cliente)— debe ser lo suficientemente grande para que podamos hacer utilidades (tres veces esta suma es, por lo general, suficientemente bueno).

$$\frac{VTV - CBV > 3}{CAC}$$

A continuación daré un ejemplo para hacerlo más sencillo. Supongamos que estamos construyendo una aplicación de educación/aprendizaje con una suscripción de 5 dólares mensuales en el modelo de negocio. Ahora bien, ya sabemos por el APM que, en promedio, nuestros usuarios permanecen cuatro meses. Por lo tanto, nuestro VTV es 4 x US$5 = US$20. Si nuestro costo de adquisición de clientes es de 50 dólares, estaremos perdiendo dinero. Si es de 5 dólares, estamos bien y deberíamos invertir fuertemente en adquisición de usuarios.

- Tiempo: Supongamos que tomará cerca de tres años afinar las primeras dos piezas. Por lo general así es y, en muchos casos, ni siquiera sabremos cuál es el VTV hasta cuando lleguemos allí.

La cuestión de "cuánto" están dispuestos a pagar nuestros clientes es muy interesante; la verdadera respuesta depende del valor que creemos.

- Si creamos un valor de X, deberíamos obtener algo entre el 10 y el 25 % de X.
- Si X es solo un evento de una vez (una descarga pagada, por ejemplo), entonces deberíamos obtener un pago de una vez del 10 al 25 % de X.
- No obstante, si el valor de X está siendo creado constantemente, deberíamos obtener esta suma anual o periódicamente.

Pero, espere un momento: ¿Cómo sabemos cuánto es X?

Pues bien, de eso se trata todo nuestro viaje. Se trata de crear valor, así que deberíamos ser capaces de medirlo. Y una vez que lo determinemos, todas las presentaciones de ventas a nuestros clientes deben ser exactamente así: "Creamos X valor para ustedes, haciendo X, Y, y Z".

¿Cómo sabemos si es el 10 o el 25 %? Esto depende en realidad de la competitividad de nuestra oferta. Si nosotros somos los únicos que podemos hacer algo, ¡aspiremos a más!

¿Qué sucede si hay más disposición a pagar, de manera que, esencialmente, hay una brecha entre el valor percibido y el valor real, donde el cliente cree que nuestro valor es 2x, pero nosotros sabemos que es solamente 1x?

Aun cuando parezca que tomar más dinero "porque podemos" es la estrategia correcta, la mejor estrategia a largo plazo es comenzar con lo que creemos que es el verdadero y justo valor de mercado.

Hay dos razones principales para seguir una estrategia de precio justo de mercado:

1. No queremos que nuestros clientes descubran que los hemos estafado, pues se enojarán y se pasarán a otro proveedor en cuanto puedan.
2. Un mercado con muy altos márgenes atrae competencia, y la competencia reducirá el precio a un nivel en el que no resulta claro si podremos mantenerlo. Algunas personas nos dirán que debemos esforzarnos por convertirnos en un monopolio para poder cobrar más y tener más utilidades. Esto es cierto únicamente si podemos defender la posición monopolística. De lo contrario, invitamos a que haya competencia más rápido y nuestra posición puede ser más difícil de mantener.

Existe otra razón más filosófica: Aun cuando la esencia de un negocio es conseguir la máxima utilidad para sus accionistas en el transcurso del tiempo, nuestra startup es más que solo un negocio. Es nuestro sueño, y es parte de nosotros y de nuestro ADN. Depende de nosotros si optamos por maximizar nuestras utilidades o si tratamos de maximizar el valor para nuestros clientes y para el mundo.

¿DINERO POR ADELANTADO?

Resulta muy atractivo recibir dinero por adelantado, en especial si hay hardware involucrado.

Supongamos, por ejemplo, que ofrecemos una aplicación de monitoreo de salud y, además de la aplicación, hay un brazalete sensible que monitorea el movimiento, el ritmo del corazón y otros insumos biológicos. Ahora bien, como el brazalete es un hardware aparte y lo vendemos en una caja, podemos pensar que la gente estará dispuesta a pagarlo. Y tenemos razón. Pero ¿cómo establecer el precio?

Supongamos que establecemos que la gente está dispuesta a pagar 120 dólares por el brazalete. ¿Son 120 dólares por adelantado mejores que una suscripción de 10 dólares mensuales con un compromiso anual y el brazalete gratuito?

¿Cuál de las dos alternativas es mejor?

Pues bien, podríamos argumentar que dinero en mano es mejor porque, con un flujo de efectivo adecuado, no necesitaremos obtener tanto dinero para las operaciones. O bien, podríamos argumentar que un modelo de suscripción es mejor por los ingresos recurrente y un mayor VTV.

En el 90 % de los casos, yo prefiero la suscripción: un mayor VTV más ingresos recurrentes significa que la compañía es medida por la tasa de IRA y no por los ingresos.

- Los IRA son los ingresos del último mes multiplicados por doce.
- Para conocer los ingresos, por su parte, hay que mirar lo que sucedió durante los últimos doce meses.

Por lo tanto, si estamos creciendo, el IRA será el número más alto. Para mí, sin embargo, la razón más importante por la cual prefiero la suscripción es que nos obliga a determinar el APM antes. Para una venta de una sola vez, para cuando advertimos que el valor es insuficiente, puede ser demasiado tarde.

Hay una definición de contabilidad del IRA —"la tasa anual de rendimiento de todos los contratos anuales"—, así que, si el modelo de negocio de nuestra compañía es una suscripción mensual y el suscriptor puede cancelar su suscripción en cualquier momento, el IRA contable es de 0.

Para ser sincero, no es necesario preocuparnos por esto hasta que tengamos un CFO.

El RA (rendimiento anualizado) es utilizado por compañías que no tienen contratos anuales. Aun cuando, esencialmente, es similar al IRA (los ingresos del último mes multiplicados por doce), desde el punto de vista contable el aspecto clave es que no requiere un contrato anual. Por lo tanto, una suscripción mensual a Netflix que puedo cancelar en cualquier momento se mide por el RA y no por el IRA.

DIFERENTES TIPOS DE MODELOS DE NEGOCIO

Aun cuando pudiéramos pensar que hay un número indefinido de casos de negocios, y que nuestra compañía es tan única que debemos diseñar un modelo de negocio nuevo y único, en realidad es mucho más sencillo utilizar un modelo de negocio existente que construir nuestro propio modelo.

Hay algunos en los que puedo pensar, y pueden aplicarse a diferentes compañías y distintas propuestas de valor.

Ya hemos establecido que el precio es un derivado del valor que se crea; ahora solo necesitamos decidir cómo asignar un precio a nuestro producto, lo cual depende, esencialmente, de lo que ofrecemos.

APLICACIÓN PARA EL CONSUMIDOR

Hay tres modelos de negocio de aplicaciones para el consumidor.

- **Aplicación pagada**. Las aplicaciones pagadas vienen en diferentes sabores y colores (*e. g.*, costo de adquisición de una sola vez, compras internas en la aplicación), lo cual significa, básicamente, que creamos valor para el usuario y el usuario paga por él, bien sea una vez u ocasionalmente (la mayor parte de los juegos son así), a través de una suscripción (Netflix, NBA, nuestro diario local) o se paga por uso (Uber, Fibo, Refundit). Este modelo puede tener un sabor más, el "freemium", cuando el paquete básico es gratuito y un paquete de mayor valor tiene un costo prémium asociado con él (como Spotify). Si nuestros usuarios están dispuestos a pagar, esto por lo general genera los ingresos esperados más altos.

- **Vender información**. Este modelo es aquel donde se vende a un tercero la información que derivamos de la aplicación. Cuando tenemos un ganador y una aplicación gratuita, lo cual significa muchísimos usuarios y, en particular, alta frecuencia de uso, este modelo nos permite vender la información a terceros y cobrar de acuerdo con un modelo B2B. Cuando iniciamos Waze, ese fue nuestro modelo: la aplicación era gratuita, pero la información derivada era el mapa y la información de tráfico, que nos proponíamos vender. El negocio de Moovit se basó también parcialmente en esto: la compañía vende información a las autoridades del transporte público, a los planificadores, operadores, etc. Si un planificador de transporte quiere decidir cuántas veces al día debe transitar un bus entre los puntos A y B, o dónde ubicar las estaciones, conocer la demanda (algo que Moovit suministra) puede ayudar al ejecutivo de los transportes a hacer esta planeación de una manera mucho más eficiente.

- **Publicidad**. Este modelo se aplica únicamente si tenemos muchísimos usuarios, alta frecuencia de uso y una alta duración de uso o de intención. Para la mayor parte de las startups, este será el desierto más largo, principalmente porque es necesario determinar el APM, luego el crecimiento, y solamente entonces podremos validar el modelo, pues necesitamos la relevancia básica para quien hace la publicidad de contenido (esto es, tener muchos usuarios).

APLICACIÓN PARA EL CONSUMIDOR CON HARDWARE

¿Qué sucede si tenemos una aplicación para el consumidor y una pieza de hardware asociada con ella, por ejemplo, un aparato de rastreo o, en el caso de Engie, un puerto de diagnóstico en el tablero (OBD) conectado con el computador del auto? Pues bien, esto resulta un poco más difícil, porque si incluimos el costo del hardware, es posible que gastemos mucho dinero mientras crecemos.

Nuestras opciones son sencillas: subsidiar el aparato a cambio de una suscripción más larga o cobrar por el aparato al costo o un poco más. En general, si no tenemos claro qué preferimos, podemos ensayar ambas alternativas y ver cuál funciona mejor. Esto se conoce como prueba A/B. En ella, el grupo A obtiene un modelo y el grupo B un modelo diferente, y monitoreamos la recepción de cada uno de los dos grupos.

Necesitaremos muchas pruebas A/B para determinar, no solo el modelo, sino también el precio. Las pruebas A/B pueden darse simultáneamente (con ambos grupos a la vez) o secuencialmente (esta semana pruebo A y la próxima pruebo B).

A menos que la mayor parte del valor esté en el aparato, subsidiarlo con una suscripción más larga es una mejor idea. Esto aumenta la probabilidad de un compromiso más alto y un modelo de negocio IRA.

Pensemos en Verizon, T-Mobile o AT&T. Estas compañías subsidian un nuevo iPhone a cambio de un compromiso de suscripción de dos años. Si tiene sentido para ellas, probablemente lo tiene para todas las demás compañías.

La pregunta clave es cómo manejar el flujo de efectivo si estamos creciendo. Supongamos que nuestro aparato cuesta 100 dólares y podemos venderlo por 200. O bien, podemos usar un modelo de suscripción de 25 dólares mensuales con un compromiso de un año.

Resulta bastante claro que \$US25 × 12 = \$US300, lo cual es más que \$US200, pero existe el riesgo de que el suscriptor cancele la suscripción y, por lo tanto, perdamos dinero.

Pensemos en nuestra impresora o nuestra máquina de *espresso*. Estos aparatos en sí mismos no son muy costosos —incluso pueden estar subsidiados—, pero la tinta y el café es donde se hace el dinero.

Podemos, desde luego, llevar este modelo un paso más allá y hacer que la impresora sea *completamente gratuita*, siempre y cuando el cliente firme un compromiso de dos años para el papel y la tinta. Por otra parte, cobrar 200 dólares por adelantado es más difícil que ofrecer una suscripción mensual de 25 dólares. Y, desde luego, está la cuestión del flujo de efectivo.

Con una suscripción, hacemos el gasto de 100 dólares mucho antes de tener siquiera un suscriptor, y lo recobraremos únicamente después de cuatro meses del período de suscripción. Como resultado de ello, es posible que necesitemos financiar esos dispositivos de seis a ocho meses (pagando de antemano el costo del dispositivo en el mes X, enviarlo en X + 2, obtener una suscripción en X + 4, más cuatro meses hasta cuando recuperamos el costo del dispositivo).

Por sí mismo, puede que esto no sea un problema, pero si estamos disfrutando de un crecimiento de 4x cada año, lo cual es asombroso, y estamos consiguiendo hasta 10 000 suscriptores el primer año, nuestra financiación del hardware está cercano a US\$100 × 8/12 × 10 000 = US\$670 000. Al año siguiente, serán 2,7 millones de dólares: necesitaremos este efectivo. Para resumir: si tenemos el efectivo, subsidiar el dispositivo a cambio de una suscripción más larga es un modelo muchísimo mejor.

En términos de creación de valor para nuestra compañía, los ingresos recurrentes son siempre mucho mejores.

B2B SAAS: SOFTWARE COMO SERVICIO

Probablemente, el modelo de negocio más común y preferido en B2B es SaaS (*Software as a Service*), lo cual significa que nosotros ofrecemos nuestra aplicación/sistema/solución/plataforma o similar como servicio listo para ser usado y cobramos costos mensuales o anuales.

Estos costos periódicos asumen muchas formas. Podría ser sencillamente un cargo fijo mensual, un cargo por cupo, un precio por usuario del cliente, por uso o valor. Todas estas opciones son buenas. Lo importante en este modelo es la recurrencia; una vez que el cliente esté satisfecho con el valor que aportamos, la deserción será muy baja, y estos ingresos continuarán entrando casi por siempre.

El crecimiento de los ingresos, por lo tanto, es exponencial: todo lo que teníamos el año anterior más todos los nuevos ingresos.

Pero ¿cuál es mejor? ¿Cargo fijo? ¿Por cupo? ¿Por uso? ¿Por valor? Inicialmente, no lo sabremos y en realidad no importa. Con el tiempo, calibramos nuestra presentación de venta y el modelo de acuerdo con ella. Estamos buscando algo sencillo, con un ciclo de ventas corto y que maximice nuestros ingresos/utilidades a largo plazo (lo cual, en muchos casos, significa maximizar la relación entre el valor que creamos y la recompensa que obtenemos).

HARDWARE B2B

¿Qué sucede si estamos vendiendo hardware, como servidores, computadores, autos, aparatos o incluso una planta eléctrica? Habitualmente diríamos que su precio debe estar relacionado con el CBV (costo de los bienes vendidos) pero, aun así, debe estar asociado con el valor que creamos y la competitividad del mercado.

Supongamos que tenemos una puerta de enlace física de ciberseguridad que monitorea todo el tráfico que entra y sale, de manera que nada maligno ingrese a nuestra red (¡y que esta sea una pieza de hardware realmente maravillosa!). Si el CBV es X, ¿el precio debe ser 2X para tener margen suficiente para generar utilidades? ¡No! Este es el punto de vista completamente equivocado.

El precio está determinado por el mercado y por la disposición de los clientes a pagar. Entonces miramos el costo y nos preguntamos: "¿Podemos construir un negocio sostenible si este es el precio y estos son nuestros costos? ¿Hace el modelo siquiera una diferencia?".

Pues bien, imaginemos que terminamos con el precio X (la suma que los clientes están dispuestos a pagar) y esto nos mantiene en el negocio. Pero ¿qué hay de los servicios como apoyo técnico y mantenimiento? Estos representan ingresos recurrentes.

En general, si tenemos que recuperar los costos del hardware, debemos tratar de construir un modelo de negocio que incluya el hardware más las anualidades, aquellos componentes que deben ser agregados anualmente, como apoyo, mantenimiento, seguros, y actualizaciones.

Pero no los descontemos; estos son nuestro futuro. Si nos vemos obligados a negociar, demos a nuestros clientes un período de prueba gratuito más largo, pero no un descuento en el precio que durará. Si no necesitamos recuperar el costo de inmediato, intentemos convertir el modelo en un modelo SaaS para que, en lugar de vender hardware, alquilemos el servicio a nuestros clientes.

HARDWARE B2B + SAAS

Esto debe ser evidente para este momento: Si podemos asumir el costo del hardware, convirtámoslo en un SaaS.

HACER DINERO O AHORRAR DINERO

La mayor parte de los modelos de negocio B2B se reduce a una de dos opciones:

- Nuestro producto ayuda a ahorrar dinero
- Nuestro producto ayuda a hacer dinero

¿Cuál es mejor?

A fin de cuentas, podemos contar una historia diferente para apoyar el mismo producto, así que ¿cuál deberíamos contar?

Podría haber otras variaciones, como ahorrar tiempo, aumentar la eficiencia, etc., pero intentemos reducirlas a estas dos: hacer dinero o ahorrar dinero. Nuestra presentación de ventas será más fácil y nuestros ciclos de venta más cortos.

¿Recuerdan que mi padre me dijo que hay una sola justificación para una revolución: "que sea exitosa"? Esto se aplica aquí también. De las dos opciones, ¡usemos la que funcione!

Pero supongamos que podemos optar por cualquiera de ellas. ¿Cuál es mejor?

La propuesta de valor de ahorrar dinero es más fácil de vender y también más fácil de demostrar, y podemos ajustar con facilidad el modelo de negocio para adecuarlo a ella. Es posible que obtengamos una proporción relativamente más alta de los ahorros, pero estará limitada por el total gastado.

Así, por ejemplo, imaginemos que nuestra plataforma optimiza la conectividad de la información comercial y reduce los costos de los clientes en un 30 % sin que se requiera trabajo de su parte. Deberíamos amar esta propuesta de valor. Es sencilla, clara y no requiere mucho para comprometer.

Luego pedimos el 25 % de los ahorros, y el cliente acepta. Así, si el gasto de la conectividad de la información del cliente es de un millón de dólares al año, y nosotros podemos ahorrar el 30 % de esto, o sea 300 000 dólares netos, entonces le cobramos al cliente 75 000 dólares. El ahorro neto del cliente es ahora de 225 000 dólares.

Esto es; es el máximo que podemos obtener. Nuestro techo es el gasto total.

En una organización que gasta un millón de dólares al año en conectividad de la información, un ahorro de 225 000 dólares no hace mucha diferencia. Será una decisión de alguien del departamento de finanzas, no del CFO, sino de alguien uno o dos niveles más abajo.

Para ponerlo en la perspectiva del consumidor: si mis cuentas actuales del móvil y el internet suman menos de 30 dólares mensuales, y me ofrecen una manera de ahorrar 10 dólares, pues, aun cuando odio desperdiciar, como usuario de la primera mayoría me mostraría reticente a cambiar algo por tan poco. Mi preocupación sería que implique demasiados trámites por muy poco dinero.

¿Qué hay de hacer dinero?

Aquí, el cielo es el límite.

Por lo tanto, por la misma oferta, poder decirles a los clientes que pueden utilizar su capacidad subutilizada y hacer dinero con base en ello resulta mucho más atractivo para los posibles clientes.

Además, en B2B, le estamos vendiendo a una parte diferente de la organización, aquella parte que tiene unos presupuestos mucho más grandes para gastar. El reto, sin embargo, es que se trata de un ciclo de ventas más largo y tomará más tiempo demostrar el valor.

Pensemos en una compañía que optimiza la publicidad y las promociones. Esta compañía nos dice: "Con nosotros pueden ahorrar el 50 % de sus costos de mercadeo", o bien, "Con nosotros pueden duplicar el impacto de su gasto de mercadeo".

Si podemos elegir qué historia narrar —hacer dinero o ahorrar dinero—, debemos optar siempre por hacer dinero, pues la mentalidad de ahorrar es que el piso es lo máximo que podemos lograr, pero en hacer dinero el cielo es el límite, los clientes se sentirán más empoderados con esta propuesta de valor.

Muy temprano en mi carrera, cuando era un desarrollador de software en Comverse y luego gerente de producto, conocí al vicepresidente de Ventas para las Américas, quien me dijo: "En B2B, para tener éxito, únicamente puedes ser una de dos cosas: un traficante de armas o un traficante de droga". Luego me explicó cómo el traficante de armas las vende tanto a nosotros como a nuestros enemigos, así que tendremos que comprar más. Análogamente, el traficante de droga vende productos con los que sus clientes se vuelven adictos, así que no pueden dejar de comprar más.

¿POR QUÉ PARECE FÁCIL EL VIAJE DEL MODELO DE NEGOCIO?

El viaje parece fácil por las confirmaciones iniciales que obtenemos de algunos clientes que nos dan la falsa sensación de que nuestro modelo funciona.

Durante los primeros días de Waze, conseguimos un acuerdo bastante importante con Apple. Apple había comprado la licencia de nuestro mapa en Israel para usarlo con su producto Apple Maps. Consideramos esto como una confirmación de nuestro modelo y la disposición de los clientes a pagar, y como una prueba del concepto para el modelo de negocio y el tamaño del mercado.

En el 2011, tuvimos pequeños acuerdos de información de tráfico en Israel y un par de acuerdos de megamillones en *pipelines* en Chile y Colombia, así que todo parecía correcto.

Pero no lo era.

Cuando el modelo es correcto, los clientes acuden a nosotros. En este sentido, el viaje es muy similar al del APM: es necesario que los clientes que pagan se conviertan muy rápido, que los ciclos de ventas sean más cortos entre cada acuerdo y que deban necesitarse únicamente una o dos presentaciones de ventas para convertir a un cliente.

La respuesta: "Sí, quiero esto, y sí, estoy dispuesto a pagar" debe aparecer pronto en la discusión con un cliente, en la primera o segunda llamada. Transcurrió mucho tiempo antes de que nos diéramos cuenta de que el ciclo de ventas largo no estaba funcionando para nosotros.

El lento ritmo del diálogo con las autoridades gubernamentales frente a la aplicación social+ del consumidor era una brecha excesivamente grande.

Nos dedicamos a buscar un modelo de negocio diferente.

Sostuvimos muchas discusiones internas acerca del modelo correcto. Hubo incluso posiciones fuertes que sugerían que los conductores debían pagar por usar la aplicación de Waze.

Ahora bien, en realidad, si les preguntara a cien usuarios de Waze hoy en día si están dispuestos a pagar, muchos dirían que sí. Pero en aquel entonces, aun cuando la disposición a pagar ya estaba bien establecida en algunas regiones, nuestra preocupación principal era alcanzar una masa crítica en varios mercados importantes, y temíamos que si los usuarios potenciales averiguaban que Waze era una aplicación gratuita al comienzo y luego se les pedía que pagaran, sería más difícil para nosotros alcanzar una masa crítica.

Por otra parte, yo tenía el punto de vista de que un modelo de negocio que cobraba a los usuarios finalmente perdería frente a un modelo gratuito (como Google Maps) y, por lo tanto, no sería sostenible. Hubo incluso la idea de que no tuvimos éxito en Alemania *porque* Waze era gratuito y los alemanes no creen que lo gratuito sea suficientemente bueno.

Esta habría podido parecer otra razón para cobrar a los usuarios, pero la realidad era que, sencillamente, no éramos lo suficientemente buenos allá comparados con otras alternativas (como los sistemas de navegación incorporados a los autos).

Nos tomó un par de años de ensayo y error hasta cuando conseguimos el modelo de negocio adecuado: la publicidad.

EL MODELO CORRECTO

¿Cómo sabemos cuándo hemos hallado el modelo correcto?

Pues bien, no lo sabremos hasta cuando lo ensayemos. Antes podemos argumentar a favor de muchos modelos de negocio, pero el modelo correcto será el que funcione.

En nuestras discusiones internas en Waze, tuvimos la idea de los anuncios. Nos persuadimos de que, puesto que teníamos muchísimos usuarios con alta frecuencia de uso y una larga duración de uso, el modelo de publicidad era el correcto para nosotros y, en muchos casos, incluso agrega valor a los conductores de Waze.

Intentamos determinar la disposición de los clientes de pagar por anunciar en Waze y, aun cuando parecía un mercado excesivamente pequeño al principio, conocíamos la regla del 10X, de manera que, si al comienzo nuestro modelo de negocio parece estar generando X, finalmente es probable que llegue a 10X.

Teníamos dos misiones para nuestro viaje hacia el modelo de negocio de publicidad.

- Del lado del producto, necesitábamos entender qué había disponible en el mercado y qué necesitábamos construir.
- El viaje más importante fue: validemos el modelo, intentemos comprometer a algunos clientes y entreguemos algo rápido para poder obtener retroalimentación tan pronto como sea posible.

Construimos algo bastante rápido, advirtiendo que más tarde tendríamos que incorporar un servidor de publicidad y muchos otros componentes tecnológicos para tener un sistema completo.

Lanzamos el primer modelo de publicidad para Waze en Israel. Era una combinación de los elementos promocionales: una pantalla de bienvenida (lo que vemos en la pantalla cuando abrimos la aplicación por primera vez), un PDV (punto de venta) en el mapa (e. g., una estación de gasolina o un café) y resultados de la búsqueda.

La primera marca que usó el sistema fue Eldan, una de las más grandes agencias de alquiler de autos en Israel. Eldan es también un concesionario muy importante (vende autos alquilados después de que pasan su período de dos o tres años de alquiler), con veintisiete sucursales en todo el país.

Resaltar estas ubicaciones en los mapas con alfileres que llevaban la marca y los resultados de la búsqueda le parcció a Eldan algo muy valioso. Por aquella época, Waze ya era muy exitoso en Israel, así que esperábamos que la exposición fuera importante.

No previmos lo que sucedió después.

Al día siguiente, recibí un correo electrónico del jefe de personal de Avis: "El CEO quisiera saber por qué Eldan está en el mapa y Avis no", decía el correo.

Este fue el desencadenante que nos indicó que estábamos haciendo algo bien, que a la gente le importaba. Aquellos clientes estaban acudiendo a nosotros.

Pero esto no bastó para nosotros. Nos pusimos en contacto con usuarios para determinar si los estábamos abrumando. Resultó que no era así.

 promoverlo globalmente, lo cual, esencialmente, solo ocurrió en el 2013. Incluso hoy en día, cuando hablo con usuarios, y me preguntan cómo hace dinero Waze y les respondo que vende publicidad, muchos de ellos dicen: "Pero no veo ninguna publicidad en la aplicación". Ocasionalmente escucho personas que dicen: "Pero hay tan poca publicidad, ¿cómo pueden ganar dinero con ellas?".

Desde ese punto, fue un viaje de APM adicional: por una parte, construir el producto para la publicidad y, al mismo tiempo, intentar venderlo en el mercado. Nuestra tesis era que cualquier compañía con PDV podía promover su negocio en el mapa a través de un alfiler con su marca y, por lo tanto, que era un juego a largo plazo y lo único que necesitábamos hacer era construir las herramientas y llegarían los clientes.

¡Esto resultó ser completamente equivocado!

En aquel punto, pensamos que debíamos integrar los servidores y usar sus capacidades para detectar las ubicaciones con el fin de ofrecer un servidor de publicidad basado en la ubicación. Esto resultó ser equivocado también.

El servidor de publicidad basado en la ubicación estaba equivocado debido al comportamiento de los usuarios. Si nos encontramos en una ciudad y buscamos el Starbucks, el más cercano a dos calles en cualquier dirección nos servirá, pero cuando estamos conduciendo y buscamos una estación de gasolina, si la más cercana es cien metros más *atrás*, es más frustrante que útil.

A los conductores no les importa qué tan lejos es; les importa cuánto tiempo tomará este "desvío de la ruta". Por lo tanto, construimos nuestro propio servidor de publicidad enfocado en los conductores, los destinos y las direcciones. Nos permitió publicar publicidad relevante para los conductores con base en sus rutas y no en sus ubicaciones.

Nos dimos cuenta también que los conductores no miran las ventanas emergentes ni les agradan, a menos de que estén atascados en el tráfico y se encuentren completamente detenidos. Entonces les importan menos.

Pero el aprendizaje más importante fue que las compañías que hacen publicidad necesitan ayuda para comprar medios de difusión. Esto era algo que nosotros no podíamos ofrecer. Nos unimos con una serie de compañías que venden publicidad en diferentes regiones para que usaran nuestros medios además de otros medios que vendían. El modelo de publicidad autosuficiente, aun cuando siguió allí, terminó siendo una parte muy pequeña del negocio.

EL VIAJE DEL MODELO DE NEGOCIO NUNCA TERMINA

Cuando estamos en la fase del APM, una vez que se determina el producto ya no cambia nunca más. No es lo mismo para el viaje de encontrar el modelo de negocio. Una vez que encontramos algo que funciona, debemos tratar de desarrollarlo más.

Es posible que haya otro modelo de negocio que sea incluso mejor y más grande. Moovit comenzó a pensar en un modelo de negocio después de determinar el crecimiento, lo cual sucedió cinco años después de que inició la compañía.

La primera discusión era si el modelo de negocio de Waze sería adecuado también para Moovit. Waze funcionó y resultó muy exitoso, entonces, ¿por qué no duplicarlo? Pero Moovit carecía de un elemento clave en el caso de uso de Waze: la duración del uso.

Aun cuando la mayor parte de los usuarios de Waze están conduciendo mientras funciona la aplicación y se despliega en la pantalla, el uso de Moovit es diferente: los usuarios abren la aplicación para determinar dónde está el bus y cuándo llega. Una vez que llega el bus, la aplicación funciona en el trasfondo hasta que llega el momento de salir del bus y aparece una ventana emergente.

Durante el trayecto mismo, los usuarios usan sus móviles para muchas otras cosas, desde leer sus correos hasta mirar Netflix o navegar en las redes. Por lo tanto, la oportunidad para usar un modelo de negocio de publicidad es limitada.

No obstante, resultó que la información recolectada por Moovit es muy valiosa para los planificadores del transporte, los municipios, los operadores del transporte público, etc. De hecho, en muchos casos, estas organizaciones actualmente están pagando por esta información, pero de una manera muy costosa e ineficiente.

Imaginemos tan solo los estudios sobre origen-destino que suministran al planificador del transporte público: información acerca de los lugares desde donde viene la gente y hacia dónde se dirige.

Aquello que actualmente requiere toneladas de estudios manuales se convierte en una tarea de un día cuando se usa la información de Moovit, o incluso una sencilla pregunta: ¿Dónde se baja la gente que toma el bus en la estación X?

Sin embargo, lo que parece evidente no siempre lo es.

La propuesta de valor de FairFly es muy sencilla: ahorramos dinero a los usuarios en sus gastos de viaje. El modelo de negocio fue un simple derivado de esto: páguenos una parte del ahorro.

Pero muchos clientes dijeron: "Este modelo significa gastos desconocidos durante el próximo mes, y estamos tratando de mantener nuestro presupuesto preciso. ¿Podemos pagar más bien un cargo mensual?".

Aun cuando la mayor parte de los clientes prefieren atar el modelo de negocio al valor y pagar por ahorro, otros prefieren un modelo de cargo fijo. Por lo tanto, esencialmente, teníamos la misma compañía, la misma propuesta de valor y dos modelos de negocio diferentes. Esto no es completamente inusual; la mayor parte de los proveedores de celulares en Europa venden tanto suscripciones y planes de prepago (pague-según-uso).

NO ES UN VIAJE FÁCIL

Construir una startup no es fácil, lo sabemos, y determinar el APM es realmente difícil. Pero determinar el modelo de negocio es, en algunos aspectos, aún más difícil.

Las ventas son la parte más difícil de todas. La razón por la cual es difícil es por la larga brecha entre la validación de una tesis y la de otra.

Supongamos que somos una startup B2B y que nuestro modelo de negocio es una suscripción mensual SaaS. A nuestro cliente le agrada la historia y dice: "Probémoslo. ¿Pueden hacer un piloto o una prueba aquí?".

Queremos creer que "eso es todo", pero aún tenemos un largo camino por delante. La prueba puede tomar algunos meses y exigir varias iteraciones del producto hasta cuando entrega el valor real al cliente. Solo entonces comienzan las negociaciones.

Desde el primer compromiso hasta llegar a un acuerdo pueden transcurrir varios meses y, sin embargo, sabemos que únicamente una renovación es un "trato hecho". Después del primer cliente, esperamos que el segundo y el tercero sean exactamente iguales, pero resulta que no lo son.

Es posible que tengan diferentes requerimientos y matices y, en particular, es posible que tengan diferentes percepciones del valor y, por lo tanto, requieran un modelo de negocio diferente. Como resultado, tenemos muy pocos clientes ¡y más de un modelo de negocio!

El viaje del modelo de negocio termina cuando algunos elementos se unen: la historia, el valor y la renovación.

- Si la **historia** es sencilla, la mayor parte de los clientes dirán que es interesante y relevante para ellos. Significa también que los vendedores pueden contar la historia a clientes potenciales y obtener respuestas similares.
- **Valor** significa que nuestro producto entrega el valor percibido que describimos en nuestra historia.
- **Renovación** significa que un cliente renueva su acuerdo anual. Esta es la indicación más clara de que estamos entregando valor y que los clientes están dispuestos a pagar. Es la validación definitiva de nuestro producto y de nuestro modelo de negocio.

CICLO DE VENTAS

Una de las razones por las cuales los intervalos de validación (iteraciones) son tan largos no tiene nada que ver con nosotros. Los ciclos de ventas son largos para muchas industrias.

A lo largo del tiempo, he hablado con muchos emprendedores y he escuchado un punto de vista común: "Ohhh, usted no entiende. En mi industria, los ciclos de venta sí son terriblemente largos".

No están equivocados.

Si creemos que los ciclos de las compañías de transporte son largos, intentemos vender a los fabricantes de autos. Si creemos que los aparatos médicos tienen un ciclo de ventas largo, intentemos vender a las compañías de seguros.

Olvidémonos de las compañías de seguros; estas son fáciles. Intentemos vender a la industria agrícola: esos son, sin duda, un ciclo de ventas largo. Produjimos un fertilizante mágico que aumenta el rendimiento en un 25 % año tras año y digámoslo a unos pocos granjeros. Primero se ríen de nosotros, pero luego los convencemos con nuestra historia y dicen: "¿Saben qué? Ensayémoslo. ¿Ven ese árbol en esa esquina? Pruébenlo".

Y ¿adivinen qué? ¡Funciona! Seis meses más tarde, hay un rendimiento del 25 % más en ese árbol. Entonces preguntamos al cultivador.

—¿Está preparado para comprar ahora?

—Pues sí hasta ahora —dice el cultivador—. Lo ensayamos en el otoño, ahora probemos en la primavera.

Transcurren otros seis meses y los cultivadores aún no están listos. Ahora quieren verlo en acción en otro grupo de árboles. Puede ser un viaje de tres o cuatro años hasta cuando dicen: "El año próximo usaremos su producto en lugar de lo que teníamos antes".

Todos creen que sus ciclos de ventas son largos y tienen toda la razón. Muy pocas cosas pueden acelerar los ciclos de ventas. El temor y, en particular, el pánico y la competencia están entre ellos. Pensemos únicamente en lo que sucedió con las ventas de Pfizer con el pánico y la preocupación sobre las vacunas para el covid-19. Este tipo de pánico es difícil de fabricar.

La competencia en el mercado de los clientes es más fácil de crear. En nuestro plan de ventas, debemos tratar de comprometer a la mayor parte de la industria para tener referencias y, en particular, podemos acelerar el ciclo de ventas porque sus competidores están ya en diálogo. El miedo a perderse algo (FOMO, por sus siglas en inglés) también aplica en los negocios.

EL VALOR ES CLARO CUANDO LOS CLIENTES RENUEVAN

Así como aprendimos acerca del APM que no hemos llegado sino hasta cuando los clientes renuevan, lo mismo se aplica al modelo de negocio. La renovación significa que hay valor y que el modelo de negocio es correcto.

Aun cuando es posible que haya un mejor modelo de negocio, o incluso el mismo con un mejor precio, estas calibraciones pueden y deben ocurrir cuando tengamos más clientes. La enseñanza clave, sin embargo, es muy diferente.

Aun cuando tenemos un viaje interminable para calibrar el modelo de negocio, la satisfacción es crítica para alcanzar las renovaciones. Por lo tanto, cuando iniciamos con las ventas a los clientes, debemos enfocarnos en los siguientes tres elementos:

- El éxito de los clientes. Podemos contratar personal dedicado al éxito del cliente o incluso asignarle el director del producto.
- Medir todo para saber cómo alinear el producto, la historia o la caja de herramientas.
- Evitar la tentación de vender más y más antes de ver las renovaciones. De lo contrario, esto podría llevar a una crisis con varios de los clientes, y queremos reducir la crisis a unos pocos clientes. Este punto es probablemente el más importante de los anteriores.

En esta fase, la función del éxito del cliente es más importante que conseguir nuevos clientes. Una vez que obtengamos renovaciones de cerca del 80 al 90 %, ha llegado el momento de comenzar a construir la organización de ventas.

CONSTRUIR EL PLAN DE NEGOCIOS

Pesemos en el modelo de negocio como una tabla de Excel a cinco años, que muestre para cada año (y posiblemente cada trimestre durante los primeros años) la historia de negocios que deseamos narrar. Como lo señalé antes, es esencialmente un P&G predicho, pero comienza por los objetivos, tales como el número de clientes, usuarios, o países/áreas metropolitanas de despliegue.

Período	T1	T2	T3	T4	T5	T6	T7	T8	T9	T10
Nuevos usuarios	1000	2000	3000	4000	10 000	20 000	30 000	40 000	60 000	90 000
Deserción en T %	60 %	55 %	50 %	45 %	40 %	40 %	40 %	40 %	40 %	40 %
Ads netas	400	900	1500	2200	6000	12 000	18 000	24 000	36 000	54 000
Deserción post T1 %	25 %	25 %	25 %	25 %	25 %	25 %	25 %	25 %	25 %	25 %
Usuarios totales	400	1200	2400	4000	9000	18 750	32 063	48 047	72 035	108 026
Conversión a pago	10 %	12 %	14 %	16 %	18 %	20 %	22 %	24 %	26 %	28 %
Usuarios pagos	40	144	336	640	1620	3750	7054	11 531	18 729	30 247
IPPU	$5,00	$6,00	$7,00	$8,00	$9,00	$10,00	$12,00	$15,00	$15,00	$15,00
Ingresos	$200	$864	$2352	$5120	$14 580	$37 500	$84 645	$172 969	$280 937	$453 711
Ingresos anualizados	$800	$3456	$9408	$20 480	$58 320	$150 000	$338 580	$691 875	$1 123 748	$1 814 843

Período	T11	T12	T13	T14	T15	T16	T17	T18	T19	T20
Nuevos usuarios	120 000	150 000	200 000	250 000	300 000	350 000	500 000	600 000	700 000	800 000
Deserción en T %	40 %	40 %	40 %	40 %	40 %	40 %	40 %	40 %	40 %	40 %
Ads netas	72 000	90 000	120 000	150 000	180 000	210 000	300 000	360 000	420 000	480 000
Deserción post T1 %	25 %	25 %	25 %	25 %	25 %	25 %	25 %	25 %	25 %	25 %
Usuarios totales	153 020	204 765	273 574	355 180	446 385	544 789	708 592	891 444.	1 088 583	1 296 437
Conversión a pago	30 %	30 %	30 %	30 %	30 %	30 %	30 %	30 %	30 %	30 %
Usuarios pagos	45 906	61 429	82 072	106 554	133 916	163 437	212 577	267 433	326 575	388 931
IPPU	$15,00	$15,00	$15,00	$15,00	$15,00	$15,00	$15,00	$15,00	$15,00	$15,00
Ingresos	$688 589	$921 442	$1 231 081	$1 598 311	$2 008 733	$2 451 550	$3 188 662	$4 011 497	$4 898 623	$5 833 967
Ingresos anualizados	$2 754 356	$3 685 767	$4 924 325	$6 393 244	$8 034 933	$9 806 200	$12 754 650	$16 045 987	$19 594 491	$23 335 868

Supongamos que hemos construido un videojuego. Comenzamos con los supuestos básicos acerca de cuántos nuevos usuarios tendremos cada trimestre y cuánta deserción esperamos. Luego tenemos la tasa de "conversión a pago" y el ingreso promedio por usuario (IPPU) para el período. Este modelo simplificado manejará el flujo de ingresos durante los siguientes cinco años. Este plan de negocios de primera línea muestra que, finalmente, dentro de cinco años, tendremos cerca de 1,3 millones de usuarios activos y una tasa de ingresos de cerca de 2 millones de dólares mensuales.

¿Es este un buen plan?

Pues bien, es un videojuego, la deserción es alta y, por lo tanto, necesitaremos conseguir muchos más usuarios para tener un mejor plan.

Solo una nota acerca de cómo leer el plan de negocios que aparece arriba: es un plan trimestral, así que T1 es cuando comenzamos; va hasta T20, que es cinco años más tarde.

La línea siguiente son los nuevos usuarios. ¿Cuántos nuevos usuarios obtendremos a través de nuestros esfuerzos de mercadeo trimestralmente? Esta será una cifra muy baja al comienzo, pero, en cinco años, conseguiremos cerca de un millón de usuarios nuevos por trimestre.

El reto comienza en la siguiente línea: "deserción en el trimestre". ¿Cuántos de estos nuevos usuarios desertarán durante este mismo trimestre?

Recordemos que la deserción es lo contrario de la retención. Aun cuando inicialmente estará en el 60 %, con el tiempo mejoraremos y esta cifra disminuirá al 40 %.

La línea siguiente son las "adiciones netas calculadas" (Ads), esto es, ¿cuántos usuarios nuevos (menos los usuarios que desertan) se adicionaron al final del trimestre? Luego viene la tasa de deserción después del primer trimestre. Las cifras de deserción son relativamente altas, debido al supuesto subyacente de que esto es un juego y, por lo tanto, tiene inherentes altas tasas de deserción.

La línea final de este ejercicio es el número total de usuarios activos, que alcanza cerca de 1,3 millones después de cinco años. Ahora bien, si no conseguimos nuevos usuarios en T21, dado que la tasa de deserción es del 25 % cada trimestre nos quedaremos con menos de un millón de usuarios activos. Nuestra maquinaria de mercadeo tendrá que conseguir cada vez un mayor número de usuarios nuevos cada trimestre para crecer.

La segunda parte del ejercicio es el modelo de primera línea de ingresos que, básicamente dice: no todos los usuarios serán usuarios que paguen, y hay una especie de conversión de usuarios activos en usuarios que pagan (un modelo "freemium"). Aquí, cada uno de los usuarios que pagan contribuirá con una suma promedio de dólares (la cual, de nuevo, aumenta con el tiempo) por trimestre.

¿Es este un buen o un mal modelo de negocio?

La dualidad del modelo de negocio puede ser frustrante. Si presentamos este modelo de negocio para obtener financiación para una ronda semilla o una ronda A, no somos financiables. No estamos aspirando muy alto y la oportunidad no es suficientemente grande. Como resultado, es claro que no seremos un unicornio dentro de cinco años. Por lo tanto, no somos atractivos.

No obstante, si obtenemos financiación y este es un desempeño *de facto*, tendremos un viaje asombroso y exitoso. Probablemente generaremos utilidades en cinco años, con 2 millones de dólares de ingresos mensuales y un crecimiento del 2,5x en ingresos anualizados (IA) año tras año.

Esta es una compañía muy, muy buena.

A este ritmo, nuestro valor de tiempo de vida (VTV) por sobre el costo de adquisición de clientes (CAC) es mayor de tres, por lo cual obtendremos financiación con facilidad para continuar y acelerar el crecimiento. Aun cuando no luce muy bien, si podemos alcanzar un crecimiento de 2,5x del cuarto año al quinto, esto sigue siendo impresionante.

Si bien la hoja de Excel puede presentar y calcular todo, los supuestos de nuestro modelo son las que deben tener sentido. Un inversionista mirará los supuestos y la última línea y decidirá si le agradamos; nosotros debemos hacer lo mismo. Miremos los supuestos y luego la línea final (resultados dentro de cinco años) y decidamos si vale la pena el viaje (esfuerzo, costo alternativo, sacrificio, etc.).

CALIFIQUEMOS Y CUANTIFIQUEMOS EL VALOR

¿Cómo sabemos cuánto valor estamos creando? En realidad, ¡no lo sabemos! Seguimos intentando y hablamos con los clientes o con los usuarios para averiguarlo. El proceso es el mismo que cuando buscamos el APM o cualquier parte de nuestro viaje en la que tenemos supuestos subyacentes (la tesis), y luego tratamos de validarlas con clientes reales. El mismo diálogo que nos ayuda a entender qué características están usando los clientes y por qué son aquellas que nos ayudan a calificar y cuantificar el valor.

CONSTRUIR LA ORGANIZACIÓN DE VENTAS

Toma tiempo construir una organización de ventas exitosa: una maquinaria de ventas que nos aporte resultados predecibles. Existen unas pocas claves para el éxito en las ventas: la madurez del producto, la historia misma para las ventas y la preparación de la caja de herramientas de ventas.

Esto es lo que ocurre con la mayor parte de las startups.

Inicialmente, los primeros cinco o seis acuerdos son hechos por el CEO o por uno de los fundadores y, una vez que parece que el proceso se está repitiendo —la propuesta de valor o la asignación del precio, por ejemplo—, podemos pensar que estamos dispuestos a aumentar la escala de la organización de ventas. Contratamos un vicepresidente de Ventas y esperamos que venda el producto. Este es un error.

Una organización de ventas es una maquinaria que optimiza el proceso de venta. Esta organización tiene cuatro o cinco funciones críticas y, si no actúan coordinadamente como una orquesta, no funcionará. El papel del vicepresidente de Ventas es ser el director de orquesta. Estas funciones son:

- **Alimentador del canal**. Este papel consiste en alimentar la maquinaria de ventas y asegurarse de que aporta suficientes pistas para que las maneje la maquinaria de ventas. Por lo tanto, esencialmente, si pensamos que el vendedor puede manejar cien pistas por año, el gerente del canal es responsable de alimentar cien pistas calificadas por vendedor al año.
- **Ventas**. Estas personas están recibiendo pistas calificadas y, a través del proceso de ventas, intentan cerrar acuerdos.
- **Apoyo a las ventas**. Su papel es apoyar a los vendedores con los diferentes requerimientos que hacen los clientes (*e. g.*, información, discusiones técnicas, integración, etc.).
- **Éxito del cliente**. Es quizás la parte más importante del proceso de ventas. Su objetivo es asegurarse de que el cliente esté comprometido con el producto y lo esté utilizando. Esta función es aquello que alimenta el crecimiento futuro para este cliente.
- **Operaciones de ventas**: Se trata de hacer más eficiente la totalidad del proceso, ofreciendo las herramientas y la práctica para manejarlo.

Si ha llegado el momento de construir una organización de ventas, debemos asegurarnos de construir todas estas funciones. Si contratamos a un vicepresidente de Ventas, esta persona debe enfocarse en construir la organización y no debe dedicarse a vender.

Si todavía no estamos seguros de estar preparados, y solo queremos que la presentación de ventas esté lista, contratar únicamente a un vendedor en ese momento no servirá de nada. Esta persona no tiene la información suficiente, ni el seguimiento ni el apoyo necesario para cerrar acuerdos.

Hay cuatro aprendizajes clave que podemos tomar de este capítulo:

1. Determinar un modelo de negocio es un viaje de fracasos más —y un viaje largo—, pero este viaje, en particular, es más frustrante debido a la cantidad de tiempo que transcurre entre las iteraciones.
2. Al final del día, una vez que creamos valor, nuestro derivado de este valor debería ser entre el 10 y el 25 %.
3. Para acelerar este viaje, debemos comenzar por calificar y cuantificar el valor que creamos. Luego, debemos ajustar el modelo de negocio y el nivel de precios a este derivado del 10 al 25 %.
4. Si podemos elegir nuestro modelo de negocio, la mejor opción es aquel que tenga ingresos recurrentes.

CONSEJOS PARA STARTUPS

- Logre 10x a lo largo del tiempo, aun cuando nuestro precio inicial no sea suficiente, con el tiempo esta cifra aumentará por un orden de magnitud una vez que determinemos el modelo correcto.

- Nadie puede hacerlo por nosotros. Si pensamos por un momento que alguien más puede determinar el modelo de negocio y el plan de negocios por nosotros, pensémoslo de nuevo. Debemos calificar nosotros mismos, los primeros cinco a diez acuerdos.

- Los ciclos de ventas no dependen de nosotros. Aun cuando podemos crear y construir la organización de ventas y hacer de ella una maquinaria eficiente, los ciclos de compras no dependen de nosotros y, por lo tanto, debemos alinearnos con estos ciclos en lugar de tratar de cambiarlos.

- TV/CAC > 3. El valor demostrado del tiempo de vida de un cliente debe ser al menos tres veces más alto que el costo de adquisición del cliente; de lo contrario no tendremos un modelo de negocio sostenible.

- El precio está determinado por el mercado, no por la compañía. El costo, sin embargo, está determinado por la compañía y al mercado no le importa.

CAPÍTULO 10

CÓMO CONSEGUIR
MIL MILLONES DE USUARIOS

Determinar el crecimiento es hacer un gol: el viaje más difícil de todos.

Las personas tienden a preguntar: "¿Cuál es el gran problema? Lo generaremos y ellos vendrán". O bien: "¿Cuál es el gran problema? Un artículo en *The New York Times* y estaremos hechos". O: "¿Cuál es el gran problema? Con una campaña de publicidad en Facebook, podremos obtener tantos usuarios como queramos".

Pues bien, el crecimiento es un gran problema. Es el viaje más difícil, y muy pocos tienen éxito en determinarlo correctamente. Este capítulo se refiere a cómo determinar el crecimiento, el papel del mercadeo, el boca a boca frente a hacerse viral, y el plan para salir al mercado.

EL DÍA TIM COOK

Apple lanzó su aplicación Maps el 19 de septiembre del 2012. De acuerdo con todos los críticos, fue un fiasco. Su aplicación, sencillamente, no era lo suficientemente buena, y llevó a uno de los más extraordinarios mea culpa públicos en la historia de la tecnología.

344 ENAMÓRATE DEL PROBLEMA, NO DE LA SOLUCIÓN

Únicamente nueve días después del lanzamiento, Tim Cook, el CEO de Apple, publicó un mensaje asombroso de disculpa a los usuarios, diciendo que Maps "se quedó corto", y que los usuarios deberían ensayar una alternativa.

Entre sus recomendaciones estaba Waze.

Por aquella época, Waze ya estaba funcionando bien en términos de APM y, como resultado de ello, teníamos entre 50 000 y 100 000 nuevos usuarios diarios en todo el mundo, que representaba cerca de dos millones de usuarios nuevos al mes.

Nos agrada llamar al día que el CEO de Apple les aconsejó a los usuarios que probaran Waze "El día Tim Cook". Después del anuncio de Cook, el número de usuarios de Waze saltó en un 100 % en comparación con el día de mayor éxito anteriormente. Tuvo como resultado cerca de 160 000 usuarios nuevos.

El impacto de las cifras más altas de usuarios duró una semana y luego decayó: del 100 % de usuarios adicionales del primer día pasó a ser el 70 % más el segundo día y aproximadamente el 10 % de nuevos usuarios una semana más tarde.

A fin de cuentas, la importancia del hecho —aun cuando parece impresionante— representó únicamente cerca de un 10 % de aumento en usuarios para todo el mes de septiembre. Este récord de descargas por día se prolongó durante cerca de un año y, cuando finalmente se superó, el promedio diario de la cifra de nuevos usuarios se había más que duplicado.

El crecimiento no se refiere a un único evento. Se trata de la solidez de los resultados y la capacidad de demostrar crecimiento en el tiempo. Nuestro plan GTM (*Go-to-Market*, salir al mercado) tendrá que entregar resultados replicables y aumentar la eficiencia con el tiempo. No se trata de un artículo de dos páginas en *The New York Times*, lo que trae muchos clientes por una sola vez. Se trata de un plan que produzca resultados repetitivos.

¿QUÉ TAN RÁPIDO DEBERÍAMOS CRECER?

La pregunta más pertinente es: "¿Qué tan rápido podemos crecer?

A finales del 2010, Waze tenía cerca de 2,3 millones de usuarios a nivel global. Noam Bardin, el CEO, y yo nos estábamos preparando para una reunión de la junta directiva. Necesitábamos establecer el objetivo para el final del año. Noam me preguntó cuántos usuarios tendríamos para el fin del año.

—Diez millones —respondí.

—¿Dónde vamos a conseguir estos usuarios? —preguntó.

—De dos a tres millones en América Latina, de dos a tres millones en Europa, y de dos a tres millones en Estados Unidos y en algunos otros lugares —expliqué.

—Está bien, pero ¿cómo los vamos a conseguir? —insistió Noam.

Yo tenía muchísimas ideas.

—En realidad no lo sé —admití—. Solo sé que el mercado está ahí y ensayaremos diferentes aproximaciones hasta que lo determinemos. En particular, sé que necesitamos mostrar un crecimiento de 5x para estar en la pista para despegar.

Terminamos el año con 10,6 millones de usuarios. Terminamos el 2012 con 33 millones y, cerca de cinco meses más tarde, cuando Google nos adquirió, teníamos cerca de 50 millones de usuarios. La tabla que aparece a continuación resume estas cifras.

Fecha	Número de usuarios de Waze	Multiplicador A2A
Enero del 2009	34 417 (todos en Israel)	
Enero del 2010	538 077 (aún todos en Israel)	15x
Enero del 2011	2,6 millones (casi la mitad en Israel)	5x
Enero del 2012	11,9 millones (global - determinamos APM)	4,5x
Enero del 2013	36,6 millones	3,1x
Junio del 2013	50,9 millones	2,2x

El factor de crecimiento del año cero al año uno es indefinido. La realidad es que nadie mira el crecimiento esos años, pero es decisivo entender la tasa de crecimiento de año a año (A2A) después: ofrece la retroalimentación que nos permite saber si hemos determinado el crecimiento, y suministra la verdadera esencia de una startup en camino a convertirse en una líder del mercado.

Si miramos a grandes compañías establecidas y rentables, su crecimiento A2A es del 10 %, lo cual es bastante favorable. Más alto es bueno y menor es menos bueno.

Si somos una startup, hasta cuando lleguemos al nivel de una compañía grande, establecida y rentable, debemos demostrar un ritmo muy diferente de crecimiento.

Una vez que comenzamos, se espera que crezcamos 10x, 5x, 4x, 3x y 2x durante los siguientes cinco años. Para poner las cosas en perspectiva, supongamos que cuando comenzamos (año cero) tenemos 50 000 usuarios. Un año más tarde, se espera que terminemos con un total de 500 000. Al final de este período de cinco años, deberíamos tener $10 \times 5 \times 4 \times 3 \times 2 \times 50\ 000 = 60$ millones de usuarios. Así se ve el crecimiento de un unicornio.

Si somos un negocio B2B y estamos vendiendo un millón de dólares el primer año, entonces al año siguiente debemos estar en 5x, y luego 3-4x, y luego 3x, y luego 2-3x, y luego 2x. Por lo tanto, un millón de dólares en el año deberá llegar a ser cerca de 180 a 360 millones de dólares cinco años más tarde.

Dijimos antes que el APM es lo más decisivo, así como la primera parte del viaje, y que si fracasamos en determinarlo moriremos. Determinar el modelo de negocio correcto es, habitualmente, el viaje más largo, pues el proceso de validación es lento. Pero el plan GTM o viaje de crecimiento es en realidad lo más difícil. El número de fracasos en esta fase será mucho mayor.

¿CUÁNDO DEBEMOS COMENZAR NUESTRO VIAJE GTM (SALIR AL MERCADO)?

Si somos una startup B2C, entonces deberíamos comenzar nuestro viaje de salida al mercado en cuanto determinemos nuestro APM, pero no antes. La razón es muy sencilla: si nuestro producto no ha llegado a este punto todavía, la deserción será alta (y la retención baja). Por lo tanto, si traemos nuevos usuarios, la mayor parte de ellos (si no todos) se irán.

Solo imaginemos un colador que debemos llenar de agua. Para lograrlo, debemos movernos muy rápido, o bien sellar los huecos antes de llenarlo de agua.

Sellar los huecos de "drenaje" es el APM.

En B2B, sin embargo, el APM y el modelo de negocios no están tan separados. El crecimiento comenzará una vez que establezcamos el modelo de negocio y el APM. Aun cuando la medición es diferente, el viaje es prácticamente igual: demostrar que podemos crecer de manera eficiente (respecto al negocio) y convertirnos en un actor importante en el mercado.

La principal diferencia entre una B2C y una B2B es la definición de "eficiente". Si somos una aplicación gratuita y no hemos determinado todavía el modelo de negocio, entonces adquirir usuarios a un costo de cero (o a un precio muy cercano a cero) tiene sentido. Adquirir usuarios a un precio considerable no lo tiene.

Si somos un producto B2B o un B2C pagado, y sabemos que nuestros usuarios están gastando X dólares el primer día y, en total, 3X durante el año siguiente, entonces adquirir usuarios por menos de X tiene sentido, pero adquirirlos por más de 3X no lo tiene, puesto que todo nuestro viaje GTM se trata de mejorar la eficiencia.

Incluso si el primer día el costo de la adquisición de clientes no tiene sentido, al final del viaje tendrá que tenerlo.

BAB (BOCA A BOCA) Y VIRAL: EL SANTO GRIAL DEL MERCADEO

Permítanme comenzar por definir estas dos expresiones, pues he visto que muchas personas se confunden con ellas.

"Viral" es la más sencilla de las dos. No puedo usar el producto a menos que otra persona lo esté usando también. Si yo fuera la única persona en el planeta con Messenger o WhatsApp, estas aplicaciones no podrían realmente ayudarme y, por lo tanto, para usarlas, tendría que invitar a otras personas a usarlas también.

Es claro que un producto exitoso, al ser viral, disfruta de un enorme crecimiento, y el ganador se lo lleva todo. Recordemos que puede haber diferentes ganadores en diversos mercados, como Uber en Estados Unidos, DiDi en China y Grab en otras partes de Asia. O Messenger en Estados Unidos y WhatsApp en otros lugares, por ejemplo.

El boca a boca (BAB) es muy diferente. Si les preguntamos a cien personas cómo escucharon hablar de Waze, es probable que el 90 % responda: "Alguien me dijo". Este es el BAB.

Podemos intentar lo mismo con Uber, Netflix, Facebook y la mayor parte de las aplicaciones que usamos todos los días. Si estamos creando una aplicación enfocada en el consumidor y nuestro mercado objetivo total es grande, al final del día ganaremos si establecemos el BAB.

Desafortunadamente, el BAB es relevante únicamente para las aplicaciones que son usadas con alta frecuencia. Permítanme explicar por qué. Como lo aprendimos en el capítulo 4, si nuestro producto se usa más que unas pocas veces al mes en promedio (digamos, incluso diez veces al mes, pero no todos los días), entonces el BAB es nuestro camino, sencillamente porque la gente tiene más oportunidades de hablar de él a otra persona.

Ahora bien, supongamos que únicamente el 10 % de nuestros usuarios le hablan a alguien acerca de nuestro producto después de usarlo, y luego el 10 % de estos finalmente se convierten en usuarios. Supongamos que tenemos ya un millón de usuarios. Si el 10 % de ellos se lo dice a otra persona, esto representa 100 000 personas. Si únicamente el 10 % de estas se convierten en usuarios, estos son 10 000 nuevos usuarios (que podemos llamar "orgánicos").

Ahora bien, si la frecuencia de uso de nuestra aplicación es de una vez al año, esto representaría únicamente 10 000 usuarios al año (nada que valga la pena; de hecho, es probable que tengamos una alta tasa de deserción).

Si nuestra aplicación se usa una vez al mes, sin embargo, esto representaría 100 000 usuarios nuevos en un año; no es tan malo, pero, de nuevo, no es suficiente.

Pero si nuestra aplicación se usa todos los días, o incluso solamente diez veces al mes, (como sucede con Waze), y nuestros usuarios tienen una experiencia positiva que los motiva a decírselo a sus amigos, el efecto combinado será 3x el número de usuarios al final del año, sin que haya ningún gasto en adquisición de usuarios.

Olvidémonos de la deserción por un momento. Quiero que adviertan el impacto de la frecuencia de uso en el crecimiento orgánico. Mantendremos la suposición anterior de que únicamente el 10 % de los usuarios le dirán a alguien acerca de nuestro producto y, que de estos usuarios, únicamente el 10 % comenzarán a usarlo, esto es, el 1 %.

Frecuencia de uso	Usuarios de enero	Usuarios de diciembre	Factor X
Anualmente	1 000 000	1 010 000	1 %
Mensualmente	1 000 000	1 136 825	12 %
Semanalmente	1 000 000	1 677 688	67 %
10 veces al mes	1 000 000	3 138 428	3x
Todos los días	1 000 000	37 783 434	37x

Para Waze, la herramienta más eficaz de nuestro arsenal para salir al mercado fue el BAB.

No hay nada como estar en un auto con un amigo y ver la aplicación funcionando en el tablero para preguntar: "¿Qué es eso?".

¿Cómo se ve el BAB en la vida real? Como un palo de *hockey*: crecimiento exponencial.

Usuarios totales de Moovit (K)

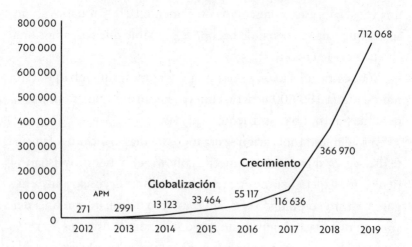

Usuarios totales de Waze

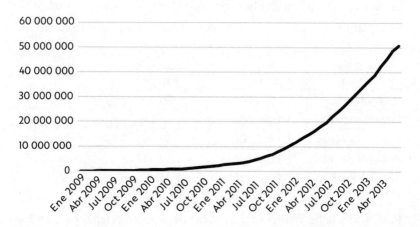

Miremos los gráficos de Moovit y de Waze. Aun cuando las cifras son diferentes y las mediciones no son idénticas —en Waze se cuenta a las personas que han descargado y usado la aplicación, y en Moovit a quienes han usado el servicio a través de la aplicación o de la Red—, la forma de la curva es exactamente la misma.

Es igual para WhatsApp, Facebook y todas las aplicaciones exitosas para los consumidores en el mundo. Una vez que se implanta el BAB, comienza un crecimiento exponencial.

A Moovit le tomó 436 días llegar al primer millón de usuarios, 107 días llegar al segundo millón y cerca de 19 horas llegar al último millón antes de que la compañía fuera adquirida.

El BAB es un derivado de la frecuencia de uso. Una alta frecuencia de uso significa que terminaremos con un mercadeo BAB. Todas las otras actividades GTM que tienen lugar antes son un medio para llegar a una masa crítica que permita el BAB. Puede que nos tome unos pocos años llegar a una masa crítica, pero una vez que lo hagamos, todo nuestro crecimiento será BAB.

Cuando miramos la tabla anterior, supongamos que tenemos una frecuencia de uso de diez veces al mes. En este caso, el BAB o crecimiento orgánico está cerca del 3,13x año tras año. Esto significa 10x en dos años y 100x en cuatro años.

Si comenzamos con unos pocos millones de usuarios, 100x es unos pocos millones de usuarios, esa es ciertamente una posición de líder del mercado. No obstante, si comenzamos únicamente con 1000 usuarios, 100 veces esta cifra es todavía un número muy bajo. Para obtener los primeros pocos millones de usuarios, necesitaremos toda una maquinaria de mercadeo para atraerlos.

NOS EQUIVOCAMOS EN TODO

Reorganicemos todo y realineemos nuestra estrategia para la startup. Si nuestro producto tiene una alta frecuencia de uso, entonces comencemos con el APM, luego vamos al crecimiento y, solo entonces, intentemos determinar el modelo de negocio. Si no, entonces comencemos por el APM, luego determinemos el modelo de negocio, y luego el crecimiento.

La razón de lo anterior es bastante sencilla: si podemos mostrar alto crecimiento, esto incrementará drásticamente la valoración de nuestra compañía, nos permitirá conseguir capital y luego nos permitirá determinar el modelo de negocio. Sin embargo, si no tenemos una alta frecuencia de uso, esto significa que nuestra adquisición de usuarios será costosa y, por lo tanto, tendremos que demostrar que tenemos un modelo de negocio que la apoye.

La frecuencia de uso define la estrategia de nuestra startup y, desde luego, la estrategia de GTM.

MERCADEO 101

Finalmente, podemos comenzar a discutir el papel del mercadeo.

He presenciado muchas startups en el transcurso de los años que, cuando comienzan a pensar en el mercadeo, generan una confusión total acerca de esta importante función. Por lo tanto, resulta muy poco claro cómo construir, contratar y medir el mercadeo.

Permítanme comenzar con lo que he escuchado decir a los fundadores de lo que esperan del mercadeo:

- "Quiero un artículo de dos páginas en *The New York Times*"; por lo tanto, las relaciones públicas son el papel fundamental.
- "Quiero que compren usuarios en Facebook", lo cual significa que el trabajo se refiere en su totalidad a la adquisición de usuarios.
- "Quiero optimizar el aspecto de la compañía y la percepción sobre ella y hacer más contundente el mensaje", lo cual significa que el mercadeo se refiere al posicionamiento.
- "Quiero que el mercadeo les suministre herramientas a los

vendedores", lo cual significa que el mercadeo se refiere a las herramientas de ventas.

En síntesis, casi todos los CEO tienen un punto de vista sobre el papel del mercadeo: la promoción. Pero el mercadeo es mucho más que eso, y si contratamos al equipo de mercadeo pronto, ellos crearán la estrategia mercado-producto-precio, y solo después de hacerlo, la promoverán en el mercado.

Es tarea del mercadeo crear un sistema para acelerar el viaje del APM. Hay dos fases:

1. Aprender cuáles son las necesidades para definir el producto y el mercado (quiénes son los usuarios y dónde se encuentran) y fijar el precio, que es un derivado de la disposición de los usuarios a pagar.
2. Promoción que, en general, está dirigida a conseguir que los usuarios/clientes usen el producto.

Una pregunta clave es: ¿Qué tan pronto contratamos al director de mercadeo?

¿Necesitamos contratar a alguien pronto que pueda realizar el mercadeo de llegada, alguien probablemente muy experimentado, bien formado y que entienda a los usuarios, el producto y el mercado?

¿O necesitamos una persona completamente diferente en un momento posterior de la compañía, alguien que entienda la promoción, el mercadeo de salida y las diferentes herramientas de la promoción? Esta persona sencillamente da por sentada la estrategia mercado-producto-precio, que es tan importante para una contratación temprana del mercadeo.

Estos son dos tipos muy diferentes de persona. El primer tipo es bastante poco frecuente; no muchas personas pueden diseñar la estrategia producto-mercado-precio.

El segundo tipo es más común. Por lo tanto, si vamos a decir: "Estamos buscando un vicepresidente de Mercadeo o un ejecutivo de Mercadeo (CMO) ", ¿cuál de los dos queremos? ¿El primero o el segundo tipo?

Es más probable que la mayor parte de las hojas de vida que recibamos sea de candidatos del segundo tipo, aquellos enfocados en la promoción. No obstante, si contratamos un profesional del tipo dos para que diseñe la estrategia producto-mercado-precio, es probable que esta persona fracase.

Si se hace de la otra manera, también hay una baja probabilidad de éxito, pues la persona del tipo uno es mucho más capaz de hacer únicamente la parte de la promoción y es muy probable que no le guste hacer este trabajo.

Por lo tanto, ahora que sabemos qué puede hacer el mercadeo por nosotros, debemos decidir si queremos contratar pronto el mercadeo interno a la compañía (para la parte del APM en la cual la misión es alcanzarlo rápidamente) o hacerlo más tarde (cuando la misión sea acelerar el crecimiento).

PROMOCIÓN: ¿MERCADEO O DESARROLLO DEL NEGOCIO?

La mayor parte de las startups incluirán el mercadeo cuando llegue el momento de traer a los clientes o usuarios, pero he visto a muchas compañías que deben elegir entre mercadeo y capacidades para el desarrollo del negocio, y atraer a los clientes.

Yo defino el mercadeo como "traer usuarios" uno a la vez. El desarrollo del negocio se refiere a traer grupos de usuarios. Así, por una parte, haré relaciones públicas, mercadeo en línea y en persona, programas de remisiones, etc. Por otra, al ponerme el sombrero de desarrollo de negocio, me pondré en contacto con grupos, empleadores y equipos para comprometer a sus clientes o usuarios.

La conclusión más importante es sencilla: si nosotros no sabemos cómo atraer nuevos usuarios, NADIE MÁS lo sabrá. Con independencia de esto, si terminamos con una adquisición directa de usuarios (mercadeo) o una indirecta (desarrollo de negocio), necesitaremos comenzar por traerlos directamente.

En general, pensamos en las siguientes tasas:

- Si nuestra presentación de ventas es correcta, al final del ciclo de ventas nuestra tasa de cierre-ganancia estará entre el 25 y el 75 %.
- En el viaje de obtención de financiación, nuestra tasa de cierre-ganancia estaría entre el 1 y el 2 %.
- En desarrollo de negocio, la tasa es mucho mejor que en la obtención de financiación, pero mucho más baja que en ventas: entre el 5 y el 10 %.

Si, por ejemplo, tenemos una aplicación para compras libres de impuestos, como Refundit, esto simplifica el proceso para que la gente obtenga su reembolso cuando viaja, y pensamos que podemos acercarnos a las agencias de viajes (en línea o físicas), o a las aerolíneas, o a cualquier agencia de la industria de los viajes y decirles: "Trabajemos juntos; ¿por qué no promueven nuestra aplicación entre sus clientes?", cerca del 5 al 10 % aceptará. Incluso si toma algún tiempo para desarrollarse, los resultados pueden ser decepcionantes.

Permítanme compartir con ustedes algunas historias que nos darán perspectiva.

LOCATION WORLD

El socio de Waze en América Latina, Location World, fue, en cierta medida, nuestro polo a tierra. Siguieron nuestros lineamientos en las actividades GTM y, además, agregaron algunas por su cuenta. Este es prácticamente casi el único modelo que funciona: escribimos el recetario sobre GTM que alguien en el terreno seguirá, y ellos harán su propia localización y ajustes.

Al final del día, Location World fue responsable por todas las actividades de GTM en Latinoamérica, con excepción de Brasil, y hemos ensayado docenas de aproximaciones. En cierta medida, nos han ayudado a escribir el libro de cocina de la GTM.

Telefónica es un operador español de móviles que se extendió a nivel global y es un líder de mercado en América Latina. Location World los contrató como socio de distribución en varios países latinoamericanos, y promovieron a Waze en sus redes, incluyendo una tarifa especial de información (*i. e.*, gratuita) para usar Waze, etc.

Tomó cerca de seis meses que se unieran a la compañía. Hubo muchas conversaciones entre Location World y Telefónica. Incluso tuve que viajar a diferentes lugares de América Latina un par de veces para comprometerlos.

Por aquella época, Telefónica tenía más de un tercio de los usuarios de móviles en la región, y se habían comprometido con el gasto ATL (*Above the Line*, por encima de la línea), que es cuando la propaganda se despliega en torno a un público más amplio, tal como la televisión o la radio. Comparemos esto con el gasto BTL (*Below the Line*, por debajo de la línea), en el que la propaganda se dirige a un grupo específico de clientes potenciales.

Telefónica planeaba usar toda clase de medios de comunicación para promover a Waze. Esperábamos del 20 al 30 % de aumento del crecimiento en aquellos países en los que se planeaba lanzar la campaña.

Los resultados fueron bastante decepcionantes: de un 2 a 3 % de aumento, eso fue todo.

Las actividades para el desarrollo del negocio cuando se sale al mercado exigen una gran paciencia. Muchas de estas actividades no entregarán ningún resultado en absoluto. Muchas otras entregarán algunos resultados. Solamente unas muy pocas entregarán resultados significativos. El problema es que no sabremos cuál es cuál antes de comenzar.

Por lo tanto, recomiendo que comencemos con el desarrollo del negocio GTM. Incluso cuando tengamos alguna tracción de la salida al mercado y sepamos qué funciona y qué no, no esperemos que nuestro equipo de mercadeo saque un conejo de un sombrero: son profesionales de mercadeo, ¡no magos!

HUTCHISON

En el 2012, Waze había obtenido financiación de Horizon Ventures y Kleiner Perkins. Horizon es la sucursal de inversiones de Li Ka-shing, un comerciante muy conocido de Hong Kong y el dueño de Hutchison, compañía que, a su vez, es dueña del operador de móviles 3. Este último, por aquella época, tenía una valiosa huella en algunos países de Europa, incluyendo a Italia.

Horizon nos dijo que podían ayudarnos, y nos hizo una cálida presentación a 3 Italia. Habíamos iniciado un diálogo con ellos, y nos dijeron: "Sabemos cómo promover su aplicación. Haremos una campaña de mensajes de texto (SMS, *Short Message Service*, en inglés) y la enviaremos a todos los usuarios relevantes. Por lo general tenemos resultados asombrosos de esta manera".

Tomó cerca de tres meses más hasta que lanzaron la campaña. Por aquella época, nuestro crecimiento en Italia era bastante bueno: cerca de 3000 a 5000 usuarios nuevos cada día, que representa aproximadamente de 100 000 a 150 000 usuarios al mes. El día de la campaña fue asombroso, y trajo cerca de 100 000 usuarios nuevos. Al día siguiente fueron 60 000, al otro día cerca de 40 000 hasta cuando regresó de 3000 a 5000 al día una semana después. El gran total: cerca de 250 000 usuarios nuevos.

Estos eran resultados maravillosos, iguales a cerca de dos meses de crecimiento orgánico. Fue mucho más de lo que esperábamos.

Llevamos este modelo a otros operadores de móviles, incluyendo TIM (Telecom Italia Mobile), Vodafone Italia, y una docena de otros operadores en diferentes países. Hablé también con los operadores de Hutchison 3 en Austria, el Reino Unido y otros países; ninguno de ellos aceptó hacer una campaña por sms como lo había hecho 3 Italia.

Esto fue realmente frustrante, porque habíamos encontrado algo que realmente funcionaba con muy poco esfuerzo de nuestra parte, y no pudimos comprometer otros operadores de móviles.

Regresé a 3 Italia y les sugerí que lo hiciéramos de nuevo. Esto fue cerca de seis meses más tarde, y Waze estaba entonces creciendo a un ritmo más rápido. Tomó tres meses más lanzar la campaña y los resultados esta vez fueron solo de cerca de 50 000 usuarios nuevos, que representaba únicamente cerca de una semana de crecimiento.

¿Cuál es mi punto? Incluso cuando algo funciona, no podemos estar seguros de que funcionará de nuevo o que funcionará de la misma manera en otro lugar.

TIM BRASIL

Mientras estaba en los diálogos con TIM Brasil, Waze no pudo conseguir ninguna capacidad de distribución (era demasiado pronto para eso); cuando apareció Moovit, le dijimos a la gente en TIM: "Oigan, se perdieron la oportunidad de hacer algo maravilloso con Waze, ¡no la pierdan de nuevo!".

Omar Téllez, un amigo y, en aquel momento, el presidente de Moovit Latin America, que conseguía negocios todo el tiempo, orquestó el acuerdo, que llevó a resultados asombrosos. Un año después de haber lanzado la campaña, un cuarto de todos los usuarios de Moovit estaba en Brasil. La campaña llevó a cerca de 15 millones de usuarios en el término de un año.

Aun cuando de los 1000 millones de usuarios que tiene Moovit actualmente esta cifra no es mucho, de los 50 millones que tenía entonces la compañía sí era una cifra fenomenal. No obstante, Moovit, al igual que Waze, no pudo replicar ese éxito en otros lugares.

ABC CONOCE A CARMAGEDDON

La cadena de televisión ABC fue uno de los detonantes clave para que Waze despegara en Estados Unidos. Cerca del fin de semana del 4 de julio del 2011, había una obra importante programada para la autopista I-405 en Los Ángeles. La autopista debía cerrarse por completo y demolerse. Los medios llamaron a este evento "Carmageddon" [como el videojuego] y, un par de meses antes del cierre, ABC nos contactó, diciendo que nosotros éramos los únicos que podíamos reportar el tráfico en tiempo real, incluyendo reportes del terreno.

A ABC le agradaron nuestros informes del fin de semana sobre Carmageddon, así que continuamos trabajando juntos. A lo largo del 2011, fuimos a otras estaciones locales de ABC y nos convertimos en su herramienta para reportar el tráfico. La cadena estaba muy complacida, pues, en efecto, tenían mejores reportes de tráfico que la competencia. Nosotros también estábamos muy complacidos, porque obtuvimos una promoción gratuita y el reconocimiento de parte de una importante marca.

¿Qué obtuvimos de esto además del reconocimiento de la marca?

Waze suministraba los reportes de tráfico para ABC en Detroit (y también en muchas otras ciudades). Si me preguntaran cuántos nuevos usuarios conseguimos después de la emisión de noticias de las 11 p. m. en Detroit, la respuesta es probablemente una cifra pequeña: solo cerca de cien.

Esto no parece mucho, pero recordemos que los reportes de tráfico eran emitidos tres veces al día, treinta días al año, y en cincuenta ciudades diferentes. Y esto resultó significativo.

ADQUISICIÓN DE INFORMACIÓN

¿Recuerdan el "volante de inercia" de Waze? Entre más usuarios haya, más mejora la información. Hay un mayor aumento en la retención y uso de la información y, por lo tanto, se consiguen más usuarios. Por consiguiente, además del desarrollo del negocio que intenta atraer más usuarios, tuvimos muchos acuerdos de desarrollo de negocio que intentaban obtener más información (en particular datos de GPS de las compañías de gerencia de flotas y mapas de base de los elaboradores de mapas).

Este resultó ser un acuerdo más fácil, porque tenían los datos, y fue relativamente sencillo que se unieran a nosotros. También era libre de riesgos. Mi oferta general a las compañías de manejo de flotas era sencilla: Denos sus datos de GPS en tiempo real, y nosotros les suministramos datos de tráfico en tiempo real.

Esto funcionó en algunos casos. En otros, las compañías dijeron: "Nuestra información es valiosa y otros la están comprando, entonces páguenos". Terminamos pagando de diez a veinte centavos por vehículo al mes. Por lo tanto, una compañía de manejo de flotas que tenía 50 000 vehículos activos recibía un cheque de entre 5000 y 10 000 dólares al mes.

Una vez que llegamos al nivel en que nuestro tráfico era lo suficientemente bueno sin ellos, revisamos los acuerdos y terminamos con uno de tres resultados finales:

1. El socio aceptaba el modelo de intercambio de datos de GPS por datos de tráfico.
2. El socio optaba por darnos un descuento del 50 %.
3. El socio decidía terminar el acuerdo.

El modelo de adquisición de información de tráfico fue un trampolín para nosotros. Necesitábamos mejorar nuestra información de tráfico al comienzo, pero, una vez que conseguimos suficientes usuarios, ya no la necesitamos más.

Ahora bien, esto es importante: en cada parte del viaje, necesitaremos diferentes bienes y, por lo tanto, diferentes acuerdos para el desarrollo del negocio. Aquellos que consiguen usuarios son los más difíciles.

CINCUENTA OTRAS MANERAS EN QUE NO FUNCIONÓ

Yo viajaba mucho para Waze, intentando comprometer a aquellos socios que nos permitieran obtener usuarios e información. Podía tener un viaje con cinco, seis o incluso siete reuniones con varios socios potenciales y, finalmente, regresar sin nada.

En ocasiones conseguía algo, pero tenía tan pocos rendimientos que no valía la pena. Los premios gordos eran poco frecuentes, pero cuando sucedían, cubrían todas las fallas. Pensemos en el desarrollo del negocio como encestar desde media cancha en el baloncesto.

Hay tres maneras semejantes de mirar "oportunidades".

- Si no lo intentamos, no lo conseguiremos.
- Si encestamos, ganamos.
- Siempre pensamos que la próxima será la ganadora.

Si decidimos usar el camino del desarrollo del negocio para conseguir usuarios, hay dos alternativas principales:

- Muchos acuerdos que aportan unos pocos usuarios cada uno.
- Unos pocos acuerdos que aportan muchos usuarios cada uno.

Siempre debemos esforzarnos por obtener la segunda alternativa: esa es la que realmente nos hará avanzar.

¡LAS STARTUPS NO PUEDEN AYUDARSE UNAS A OTRAS!

Todas las startups buscan el mismo objetivo y, por lo tanto, no tienen mucho que compartir. En muchos casos, conocemos al otro CEO, y resulta que ambos luchamos por llegar al mismo mercado objetivo. Establecemos una relación de confianza con el otro CEO y queremos que nos ayude a conseguir usuarios. Pero el otro CEO nos mira y piensa lo mismo: que nosotros también podemos ayudarlo a conseguir usuarios.

Adivinen qué: no tenemos suficientes usuarios para promover al otro CEO y viceversa.

Sin importar cuánto lo intentemos, sencillamente no tenemos maneras de ayudarlos, y ellos no tienen los activos para ayudarnos.

Entonces, ¡ni siquiera lo pensemos!

CONSEGUIR USUARIOS (B2C)

En resumen, cuando hablamos de mercadeo y crecimiento, esto es lo que tenemos en mente: conseguir usuarios. La buena noticia es que, si determinamos esta parte, ganamos. La mala noticia es que es difícil conseguir usuarios.

Con una alta frecuencia de uso, nuestra estrategia es sencilla: invertir en adquisición de usuarios hasta cuando nuestro BAB funcione.

Waze gastó poco en mercadeo, pero lo suficiente para permanecer en la primera página del App Store en la categoría de navegación. En efecto, invertimos en relaciones públicas para crear conciencia y atraer usuarios.

Moovit gastó más en adquisición de usuarios, hasta cuando determinó el BAB y la OMB (optimización del motor de búsqueda, SEO por su sigla en inglés). Hay cincuenta, quizás incluso cien maneras de atraer usuarios, y será un viaje de fracasos, intentando continuamente diferentes cosas hasta cuando encontremos una que funcione.

Debemos comenzar por responder una sencilla pregunta: ¿Quiénes son nuestros usuarios y dónde están? Porque tratar de conseguir nuevos usuarios para Waze en un país donde no hay conductores con teléfonos inteligentes es una pérdida de tiempo (por ejemplo, en la India en el 2010).

Si no sabemos la respuesta a esta pregunta, entonces nuestra travesía de experimentos comienza por usar promociones para diferentes tipos de usuario en diversos lugares y observar los resultados. Una vez que sepamos quiénes son nuestros usuarios y dónde están, entonces podemos empezar a pensar en otras herramientas para realizar promociones más enfocadas.

EN LÍNEA

Facebook, Google, Instagram, TikTok, LinkedIn y Twitter son todas plataformas que nos permiten poner publicidad o promoción en línea. Algunas de las plataformas no permiten enfocarnos a nuestro público. Por ejemplo, "únicamente padres entre las edades de treinta y cuarenta años con hijos" verán nuestra propaganda.

Lo más importante acerca de la promoción en línea es que podemos medir los resultados en tiempo real e introducir los cambios necesarios de inmediato. Por lo tanto, si necesitamos determinar si nuestro público objetivo es de veinte a treinta años, de treinta a cuarenta, o de cuarenta a cincuenta años, lo sabremos al final.

Por esta razón, la mayor parte de las startups gravitarán hacia la promoción en línea, pero eso no demuestra que sea lo mejor en términos de eficacia, atraer a los usuarios relevantes, etc.

La buena noticia es que los canales en línea nos permiten fracasar con rapidez. La mala noticia es que nos impiden pensar de manera poco convencional. El mercadeo en línea y la capacidad de medir los resultados instantáneamente es muy adictiva; es fácil olvidar que debemos explorar otros modelos promocionales.

LAS REDES SOCIALES

Las redes sociales son un caso especial para atraer usuarios: ponerse en contacto con influenciadores que tengan un gran número de seguidores. Suponemos que, si promueven nuestro producto, sus seguidores los seguirán y, en realidad, algunos lo harán. ¿Cuántos? No lo sabemos y, por lo tanto, vale la pena ensayar.

DESCONECTADO

En esta época, casi hemos olvidado el mundo que no está en línea, pero una vez que sepamos quiénes son nuestros usuarios y dónde están, el "contacto desconectado" puede terminar siendo más eficaz que cualquier otra forma de promoción. Solo pensemos en una oferta como "café gratuito cuando llene el tanque" en una estación de gasolina. ¿Un aviso media milla antes de la estación de gasolina funcionará mejor que un anuncio en Facebook?

RELACIONES PÚBLICAS

Muchas personas piensan: "¿Cuál es la gran cosa con la estrategia de relaciones públicas?" Organizamos un artículo de dos páginas en *The New York Times*, y eso es todo.

Pues bien, llegar allá no es tan sencillo.

Contratamos una firma de relaciones públicas y les tomará tres meses de esfuerzo conseguirnos ese artículo de dos páginas. En ocasiones, incluso más, pero no nos prometen que lo conseguiremos. En algunos casos, no funciona. Podemos terminar con una pequeña columna en una publicación de mucho menor distribución. O incluso sin nada.

Recordemos: incluso si llegamos hasta el *Times*, es un evento que solo ocurre una vez. Tener una maquinaria exitosa de relaciones públicas significa que establecemos correctamente nuestros objetivos, mantenemos el curso y sabemos que toma tiempo. Finalmente, una buena campaña de relaciones públicas puede tener un gran impacto e influencia más allá de conseguir solo descargas.

Nuestra experiencia muestra que las estrategias de relaciones públicas funcionan en algunos lugares y, en otros, son muy costosas y menos eficaces. Uno de los objetivos más importantes de las estrategias de relaciones públicas es establecer credibilidad. Cuando la gente oye hablar de algo nuevo, algunas personas lo buscarán. Si lo único que encuentran es nuestro sitio web y las redes sociales, es una cosa. Si encuentran múltiples publicaciones, es muy diferente.

Eventualmente, todo se reduce a comprender cuál es el público. En general, candidatos, socios, gobiernos e inversionistas confían más en referencias y, por lo tanto, las relaciones públicas son más importantes, mientras que conseguir nuevos usuarios puede basarse más bien en el BAB o en las relaciones públicas.

Las relaciones públicas son, esencialmente, locales. En algunos casos, pueden ser incluso hiperlocales. Las relaciones públicas pueden determinar también nuestra estrategia para el GTM en general: funcionan mejor en lugares en los que los medios de comunicación son nacionales y menos bien cuando son locales (como en Estados Unidos).

¿Pensamos que podemos hacerlo solos? No lo piensen. Necesitamos una firma de relaciones públicas. Son expertos, y nosotros no lo somos. Incluso si tenemos un muy buen amigo que es editor en un grupo de medios, los resultados dependerán de muchos de estos contactos y no de una sola persona. La firma de relaciones públicas es la que tiene muchas relaciones con grupos mediáticos.

ATL: SOBRE LA LÍNEA

Una alternativa a las relaciones públicas es ATL, que significa, básicamente, comprar propagandas tradicionales en los medios de comunicación (televisión, diarios, etc.). Por lo tanto, si *The New York Times* no está interesado en publicar un artículo de dos páginas sobre nuestra startup, es mucho más probable que acepten publicar nuestro contenido del mismo tamaño, pero como un anuncio, ¡si podemos pagarlo!

¿Cómo sabemos si gastar X dólares en una propaganda de televisión durante el Super Bowl nos dará mejores resultados que una propaganda de un artículo de dos páginas publicada cinco veces o llegar a un millón de usuarios a través de Facebook?

Pues bien, no lo sabemos… a menos que lo ensayemos.

No obstante, las propagandas durante el Super Bowl son muy costosas y solo ofrecen exposición una vez. Para utilizar la eficacia de la propaganda, es necesario construir una campaña en torno a ella. Una propaganda de dos páginas también es muy costosa, y no hay manera de hacer un experimento a pequeña escala. Por lo tanto, lo más probable es que ensayemos publicidad en línea y podemos comenzar a pequeña escala y ajustarlas de acuerdo con los resultados. Este enfoque todavía no garantiza que obtengamos mejores resultados, pero al menos podemos intentarlo de inmediato y a bajo costo.

CAC: COSTO DE ADQUISICIÓN DE CLIENTES

¿Cuánto cuesta adquirir un usuario? Con el tiempo, afinaremos las mediciones y mejoraremos los resultados.

En general, el CAC se refiere al gasto directo en adquisición de usuarios, así que el costo del departamento de mercadeo o de los que cobra nuestra agencia de relaciones públicas no está incluido.

Con el tiempo, mejoraremos drásticamente nuestro CAC a través de experimentos de ensayo y error.

Al final del día, estaremos midiendo diferentes métodos de mercadeo, con el fin de poder optimizar los rendimientos, gastar menos y atraer más usuarios relevantes.

El resultado final es igual al gasto total de mercadeo dividido por el número de usuarios adquiridos en el período, incluyendo el crecimiento orgánico. Una vez que el crecimiento orgánico sea exponencial (*i. e.*, ganamos más usuarios de lo que desertan), podemos comenzar a reducir el gasto en mercadeo.

VPV: VALOR DE PRIMERA VEZ

¿Cuánto valor generamos de la primera vez que un usuario utiliza nuestra aplicación o servicio?

- Si somos Waze, entonces esta cifra es cercana a cero.
- Si es una aplicación pagada (por ejemplo, una que ayuda a los usuarios a prepararse para un examen de ingreso), entonces esta cifra es el precio neto de la aplicación.
- Si es una aplicación en la que se paga por uso, entonces el valor es desde la primera vez que un usuario hace un pago.

Esta cifra es de la mayor importancia, pues nos dirá cuánto estaremos dispuestos a gastar en mercadeo. En general, en servicios o aplicaciones de alta frecuencia de uso, o en un modelo de suscripción, esta cifra es menos crítica porque podemos calcular el valor del tiempo de vida (VTV) de una manera relativamente fácil.

Pero con servicios y aplicaciones de baja frecuencia de uso, no conocemos el VTV; no sabemos siquiera si habrá un segundo uso. En unos pocos años lo sabremos, pero no tenemos idea cuando comenzamos cuál será el VTV y, por lo tanto, nuestra referencia debe ser el valor de la primera vez (VPV).

El mejor ejemplo del VPV es el mercado de los viajes.

La gente no viaja con tanta frecuencia y, si conseguimos un nuevo usuario para nuestra guía de viajes, no sabemos si este cliente vendrá de nuevo. Una vez que determinamos esta cifra, si VPV > CAC, debemos seguir gastando más en mercadeo, pues estamos ganando dinero.

El número mágico aquí es tres: si gastamos X dólares por usuario activo, y si un usuario activo genera en su primer uso más de 3X dólares, estamos en el camino correcto.

Esencialmente, hemos encontrado una máquina de hacer dinero. Ahora necesitamos obtener capital para gastar más y luego determinar si la proporción de 3:1 mejora o no cuando se refiere a números más grandes.

368 ENAMÓRATE DEL PROBLEMA, NO DE LA SOLUCIÓN

VTV: VALOR DE TIEMPO DE VIDA

¿Cuánto representa un cliente durante su vida como usuario? En realidad, no sabemos cuánto es un "tiempo de vida" con nuestra aplicación o servicio, pero podemos estimarlo después de un año, con base en la deserción.

Esencialmente, si la deserción anual es del 33 %, podemos suponer que el tiempo de vida de un usuario de nuestra aplicación es de tres años. Con el tiempo, aprenderemos cuál es el gasto anual y la duración del tiempo de vida, y entonces lo podremos calcular con mayor precisión.

Inicialmente, supongamos que es de dos a tres años para nuestro modelo, y que una vez que operemos con el modelo durante dos o tres años, podremos reajustarlo. Estos estimativos dependen de si nuestro usuario paga o no, y de si estamos vendiendo publicidad o información.

No obstante, si hemos demostrado que VPV/CAC > 3, entonces debemos gastar. Si no lo sabemos, sigamos afinando los modelos del negocio hasta que la fórmula se ajuste. Afinar los modelos es un viaje de múltiples experimentos.

CRECIMIENTO ORGÁNICO

El crecimiento orgánico es sencillo. No hacemos nada y los usuarios llegan.

Obviamente, es el Santo Grial del mercadeo y por lo general se lo atribuye al BAB. Esencialmente, el crecimiento orgánico es todo cuando no sabemos en absoluto de dónde provienen los usuarios. Al final del día, tomamos las mediciones de adiciones netas (nuevos usuarios menos deserción de usuarios) divididas por el gasto total en mercadeo y este es el CAC. Si tenemos un número mayor de usuarios orgánicos, entonces esta proporción aumenta significativamente.

AGREGADORES DE MEDIOS

En muchos casos, encontraremos que, cuando necesitamos hacer muchos experimentos, trabajar con un agregador de medios es más fácil. Un agregador de medios es una compañía que despliega un presupuesto de adquisición de usuarios sobre múltiples tipos de medios de comunicación. Una compañía semejante puede desplegar presupuestos en múltiples plataformas de publicidad simultáneamente y obtener resultados iniciales más rápidos para nosotros.

Finalmente, necesitaremos traer este proceso a nuestra propia compañía, para construir la pericia, el *know-how* y la capacidad para escalar. Un agregador de medios serán un maravilloso punto de partida, pero para crecer a escala necesitaremos dejar de contratar esta función con terceros. (Hasta cierto punto, puede suceder lo mismo con otros aspectos del negocio, como los jurídicos, los financieros, etc.).

PROGRAMAS DE REFERENCIA

Muchas aplicaciones y servicios creen en el BAB; intentan propiciarlo al recompensar las referencias a usuarios. Por lo tanto, si referimos a un amigo y esta persona se une, es posible que obtengamos una recompensa.

Uber utilizó este método para financiar su crecimiento, y le resultó ser bastante exitoso.

En otros casos, resultó ser mucho menos eficaz. En general, no me agradan las referencias: siento que estoy vendiendo a mis amigos o aprovechándome de ellos. Pero esta es mi perspectiva personal. Si el BAB no está funcionando lo suficientemente bien, puede ser útil tratar de acelerarlo con un programa de referencia.

SEO: OPTIMIZACIÓN PARA MOTORES DE BÚSQUEDA

La SEO es cómo conseguimos que Google y otros motores de búsqueda nos pongan en un lugar más alto en sus resultados de búsqueda. De esta manera, cuando la gente busca términos relevantes en Google, seremos uno de los primeros resultados.

Moovit usó la SEO como una poderosa herramienta para atraer usuarios. Esencialmente, creamos una página de aterrizaje para cualquier posible búsqueda de "¿Cómo llegar a…?". Por lo tanto, teníamos "¿Cómo llegar de Times Square a Washington Square?", "¿Cómo llegar de X a Y en bus?" y "¿Cómo llegar adonde necesito ir en metro mañana a las 7 p. m.?".

Creamos páginas de aterrizaje para todas las combinaciones posibles, de cualquier parte a cualquier parte en cualquier momento.

"Esperen un momento —es probable que estén pensando ahora mismo—. ¡Esto significa millones, si no miles de millones de páginas de aterrizaje!". Exactamente. Cada una de ellas lleva a una respuesta directa específica y en muchos millones de casos esto se convierte en un usuario que descarga la aplicación.

Hicimos lo mismo con varias otras de mis startups para generar los mejores resultados de búsqueda.

LA PGC U OGI: LA PRÓXIMA GRAN COSA U OTRA GRAN IDEA

Nuestro plan de adquisición de usuarios debería incluir la Próxima Gran Cosa u Otra Gran Idea (en realidad, muchas de ellas). Entonces estaremos preparados para emprender este viaje sabiendo que continuaremos ensayando.

CINCUENTA MANERAS DE ATRAER A NUESTROS USUARIOS

Una vez que comenzamos a pensar sobre nuestro plan de salir al mercado y sobre el plan para "atraer usuarios", debemos ir a una sala de reuniones con un tablero blanco y comenzar a escribir en él todas las maneras como pensamos que podemos adquirir estos usuarios.

Luego invitamos al resto de la administración para agregar sus ideas a la lista. Sigamos completándola hasta cuando tengamos cincuenta líneas en el tablero, esto es, cincuenta maneras diferentes de conseguir usuarios.

Luego empecemos nuestro viaje de experimentación hacia la adquisición de usuarios. Si no tenemos cincuenta, no estamos listos para comenzar.

La idea de cincuenta es muy sencilla: no nos enamoramos de un método. Nos enamoramos del viaje hasta cuando hallamos el método que funcione.

Pensemos en encontrar una nueva fuente de petróleo. Necesitaremos perforar cincuenta veces, pero cuando detectemos cualquier signo de petróleo, comenzaremos a perforar cada vez más profundo.

Esta es también la idea aquí. En un primer momento, las cincuenta maneras serán muy diferentes, pero una vez que conseguimos alguna tracción inicial, comenzamos a ir cada vez a mayor profundidad.

Si hubiera resultado que para Refundit el mejor mercadeo estaba en el aeropuerto de destino (para entregar físicamente a los pasajeros que llegan material de mercadeo sobre la aplicación), entonces habríamos optimizado en esa dirección, acercándonos a los clientes potenciales en el lugar de entrega de equipajes, o después de la aduana, o en la estación de taxis.

MERCADEO B2B

Algunos años atrás, hablé con un vicepresidente de Mercadeo y Ventas de una compañía B2B, y le pregunté cuál era el papel del mercadeo y cuál el de ventas.

—Los que pueden, venden. Los que no pueden, eso es mercadeo —dijo. Lo explicó aún más—: Hemos construido una maquinaria de ventas bien aceitada que genera contactos y hace llamadas de ventas, y luego las califica para que los ejecutivos de ventas traten de firmar acuerdos. Luego le hacemos seguimiento a estos contactos.

—Está bien, eso es maravilloso —respondí—. Pero ¿cuál es el papel del mercadeo?

—El mercadeo "embellece el material de ventas" —replicó.

Le mostré unas pocas maneras en las que el mercadeo puede cambiar todo y atraer clientes a su compañía. Posteriormente, implementó algunas de ellas.

Cuando nos reunimos un año más tarde, el vicepresidente compartió conmigo que los ciclos de ventas de la compañía eran ahora mucho más cortos y que ya no necesitaba llamar a sus contactos: ¡ellos lo buscaban!

Esta es la idea, incluso si cerramos acuerdos uno a uno, personalmente, el mercadeo aún puede hacer magia. Crear conciencia en el mercado, establecer credibilidad, crear una mejor caja de herramientas de ventas y materiales que atraigan a los clientes, estas y docenas de maneras más siempre llevan al menos a uno de los siguientes:

- Acortar el ciclo de ventas
- Aumentar el mercado objetivo
- Cualificar los contactos
- Aumentar la probabilidad de renovaciones
- Establecer una marca y reclamar la propiedad de un mercado

¿HAY BAB EN B2B?

Nuestra respuesta inicial puede ser "no", pero eso no es verdad.

Supongamos que somos un vendedor y nuestra compañía está utilizando la aplicación de software Salesforce. Un par de años más tarde, nos trasladamos a una compañía diferente donde aún utilizan Microsoft Excel. De inmediato nos convertimos en un promotor de Salesforce. Este es un ejemplo del BAB.

El BAB toma más tiempo y, en muchos casos, ya hemos trabajado en nuestro plan para salir al mercado y en nuestro plan de adquisición de clientes, pero entonces nos damos cuenta de que estamos comenzando a recibir llamadas de clientes potenciales a los cuales ni siquiera habíamos buscado todavía, todo gracias al BAB.

En comunidades de desarrolladores, esto sucede más rápido por diversas razones, incluyendo que están más conectados y comparten, pues se desplazan de un sitio a otro con mayor frecuencia.

Para otras aplicaciones y productos, puede tomar un tiempo, pero, una vez que llegamos a este punto, es un volante de inercia que nos convierte en líderes del mercado.

ORGANIZACIÓN DEL MERCADEO

¿Existe una receta para construir la organización de mercadeo correcta?

Depende de nuestros objetivos. Si traemos pronto a un CMO para que determine la estrategia mercado-producto-precio, entonces es esencialmente tarea de una sola persona. Esta persona puede ser el director de mercadeo del producto, pero aun así tiene que negociar, comprender a los usuarios y tener experiencia con mercados similares y mejores.

Nuestro CMO *no* es una persona de mercadeo externo, un ejecutivo de relaciones públicas, un experto en mercadeo de comunicaciones ni un comprador de medios en línea. Si estamos buscando a alguien que consiga usuarios, debemos comenzar con alguien que pueda orquestar todas estas funciones (mercadeo externo, relaciones públicas, mercadeo de comunicaciones, en línea) y, durante la entrevista, pedir al candidato que genere cincuenta maneras de obtener clientes. Si lo hace, dígale que comience.

Si estamos enfocados en adquisición de clientes en línea, contratemos a una persona que haya hecho esto antes.

En síntesis: nuestra primera persona debe ser práctica: alguien que pueda realizar el trabajo sin contratar a otras personas.

CONSEJOS PARA STARTUPS

- Existen al menos cincuenta maneras de conseguir usuarios; no emprendamos el viaje antes de establecer una lista de experimentos.

- Midamos. Si no medimos la eficacia del mercado, ¿cómo sabremos qué funciona y qué no?

- Sencillamente, comencemos. Este viaje, aunque difícil, tiene intervalos de tiempo más cortos entre experimentos. Por lo tanto, sencillamente comencemos con nuestros experimentos de mercadeo tan pronto como sea posible

- Sepamos cuándo contratar a un CMO. Cuando iniciamos nuestra compañía, necesitamos a alguien que dirija la estrategia producto-mercado-precio. En una fase posterior, cuando haya llegado el momento de crecer, es posible que esta misma persona no sea la adecuada. Contrate una persona que pueda generar la estrategia "cincuenta maneras de conseguir usuarios".

- Una organización enfocada en ventas necesita mercadeo para reducir los ciclos de ventas y para aumentar el mercado objetivo total.

CAPÍTULO 11

EXTENDERSE GLOBALMENTE

Hay más teléfonos inteligentes en India que en Estados Unidos.
De hecho, hay más del doble.

Mientras editábamos este libro, eliminamos este capítulo varias veces y lo introdujimos de nuevo el mismo número de veces. El veredicto fue que debíamos conservarlo, por una razón muy sencilla. La perspectiva que ofrece este capítulo cuando necesitemos determinar nuestra estrategia para extendernos a nivel global podría ser valiosa y quizás no trivial. Espero que concuerden conmigo.

"Extenderse a nivel global" como estrategia depende de dónde comencemos. Si nuestra compañía está radicada en Estados Unidos, es posible que seamos un líder de mercado antes de pensar siquiera en el mercado global. Si comenzamos en un lugar pequeño (como Israel, Estonia o Suecia), nuestro mercado local es demasiado pequeño y, por lo tanto, debemos pensar en una extensión global mucho antes.

La tercera opción es que comencemos en un mercado grande como Rusia, Japón, Alemania, India o Brasil, y pasemos demasiado tiempo en este mercado estableciendo un liderazgo local. Luego, muchos años después, decidimos que queremos expandirnos a nivel global. En este caso, la opción por defecto no funcionará; tendremos que definir una estrategia diferente.

En este capítulo, discutiremos las maneras como podemos convertirnos en líderes de un mercado global. Para esto, será necesario capturar múltiples mercados clave.

Este capítulo nos ayudará también a determinar a *dónde* debemos ir, *cuándo*, y *cómo* llegar allá. Si nuestra base es un país pequeño, debemos comenzar a pensar globalmente incluso antes de comenzar. Califiquemos el problema en otros mercados también; pensemos acerca del APM que necesitaremos para lograrlo en nuestro pequeño país, y luego afinémoslo para un mercado más grande.

Israel es un lugar muy pequeño, cerca del tamaño y la población de Massachusetts (con más startups). Uno de los aprendizajes críticos en Israel es que ninguna empresa de capital de riesgo invertirá si nuestro mercado es únicamente en Israel. Nuestra capacidad de construir una compañía grande y exitosa que atienda únicamente el mercado israelí es mínima. Y lo mismo sucederá en Suecia, Estonia, Holanda, etc. Si nuestro mercado es pequeño, debemos pensar en lo global desde el primer día.

La pregunta es, entonces: *¿Dónde está nuestro mercado?*

LOS MEJORES MERCADOS

Tendemos a pensar que los mejores mercados están en Estados Unidos, China, Japón, Alemania y el Reino Unido, pero en realidad hay más mercados por ganar (y más fáciles).

Pensemos en las aplicaciones o servicios más exitosos de Internet y preguntémonos cuáles son los mejores mercados en cuanto al uso. Si respondimos Estados Unidos, en general, tendríamos razón, pero ¿cuáles serían los números dos, tres, cuatro?

La lista siguiente podría cambiar con el tiempo, pero los mejores cinco mercados son casi siempre los mismos.

- Google: Estados Unidos, y luego Brasil, India y el Reino Unido
- YouTube: Estados Unidos, y luego Rusia, Brasil y Japón
- Facebook: Estados Unidos, y luego Vietnam, Brasil y el Reino Unido
- WhatsApp: Brasil y luego India, México e Indonesia
- Instagram: Estados Unidos, Brasil, Rusia e Italia
- Waze: Estados Unidos, Francia y Brasil
- Moovit: Brasil, Turquía, Italia y Estados Unidos
- Uber: Estados Unidos, Brasil, México y el Reino Unido

¿Ven lo que quiero decir?

Hay algunos países que ni siquiera se nos ocurrieron como objetivo de expansión. Pero si lo pensamos, hay 210 millones de personas en Brasil, 1300 millones en India, 275 millones en Indonesia y 115 millones en México: ¡no son países pequeños! Hay más vehículos en Brasil que los que hay en el Reino Unido, Francia, Italia e incluso Alemania.

LUGARES PEQUEÑOS FRENTE A LUGARES GRANDES

Existe una gran diferencia entre la cultura de los países pequeños y la de los grandes. Si tuviera que definir esta diferencia en una palabra, sería "adaptabilidad".

Para hacer negocios, los países pequeños deben adaptarse a lugares más grandes.

Los lugares grandes, por el contrario, pueden ser casi autosuficientes en términos de negocios y, por lo tanto, no necesitan adaptarse al resto del mundo; es más probable que el resto del mundo se adapte a ellos.

El resultado de lo anterior es casi siempre el mismo: las startups que nacieron en un lugar pequeño determinan su globalización pronto... y por buenas razones.

Si vivimos en un país con un mercado pequeño, en cuanto determinemos el APM, o incluso antes de haberlo completado, necesitamos salir a un mercado nuevo y más grande.

Si estamos en un mercado grande, por ejemplo, Estados Unidos, comenzamos en nuestro lugar de origen, luego vamos a San Francisco y luego forjamos un área metropolitana a la vez.

Alternativamente, si somos una compañía nacional, entonces toda la nación es nuestro "lugar de origen".

Durante los próximos cinco años, cada vez que nos preguntemos: "¿Dónde deberíamos invertir ahora?", la respuesta debe ser local. Solo entonces podemos comenzar a pensar en otros lugares.

No obstante, si estamos en Brasil y nos lanzamos en São Paulo, y luego pensamos en Rio de Janeiro, Belo Horizonte, Brasilia, Salvador, Fortaleza y Curitiba como nuestros próximos mercados, el tiempo que nos tomaría crear una posición de liderazgo de mercado en Brasil será cerca de cinco años. Tratar de determinar nuestro liderazgo de mercado global será entonces muy difícil. Alcanzar un liderazgo regional en América Latina es algo que probablemente pueda hacerse, pero ir de Brasil a Estados Unidos o a Europa será prácticamente imposible.

¿CUÁNDO SALIR?

Si venimos de un lugar pequeño y nuestra meta es convertirnos en un líder de mercado global, entonces después de dos o tres iteraciones del producto, incluso cuando no es lo suficientemente bueno todavía (pero se acerca a serlo), estamos aprendiendo y la mejora será mucho más significativa en el mercado objetivo más grande y no con más iteraciones en nuestro pequeño mercado local.

Nuestro objetivo ahora es llegar al APM en ese mercado objetivo.

No obstante, si estamos en Estados Unidos o en China, solo debemos pensar en extendernos globalmente una vez que hayamos determinado el APM en casa. Lo más probable es que emprendamos el viaje hacia la globalización únicamente después de determinar nuestro crecimiento o modelo de negocio.

El reto es cuando venimos de otro país grande, por ejemplo, Alemania, Brasil, México, Rusia, India, Indonesia, Japón, el Reino Unido, Francia, etc. En este caso, con frecuencia, cuando estamos preparados para salir globalmente, puede ser demasiado tarde para convertirnos en un líder global. El viaje de determinar el APM en nuestro mercado de origen, y luego darnos el tiempo de crecer localmente y convertirnos en un líder de mercado en nuestro país, es, en promedio, un viaje de cinco años.

Extendernos a nivel global en este momento es un problema, pues es posible que enfrentemos una feroz competencia ya establecida en los mercados objetivo, y estaremos compitiendo en desventaja con actores locales o globales. Es difícil encontrar líderes globales en el espacio tecnológico que hayan empezado en estos países grandes. En la mayor parte de los casos, cuando decidieron crecer globalmente, ya era demasiado tarde para convertirse en un líder de mercado global.

¿QUÉ SUCEDE SI NO LO HACEMOS?

Si no salimos globalmente lo suficientemente pronto, es posible que perdamos la oportunidad de convertirnos en un líder global de mercado. Hay algunas razones por las cuales podríamos perder esta oportunidad.

- ADN. El de nuestra compañía es local, los líderes clave son locales, pensamos como una persona local y, por lo tanto, la globalización exige un salto en nuestros procesos de pensamiento. Y, en particular, tendremos que reemplazar parte de la administración, algo que siempre es difícil. Se requiere que pongamos la expansión a otros países como nuestra primera prioridad. Si no tomamos esto seriamente, y todo el equipo de administración es local, será muy difícil crear una tracción significativa.

- El siguiente país. Si ya llevamos de cinco a seis años como una organización enfocada en el mercado local —digamos, en Alemania—y ahora decidimos extendernos a otros países, ¿qué país objetivo deberíamos elegir? Los mercados más fáciles de ganar serían Austria, Suiza y la República Checa. Si comenzamos en Vietnam, entonces Tailandia, Camboya y las Filipinas serían opciones fáciles. Todos estos aumentarían el mercado y harían crecer la compañía. Desafortunadamente, no nos acercarían a convertirnos en un líder del mercado.

- Estrategia M&A. Si comenzamos en uno de los principales países, es posible que hayamos tenido un largo viaje para convertirnos en un líder de mercado en nuestro lugar de origen, y nuestra estrategia para extendernos a nivel global será a través de fusiones y adquisiciones (M&A). Si somos Groupon, por ejemplo, será muy fácil adquirir actividades similares localmente y luego expandirnos globalmente a través de ella, cuando cada una ya haya demostrado su capacidad de convertirse en líder del mercado local.

A DÓNDE IR

Voy a revelarles mi estrategia secreta: *elijan un mercado importante que sea fácil de ganar*. Esencialmente, pensemos en todas las cosas que lo hacen más fácil de ganar en los veinte principales países en materia de PIB; cosas como la eficacia de las relaciones públicas, qué tan grande es el "dolor", qué tan conectado/social es el mercado, etc.

Por el otro lado, pensemos en factores que hacen más difícil ganar el mercado, tales como la competitividad (¿hay competidores y cuál es su posición en el mercado?) y qué tan alto es el CAC (costo de adquisición de clientes).

Es probable que los resultados sugieran Estados Unidos y como primeras opciones en términos del tamaño y la oportunidad. Pero estos países son, a la vez, los más difíciles de ganar. Las relaciones públicas no funcionan (o cuestan muchísimo si queremos ganar), y la adquisición de usuarios es muy costosa porque el mercado es altamente competitivo.

El Reino Unido y Japón serían los segundos más difíciles de ganar. Si podemos tener éxito allí, ambos serían referencias asombrosas para los inversionistas.

Brasil, México, Italia, España, Turquía e Indonesia serían más fáciles de ganar. Además, son mercados grandes en sí mismos. Las relaciones públicas funcionan bien en estos países, los mercados están socialmente conectados y, por lo general, hay muy poca o ninguna competencia. Adicionalmente, es probable que el CAC sea mucho más bajo.

Ahora bien, ¡esta es una fórmula ganadora!

Una de mis startups había determinado el APM con relativa rapidez. El "dolor" del que se ocupaban era bastante importante y el valor era claro.

Cuando decidimos salir a otros mercados, tuvimos muchos debates sobre a dónde deberíamos ir luego. Yo apoyaba decididamente a México, Brasil, Italia y España, pero el equipo insistió en el Reino Unido, diciendo que no teníamos suficiente financiación para ir a Estados Unidos (que es casi siempre el mercado más importante), pero que el Reino Unido sería menos costoso y factible.

Sugerí que el CEO hablara con otros CEO.

—¿A dónde debería ir globalmente? —el CEO de la compañía le preguntó a Nir, el CEO de Moovit—. En otras palabras, ¿cómo decidió usted a dónde ir?

—Fui a Brasil, México, Italia, España y el Reino Unido al mismo tiempo, y fue la decisión correcta —le dijo Nir—. Al final en cuatro de estos países tuvimos éxito. No tuvimos éxito en el Reino Unido porque había unos competidores especialmente fuertes, pero ganamos a los otros con facilidad, porque no había competencia, las relaciones públicas tuvieron éxito, y nuestra campaña de adquisición de clientes funcionó bien.

Para el momento en que escribo este libro, Brasil e Italia continúan siendo el número uno y el tres, respectivamente, en cuanto al uso de Moovit.

A pesar de los consejos que recibió, el CEO se reunió de nuevo con su equipo y se decidieron por el Reino Unido. En parte, esto se debió al idioma (es más fácil para los israelíes trabajar en territorios de habla inglesa) y, en parte, porque esto era lo que los inversionistas querían escuchar.

Tristemente, no tuvieron éxito en el Reino Unido. Como resultado de ello, tuvieron dificultades para obtener capital (pues no tenían tracción por fuera de Israel). Cuando la compañía eventualmente obtuvo capital, regresó a Brasil y México, donde tuvo mucho más éxito.

Otra perspectiva que debemos considerar es la financiación. Si ya tenemos éxito en Estados Unidos, y hemos conseguido una cantidad de dinero, entonces ir al Reino Unido no es una mala idea. Londres está a un viaje de avión de muchísimas ciudades en Estados Unidos y, en efecto, hablan el mismo idioma.

El Reino Unido es probablemente de cinco a diez veces más costoso para conseguir el mismo número de usuarios que Brasil, México, Turquía, Indonesia, etc., pero estaremos ganando un mercado que es difícil de ganar, no solo para nosotros, para todos.

Nuestra estrategia para salir al mercado se basa también en nuestra financiación:

- La fórmula de la startup pobre: Ir a un país importante donde sea fácil ganar.
- La fórmula de la startup rica: Ir a un país que tenga el mayor impacto y sirva de referencia estelar.

Con independencia de en qué nivel se encuentre nuestra startup, no olvidemos que debemos cometer errores rápido. Esto significa ir en paralelo a varios países, con la presuposición implícita de que no hay especificidades del mercado (como reglamentación o infraestructura) que nos obstaculicen.

¿CÓMO SALIR?

La respuesta es bastante sencilla: efectivos en el terreno y un fundador que nos apoye.

Los efectivos en el terreno pueden ser socios locales, que puedan dedicar un esfuerzo considerable a esta actividad. Podemos también contratar a un gerente de país cuya tarea sea conseguir el éxito de nuestra compañía en ese mercado.

Una empresa conjunta, por otra parte, es una mala idea. Si queremos trabajar con una compañía local, deben darse dos elementos críticos:

- Somos importante para el socio local, así que quieren realmente que tengamos éxito; no es solamente otro experimento para ellos.
- Asegurémonos de que podemos salirnos si la sociedad no funciona y de que tengamos la capacidad de ensayar de nuevo en el mismo mercado con un socio o una estrategia diferentes.

Aun cuando la idea de compartir el éxito y el esfuerzo es buena, la estructura de una empresa conjunta puede ser muy problemática. En primer lugar, no hay manera de salirse de la estructura. Es una compañía de propiedad de dos accionistas y, en caso de desacuerdos, terminaremos en un callejón sin salida. Ninguno de los dos puede prescindir del otro y, sin embargo, ninguna de las partes quiere seguir con la relación.

La segunda razón es aún más problemática. Las empresas conjuntas, por definición, son ineficientes, en ocasiones tan malas como las organizaciones sin ánimo de lucro. La administración de una empresa conjunta tiene menos incentivos para crear valor para los accionistas, pues no son accionistas, y el CEO local de la empresa conjunta es más cercano a los accionistas locales que a nosotros.

Esto crea una situación en la cual la empresa conjunta tiende a gastar más dinero del necesario. Esto es lo que sucede en organizaciones en las cuales el objetivo de la mayor prioridad es permanecer con vida.

Las ventajas de una empresa conjunta pueden ser creadas con facilidad en un acuerdo que reglamente algunos pocos elementos decisivos:

- ¿Quién hace qué? Por ejemplo, el socio local suministra apoyo local y esfuerzos de mercadeo, mientras que nuestra startup suministra el sistema y la localización.
- ¿Cuál es el valor creado por estar juntos y cómo se divide? Por ejemplo, ¿será el 50/50 de los rendimientos? ¿Algo diferente? ¿Por qué?
- Terminación. ¿Qué sucede si ya no queremos hacer negocios juntos? ¿Cómo terminamos el acuerdo? En ocasiones se trata de un período largo (muy largo) de notificación y, en otros casos, con costos de terminación. La terminación puede estar relacionada con objetivos, de modo que, si los objetivos no se cumplen, la terminación se considera "a voluntad".
- Presupuesto. ¿Quién va a gastar cuánto y en qué?

En el ejemplo anterior, terminamos con dos opciones: usar a uno de nuestros empleados como gerente del país y construir la actividad local desde cero, o bien establecer un acuerdo con socios locales.

Pero ¿cuál de los dos?

Al igual que muchos otros experimentos en nuestro viaje, tendremos que ensayar y ver. Debemos comenzar la búsqueda de un socio local y de un gerente de país al mismo tiempo, y comenzar con el primero que encontremos. En muchos casos, ¡podemos terminar con ambos!

MERCADOS DIFÍCILES

Algunos años atrás, uno de mis CEO dijo que deberíamos ir a China. Le pregunté por qué.

—¡El mercado es enorme! —dijo.

—Tiene razón, el mercado es enorme —repliqué—. Pero también exige enfocarnos y muchísima atención.

Estuvimos de acuerdo, pero la pregunta era: ¿Qué significa eso realmente? A lo que respondí:

—¿Estará usted o su cofundador ciento por ciento en China durante los próximos doce o dieciocho meses?

El otro cofundador estaba orientado a la parte técnica y no a los negocios, así que obviamente sería imposible para la compañía y para él reubicarse, pues era necesario que estuviera cerca del equipo de desarrollo. Además, extenderse a nivel global requiere capacidades de negocio más que capacidades técnicas.

La respuesta del CEO fue sencilla.

—No puedo dedicar el ciento por ciento de mi tiempo y atención a la China en esta fase —me dijo—. Aún tenemos muchísimo que hacer aquí.

Mi respuesta también fue sencilla.

—Entonces no estamos preparados para China.

Si nuestra startup comienza en Israel, lo más probable es que nuestro principal mercado y el más lucrativo sea Estados Unidos. Si este es el caso, y ya hemos alcanzado el APM en Israel, entonces el CEO o uno de los fundadores debería trasladarse a Estados Unidos, para hacer de la compañía un éxito en ese país.

Debemos suponer que se necesitará una fuerte financiación.

Como regla general, se necesitarán cerca de 10 millones de dólares para crear una tracción suficiente que nos permita obtener capital adicional en Estados Unidos.

No obstante, si somos una startup basada en Estados Unidos, el primer mercado es evidente: Estados Unidos. La cuestión global solo se convertirá en algo relevante para nosotros muchos años más tarde.

Estos cuatro mercados (Estados Unidos, China, Japón y el Reino Unido) son los más difíciles por algunas razones.

- Son grandes e influyentes y, como tales, son los mercados más atractivos para muchas compañías.
- Su atractivo tiene como consecuencia una cantidad de competencia con altos costos de adquisición de clientes.
- Todas las herramientas de mercadeo son costosas. Además, algunos mercados exigirán un enfoque cultural diferente.

El Reino Unido está en una posición única. Cuando llega el momento de extenderse a nivel global, la mayor parte de las startups basadas en Estados Unidos eligen automáticamente al Reino Unido y, en la mayoría de los casos, esto es después de establecer una posición importante en el mercado estadounidense y, por lo tanto, de obtener una financiación significativa. Como resultado, su disposición a gastar en capturar este mercado será alta.

En conclusión, si somos una startup pequeña que está buscando su primer mercado clave, salir al Reino Unido nos enfrentará a la competencia local, mucho más ferozmente, a la competencia basada en Estados Unidos, que es más madura y mejor financiada y, por lo tanto, puede gastar mucho dinero en mercadeo.

EL MUNDO

Hay una manera muy simplista de abstraer el mundo: miremos el PIB per cápita o supongamos una conducta similar de negocios/consumidores en países de mentalidad parecida. Luego busquemos otras similitudes, tales como conductas sociales y culturales. Finalmente, encontremos nuestro mercado objetivo total específico (MOT).

Podemos obtener todas estas cifras del World Factbook publicado por el Gobierno de Estados Unidos, que encontraremos con facilidad en línea a través de una búsqueda de Google.

Ahora, creemos una lista de los treinta principales países según el PIB. Es probable que comience con Estados Unidos, China, India, Japón y Alemania, seguidos de Rusia, Indonesia, Brasil, el Reino Unido y Francia.

Los diez siguientes incluirán países como Italia, España, México, Turquía, Corea del Sur, Canadá y Polonia.

Aun cuando algunos de los países pueden sorprendernos, podemos eliminar países de la lista por cualquier razón (por ejemplo, países en los cuales es muy difícil tener éxito o países a los que no deseamos ir).

Debemos mantener nuestra investigación en la lista ya restringida en términos de MOT (tamaño en clientes, no en dinero), competencia, existencia allí del problema que intentamos solucionar, etc.

Cuando hayamos hecho esto, seleccionemos de tres a cinco países para comenzar.

En algunos casos, podemos ensayar adquisición de clientes en línea para determinar si un país específico es relevante. Elijamos aquellos donde la adquisición de usuarios sea poco costosa. Quizás miremos si nuestra red puede hallar un socio local que pueda investigar más por nosotros y pueda hacer suficientes indagaciones para satisfacer nuestra intuición, lo mismo que hicimos cuando emprendimos nuestro viaje. Debe ser apenas lo suficiente para que tengamos la convicción acerca de cuáles lugares podrían funcionar.

Luego comencemos a enfocarnos en estos tres o cinco países en paralelo.

LA DIFERENCIA ENTRE UBER Y LYFT

Mientras escribo este libro, la capitalización de Uber en el mercado es de cerca de 90 000 millones, y la de Lyft es cerca de 19 000 millones. Si vivimos en Nueva York, es probable que usemos ambas aplicaciones. Si vemos que el precio y el tiempo de espera en una son altos, entonces ensayamos la otra.

Sin embargo, si intentamos conseguir un transporte de Lyft en São Paulo, no lo hay. Tampoco encontramos a Lyft en París ni en Ciudad de México.

Uber es global; Lyft es nacional.

Si queremos ser el líder del mercado, debemos pensar global.

CONSEJOS PARA STARTUPS

- Pensemos en todos los mercados relevantes e importantes, y seleccionemos aquellos que sean fáciles de ganar y que sufren gravemente del problema que intentamos solucionar. Queremos un mercado donde la competencia sea prácticamente inexistente y los costos de adquisición de clientes sean bajos.

- Elijamos un mercado grande. En Estados Unidos, si podemos tener éxito en San Francisco o en Nueva York, estamos en el camino correcto para ganar el mercado. Podemos decidir comenzar en un lugar más pequeño, pero pronto necesitaremos salir a nivel nacional o a un mercado importante.

- Trabajemos simultáneamente. Pensemos en los principales mercados que intentamos ganar y lancemos unos pocos al mismo tiempo. Consideremos India, Brasil, Indonesia, México, Italia, España, Turquía y Francia.

- Países similares. Diseñemos un esquema de comparaciones entre países utilizando muy pocos criterios.

CAPÍTULO 12

LA SALIDA

El final es solo el comienzo de un nuevo viaje.
—Adi Barill, consultora de medios

Fue el primero de mayo del 2020. Moovit estaba a pocos días de cerrar su acuerdo de adquisición con Intel por poco más de mil millones de dólares cuando Intel puso una nueva exigencia.

"Queremos que el ciento por ciento de los accionistas autoricen el acuerdo, incluyendo todos aquellos que tienen apoderados e incluso quienes tienen únicamente el 0,01 % de las acciones", nos dijo Intel.

El ceo de Moovit, Nir Erez, pensó que esto sería muy sencillo. Había cerca de una docena de accionistas y todos habían autorizado ya el acuerdo, pero Intel insistió en que incluyéramos también a antiguos empleados que hubieran ejercido sus opciones.

El equipo jurídico de Moovit intentó explicarle a Intel que eso no era necesario, pues todos tienen un apoderado ante la junta directiva. Pero Intel no cedió.

Por aquella época, en el momento de la adquisición, Moovit tenía ocho años y cerca de doscientos empleados, había cerca de setenta empleados que habían dejado la compañía y ejercido sus opciones. Por lo tanto, eran propietarios de "acciones ordinarias" de la compañía, acciones que estaban en poder del administrador legal del plan de opción de acciones.

Nir y el cofundador de Moovit, Roy Bick, se dividieron la tarea de llamar a los setenta exempleados durante el fin de semana. Una vez firmado el acuerdo, Nir me dijo que aquel fin de semana había sido la parte más *gratificante* de todo el proceso. Estaba feliz de llamar a todos estos exempleados para decirles que había un acuerdo y que recibirían una muy buena recompensa —que, para muchos, representaba un cambio de vida— y que todo esto sucedería a la semana siguiente.

Algunos de estos empleados habían dejado la compañía recientemente, otros lo habían hecho años atrás. Sin importar cuál fuera su situación, todos quedaron sin palabras.

Para Nir, cada una de estas llamadas fue un momento asombroso para destilar la totalidad de este viaje de montaña rusa en la esencia de la creación de valor para todos los empleados que habían formado parte de él.

Cuando Google adquirió Waze —un acontecimiento que cambió la vida de todos los 107 empleados de la compañía en aquel momento, así como de unos pocos que ya se habían retirado—, se lo dijimos a todos los empleados a la vez.

Aun no habíamos aprendido el poder de uno en uno. Esta experiencia me llevó a entender que, cuando haga mi próximo anuncio de salida (la venta de la compañía), lo haré con cada persona, como lo hizo Moovit, para permitir a cada empleado tener un momento privado de celebración.

NO HAY NADA COMO LA PRIMERA VEZ

En capítulos anteriores, comparamos la experiencia del usuario por primera vez con el primer beso; hablamos de enamorarnos del problema y de enamorarnos para comprometernos con el largo, sinuoso y muy exigente viaje de montaña rusa.

Pero no hay nada en la vida que nos prepare para esta primera salida (excepto, tal vez, nuestro primer bebé).

Cuando sucede, experimentamos una montaña rusa de emociones. Todo a la vez: sentimos orgullo y preocupación, nos sentimos afortunados y recompensados. Los altibajos son ahora a nivel personal y no únicamente respecto a nuestra startup.

Comenzamos a pensar en este acontecimiento que cambia nuestra vida y que acaba de ocurrir.

Imaginamos el futuro, luego regresamos a asegurarnos de que el acuerdo se firme.

Pensamos en todas las personas que se han unido a este viaje, en todos aquellos que nos han ayudado en todas sus etapas.

Pensamos en nuestra familia y en la gente a la que ayudaremos después con los recursos que pronto tendremos.

Pensamos en nuestra próxima startup.

Al final del día, este es un acontecimiento que nos cambia la vida. En lo sucesivo, nada lucirá lo mismo. Y no hay nada que nos prepare para esto.

En otro lugar de este libro les aconsejé que buscaran un mentor y que se rodearan de otros CEO con quienes compartir la soledad.

Ahora les diré: si vamos a salir al público, agreguen a esta lista a una persona que lo haya hecho antes que nosotros, y si buscamos un acuerdo M&A, alguien que haya vendido su compañía antes. Ellos podrían ofrecer una perspectiva crítica adicional.

EL EFECTO "ASOMBROSO"

Cuando recibimos una oferta de compra que nos agrada, suceden dos cosas, a menudo simultáneamente.

- La primera es que pensamos en lo que significa para nosotros y comenzamos a imaginar el día después.
- La segunda es que debemos preguntarnos: "¿Qué debo hacer ahora mismo?".

Por lo general, una vez que recibimos una propuesta, una de las cosas que debemos hacer de inmediato son unas sencillas operaciones matemáticas, y calcular: "¿Qué hay en esto para mí, para mi equipo y para mis empleados?".

Cuando Waze fue adquirido, pensé: "¡ASOMBROSO! esto no se parece a nada que haya experimentado antes". Era diez veces más grande que todo lo que había hecho hasta entonces, lo suficiente para retirarme, para cuidar de la generación siguiente, suficiente para casi todo lo que pudiera imaginar.

Soy una persona bastante sencilla. Mi idea de la diversión es pasar todo un invierno en un apartamento en un balneario de esquí; no necesito mi propio balneario, ni un chalé allí. Pero tengo grandes sueños, de generar un mayor impacto y continuar creando valor para mucha gente de nuevo, una y otra vez, a través de mis startups.

¿Comenzamos a imaginar de inmediato qué sucederá el día después? No siempre. Otras preguntas nos vienen a la mente, como: "¿A quién necesito apoyar y ayudar?" y "¿Qué otras promesas me he hecho a mí mismo?", pero el ASOMBRO real cuando vendimos a Waze estaba en otro lugar.

- ¿Qué decir de la suma más alta jamás pagada por una aplicación? (Este récord no duró mucho tiempo; apenas unos meses después Facebook adquirió WhatsApp por una suma mucho mayor).
- ¿Qué decir del reconocimiento de que hemos cambiado el mundo?
- ¿Qué decir acerca del impacto que esto tendrá en tanta gente?
- ¿Qué decir acerca de un poco de orgullo nacional, al convertirnos en la primera aplicación israelí en llegar al club de los unicornios?
- ¿Qué decir acerca de convertirnos en una celebridad para los emprendedores?

- Y, desde luego, hay una gran cantidad de dinero que cambia nuestra vida.

Me iba bien antes de la salida. De hecho, había tenido unas pocas minisalidas anteriormente.

En Comverse, tuve opciones de acciones que utilicé para construir mi primera casa.

En Waze, vendimos acciones secundarias en el 2012 y pude entonces llevar a casa aquello que para mí, en ese momento, fue muchísimo dinero.

Luego llegó una salida de 1150 millones de dólares.

Algunas personas imaginan (y encuentro estos casos todo el tiempo) que, si vendí mi compañía por mil millones de dólares, debo tener mil millones en algún lugar, ¿verdad?

Pues bien, yo tenía menos del 3 % de Waze el día de la adquisición. Aun así, gané 30 millones de dólares. Esto suena como mucho dinero, y lo era.

Fue un acontecimiento que cambió mi vida. Nunca había visto tanto dinero.

Tenía cuarenta y ocho años en aquel momento. Pero luego pagamos impuestos, nos divorciamos, y terminamos con mucho menos. Aún era suficiente para retirarme, pero eso nunca me pasó por la mente. Únicamente pensé en generar un mayor impacto, y he invertido la mayor parte del dinero en nuevas startups que he estado forjando desde entonces.

MI BEBÉ

Hay otro lado de la salida. Nuestra compañía ya no es nuestra. Hablé recientemente con la sucursal local de una compañía estadounidense que había adquirido una startup israelí dos años antes. Durante la llamada, dijeron: "Solíamos llamarnos XYZ, pero ya no se nos permite seguir usando este nombre". (Y no, no era Voldemort).

Aun cuando lo que pasará con nuestro bebé forma parte de la negociación y del diálogo con el socio que lo adquiere, en realidad hay solo dos opciones: nuestra compañía ya no será nuestra, o sí lo será.

- Waze continúa siendo Waze durante al menos nueve años después de la adquisición.
- Moovit todavía es Moovit y Nir continuó como CEO.

Sin embargo, esto no siempre sucede. Intel adquirió Telmap y, dos años más tarde, decidió cerrarlo. Por la época en que Intel/Mobileye adquirieron Moovit, los vehículos autónomos eran importantes para ellos y, como parte de ello, el transporte público autónomo también lo era.

Pero ¿qué ocurre si cambian su estrategia?

Renunciar a nuestro bebé significa que lo dejamos ir. El bebé ya no es un bebé. Ahora ha madurado y lo estamos dejando ir en lugar de renunciar a seguir con él.

Ahora bien, para efectos de la discusión, supongamos que la identidad e independencia de nuestra compañía *no perdurarán* después de la adquisición. ¿Cambia esto nuestro punto de vista sobre el acuerdo? Si lo hace, entonces no debemos vender. Si suponemos que tomará muchísimo tiempo antes de que esto suceda, no nos preocupemos: probablemente no estaremos ahí cuando ocurra.

NOSOTROS, NUESTRA FAMILIA, EMPLEADOS Y REPUTACIÓN, NUESTRO MUNDO Y LUEGO OTROS

Está bien, un acontecimiento que cambia la vida ha ocurrido, y pensamos que sabemos qué queremos hacer después. Aquí está el verdadero orden de importancia de las cosas en las que debemos pensar.

Debemos ponernos en primer lugar y, para ser claro, esto se refiere a una combinación de muchas cosas: nuestro bienestar, nuestro ego, nuestro *alter ego*, nuestra reputación, los siguientes X años, nuestro futuro.

Imaginemos todas estas cosas y preguntémonos: "¿Es esto bueno para mí?".

Ahora consideremos las alternativas y los riesgos relacionados con ellas.

Luego viene nuestra familia. ¿Qué significa para ellos?

La salida de Waze apareció en todos los medios y, en cierta medida, con demasiado detalle. Unos pocos días más tarde, cuando la clase de secundaria de mi hija debía ir a una salida de campo bastante costosa, la profesora les dijo a los estudiantes que ahora mi hija podría fácilmente pagar el viaje para toda la clase.

Pensemos en lo que vamos a ganar y en lo que vamos a perder. ¿Es bueno para nuestra familia?

Luego vienen nuestros empleados, aquellos que nos ayudaron a llegar a ese punto. ¿Será un acontecimiento que cambie sus vidas? ¿Nos ocupamos de ellos? ¿Nos sentimos orgullosos de lo que hicimos?

De no ser así, no es demasiado tarde para arreglarlo en la estructura del acuerdo. Asegurémonos de hacerlo. Leamos de nuevo el comienzo del capítulo; de verdad queremos estar orgullosos de haber cuidado de nuestros empleados.

Una vez que nos hemos ocupado de nosotros mismos, de nuestra familia, de nuestros empleados, queremos considerar el resto: la junta directiva y los accionistas. Desde luego, deberían estar satisfechos, pero cuando estamos considerando prioridades, son las últimas personas en quienes debemos pensar.

MONTAÑA RUSA EMOCIONAL EXTREMA

Para este momento, ya sabemos que construir una startup es una montaña rusa, y ya hemos establecido que buscar financiación es como una montaña rusa en la oscuridad: ni siquiera sabemos qué vendrá. Todo esto es solo entrenamiento básico para lo que sucederá

396 ENAMÓRATE DEL PROBLEMA, NO DE LA SOLUCIÓN

cuando contemplemos un acuerdo de fusión y adquisición (M&A).

En enero del 2013, la prensa israelí insistía en que Apple estaba decidido a adquirir a Waze por 400 millones de dólares. La verdad es que nunca hablamos con Apple, pero muchas personas se acercaron a felicitarme, por una parte, y para pedir apoyo financiero, por la otra.

Llegó al punto en que me resultó difícil convencer a mi madre de que yo no podía sostener a un pariente distante porque no tenía realmente 400 millones de dólares. Y me vi obligado a discutir contra el argumento más asombroso: "Pero el diario decía…".

En aquel momento, sin embargo, estábamos en diálogos con Google. Nos ofrecieron 400 millones de dólares y los rechazamos. Los rechazamos porque pensamos que podíamos conseguir un mejor precio. Habíamos avanzado de una manera increíble, y pensamos que debíamos continuar. Esta suma de dinero significaba cerca de 15 millones de dólares para mí, mucho más de lo que había ganado hasta entonces. Es por esta razón que se convierte en algo tan personal y extremo. Con la búsqueda de financiación, estamos pensando en el plan y la visión de nuestra compañía. En los acuerdos M&A, nuestros sueños y nuestra familia hacen parte de ellos, pues cambiarán nuestra vida y la suya.

TODO ES PERSONAL AHORA

Hasta cuando hay un acuerdo sobre la mesa, nuestro patrimonio es considerado "dinero de papel": tal vez se materializará, pero en realidad no podemos comprar nada con él. Cuando hay un acuerdo sobre la mesa, sin embargo, se trata de dinero real y lo más probable es que lo tratemos de una manera diferente.

En resumen, la decisión de vender una compañía es 99 % personal. Nosotros, nuestros cofundadores, nuestro equipo de administración, debemos hacernos la pregunta de qué significa para nosotros.

Esta pregunta con frecuencia motiva nuestra intuición y decisiones.

Pero hay más.

La recompensa es cuantificable, el reconocimiento no lo es. Un acuerdo M&A es a la vez recompensa y reconocimiento por la totalidad del viaje, en el que nuestra larga travesía es reconocida por la industria y por la comunidad de las startups. Esencialmente, por todos.

Para algunos, la recompensa es la parte más importante. Para otros, es el reconocimiento o el impacto. Es la combinación de ambas partes aquello que lo hace personal.

Ahora bien, es decisivo comprender lo siguiente: *Personal no significa necesariamente racional.*

Ocasionalmente, hay emprendedores que me buscan para obtener perspectiva. Quieren saber si deben vender o no.

—¿Cuál es su intuición? —les pregunto—, porque puedo darle de cinco a diez razones por las cuales debería vender, y cinco o diez razones por las cuales no debería hacerlo. ¿Qué es lo que desea escuchar?

LA MONTAÑA RUSA DEL M&A DE WAZE

Los informes en los medios de que Apple se disponía a adquirir a Waze por 400 millones de dólares, aun cuando no eran ciertos, se convirtieron en una montaña rusa en sí mismos. Los empleados venían todo el día a preguntar qué significaba para ellos, y muchos de sus amigos los llamaron a felicitarlos.

Mi familia inmediata fue fácil de manejar. Les dije: "Escúchenme bien: no hay ningún acuerdo, eso es todo", aun cuando reconozco que era difícil explicar por qué los diarios y las estaciones de televisión habían reportado un acuerdo si no existía.

Si bien una oferta de Apple no estaba siquiera sobre la mesa, los artículos de dos páginas en los diarios que fueron publicados en aquel momento potencialmente llevaron a Google a hacer una propuesta en enero de ese año.

Noam Bardin, el CEO de Waze, me llamó para decirme que Google lo había invitado a él y al equipo a la "habitación secreta" de Google en Silicon Valley. Amir y Ehud estaban en la ciudad, así que pudieron ir ese mismo día. Yo deseaba realmente estar en aquella habitación secreta, pero me encontraba en Israel, y quería que la reunión se diera lo más pronto posible, más de lo que quería estar allí.

Noam, Amir y Ehud me llamaron en cuanto terminó la reunión y dijeron que Google había aceptado ofrecer un acuerdo M&A en efectivo. Unos pocos días después recibimos una carta de intención de Google y nos decepcionamos al descubrir que la propuesta era de 400 millones de dólares. En ese momento estábamos en el camino correcto y aún teníamos suficiente dinero que habíamos conseguido apenas seis meses antes.

Yo ya había comenzado a pensar que deberíamos buscar entre 50 y 100 millones de dólares a una valoración superior a los 400 millones. Hubo discusiones iniciales acerca de una ronda de búsqueda de financiación a una valoración de 700 millones de dólares.

La oferta de 400 millones de dólares habría significado un acontecimiento que me cambiaría la vida, pero pensé que podíamos y debíamos conseguir un mejor precio. Celebramos el momento y la oferta, y luego decidimos rechazarla. Decidimos también que no venderíamos por menos de 1000 millones de dólares.

Al poner las cosas en perspectiva, no había adquisiciones como esta en aquella época. Nunca había habido un acuerdo de 1000 millones de dólares por una aplicación.

Luego llegó la segunda oferta.

En abril del 2013, una compañía estadounidense, una de las diez compañías más grandes del mundo, que no tenía mapas y pensaba que mapas y comunidad serían maravillosos para su oferta, se puso en contacto con nosotros y nos dijo que podría estar interesada en adquirir Waze y que debíamos discutir el futuro.

Era demasiado pronto incluso para considerar si la oferta era seria, pero, una semana después, cuando pensamos que teníamos una buena comprensión del futuro compartido, nos enviaron una carta de intención con el precio de 1000 millones de dólares.

El único problema era que el acuerdo propuesto era principalmente un acuerdo de acciones.

Ahora bien, era una compañía que hacía transacciones en la bolsa de valores, así que era lo más cercano posible al dinero en efectivo, pero la suma podría también subir o bajar debido a las fluctuaciones del mercado de acciones.

Yo estaba en la oficina apoyando a Noam en su viaje de búsqueda de financiación y preparándonos para la debida diligencia cuando llegó la oferta.

Lo que pasaba por mi mente era lo siguiente: los 30 millones de dólares que ganaría serían un acontecimiento que cambiaría mi vida. Pensé en todas las personas de la oficina: "Está bien, esta persona disfrutará de un acontecimiento que cambiará su vida, esta otra también, ésta definitivamente lo hará, sí". Me di cuenta de que esto tendría un impacto en la vida de casi todos en la oficina, de quienes habían comenzado cinco años atrás, incluso de quienes habían comenzado cinco meses atrás también.

"ASOMBROSO. Tener un impacto tan grande para tanta gente me haría la persona más feliz del planeta —pensé. Me encantaría aceptar".

Mi situación quizás era diferente de la de muchos empleados. Ya había advertido que no seguiría con ellos, pues estaba trabajando en Pontera. Moovit exigía mi atención, y había más startups que quería forjar. Estaba preparado para seguir adelante.

Al mismo tiempo, otra voz me decía: "Espera un momento, estamos en conversaciones con un inversionista que aportará entre 100 y 150 millones de dólares a la compañía, lo cual nos dará la financiación que necesitamos para ser aún más significativos y aumentar nuestro impacto".

Amir y Ehud estaban entusiasmados. Definitivamente, era un acontecimiento que cambiaría la vida para todos nosotros. Lo discutimos brevemente. Todos compartíamos la intuición de aceptar.

Entonces, lo hicimos. Dijimos sí.

Convocamos rápidamente la junta directiva para obtener su aprobación y entrar en la negociación y la fase de debida diligencia.

Con un precio de 1000 millones de dólares, ¡aprobaron con entusiasmo!

Fue en este momento que comenzó el viaje del acuerdo.

Queríamos mantener las negociaciones en secreto, incluso de los empleados, pero si el comprador necesitaba hacer la debida diligencia, ¿qué sucedería si, de repente, aparecía un ejército de personas de desarrollo corporativo?

Nuestro equipo definitivamente lo entendería.

Presentamos la visita como una visita de debida diligencia para un nuevo inversionista.

Mientras discutíamos con el socio que posiblemente compraría la compañía la esencia de la carta de intención, nos explicaron que, para ellos, el secreto era crucial. Si este acuerdo se filtraba, no firmarían.

Como parte del diálogo sobre la carta de intención, les dijimos que Microsoft era un inversionista en la compañía y que tenía el derecho a la primera notificación. Estábamos legalmente obligados a decirles que teníamos una oferta de adquisición de parte de uno de los actores de las grandes ligas, pero no los detalles de la propuesta.

En realidad estábamos bastante seguros de que Microsoft, sin los mapas adecuados, harían una propuesta por Waze también, pero nunca lo hicieron.

Después de aprobar la versión final de la carta de intención, comenzó la debida diligencia. Nuestra potencial compradora vino a nuestras oficinas, y se mostró impresionada por todo lo que habíamos construido hasta entonces.

Cerca de una semana después, los miembros de la potencial compradora regresaron a Estados Unidos.

—Esta no es una debida diligencia de parte de un inversionista —me dijo Samuel Keret, el director de ventas—. Esta es una debida diligencia para una transacción de M&A.

Hasta aquel momento, muy poca gente sabía del negocio. Decidimos compartir lo que estaba sucediendo respecto a las negociaciones con la administración de la compañía; sencillamente no tenía sentido hacerlo de otra manera.

Una semana más tarde, el equipo de desarrollo corporativo de la compradora regresó a Israel para continuar con las conversaciones. En este punto, presentaron algunas condiciones adicionales. En particular, que todos los empleados clave debían reubicarse de nuestras oficinas en Israel a Estados Unidos.

Nos miramos y dijimos: "Esto no sucederá. Puede haber algunas personas que quieran hacerlo, pero la mayor parte de ellas no se trasladará". Rechazamos la reubicación.

Luego querían comenzar nuevas negociaciones acerca de cuántos de los miembros del personal se reubicaría y qué funciones se trasladarían.

"No podemos siquiera preguntarles —respondimos—, porque tendríamos que decirle a la gente por qué estamos preguntando y ya no habría secreto". Después de un mes de negociaciones y de debida diligencia, parecía que estábamos atascados, principalmente debido a esta desalineación futura.

Nosotros pensábamos que no sabían qué hacer con nosotros. Ellos pensaban que estábamos siendo obstinados al insistir en que la mayor parte de la compañía permaneciera en Israel.

El 9 de mayo del 2013, la prensa israelí informó que Facebook estaba en la fase final de la debida diligencia para adquirir a Waze por 1000 millones de dólares; los rumores eran relativamente precisos; estábamos en medio de un diálogo.

Lo que la prensa no sabía era que estábamos *atascados* en las conversaciones. La brecha entre el deseo del comprador de reubicar el equipo, y nuestro deseo de permanecer como una compañía en Israel era demasiado grande, pero fue la incertidumbre acerca de nuestro futuro compartido lo que llevó al callejón sin salida en el diálogo. Apenas un mes atrás, había imaginado que 25 millones de dólares llegaban a mi cuenta bancaria. Ahora no lo imaginaba. Aquello que había comenzado unas pocas semanas atrás y parecía como la primera prioridad de su parte (y definitivamente, la más alta prioridad de parte nuestra) se convirtió en una baja prioridad de parte de la compradora.

Para nosotros, significó regresar a buscar financiación y al funcionamiento de la compañía.

Fue en aquel momento que llegó la carta de intención de Google.

En esta ocasión, era una oferta mucho mejor que la anterior. Era una cifra más alta: 1 150 millones de dólares en efectivo. El nombre, Waze, no se modificaría, y había un acuerdo mutuo acerca de la visión de ayudar a los conductores a evitar atascos de tráfico. No había ningún plan de fusionarnos con Google Maps.

También era claro que Waze permanecería en Israel. Nuestra sede ni siquiera tendría que mudarse a las oficinas de Google en Israel, a menos que optáramos por hacerlo. En cuanto a nuestras oficinas de Palo Alto, necesitarían trasladarse a Mountain View, donde está la sede de Google, aun cuando, en aquel momento, había únicamente cerca de diez personas en esa oficina, así que aceptamos.

Nos pusimos en contacto de nuevo con la primera compradora con la que estábamos negociando, puesto que teníamos una cláusula que nos impedía ofrecer la compañía a otros, y les dijimos que había llegado una nueva oferta sin que la hubiéramos solicitado. Sencillamente dijeron que éramos libres de aceptarla.

Uno de los ítems de la carta de intención de una página de Google era que estaban preparados para cerrar el trato en una semana.

Aceptamos y esperábamos que, esta, vez, funcionara. Google era un mejor comprador para nosotros. Conocían el espacio y, esencialmente, eran nuestros únicos competidores serios.

Fueron también quienes reconocieron que lo que estábamos construyendo era grandioso, tanto en términos de mapas, tráfico y capacidad de mapeo, como de la aplicación misma, que era mucho mejor que Google Maps para los conductores.

Imaginen el viaje de montaña rusa de la debida diligencia, realizada en una sola semana. (Terminaron siendo diez días). Algunos de nosotros, como Fej Shmuelevitz, quien operaba las comunidades y, al mismo tiempo, leía cada palabra de los documentos, no dormimos en una semana y, si conseguíamos dormir unas pocas horas, era en el piso de nuestra oficina jurídica.

En algunos casos, estábamos buscando realmente factores decisivos durante la fase de la debida diligencia.

"Solo entréguenos un mapa para evaluarlo", nos dijo Google en los primeros días. Entonces, desde luego, les mandamos un mapa de Tel Aviv.

"Esto es maravilloso —respondieron—, pero está en su patio trasero. ¿Pueden darnos otra cosa?". Les enviamos el archivo sobre el área de la bahía de San Francisco.

"Esto es maravilloso también, pero cualquiera en el mundo puede pulir el mapa del área de la bahía. Por favor mándenos otra cosa". Sugerí que les enviáramos una lista de países para que eligieran, pero lo que deseábamos realmente era que eligieran a Malasia donde Waze tenía mucho éxito. Por fuera de Israel, teníamos el mejor mapa allí, y era 100 % hecho por la comunidad.

Les enviamos una lista de países, incluyendo a Chile, Brasil, Costa Rica, Malasia, Francia, Italia y Suecia, donde sabíamos que los mapas eran excelentes.

¿Qué eligieron? Malasia.

Esto fue esencialmente el final de la debida diligencia sobre calidad de la información.

Luego surgió un problema.

"Ustedes tienen acuerdos societarios en tantos países —Brasil, el resto de América Latina, Indonesia, Sudáfrica —señaló Google—, pero nosotros tenemos nuestros propios 'geosocios' en diferentes lugares, así que no necesitamos los de ustedes".

Básicamente, estuvimos de acuerdo, pero sugerimos que hicieran el cambio solo después de firmar el acuerdo, pues pensábamos que teníamos tiempo suficiente.

Aceptaron, pero, tres días más tarde, cambiaron de idea.

"Queremos que terminen todas sus sociedades", vino la orden desde arriba.

Esto habría tenido como resultado un par de millón de dólares que habría que pagar por el costo de terminaciones anticipadas. Google aceptó pagar este costo incluso si el acuerdo no se firmaba.

Finalmente, Google necesitaba que algunos empleados clave y la gerencia permaneciera con ellos, y crearon un paquete adecuado de retención para ellos. Funcionó: casi todos permanecieron en la compañía durante un buen período de tiempo. Algunos se retiraron poco después. Noam permaneció con Google hasta el 2021.

El acuerdo se firmó el 9 de junio del 2013.

EL ADN DEFINITIVO

Durante los cinco años y cuarto del viaje oficial de Waze, hubo dos empleados que fallecieron. El primero fue el gerente de nuestra oficina, quien falleció en un accidente de auto. Un desarrollador sénior murió de cáncer unos pocos años más tarde. Ambos fueron de los primeros que contratamos.

Establecimos un fideicomiso para mantener el plan de acciones de ambos, con sus esposas como beneficiarias. Cuando Waze fue adquirido, ambas esposas se convirtieron en millonarias, junto con cerca del 75 % de los empleados de Waze.

Todos los empleados de Waze tenían opciones de acciones, incluyendo el personal con menos experiencia, e incluso el conserje, a quien todos amábamos. Si hay algo de lo que me enorgullezco es de la recompensa que recibieron todas aquellas personas que me siguieron durante años en Waze, en Moovit y en mis otras startups.

CUANDO DECIR SÍ

Aceptar una oferta de salida cambiará drásticamente nuestra trayectoria. Existen muy buenas razones para decir sí, y lo que debemos considerar es lo siguiente:

- ¿Es un acontecimiento que cambie nuestra vida? Si lo es, pensemos positivamente acerca de él.
- ¿Es un acontecimiento que cambie la vida de muchos de nuestros empleados? Si lo es, pensemos aún más positivamente acerca del acuerdo. Si no lo es, intentemos estructurar el acuerdo de manera que lo sea.
- ¿Cómo visualizamos el futuro? ¿Estamos dispuestos a dedicar unos pocos años más a este viaje?
- ¿Estamos cansados de dirigir este viaje? De ser así, entonces puede haber llegado el momento de salir.

No "promediemos" estas consideraciones. Más bien, usemos únicamente las respuestas extremas. Por lo tanto, si estamos realmente cansados, y es un buen acuerdo, ahí hay una salida para nosotros. Si es un acontecimiento dramático para nosotros, e incluso si pudiéramos seguir manejando el negocio por siempre, de todas maneras los alentaría a pensar positivamente en el acuerdo.

ACCIONES SECUNDARIAS

No puedo reiterar esto suficientemente: debemos vender acciones secundarias siempre que podamos, en particular, cuando emprendemos el viaje de las rondas de financiación.

Imaginemos que tenemos una buena tracción y, después de unos cinco años, llevamos a la compañía a una valoración de 250 millones de dólares. Conseguimos cerca de 50 millones y la ronda está suscrita en exceso. En este caso, deberíamos considerar vender entre el 10 y el 20 % de nuestra tenencia.

Supongamos que somos propietarios del 10 % de la compañía. El 10 % de esto, o sea, el 1 %, significa que tenemos 2,5 millones de dólares para llevar a casa.

Ahora bien, digamos que nuestra startup está avanzando aún más y, un año más tarde, podemos conseguir 100 millones de dólares adicionales a una valoración de 750 millones. Vender el 1 % representa cerca de 8 millones de dólares para llevar a casa.

Luego, transcurre un par de años y hemos alcanzado una valoración de 5000 millones de dólares, en cuyo caso el 1 % significa 50 millones para llevar a casa.

Existen cuatro razones para vender acciones secundarias, y todas son de la mayor importancia:

- **Recompensa y reconocimiento**. Ya llevamos de cinco a diez años en la construcción de la compañía y tenemos buena tracción; deberíamos ser reconocidos y recompensados por este gran logro. Somos personas muy especiales por haber conseguido llevar a la compañía hasta este lugar, y esto amerita celebrarse.
- **Paciencia para continuar**. Una vez que vendemos acciones y llevamos dinero a casa, nuestro deseo de conseguir un mayor acuerdo aumenta. Un emprendedor que no venda acciones secundarias será más propenso a vender más pronto

que alguien que ha obtenido ya una cantidad significativa de dinero.

- **Reduce el riesgo de nuestro portafolio**. Si somos emprendedores, más del 90 % de nuestra riqueza puede estar oculta dentro de la compañía. Si yo fuera su asesor financiero, les diría que deben estar dementes: este nivel de riesgo, tener el 90 % de nuestros activos en una única cesta es demasiado.

- **Compensar**. Nuestra junta directiva quiere que estemos contentos, seamos pacientes y estemos motivados. Si piensan que no hemos arriesgado demasiado en el juego, compensarán nuestra posición con acciones y opciones adicionales. Si no lo hacen, el próximo inversionista lo hará (es posible que debamos decirles que lo hagan).

En algunos casos, cuando una oportunidad secundaria está sobre la mesa, los inversionistas en realidad no desean que los fundadores vendan acciones secundarias. Prefieren ver a fundadores necesitados y temen que un acuerdo secundario o una minisalida reduzca la motivación de los fundadores.

En mi experiencia, sucede lo contrario.

Probar una minisalida nos motiva más y, en particular, nos hace más dispuestos a tomar mayores riesgos.

¿Cuándo deberíamos vender acciones secundarias?

- Cuando podamos y cuando tenga sentido hacerlo.
- Cuando podamos obtener una cantidad significativa de dinero que sea importante para nosotros y que no sea a costa de la compañía.
- Cuando llevemos ya varios años construyendo la compañía, y seamos conscientes de que esta etapa se prolongará varios años más hasta cuando obtengamos un evento de liquidación.

¿Qué tanta motivación y apetito tendremos después de una venta secundaria como esta? Alguna vez leí una investigación en la que preguntaban a la gente: "¿Cuánto dinero necesita para sentir que es suficiente?". La cifra era constante: siempre era, por lo general, el doble del factor de lo que tenían.

Por lo tanto, alguien con 50 000 dólares en ahorros decía que 100 000 dólares lo haría sentir que era suficiente, y alguien con un millón decía que 2 millones, y alguien con 30 millones decía que eran 60 millones.

Para personas con aspiraciones muy altas, en lugar del doble, era 10x.

Si esto es así, nuestra motivación y apetito no disminuirán; solo aumentarán si vendemos acciones secundarias.

Y ¿qué hay de los empleados? Es exactamente lo mismo. Si hay una oportunidad de vender acciones secundarias, entonces debemos incluirlos, en especial a aquellos empleados que llevan mucho tiempo con la compañía.

Nuestro trabajo como CEO es cuidar de nuestros empleados. Será la parte más gratificante del viaje.

EJERCER OPCIONES

El plan israelí ESOP, a diferencia del estadounidense ISO, les permite a los empleados ejercer sus opciones sin que esto tenga implicaciones tributarias. Los impuestos se posponen hasta cuando se venden las acciones.

El plan que teníamos en Waze les permitía a los empleados que se retiraban, o a aquellos cuyos contratos eran terminados, ejercer el derecho a opciones dentro de los noventa días siguientes después de finalizar el contrato. En Waze, tuvimos a una persona que se unió a la compañía bastante pronto y obtuvo algunas opciones de acciones, pues según nuestro modelo, todos reciben opciones. Después de cerca de un año, lo despedimos. Él tenía entonces noventa días para ejercer el derecho establecido para las opciones (en otras palabras, a comprar sus opciones de acciones al precio establecido en el acuerdo original). Le habría costado cerca de 10 000 dólares de su bolsillo ejercer estas opciones.

—No voy a ejercer estas opciones por dos razones —me dijo—. Diez mil dólares es demasiado para mí en este momento. Pero, además, ya no creo en la compañía.

—¿Qué cambió? —le pregunté.

—Ustedes me despidieron, así que ya no creo en la compañía —replicó.

—¿Creía en la compañía cuando se unió? —continué.

—¡Desde luego! —dijo.

—¿Creía en la compañía hace noventa días? —De nuevo respondió afirmativamente.

—Entonces, ¿qué cambió?

—Ya se lo dije —respondió, un poco más impaciente—. ¡Fue el hecho de que Waze me despidiera!

Resulta que la mayor parte de la gente está motivada por su ego. Si deciden retirarse por su propia voluntad, tienden a seguir creyendo en la compañía y, por lo tanto, ejercerán sus opciones.

No obstante, si los despidieron, lo que les cruza por la mente es algo como lo siguiente: "Yo soy realmente bueno. Si me despidieron no saben absolutamente nada y, por lo tanto, no creo en el liderazgo, lo cual significa que la compañía no tendrá éxito".

Esta persona perdió la oportunidad de ganar cerca de un cuarto de millón de dólares, lo que habría podido ser un evento que cambiara su vida en aquel momento.

Como CEO, no nos involucremos en el tema de determinar si los antiguos empleados deberían estar ejerciendo sus opciones. Dependiendo del lugar donde esté nuestra sede, puede incluso ser ilegal ofrecer un consejo semejante. Lo que *sí* debemos hacer es ofrecer una explicación muy sencilla y transparente de la posición accionaria de cada empleado cuando los contratamos. Lo más probable es que actualicemos esta información una vez al año.

Algunas compañías son muy vagas acerca de los planes de compensación, mientras que otras son muy transparentes al respecto. Yo sugiero lo siguiente: Cada cierto tiempo (por ejemplo, dos veces al año), seleccionemos diez empleados al azar y preguntémosles: "¿Cuántas opciones (RSU, *Restricted Stock Units*, unidades restringidas de acciones) tiene? ¿Cuánto es eso como porcentaje de su participación? ¿Cuánto vale hoy en día?".

En mi opinión, ellos deben saberlo.

Un amigo mío solía trabajar en Moovit durante sus primeros tiempos. Nos ayudó durante una época y luego se retiró. Ya tenía algunas opciones establecidas y lo animé a que las ejerciera.

—Esto sería como cinco mil dólares en efectivo, y ahora no dispongo de mucho dinero —me dijo.

—Yo le presto el dinero —le aseguré.

Ejerció sus opciones y fue una de las personas a quienes Nir llamó justo antes de la transacción.

Sus 5000 dólares se convirtieron en 150 000, un evento dramático para esta persona.

Cerca de treinta segundos después de la llamada, Nir me llamó para decirme que estaba muy entusiasmado; había podido escuchar lágrimas de alegría por el teléfono. Treinta segundos más tarde, me llamó mi amigo para decirme que Nir lo había llamado.

SIEMPRE LLEVEMOS UN ACUERDO

Si queremos discutir un acuerdo, comencemos por llevar uno… y entonces todo será real.

Cuando hay una oferta real sobre la mesa, podemos comenzar a pensar si nos agrada. Incluso si el momento no es el correcto, incluso si no hemos avanzado lo suficiente aún o si la valoración todavía es baja: no hay nada como una oferta para que las cosas progresen.

Será más fácil conseguir financiación, obtener el apoyo de los inversionistas existentes, y contratar empleados una vez que tenemos un acuerdo sobre la mesa, y después también.

¿Cómo luciría esto?

"¿Qué sucedería si los adquirimos?" o "¿Estarían dispuestos a discutir un acuerdo de M&A?" o una reunión con el equipo de desarrollo corporativo cuya tarea es adquirir compañías, o con un banquero que nos diga: "Puedo conseguirles un comprador por un buen precio". Pero ninguna de estas es una oferta. Una oferta es una carta de intención con el propósito de adquirir nuestra compañía. "Ofertas no ofertas" son, en realidad, preguntas de debida diligencia de parte de un socio potencial.

Durante los primeros días de Waze, Arkady Volozh, el CEO de Yandex (un motor de búsqueda del idioma ruso y proveedor de la red), visitó Tel Aviv y nos reunimos.

—¿Qué sucedería si le ofrezco cincuenta millones de dólares para adquirir Waze —preguntó.

Le dije que consideraríamos cualquier oferta y lo más probable era que la rechazáramos.

Arkady utilizaba este método como una pregunta de debida diligencia para entender qué tan comprometidos estábamos con el viaje.

Algunos años más tarde, Arkady estaba visitando Israel de nuevo y debía tener una reunión con Nir en Moovit.

Yo preparé a Nir:

—Te preguntará si la compañía está a la venta, y explorará la situación con una oferta de cincuenta millones de dólares o quizás incluso más. Cualquiera que sea la oferta, sencillamente recházala: es solo una pregunta de debida diligencia".

La razón principal para llevar un acuerdo a la mesa es acelerar el proceso. Nuestra compañía es única y no hay muchas como ella. Si un comprador nos quiere adquirir, quiere comprarnos a nosotros y no a otra compañía. Mientras seamos independientes, no hay apuro para tomar esta decisión. El comprador puede adquirirnos hoy, mañana, el próximo año o en cualquier momento, independientemente del precio.

Pero si hay un acuerdo sobre la mesa, la oportunidad de adquirirnos o incluso de invertir en nuestra compañía puede desaparecer y, por lo tanto, un acuerdo sobre la mesa acelera el proceso. Este acuerdo puede ser para una M&A, una ronda de financiación cuantiosa o para solicitar una OPA (oferta pública de adquisición, IPO en inglés, definida con anterioridad).

IPO FRENTE A M&A

Hay un dicho común en el mundo de los negocios: "Fínjalo hasta que lo consiga", pero no siempre es el caso.

Cuando buscamos capital, nuestros inversionistas esperan escuchar que planeamos construir una compañía enorme que, eventualmente, saldrá al público. Esto es exactamente lo que debemos decirles, pero la decisión real de salir al público es algo muy diferente. Debemos considerar seriamente hacerlo si:

- Pensamos que tenemos algo realmente grande, queremos continuar dirigiendo esta compañía por siempre y estamos convencidos de que nuestra startup es una oportunidad única en la vida.
- No contemplamos que alguien adquiera nuestra compañía.
- Hemos conseguido una cantidad de dinero a una valoración muy alta (lo cual significa que la lista de compradores potenciales es ahora mucho más corta).

Manejar una sociedad anónima o negociada en bolsa es muy diferente. Implica una cantidad de dolores de cabeza, y es otro cambio decisivo en la dirección de la compañía.

Si pensamos que queremos esto, debemos hablar con dos o tres CEO que han sacado sus compañías al público en los últimos tres años, no acerca del espectáculo ambulante de una IPO, sino acerca de los años posteriores.

En muchos casos, no dependerá de nosotros. Una estrategia M&A es una oportunidad; un IPO es la opción por defecto. Una PE (*Private Equity*, empresa de capital privado o de riesgo) es otra oportunidad que se encuentra entre estas dos opciones.

En cuanto más podamos avanzar y más alta valoración podamos obtener, algunas de las oportunidades de las que disponíamos anteriormente se reducirán y ya no serán una opción. Por 100 millones de dólares, muchas compañías podrán adquirirnos. Por 1000 millones de dólares, hay muchísimas menos que podrán hacerlo. Por 10 000 millones habrá muy pocas, si las hay.

Después de todo, el asunto se reduce a unas pocas preguntas que debemos hacernos.

- ¿Es este un evento que cambia la vida?
- ¿Queremos seguir con nuestra compañía por siempre?
- ¿Queremos lidiar con los dolores de cabeza de una sociedad anónima?
- ¿Tenemos alternativas?

Una vez que podamos responder a estas preguntas, nuestro camino será bastante claro.

DECIR NO

Para obtener el acuerdo que deseamos, tenemos que decir NO a los acuerdos que no deseamos.

Uno de mis CEO me buscó un día para decirme que podía haber un diálogo para llegar a una estrategia de M&A. Era un fondo de patrimonio privado que intentaba combinar unas pocas compañías para conseguir una posición más importante en el mercado.

—Esto es maravilloso —dije—. ¿Y cuál es el acuerdo?

Unos días más tarde, regresó con un acuerdo que parecía X en efectivo más 2X en acciones de la futura asociación. La suma de X era bastante baja, así que incluso 3X era aún bastante bajo.

—Si hay un acuerdo semejante, ¿lo tomaría? —le pregunté al CEO.

Respondió que no lo haría. Seguí explorando.

—Si fueran dos, tres, cinco o diez veces más de lo que ofrecen, ¿lo consideraría?

—Si fuera de cinco a diez veces más lo consideraría —dijo—. Entonces, ¿cómo debería negociar para llegar a ese punto?

—¡Decir que NO! —respondí.

—¿Eso es todo? —preguntó.

—Pues bien, puede ser más gentil. Puede decir: "Mil gracias por su consideración, pero la respuesta es NO".

—¿Debería dar al inversionista en PE una orientación sobre qué nos haría interesarnos? —continuó el CEO.

—¡No! —enfaticé—. Un sencillo NO es la única respuesta relevante aquí. Si quieren proponer otra cosa, lo harán. Si les damos espacio para negociar, y proponen una cifra aproximada de X, si entonces lo rechazamos, entonces es posible que vengan con algo completamente diferente.

La única manera como podemos cambiar significativamente los términos de un acuerdo es mediante una oferta competitiva. Si el comprador teme perder el acuerdo, el precio puede aumentar drásticamente.

Perder un acuerdo no es igual a un "no acuerdo". Significa que alguien más lo tomará.

Por lo tanto, si hay una oferta sobre la mesa y la rechazamos, el comprador se alejará inicialmente, pero es posible que regrese después (meses o incluso un año más tarde) con una nueva oferta. No obstante, si hay un acuerdo competitivo sobre la mesa, no existe la opción de regresar en el futuro y, por lo tanto, la oferta de acuerdo mejorará drásticamente.

DECIR QUE NO, NO ES SIEMPRE UNA BUENA IDEA

En algún momento, durante la "prehistoria" del ecosistema de alta tecnología (alrededor de 1999), un amigo mío tenía una startup en el campo de los correos electrónicos. Recibió una oferta de compra por 150 millones de dólares.

Por aquella época, era una suma muy elevada, y él tenía cerca del 25 % de la compañía, así que esto habría significado cerca de 40 millones de dólares para él. La última ronda de la compañía antes de la oferta había sido de 30 millones de dólares a una valoración de capital de 50 millones.

Ahora bien, estábamos en 1999 —una época en la cual las valoraciones poco realistas eran usuales, similar a los días finales del 2021 y los iniciales del 2022—, y quedó anonadado por la idea de ganar 40 millones de dólares. Quería aceptar.

Mi amigo me pidió mi opinión.

—Si le agrada el acuerdo, es un evento que cambiará su vida, y si piensa que puede realizar su destino trabajando con los nuevos propietarios, debería aceptar.

Pero uno de los inversionistas de la última ronda descartó la idea.

—Acabamos de invertir en su compañía para forjar una empresa de 1000 millones de dólares, no solo para ganar 2X sobre nuestra inversión. Usted es un CEO de talla mundial. No es posible que no pueda llevar esta compañía a una valoración de 1000 millones de dólares en un par de años.

El inversionista persuadió a mi amigo de que rechazara el acuerdo. Luego vino la crisis financiera de las "punto com" en el año 2000, seguida por un viaje de montaña rusa.

La siguiente oferta no llegó sino hasta el año 2005 y esta vez era solo por 30 millones de dólares, con preferencias de liquidación. Esto significaba cero dólares para mi amigo.

De nuevo, rechazó la oferta. Finalmente, hizo un acuerdo poco favorable años después, en el que no obtuvo ningún dinero en efectivo, sino solamente un paquete de retención.

Tengo otros ejemplos en los cuales decir que no resultó maravilloso, pero la parte más importante es tener el control, y aun cuando pueda haber otras personas gritando en el asiento trasero, somos nosotros quienes conducimos y tomamos la decisión.

BANQUEROS DE INVERSIÓN

Cuando estábamos negociando el acuerdo en Waze, sostuvimos una discusión interna sobre si debíamos contratar a un banquero de inversión.

La banca de inversión es un segmento del sector financiero que ayuda a las compañías con los IPO, las estrategias M&A, etc., contribuye a encontrar acuerdos y oportunidades, y actúa como consultora o mediadora en estos acuerdos. El principal argumento en contra de contratar un banquero era que posiblemente habría menos de diez actores en el mercado que fueran significativos para nosotros. Estos actores tenían los recursos suficientes para pagar el precio, y uno de ellos era ya uno de nuestros accionistas (Microsoft). Más aún, si un comprador potencial no estaba pensando ya en nosotros, no conseguiríamos que lo hiciera en poco tiempo.

Actualmente pienso de una manera muy diferente.

La capacidad que tenemos de crear una oferta competitiva en poco tiempo es limitada; resulta mucho más fácil para un banquero asumir esta tarea. En particular, el banquero, a través de la negociación, creará más tiempo para propuestas competitivas. Nosotros no nos comprometeremos con una oferta alternativa hasta cuando tengamos una; el banquero sí lo hará.

La otra razón por la cual creo que un banquero es necesario es sencilla. Nosotros tenemos una capacidad limitada de negociar el acuerdo. No hemos visto cómo se negocian otros acuerdos con este comprador, y estamos al comienzo de una relación con él, así que no estamos seguros de poder negociar como si no hubiera un mañana, porque lo hay. Un banquero, sin embargo, sí puede hacerlo.

La pregunta clave es cuándo llamar al banquero. La respuesta es cuando nos decimos a nosotros mismos: "Si hay una oferta que duplique el precio de la valoración de la última ronda, la consideraré favorablemente". Este es el momento indicado para comenzar a establecer una relación con un banquero.

¿Cuándo no funcionará? Si llevamos a un banquero a una situación en la cual ya hay una oferta sobre la mesa y esperamos que negocie a nombre nuestro. A los banqueros no les agrada hacer eso.

Cuando trabajaba en Comverse, estábamos pensando en adquirir una compañía en las afueras de Cambridge, Massachusetts, en el ámbito del reconocimiento de voz. Pusimos una oferta sobre la mesa. La aceptaron, pero agregaron de inmediato: "Esperen, les haremos saber quién es nuestro banquero en unos pocos días".

La verdad es que no había tiempo suficiente para que ellos generaran ofertas competitivas, y el banquero no pudo crear una alternativa. Cuando llegó el momento de negociar, firmamos un acuerdo que era en realidad por menos de lo que estábamos dispuestos a pagar.

Siempre hay espacio para negociar, pero, en realidad, una negociación es, esencialmente, una transferencia de poder a través del diálogo. Sin alternativas, este poder es limitado. Si queremos el acuerdo y sabemos que es prácticamente imposible que lo rechacemos, debemos hallar a alguien que pueda rechazarlo fácilmente, y enviarlo a negociar.

Si queremos el acuerdo, a menudo nos encontraremos negociando con múltiples partes a la vez: el comprador, nuestra familia, nuestros accionistas y en nombre de otros grupos como nuestros empleados.

De todas maneras, es posible que el acuerdo sea beneficioso para nosotros, pero no para los inversionistas de la última ronda, o para los primeros inversionistas.

Recordemos nuestras prioridades: nosotros, nuestra familia, nuestros empleados y, solo entonces, nuestros inversionistas.

LA ESENCIA DE UN ACUERDO M&A

¿Cómo es un acuerdo M&A? Hay algunos elementos. Algunos se asemejan a una inversión, como cuánto están dispuestos a pagar. Otros están relacionados con "el día después": la visión y el propósito comercial de la adquisición, lo cual es aún más importante.

Debemos examinar el acuerdo en tres dimensiones:

1. **El futuro mutuo**. ¿Estamos de acuerdo con la visión y la nueva misión que resultará de la estrategia M&A? ¿Podemos visualizar cómo funcionará la integración? ¿Quién está comprometido con ella del lado de la organización que compra? ¿Nos agrada nuestro nuevo jefe, nuestro nuevo cargo y título? ¿Por cuánto tiempo estamos comprometidos a permanecer en la compañía? No solo hemos tenido el viaje más difícil de nuestra vida durante la última década, sino que ahora se espera que permanezcamos tres años más para hacer la integración. ¿Cómo nos sentimos con eso? ¿Qué sucederá con el nombre de nuestra compañía? ¿Continuará existiendo nuestra marca? Incluso si no nos importa el futuro, y estamos pensando retirarnos lo más pronto posible, y estamos ahí únicamente por la recompensa en efectivo del acuerdo, todavía es necesario que nos comprometamos con el futuro; de lo contrario no habrá acuerdo. Si el comprador no cree que estemos preparados para el futuro conjunto que contempla, no firmará el acuerdo.

2. **El acuerdo**. ¿Cuánto? ¿En dinero o en acciones? ¿Cuánto para el paquete de retención para los empleados y para nosotros? ¿Hay una cláusula de pago con beneficios futuros (*earn out*, en inglés), según la cual parte del precio de la adquisición se basa en el desempeño a lo largo del tiempo? Si la hay, ¿para quiénes y con base en qué? ¿Y hay un pago retenido por cuotas (*holdback*, en inglés), según el cual el dinero se pone en un fideicomiso para garantizar que se cumplan ciertas condiciones por parte del vendedor antes de liberar los fondos? ¿Por cuánto y para quiénes? Antes de que hablemos incluso de la suma en dólares, debemos determinar el futuro.

3. **Nosotros**. ¿Cuál es nuestra visión y cómo se compara con la nueva visión? ¿Podemos tener éxito? ¿Podemos imaginarnos con un nuevo jefe y un ADN corporativo diferente?

Con independencia del resultado, debemos comenzar las conversaciones con un acuerdo sobre el futuro compartido y el papel desempeñado por nuestra startup en este nuevo futuro. Si no hay futuro, el acuerdo no tiene ningún mérito. Queremos respuestas muy sencillas a varias preguntas clave:

- ¿Por qué quieren adquirirnos?
- ¿Qué gana con eso (el comprador)?
- ¿Cómo visualiza el futuro dentro de cinco años y cinco días después de finalizar la transacción?

Aun cuando el marco del acuerdo ya haya sido discutido o presentado, los primeros días de las conversaciones deberían enfocarse en el asunto de un futuro mutuo. Si nos agrada el acuerdo, pero no el futuro, pensemos en redefinir el futuro mutuo y, si todavía no nos agrada, pensemos en nuestros empleados antes de rechazar el acuerdo. ¿Firmaríamos este acuerdo por ellos?

Regresemos al acuerdo. No todos los millones se asemejan.

- 100 millones de dólares en efectivo es un tipo de acuerdo.
- 100 millones de dólares en acciones de una sociedad anónima es otra cosa.
- Y 100 millones de dólares en acciones en otra compañía privada es completamente diferente de las anteriores.

En el primer caso, nuestros accionistas y nuestros empleados reciben el dinero.

El segundo caso es bastante cercano al primero, incluso suponiendo que pueda haber un período de restricción en el que nosotros, como empleados de una sociedad anónima, no podemos comprar ni vender acciones durante un tiempo. Este período de restricción puede prolongarse por unos pocos meses. Por lo general, podremos obtener nuestro dinero relativamente rápido y con facilidad.

El tercer ejemplo, sin embargo, es muy diferente. Esencialmente reemplazamos un resultado potencial por otro diferente, y no tenemos idea cuándo pueda materializarse este nuevo potencial (si lo hace), y tampoco sabemos qué tan grande será.

PAQUETES DE RETENCIÓN

El comprador sabe que el equipo humano es de la mayor importancia. Esencialmente, están comprando el equipo más la tracción que este ha creado. Una de las mayores preocupaciones para el comprador es que pondrá mucho dinero en el acuerdo; nosotros, nuestra administración y nuestros empleados tendremos un evento que cambia nuestra vida y luego nos iremos.

Por lo tanto, el comprador estará buscando nuestro compromiso, esperando que nuestra palabra sea confiable, pero, al mismo tiempo, crearán un paquete de retención para nosotros, para nuestra administración, para empleados clave, con el fin de mantenerlos recompensados durante el período de integración y también después.

Este paquete de retención puede durar de dos a cinco años. Supongamos que es por un período de tres años. Un ejemplo de acuerdo con un paquete de retención puede ser como el siguiente: 300 millones de dólares, que incluye 250 millones para los accionistas y un paquete de retención para mantener a los empleados clave durante los próximos tres años.

Ahora bien, supongamos que somos propietarios del 5 % de la compañía el día que se firma el acuerdo M&A. Esto significa 12,5 millones de dólares en efectivo, más la retención.

¿Cuánto más?

El comprador hará que sea significativo para nosotros —quizás incluso 5 millones de dólares al año durante los tres años siguientes—, lo cual será probablemente suficiente para que permanezcamos en la compañía. Ciertamente ¡es lo suficientemente significativo para pensarlo!

Pero ¿qué sucede si el dinero que recibimos es mucho más, por ejemplo, 100 millones de dólares? No habrá suficiente en el paquete de retención para que sea significativo para nosotros en comparación con los 100 millones de dólares en efectivo.

Supongamos que hay un paquete de retención por 10 millones de dólares al año durante los próximos tres años. En este caso, sin embargo, tenemos acciones que valen 100 millones de dólares. El comprador puede decir que recibiremos únicamente 70 millones de dólares en efectivo y el resto se estructurará como 30 millones adicionales pagaderos si permanecemos en la compañía durante los próximos tres años. De esta manera, el paquete de retención se convierte en algo lo suficientemente significativo en comparación con el dinero recibido el primer día.

En el acuerdo de Waze (aquel que se firmó), Google ofreció 1150 millones de dólares en efectivo. De estos, 75 millones era para

422 ENAMÓRATE DEL PROBLEMA, NO DE LA SOLUCIÓN

retención. Nosotros en la administración pensamos que era suficiente para mantener a los empleados clave durante los próximos tres o cuatro años.

Por lo tanto, negociamos con la junta directiva y los accionistas para cambiar esta cifra por un paquete de retención de 120 millones de dólares.

Google obviamente aceptó. En lugar de que el dinero lo recibieran los accionistas, iría a los empleados. Mucho mejor para ellos.

Pero entonces Google hizo un truco adicional: les pidió a los empleados clave de la administración que renunciaran a parte del dinero y lo duplicaran a través del período de retención.

Así, por ejemplo, renunciaríamos a 25 millones de dólares y obtendríamos 50 millones durante los próximos tres años.

Si queremos tener éxito en los años venideros, la retención es obligatoria, no solo para el comprador, sino también para nosotros, para poder conservar nuestro equipo humano. Debemos esperar que esto forme parte del acuerdo y suponer que no habrá acuerdo sin ella.

¿A quiénes no les agradan los paquetes de retención? ¡A los accionistas! Porque, esencialmente, la retención significa que estamos tomando parte del valor de los accionistas y distribuyéndolo entre los empleados, y lo hacemos una vez, el día de la liquidación.

En cierta medida, es lo mismo que un ISO o cualquier otro plan de compra de acciones que estemos utilizando. Si tenemos un plan de acciones generoso, en el cual la mayor parte de los empleados aún no tienen titularidad de las acciones, la necesidad de la retención será menor.

He visto paquetes de retención que van desde el 5 el 50 % del acuerdo, pero la regla general es sencilla: debe ser lo suficiente para mantener a los empleados clave durante un período significativo. La palabra "suficiente", sin embargo, es difícil. ¿Cuánto es suficiente?

EARN OUTS Y HOLDBACKS

Aun cuando ciertamente se necesita un paquete de retención, y no habrá acuerdo sin él, el *earn out* es algo completamente diferente. Básicamente, significa que la parte del acuerdo en efectivo es pequeña, pero puede duplicarse, triplicarse o cuadruplicarse si alcanzamos objetivos específicos establecidos por la parte que compra.

Aun cuando suena prometedor, en realidad es bastante desagradable.

Es desagradable porque alguien nos va a hacer responsables de nuestro plan de tres años y de nuestros objetivos, pero no se comprometerá a suministrar un presupuesto durante estos tres años.

La capacidad de una startup de ofrecer predicciones precisas y objetivos para un año es, sencillamente, imposible de tener; para tres años es irrelevante.

Supongamos que tenemos una startup B2B, que crece a 2,5x desde el año anterior, y que tenemos setenta clientes y unos ingresos anuales recurrentes (IAR) de 15 millones de dólares. Nuestro plan de negocios sugiere un crecimiento de 3x para el próximo año, 2,5x para el año siguiente y 2x en tres años.

Un acuerdo de efectivo más retención podría ser así: 300 millones de dólares en efectivo más 75 millones de dólares en retención. Suponiendo que tenemos el 10 % de las acciones, esto significa que recibiremos cerca de 30 millones de dólares más la retención.

Un acuerdo *earn-out* podría ser así: 100 millones de dólares en efectivo, más 50 millones de retención, más 50 millones si se cumplen los objetivos del primer año, 100 millones para los objetivos del segundo año y 150 millones si se cumplen los del tercer año.

Aun cuando este puede parecer un acuerdo más grande y mejor, la incertidumbre es tan alta que el riesgo es, sencillamente, demasiado grande.

Estos son algunos de los riesgos más comunes.

- No es claro si estaremos ahí para recibir el *earn out* cuando llegue el momento.
- Nuestro plan para tres años era muy ambicioso y supuso la ejecución de un programa y de un presupuesto, pero no sabemos si tendremos alguno de ellos o ambos.
- Es posible que el comprador cambie de estrategia y haga que nuestros planes originales sean irrelevantes.

Debemos recordar que el *earn out* es para todos los accionistas, así que nos mataremos trabajando durante los próximos tres años para alcanzar estos objetivos y, sin embargo, nuestra recompensa será únicamente el 10 % del acuerdo.

Los inversionistas que ya no están involucrados en la compañía serán quienes más disfruten de los beneficios.

El peor problema de un *earn out* es que, en la mayor parte de los casos, no lo pagan; algo sucede unos pocos años más tarde en el viaje.

Un *holdback* es otro mal necesario. Sucede cuando el comprador dice, básicamente. "No tengo tiempo suficiente para hacer la debida diligencia y, además, si voy a hacer un acuerdo grande, enfrentaremos varias demandas legales, así que pondremos el X % del acuerdo en lo que es, esencialmente, un fideicomiso para manejar estos eventos potenciales. Este dinero será liberado en algún momento del futuro lejano, una vez que quede claro que no habrá más demandas".

Aquí hay múltiples retos. ¿Quién hace parte del *holdback*? ¿todos los accionistas? ¿Únicamente las acciones comunes? ¿O todos con excepción de los empleados?

El segundo reto es que este dinero ya fue pagado por el comprador, así que no le interesa. La mayor parte de él pertenece, esencialmente, a los inversionistas de la compañía adquirida, que tampoco le interesa al comprador.

Y, sin embargo, es el comprador quien tiene las llaves del fideicomiso del *holdback*.

Al final del día, no podemos contar con recibir los fondos del *holdback*, o al menos no todos.

Otro acuerdo extraño que he visto es aquel en el que el comprador adquiere únicamente el 70 % de la compañía. En este caso, la pregunta es: ¿Qué sucede con el 30 % restante de las acciones y, en particular, con los accionistas? No habrá más liquidez, pues la mayoría (el 70 %) no va a vender, y tampoco necesita comprar el resto.

Por una parte, esta es una manera sencilla de obtener un 30 % de descuento. Hay opciones de venta y de compra (*put and call options*, en inglés) asociadas con el acuerdo. Así, por ejemplo, al comprar el 70 % de una compañía, el comprador paga X dólares como precio por acción. El comprador tiene también la opción de comprar el 30 % restante a un precio levemente superior a X, por ejemplo 1,2X, en dos o tres años, y el vendedor tiene la opción de vender el 30 % a un precio levemente inferior a X, por ejemplo 0,8X.

El resultado más probable es que el comprador adquiera toda la compañía, pero que pague un 30 % de ella más tarde.

ASESORES FINANCIEROS, TRIBUTARIOS Y JURÍDICOS

Admitiré algo escandaloso aquí: me agrada pagar impuestos: significa que hay ganancia, y la ganancia es buena. Lo que no me agrada es pagar más impuestos de los necesarios debido a la falta de planeación.

Hace cerca de un año, un emprendedor a quien conozco desde hace muchos años me buscó y me pidió consejo. Estaba en conversaciones para un acuerdo M&A y no sabía qué decir.

Nos reunimos y lo orienté en la esencia del acuerdo y en los puntos importantes. Incluso le presenté a un abogado.

Un par de semanas más tarde regresó.

—El acuerdo está casi finalizado —dijo—. El comprador adquirirá el 75 % de las acciones hoy y acordó en compartir las utilidades en adelante, así que no habrá opciones de compra o de venta sobre el resto del 25 %.

Me dijo que ya llevaba doce años en su viaje y que la compañía había pasado por varias rondas de financiación. Casi todo el 9,9 % de las acciones de este emprendedor se encontraban en opciones de la última ronda, que había tenido lugar cerca de un año atrás.

Hicimos un rápido cálculo juntos.

—En un acuerdo de 50 millones de dólares, yo tengo casi el 10 %, que son 5 millones de dólares —explicó—. El 75 % de esto son 3,75 millones. Después de una tasa del 25 % en impuestos, tendré cerca de 3 millones de dólares en efectivo, más de lo que he ganado nunca y, ciertamente, un evento que cambiará mi vida.

—Espere un momento —lo interrumpí—. Sus opciones de acciones no se encuentran dentro de la categoría de impuestos de ganancias de capital. Debería pedir a alguien que le ayude antes de cerrar el trato, para asegurarse de pagar impuestos a la tasa más baja.

En Israel, la reglamentación de impuestos es tal que los empleados que reciben opciones de acciones deberán pagar una tasa de impuestos del 25 %. (La categoría regular de impuestos en Israel es de un enorme 47 %). Hay una regulación especial de la Autoridad Tributaria de Israel que estipula que, si estamos vendiendo acciones más de dos años después del día de otorgamiento, podemos venderlas como acciones secundarias o como parte de un acuerdo M&A con una categoría tributaria inferior de ganancias de capital.

En un acuerdo M&A, todas las ganancias de estas opciones tienen una tasa de impuestos menor. Por lo tanto, esencialmente, si estamos ejerciendo las opciones y vendiendo las acciones el mismo día, podemos todavía ser clasificados en las ganancias de capital a largo plazo.

Esto, sin embargo, no funcionaría en Estados Unidos. Si estamos ejerciendo nuestras opciones y vendiéndolas el mismo día (como sucede en un acuerdo de acciones secundarias), nos cobrarán impuestos a la tasa correspondiente a las ganancias de capital a corto plazo: una categoría tributaria mucho más alta.

La alternativa es ejercer nuestras opciones y guardar las acciones al menos un año antes de venderlas.

"Pero espere un momento —podemos preguntarnos ahora—. ¿Cómo sé siquiera si habrá un comprador dentro de un año?".

El punto de estas historias es el siguiente: *Necesitamos un asesor tributario para planear con anticipación, no solo en el caso de un acuerdo.*

La razón por la que recomiendo buscar un asesor financiero pronto, o al menos en cuanto nuestras acciones tengan algún valor, es muy sencilla: el asesor nos dirá que estamos dementes. "Casi el 100 % de sus activos financieros están en una sola compañía".

De hecho, es incluso más que esto. Nuestro salario y nuestro 401(k) también están en una sola compañía: la nuestra.

¿Qué deberíamos entonces hacer? Vender acciones secundarias. Una y otra vez.

Y ¿qué hay del aspecto jurídico?

En general, deberíamos tener un punto de vista jurídico cuando estemos discutiendo acuerdos y queremos apoyo todo el tiempo una vez que comiencen las negociaciones. Si tenemos un abogado experto en acuerdos en nuestro equipo, él es quien debe adelantar las negociaciones en nombre nuestro.

Nitzan Hirsch-Falk (H-F & Co. Law Offices) fue nuestro principal abogado en Waze y Moovit, y lo será también como parte de mis acuerdos en el futuro. Es un experto en acuerdos, una persona que se arriesga, y además un buen negociador, que es exactamente lo que quiero.

CONFLICTOS DE INTERÉS

Todo el acuerdo es, por definición, un gran conflicto de intereses. El mayor reto es que estos conflictos se desplacen, asuman una nueva forma y cambien durante el proceso de negociación y de transacción.

Pensemos en lo básico. A nuestros inversionistas les importa el resultado de este acuerdo para *ellos*. Tomarán su dinero y se marcharán, pero nosotros tendremos que quedarnos. Somos *nosotros* quienes debemos lidiar con el día después de mañana, ellos no.

Al mismo tiempo, estamos negociando con el comprador, intentando conseguir el mejor acuerdo para nuestra compañía y nuestros accionistas.

Pero espere un momento: un segundo más tarde, el comprador es el nuevo accionista y en realidad debemos trabajar juntos durante los próximos años.

Y ¿qué hay de nuestros empleados?

Queremos conseguirles el mejor resultado posible del acuerdo, y que permanezcan con nosotros durante los próximos años del viaje. Esta es nuestra oportunidad para asegurarnos de que sean bien recompensados.

Es muy difícil intentar conjugar todos estos intereses y que todos queden contentos. Pero no tenemos que tener contento a todo el mundo. Solamente asegurarnos de que se firme el acuerdo (y así todos estarán felices), y permanecer comprometidos con el ADN de nuestra compañía.

Hay muy pocas palancas que podamos utilizar para cambiar el equilibrio entre hoy y mañana, y entre nosotros, nuestros empleados y los accionistas. Debemos usar esas palancas con cuidado. Demasiado de algo puede romper el acuerdo y entonces, claramente, nadie estará feliz.

¿Qué palancas podemos utilizar?

- **Retención frente a efectivo**. Aun cuando una alta retención es buena para el futuro y para los empleados, no es buena para los inversionistas. La mejor práctica: construir lo suficiente dentro del presupuesto para tener una recompensa significativa para los empleados durante los próximos tres años.
- **¿Quién participa en un *holdback*?** Queremos excluir a los empleados. Los inversionistas se excluyen ellos mismos. La

mejor práctica aquí es aplicarlo a todos los accionistas, inclu-
yéndonos a nosotros mismos y a los fundadores, para que a
nadie le quede fácil liberar dinero del *holdback*.

- **Retención frente a *earn out*.** En un *earn out*, todos participan, incluyendo a los accionistas. En la retención, solo
  aquellos empleados que permanecen en la compañía.

El mayor reto, sin embargo, está en otro lugar, No estamos en un
buen sitio para negociar si estamos intentando complacer a todos.
Por lo tanto, DEJEMOS QUE ALGUIEN MÁS NEGOCIE el acuerdo. Podría
ser nuestro abogado, o un miembro de la junta directiva en quien
confiamos (suponiendo que tengamos uno).

Debemos suponer que el comprador está haciendo lo mismo
que nosotros. La organización que compra habitualmente tiene una
unidad de negocios a la que le interesa que se firme el acuerdo, y es
aquella de la que después haremos parte.

El negociador, por otra parte, está en el equipo de desarrollo
corporativo. No tendrán que trabajar con nosotros al día siguiente
y, por lo tanto, están en una posición mucho mejor para negociar.

MANEJAR A NUESTROS INVERSIONISTAS A LO LARGO DEL PROCESO

Si esto ha de ser un problema de conflicto de intereses, entonces nosotros y nuestros inversionistas no tenemos los mismos propósitos.
Tendremos que manejarlos a lo largo del proceso.

Permítanme poner las cosas en perspectiva.

Nuestros inversionistas conseguirán su propio abogado para negociar su lado del acuerdo con el fin de obtener lo máximo para sus
accionistas.

No olvidemos, sin embargo, que estos son nuestros accionistas.
Invirtieron cuando lo necesitamos, tienen sus propios derechos a ser

protegidos y nosotros, como CEO, deberíamos mostrarnos receptivos a sus intereses.

Pero no hay un futuro para ellos en esta compañía. No necesitan estar ahí una vez terminada la transacción. Nosotros sí. Para tener éxito después, necesitaremos a nuestro equipo y necesitaremos que permanezcan con nosotros.

Por lo tanto, dejémonos espacio para negociar con todas las partes: el comprador, nuestra junta, los inversionistas y nuestros empleados.

Siempre debemos tener en cuenta la incertidumbre. Por ejemplo, es posible que no hayamos recibido todavía los requerimientos de la retención, o es posible que no sea claro si habrá un *earn out* o no.

Al final del día, los accionistas existentes son el punto más débil de negociar. Si es probable que reciban una cantidad significativa de dinero, no objetarán. Al mismo tiempo, tampoco pueden obligarnos a aceptar un acuerdo.

EL DÍA DESPUÉS

El sol todavía brilla, pero esto es prácticamente lo único que seguirá igual para nosotros después de cerrar el trato. La montaña rusa extrema de "firmar el acuerdo" terminó, y aún estamos en un estado de euforia, por un lado, y exhaustos, por el otro.

Nos levantamos a la mañana siguiente y todo cambia: el nombre de nuestra compañía; el viaje, que ha llegado a su fin y ha comenzado de nuevo; nuestra cuenta bancaria; nuestro jefe; el reconocimiento de las muchas personas a quienes les importa.

Pero lo más significativo que ha cambiado es que nosotros no tenemos idea a quién reportar, cuáles son nuestros nuevos objetivos, ni quién es importante en la nueva organización. Esencialmente, caímos de la nada a una compañía en funcionamiento con toda nuestra división, y ahora debemos comenzar un nuevo viaje.

¿Qué hacemos primero? Reunimos a los empleados y les decimos qué está ocurriendo. Podemos decirles algo como lo siguiente:

"Esto es lo que significa para ustedes (se convertirán en empleados de XYZ la próxima semana), esta es la razón por la que lo estamos haciendo, esta es la nueva visión, y me esforzaré durante las próximas semanas por entender qué significa para nosotros. Entretanto, por favor tengan paciencia".

Buscamos a nuestro nuevo jefe con nuestro equipo de administración y estructuramos un plan de cien días.

Luego regresamos con los miembros de nuestra familia y les decimos: "¿Recuerdan que estuve ausente por un largo viaje y que no he estado completamente aquí durante las últimas tres semanas mientras negociábamos? Pues, ¿adivinen qué? Serán unas pocas semanas más así".

Una vez que hayamos establecido el plan, regresamos con nuestro equipo y le explicamos los nuevos objetivos y propósitos. Reiteramos el acuerdo, y luego tenemos una conversación personal con cada uno de los miembros del personal. Finalmente, los enviamos a Recursos Humanos y al CFO para que comprendan el nuevo mundo y lo que significará el acuerdo para ellos.

Comencé mi carrera en Comverse como desarrollador de software y luego pasé a producto y mercadeo. En 1994, me mudé a Estados Unidos. Para 1997, Comverse, que era el número dos en el mercado global del correo de voz, se había fusionado con el actor número tres, Boston Technology.

Comverse era bastante fuerte a nivel internacional y con operadores móviles, mientras que Boston era fuerte a nivel nacional con operadores de línea fija. Sus acciones de mercado eran bastante complementarias.

El día del anuncio, yo me encontraba en la oficina de Comverse en Nueva York. El presidente de la compañía nos reunió a todos para hablarnos acerca del acuerdo. Estaba en medio de una presentación de quince a veinte minutos de extensión, cuando hizo una pausa y dijo:

—Aun cuando esto es importante, estoy seguro de que a todos les preocupa una cosa: ¿qué pasará conmigo.

—Se equivoca —respondí de inmediato, delante de todos—. En realidad no nos importa que sucederá con usted, ¡nos importa qué sucederá con nosotros!

Esto es lo más importante: cuando hay cambios, a la gente le importa en primer lugar qué sucederá con ellos. Debemos confrontar esto de inmediato, pues los rumores comenzarán a circular con rapidez.

El acuerdo Comverse–Boston Technology era bastante sencillo: un intercambio de acciones entre dos sociedades anónimas, así que no había un evento de liquidez para los empleados. Sin embargo, lo único que le importaba a la gente era saber qué les sucedería.

Luego vino el famoso interrogante del NIH (*Not Invented Here*, no inventado aquí) que hace parte integral de tantos eventos de M&A. Comverse construyó un sistema de correo de voz, y lo mismo hizo Boston Technology. ¿Cuál de los dos seguiría siendo la plataforma del futuro, y qué sucedería con todas las personas que trabajaban en el otro?

En 1998 regresé a Israel, pero aún continuaba viajando con frecuencia a Estados Unidos. Tomó cerca de un año "romper el hielo" con algunas de las personas de Boston Technology. Me enteré de que habían sospechado del acuerdo. Me preguntaba por qué.

La adquisición había sido construida de manera tal que ninguno de los empleados de Boston Technology podía ser despedido durante el primer año. Pero esto tuvo como resultado que crearan aquello que resultó ser una teoría infundada de que, después de un año y un día, todos serían despedidos. Fue solo cuando vieron que esto no era verdad que comenzaron a compartir más y a dejar de mostrarse a la defensiva.

Permítanme darles otra perspectiva. Google Maps tenía su aplicación de navegación, su propia tecnología de mapeo y fuentes de información de tráfico. Nos preguntábamos cuánto tardarían en engullir por completo a Waze, agotar toda nuestra propiedad intelectual y deshacerse de toda nuestra gente.

En efecto, no hubo una sola persona en Waze que no pensara en estas preguntas.

De hecho, muchas de las personas que he conocido a lo largo de los años me han hecho la misma pregunta: "¿Por qué no fusionaron todo en una única oferta?".

Permítanme hacer la misma pregunta de otra manera.

Para las personas de Google Maps, la pregunta era la contraria: "¿Por qué estamos adquiriendo otra compañía que está haciendo exactamente lo mismo que nosotros, y por qué le prometimos que no laengulliríamos?".

Cuando Google adquirió Waze, fue con la idea de que Waze era una aplicación mejor, más funcional con una tasa de uso siete veces más alta que Google Maps. Si yo hubiera estado en Google por aquella época, probablemente me habría hecho la misma pregunta que me hice cuando estaba en Comverse: "¿Qué sucederá conmigo?".

Entonces, ¿por qué Google tiene todavía dos ofertas de mapas y de tráfico, y no una?

Aun cuando no sé la respuesta desde el interior, pues no me quedé en Waze después de la venta, puedo imaginar lo siguiente: Si tenemos los productos uno y dos del mercado, y los combinamos en un único producto, nadie podrá decir si uno u otro es mejor, ni cuál permanecerá como líder del mercado. Si cambiamos drásticamente nuestro producto, incluso es posible que lleguemos a ser menos que "suficientemente buenos", y la gente abandone la aplicación y se pase a otra.

Cuando las personas se acostumbran a alguna cosa, no desean cambiar. Y si las obligamos a hacerlo, no es claro que terminemos en el primer lugar.

DOS DÍAS DESPUÉS

Así, ya hemos conseguido pasar por los primeros cien días de la integración.

Hemos definido los objetivos, los planes, el presupuesto y los paquetes de compensación y de retención. ¡Felicitaciones! Ahora estamos dirigiendo una división dentro de una corporación grande y no una startup.

Aun cuando todos los objetivos de negocios parezcan estar bien, y sepamos que podemos alcanzarlo, lo que es diferente es el ADN. Ahora somos parte de una entidad mucho más grande. Esto tiene como resultado una serie de cambios:

- No podemos hablar con la prensa; el departamento de relaciones públicas se ocupa de eso.
- No podemos publicar un boletín para nuestros usuarios sin que el departamento jurídico lo revise.
- No podemos contratar a un candidato antes de que la vacante haya pasado por la política de contratación de la compañía compradora.
- Nos encontramos luchando batallas que no nos agradan; de hecho, batallas que odiamos. Comenzamos a pensar de nuevo todo el acuerdo.

Es posible que nos preguntemos: "¿Cómo salgo de esto?".

Cuando no estaba en Google, sí hablaba con los amigos que tenía allí. Un día, uno de ellos me buscó y dijo:

—Ya no más; ¡he tenido suficiente!

—¿Cuál es el problema? —le pregunté.

—Es como si necesitara aprobación por escrito para pedorrear, y solo está permitido un tipo de pedo.

Otro amigo me dijo que la compañía estaba malgastando mucho dinero, pero cuando intentaba decir algo al respecto, parecía que a nadie le importaba.

Tres meses más tarde, el primero me dijo que se retiraba. Hablamos mientras montábamos en bicicleta.

—Y ¿qué hay de la retención? —le pregunté—. Si lo recuerdo bien, tú tenías un buen paquete de retención para permanecer en la compañía, ¿verdad?

—¡Así era! —replicó.

Eran cerca de 750 000 dólares al año, algo muy significativo para él.

—¿Eso es como dos mil dólares al día, ¿verdad?

—Sí —dijo—. O cerca de cien dólares por hora, ¡incluso si dormimos!

—Así que durante este paseo en bicicleta estabas ganando cien dólares, y ahora que estamos tomando café en la playa también estás ganando cien dólares, ¿verdad? —asintió—. Maravilloso, entonces sigamos montando en bicicleta durante los fines de semana y discutamos esto de nuevo dentro de tres meses —le dije—. Si todavía quieres retirarte, hazlo, pero lo harás con doscientos mil dólares más.

Permaneció en la compañía.

Nosotros también deberíamos hacerlo. Después de todo, si no estamos ahí, no habrá nadie que cuide de nuestro equipo ni entregue los resultados deseados.

Dijimos que lo haríamos, y nuestra palabra vale. Después de uno o dos años, comencemos a buscar a alguien que nos reemplace, para poder retirarnos si queremos.

No hay decisiones correctas o equivocadas, solo decisiones que hay que tomar.

EL COMPROMISO DE PERMANECER

Este es un compromiso fácil de hacer, pero no es fácil de cumplir. Una vez que hayamos decidido aceptar la oferta —quizás era un evento que cambiaría nuestra vida, o quizás estábamos cansados y agotados por el viaje—, cualquiera que haya sido la razón, permanecer en la compañía es parte del acuerdo.

Pero también es un arma de doble filo.

Si le decimos al comprador que no deseamos quedarnos, no comprarán, porque nos necesitan.

Si le decimos que permaneceremos únicamente dos años y no cuatro, enviamos la señal de que no creemos en la visión o en nuestra capacidad de cumplir con ella.

Entonces, terminamos aceptando todo lo que pidan.

A continuación, hay unos consejos finales en lo que se refiere a la negociación y a permanecer en la compañía.

1. Dejemos que alguien negocie a nombre nuestro. No debemos enviar ninguna señal diferente del compromiso de entregar resultados. El mensaje principal debería ser, sin embargo, que no hay nada en el mundo que podamos entregar en cuatro años y que no podamos entregar en tres.

2. No nos preocupemos por el viaje que vendrá en la nueva organización. Si no deseamos permanecer allí, encontraremos una manera de salir.

3. Creemos un margen diferente de retención; de lo contrario el problema más difícil será ¡lo qué ocurrirá al final del paquete de retención!

Nada nos prepara para este cambio decisivo en nuestro viaje. Parte de ello es que nuestra vida ha cambiado para siempre, y parte de ello es que son como tres períodos completamente diferentes en muy poco tiempo—antes de la oferta, durante la transacción y el día después. Cada uno es diferente, como si no hubiera conexión entre ellos.

CONSEJOS PARA STARTUPS

- **Cuándo vender**. Si el acuerdo es un evento que cambia nuestra vida, comencemos a pensar en él positivamente. Si nos agrada también cómo será el día después, pensemos en el acuerdo aún más positivamente.

- **Cuatro cosas para tener en cuenta**. Las cosas más importantes en las que debemos pensar son nosotros, nuestro equipo, hoy y mañana.

- **Un mejor acuerdo**. Es posible que haya un mejor acuerdo, pero para llegar a él, tendremos que "cocinarlo" por un tiempo. Puede ser que un banquero de inversión nos consiga lo que necesitamos si lo buscamos con anticipación.

- **La transición del día antes al día después**. Esta será la transición más extrema de nuestra vida: Todo cambia, no una vez, sino múltiples veces.

- **Leamos este capítulo** de nuevo cuando estemos a punto de discutir una oferta.

Epílogo feliz

Escribir este libro fue un proyecto que inicié con la visión de ayudar a que los emprendedores tuvieran más probabilidades de tener éxito, y por una buena razón: ¡El mundo los necesita! El mundo necesita cada vez más emprendedores exitosos, con la misión de solucionar problemas y de hacer del mundo un mejor lugar.

Espero que hayan encontrado algunas ideas que les ayuden en su viaje empresarial.

Permítanme aprovechar esta oportunidad para sintetizar los aprendizajes más decisivos de los capítulos anteriores.

Construir una startup es un viaje de fracasos. Intentamos algo, no funciona; luego intentamos otra cosa que no funciona, hasta cuando finalmente intentamos algo que sí funciona. Por lo tanto, la regla más importante para aumentar la probabilidad de éxito es intentar más, y la mejor manera de hacerlo es *fracasar pronto*.

No existen las malas ideas. Los emprendedores deben abrazar y propiciar el fracaso como una manera de avanzar dentro de sus organizaciones.

Usuarios. Hay algunas reglas cruciales acerca de los usuarios que nosotros y nuestros equipos debemos aceptar. Primero, los usuarios pertenecen a diferentes grupos. Innovadores, primeros usuarios y la primera mayoría son las principales categorías que debemos tener en cuenta. Un usuario de un grupo no puede entender las emociones y mentalidad de un usuario de otro grupo; por lo tanto, debemos reunirnos con diferentes usuarios y comprender sus dificultades y percepciones. La segunda regla importante es que, de hecho, la mayor parte de nuestros usuarios durante los primeros años serán usuarios de primera vez. Nadie puede tener una experiencia de primera vez una segunda vez. Por consiguiente, la única manera en que podemos tener una idea de ello es observar a usuarios de primera vez.

Ajuste producto-mercado. Esta es la parte más importante de nuestro viaje. Si determinamos el APM, estamos en el camino hacia el éxito. Si no lo hacemos, fracasaremos. Es así de sencillo. El APM se mide únicamente de una manera: retención. Para los productos B2C es fácil: es cuando los usuarios regresan. Para los B2B (o cuando el cliente paga), la retención se mide por las renovaciones. Incluso antes de la retención, tendremos que determinar la conversión. ¿Cómo llegan los usuarios al valor? La conversión es un derivado de la sencillez, y la retención es un derivado del valor. Sin conversión y retención, fracasaremos.

ADN = Personas. Al final del día, si tenemos el ADN correcto en nuestra compañía, este será el viaje de nuestra vida. De lo contrario, será la pesadilla de nuestra vida. No nos digamos: "En mi próxima compañía haré las cosas de otra manera". Hagámoslas ahora. "Hoy es el primer día del resto de nuestra vida" puede ser un cliché, ¡pero también es cierto!

Despedir es más importante que contratar. Si hay alguien que no se ajusta, en cuanto más rápido nos desvinculemos de esta persona, mejor será. Recordemos que, si hay alguien que no se ajusta, todos lo sabrán y habitualmente seremos los últimos en saberlo. Una vez que hagamos algo al respecto, todos sentirán un alivio. Pero ¿cómo lo sabremos? Para toda persona que contratemos, hagámonos una sencilla pregunta: "Sabiendo lo que sabemos ahora, ¿contrataríamos a esta persona?". Si la respuesta es no, debemos despedir a esta persona de inmediato. Si la respuesta es sí, digámoslo a los demás. Si el empleado no depende de nosotros, busquemos a su gerente directo y hagamos la misma pregunta. Las organizaciones asombrosas son aquellas que despiden rápidamente.

Salida. Regresemos y leamos el capítulo doce cuando una posible venta de la compañía sea posible. Puede parecer algo remoto en este momento, pero será decisivo una vez que nos aproximemos a este punto.

MÁS HISTORIAS DE WAZE

A menudo, cuando narro historias acerca de Waze, escucho más historias de usuarios que puedo añadir a mi lista. Estoy bastante seguro de que ustedes tienen también historias semejantes.

Por ejemplo, alguna vez se me llamó en Canadá "El Moisés de las carreteras". En varias ocasiones he escuchado decir a la gente: "Usted me liberó" o "Usted me empoderó para conducir".

Hubo una persona me ofreció miles de dólares y me dijo que me los debía por habérselos ahorrado en de multas por velocidad. Incluso he sido considerado como asesor matrimonial por evitar las peleas en los autos acerca de qué camino tomar.

Pero debo una de las mejores historias a uno de mis hijos. Algunos años atrás, él había comenzado a conducir. En realidad le gustaba estar al timón.

Un día le pedí que me llevara al aeropuerto.

—No puedo, papá —dijo con tristeza. Mi teléfono no funciona.

—¿Qué quieres decir con que no puedes? —le respondí—. Aquí están las llaves, aquí está el auto, ¡llévame al aeropuerto!

—No, no, no, no entiendes. Mi teléfono no funciona —respondió—. No sé cómo llegar allá.

Lo pensé por un momento, y luego dije:

—Yo estaré en el auto contigo ¡y te diré cómo llegar allá!

Luego añadió:

—Y ¿cómo regreso a casa?

Por lo tanto, perdemos nuestra orientación, ¡pero no la lógica!

INVIERTAN CONMIGO

Aun cuando, como he dicho, he escuchado muchas historias de los usuarios de Waze a lo largo de los años, he oído una pregunta incluso con mayor frecuencia: "¿Puedo invertir en sus startups?" o "¿Puedo invertir con usted?".

He invertido en docenas de startups y sigo invirtiendo en ellas a medida que evolucionan. Sigo una filosofía específica de hacer el bien y de estar bien: esencialmente, resolver problemas y hacer del mundo un mejor lugar.

He desarrollado una práctica muy específica, unirme antes de que la startup esté establecida y enfocándome en tres aspectos claves: el problema, el CEO y mi orientación y mentoría, desde antes del lanzamiento de la compañía, a través del lanzamiento y a lo largo de todo el viaje.

Al final del día, mi objetivo es aumentar la probabilidad de que la startup tenga éxito, y agregar valor exactamente donde me necesitan, por una parte, y donde más lo disfruto, por la otra.

Durante aproximadamente el último decenio he ensayado múltiples modelos de inversión. Fui un inversionista antes de la ronda semilla en compañías como Pontera (antes FeeX), FairFly, Engie y otras. Luego fui el inversionista líder de la ronda semilla al invertir junto con algunos amigos y otros inversionistas en compañías como SeeTree y Refundit.

Junto con uno de mis socios, Ariel Sacerdoti, creamos un vehículo de inversión llamado "The Founders Kitchen" (La cocina de los fundadores), a través del cual hemos invertido en todas mis startups, incluyendo Pontera, Refundit, Kahun, Engie, SeeTree, Zeek, Dynamo, WeSki, Fibo, Livecare y otras más.

Actualmente, he regresado a modelos de coinversión, y los he llevado a mis startups. Este modelo es muy diferente. No tengo un flujo de acuerdos como otros inversionistas. Únicamente invierto en mis propias startups, aquellas que ya fueron constituidas, y aquellas que constituiré en el futuro.

Si encontraron que este libro es valioso —si en realidad los ayudó a ser más exitosos—, entonces les pediría, por favor, hacer dos cosas más:

Compartir sus ideas con otros emprendedores y, en particular, con su equipo de administración.

Pagarlo por adelantado: Cuando sea el momento adecuado, busquen a un joven emprendedor para orientarlo y ser su mentor.

Agradecimientos

Quisiera agradecer a mis compañeros fundadores de Waze, Ehud Shabtai y Amir Shinar. Estoy muy feliz de que hayamos iniciado este viaje en el 2007. Les agradezco que sean quienes son, por compartir la visión, el enfoque y el ADN de un lugar de trabajo asombroso que cambió la vida de tantas personas, incluyendo la mía.

Noam Bardin, Waze no habría sido tan exitosa sin ti. Me alegra que hubieras aceptado la oferta de unirte a Waze como CEO, y estoy muy agradecido por tantos años de un viaje asombroso, a través de los tiempos difíciles y de las victorias.

Agradezco al equipo de Waze, comenzando con el equipo de administración que establecimos en los primeros días con Fej Shmuelevitz, Samuel Keret, Yael Elish, Di-Ann Eisner y Anat Eitan, a todas las personas maravillosas que nos acompañaron a lo largo de los años. El viaje, junto con ustedes, fue asombroso. No creo que pudiéramos haber hecho esto sin ustedes, como tampoco hubiera querido hacerlo de ninguna otra manera.

Adi Barill: este libro no habría sido publicado sin ti, mi socia y coeditora. Desde el concepto hasta la publicación, has sido una verdadera socia y generadora de ideas, aportando tu experticia en el diseño, la redacción, la edición, el mercadeo y todo lo demás entre el comienzo y el final.

Mis CEO: Nir Erez, Yoav Zurel, Aviel Siman-Tov, Daniel Zelkind, Israel Telpaz, Ziv Tirosh, Nimrod Bar-Levin, Orr Kowarsky,

Yotam Idan, Roi Kimchi, Eitan Ron, Alon Schwartzman, Roy Yotvat, Greg Moran y Peri Avitan: Ustedes han formado parte, y aún lo hacen, en el viaje para hacer del mundo algo mejor, y para generar disrupciones en mercados ineficientes. Me siento honrado de que me hayan permitido convertirme en alguien valioso para ustedes y, en especial, que me hayan permitido aprenderles tanto. Nunca habría ganado tanta comprensión sin ustedes.

Quisiera agradecer también a todos los equipos de todas mis startups. Aquellas que tuvieron éxito y las que no. Gracias por aceptar el riesgo y dedicar tanto esfuerzo a trabajar para cambiar la vida de la gente.

A Noga, mi esposa y el amor de mi vida, que estaba allí cuando primero tuve la idea de escribir un libro, que me acompañó en mis viajes alrededor del mundo y se unió a cientos de reuniones editoriales y a un número similar de conferencias, empoderándome y apoyándome a lo largo de este viaje.

Chicos: Charlie, Ido, Tal, Eran, Amit: Gracias por ser una parte tan importante de mi vida, dispuestos a pagar el precio de que estuviera ocupado todo el tiempo y aceptar quien soy, siempre siguiendo uno de mis sueños. Han sido una inspiración para mí y veo con orgullo que siguen mi camino en su pensamiento y acciones emprendedoras. De todas mis creaciones, ustedes son, de lejos, las más exitosas.

Papá: aún te echo de menos, mi mayor inspiración y mentor, con la sabiduría y el empoderamiento para que siguiera mis sueños y me esforzara constantemente. Fuiste muy agudo y, en ocasiones, podías abstraer la esencia de algo en unas pocas palabras sencillas. Por ejemplo: "Incluso un perro no saltará si cuelgas la carne del techo", para describir cómo establecer objetivos inalcanzables. Desafortunadamente falleciste en enero del 2007, sin llegar a ver el viaje de Waze ni este libro. Mamá: falleciste en mayo del 2022, cuando yo trabajaba en la edición final del libro, y no alcanzaste a verlo publicado. Tanto mi padre como tú influyeron enormemente en mí, y en las personas que me conocen. Ellas me dicen a menudo: "Cuentas historias como lo hacía tu madre" o "Piensas exactamente como tu padre".

En noviembre del 2018, presenté mi historia en el centro de una residencia asistida donde estaba mi madre, a personas de una edad promedio de 85 años. Antes de esa presentación, mi madre estaba bajo mucha presión. Se inquietaba: "¿Qué sucederá si no das la impresión correcta? ¿Qué sucederá si hablas por encima del nivel de comprensión del público? *¿Qué sucederá si esto o lo otro?*". Intenté calmarla, diciéndole que había aprendido de ella cómo contar una buena historia. Esto no la ayudó.

Cuando hago una presentación ante una audiencia grande, resulta difícil verlos a todos, así que elijo a varias personas para mirarlas y hablarles como si les narrara mi historia. En este evento, una de esas personas era mi madre, quien estaba sentada bastante cerca de mí. Estaba nerviosa antes de que comenzáramos, pero la vi reír y relajarse poco después de que comencé a hablar.

La presentación fue un éxito, y después se paseaba por el vestíbulo, orgullosa como un pavo real, y me presentó a todos. Luego me dijo: "Deberías escribir un libro". No era la primera vez que lo había pensado, pero fue la convicción que necesitaba. Fue entonces cuando decidí escribir *Enamorémonos de la solución, no del problema*. En ese sentido, este libro se convirtió en parte de su última voluntad.

Quisiera agradecer también a Jim (James Levine) de Levine Greenberg Rostan Literary, quien me ha acompañado en este viaje editorial, mostrándome este "nuevo territorio". A BenBella Books y Matt Holt, que creyeron en el libro e hicieron una sociedad con nosotros para llevar mi historia al público, así como al equipo de BenBella: Katie Dickman, Mallory Hyde, Brigid Pearson, Jessika Rieck y Kerri Stebbins.

Brian Blum: gracias por ayudar a configurar e interpretar la visión y las ideas iniciales del libro en un plan coherente, y luego apoyar el proceso de redacción.

Mi aprecio por el equipo más amplio: Nurit Blok, el diseñador gráfico, y Ofer Ziv, el constructor del sitio web, quien me ayudó a transmitir mis mensajes al público.

Quisiera agradecer también a los más de mil millones de usuarios de Waze, Moovit y el resto de mis startups. Sin ustedes, esta historia no existiría. A todos los cientos de miles de personas en todo el mundo que me han escuchado contar mi historia y han hecho que mejore mis conferencias y talleres con sus preguntas y comentarios. Espero que este libro los enriquezca y los haga más exitosos. Agradezco de manera especial a mis lectores y a todas las personas a quienes no he mencionado, pero que han influido en mi viaje.